Dem Bundesheer bin ich zu Dank verpflichtet, weil …

… ich während meiner Zeit als Soldat im Inland und Ausland eine herausfordernde, aber schöne Zeit hatte und wichtige Erfahrungen für das Leben sammeln konnte.

Welches Haustier begrüßt dich, wenn du nach Hause kommst?

Unsere (nicht allzu brave) Hauskatze Anni

Wenn man deinen Kühlschrank öffnet, dann findet man dort …

… Speck, Käse, Milch …

Der 24. Dezember gestaltet sich im Hause Kunasek derart, dass …

… ich am Vormittag meist noch berufliche Pflichten zu erledigen habe und dann am Nachmittag mit Theo und der Familie auf das Christkind und die Bescherung gewartet wird.

Den bislang längsten Aufenthalt im Krankenhaus hatte ich, weil …

… ich mehrere Knie-Operationen hatte.

Den Urlaub verbringe ich am liebsten …

… mit meiner Familie am Campingplatz, vorzugsweise in Italien oder Kroatien

Martin Moll

MARIO KUNASEK. EIN LEBEN FÜR DIE STEIERMARK

stv

MARTIN MOLL

MARIO KUNASEK
EIN LEBEN FÜR DIE STEIERMARK

Leopold Stocker Verlag
Graz – Stuttgart

Umschlaggestaltung: Werbeagentur Rypka GmbH, 8143 Dobl, www.rypka.at
Titelbilder: Mario Kunasek: Foto Gimpel; Hintergrund: Zoonar GmbH / Alamy Stock Foto.
Bildnachweis: Folgende Bilder wurden dankenswerterweise vom Archiv der FPÖ Steiermark zur Verfügung gestellt: S. 39–41, 53, 56, 60, 63, 75, 83, 94, 97, 108, 115, 118, 125, 131, 134, 135, 137, 147, 188, 191, 215, 220, 223, 231, 232, 277.
Für alle anderen Abbildungen finden Sie den Bildnachweis direkt beim jeweiligen Bild.

Bibliografische Information der Deutschen Nationalbibliothek
Die Deutsche Nationalbibliothek verzeichnet diese Publikation in der Deutschen Nationalbibliografie; detaillierte bibliografische Daten sind im Internet unter https://www.dnb.de abrufbar.

Hinweis
Dieses Buch wurde auf chlorfrei gebleichtem Papier gedruckt. Die zum Schutz vor Verschmutzung verwendete Einschweißfolie ist aus Polyethylen chlor- und schwefelfrei hergestellt. Diese umweltfreundliche Folie verhält sich grundwasserneutral, ist voll recyclingfähig und verbrennt in Müllverbrennungsanlagen völlig ungiftig.

Auf Wunsch senden wir Ihnen gerne kostenlos unser Verlagsverzeichnis zu:
Leopold Stocker Verlag GmbH
Hofgasse 5/Postfach 438
A-8011 Graz
Tel.: +43 (0)316/82 16 36
Fax: +43 (0)316/83 56 12
E-Mail: stocker-verlag@stocker-verlag.com

Weitere Informationen finden Sie im Internet unter: www.stocker-verlag.com

ISBN 978-3-7020-2272-3

Layout: Ecotext-Verlag, Mag. G. Schneeweiß-Arnoldstein

Inhalt

Vorwort

Geschätzte Leserinnen und Leser,

es ist mir eine Ehre, das Vorwort zur Biografie von Mario Kunasek schreiben zu dürfen. In den folgenden Zeilen möchte ich Ihnen einen kurzen Einblick in das Leben und die politische Laufbahn dieses bemerkenswerten steirischen Politikers geben.

Mario Kunasek, geboren am 29. Juni 1976 in Graz, Steiermark, hat sich im Lauf seiner Karriere als engagierter und zielstrebiger Politiker einen festen Platz in der österreichischen Politiklandschaft erarbeitet. Seine politische Reise begann als Personalvertreter der AUF/AFH (Aktionsgemeinschaft Unabhängiger und Freiheitlicher/Arbeitsgemeinschaft der Freiheitlichen Heeresangehörigen). Von dort aus führte ihn sein Weg an verschiedene Stationen, bis er schließlich Bundesminister für Landesverteidigung der Republik Österreich wurde. Diese Position bekleidete er vom 18. Dezember 2017 bis zum 22. Mai 2019.

Neben seiner politischen Tätigkeit auf nationaler Ebene ist Mario Kunasek auch auf regionaler und kommunaler Ebene aktiv. Seit dem 28. Mai 2019 ist er wieder Abgeordneter zum Landtag Steiermark, wo er als FPÖ-Klubobmann fungiert. Seine Wurzeln liegen in der Gemeinde Gössendorf, in der er von 2005 bis 2018 Ortsparteiobmann der FPÖ und von 2010 bis 2015 Mitglied des Gemeindevorstands war. Nach der Gemeinderatswahl 2015 übernahm er das Amt des Vizebürgermeisters.

Mario Kunaseks militärische Laufbahn begann mit dem Präsenzdienst im Jahr 1995, den er in St. Michael ableistete. Er absolvierte die Ausbildung zum Unteroffizier in Enns und Wien und war zwischen 1997 und 2005 beim Versorgungsregiment 1 in Graz tätig.

Mario Kunasek ist ein Mann mit klaren Überzeugungen und einem unermüdlichen Einsatz für seine Heimat und seine Mitbürger. Seine politische Arbeit zeichnet sich durch Entschlossenheit, Integrität und Leidenschaft aus. Für mich als einen von Mario Kunaseks engsten politischen Weggefährten ist die gelebte Bürgernähe jenes Attribut, das sein Wirken wohl am besten beschreibt. Zu jeder Tages- und Nachtzeit hat er ein offenes Ohr für die Anliegen und Sorgen der Bevölkerung.

Ich bin davon überzeugt, dass diese Biografie einen tiefen Einblick in das Leben und Wirken dieses außergewöhnlichen Politikers bietet. Ich wünsche

Ihnen viel Freude beim Lesen und hoffe, dass Sie die Erfahrungen und Erkenntnisse, die Sie in diesem Buch finden werden, inspirieren.

Ihr
Mag. Stefan Hermann, MBL

Einleitung

Der 17. Oktober 2015 – an diesem Tag wählte ein außerordentlicher Parteitag der steirischen FPÖ ihn mit 98,2 % der Delegiertenstimmen zum neuen Landesparteiobmann – war wohl der bisherige Höhepunkt im Leben des damals 39-jährigen Mario Kunasek. Ob jenes Ereignis dies für ihn auch aus heutiger Sicht, rund neun Jahre später, noch immer ist, muss hier offenbleiben, denn jener Oktobertag 2015 hat seither doch einige hochkarätige Konkurrenz bekommen. Mit dem Tag der Hochzeit Kunaseks und seiner Sabrina (16. Juni 2018), dem Tag der Geburt seines Sohnes Theo (30. Juni 2019) sowie dem Tag seiner Angelobung als Bundesminister für Landesverteidigung und Sport (18. Dezember 2017) gibt es mittlerweile, soweit wir wissen, zumindest drei weitere ernsthafte Anwärter auf den Spitzenplatz. Eine Rangfolge festzulegen, ist nicht die Aufgabe des Biografen, sondern die höchstpersönliche Wahl des hier Porträtierten. Von ihm selbst erfahren wir immerhin, dass seine Eheschließung mit Sabrina „die beste Entscheidung meines Lebens" war.[1] Über den feinen Unterschied zwischen bester Entscheidung und Höhepunkt eines Lebens ist hier nicht weiter zu spekulieren. Glücklich kann sich jedenfalls schätzen, wem eine solche erfreulich große Auswahl zur Verfügung steht.

Aber wer ist der Mensch, der all dies erleben durfte und der sich in jenen Monaten, in denen ich dieses Buch geschrieben habe, anschickt, den Anspruch auf den Sessel des Landeshauptmanns der Steiermark zu erheben? Dieser Band möchte das höchst ereignis- und abwechslungsreiche Leben Mario Kunaseks mit seinen wichtigsten Stationen vor dem Auge der geneigten Leser Revue passieren lassen, die auf diese Weise an einer bemerkenswerten Karriere teilhaben können, von der wir nicht wissen, wohin sie den Porträtierten noch führen wird. Gleichsam in die Wiege gelegt, durch Status und Herkommen vorgezeichnet, war sie ihm gewiss nicht; er hat diese Karriere aus eigener Kraft geschmiedet.

Naturgemäß geht es hier nicht darum, in jeden noch so verborgenen Winkel des Privat- und Familienlebens hineinzuleuchten und eine Art von Aufdeckerjournalismus, wenn nicht Voyeurismus, zu betreiben. Wenngleich Kindheit, Jugend und der erste, längere Zeit hindurch ausgeübte Beruf als Unteroffizier des Österreichischen Bundesheers – allesamt prägende Erfahrungen – ausgiebig

---

1 Webseite der FPÖ Steiermark: https://www.fpoe-stmk.at/team/landesparteiobmann. Alle in diesem Buch zitierten Webseiten wurden am 6. Mai 2024 zum letzten Mal aufgerufen.

zur Sprache kommen, steht doch der politische Weg Kunaseks im Mittelpunkt. Hieran dürfte im Superwahljahr 2024 wohl das größte öffentliche Interesse bestehen.

Als mit dieser Aufgabe betrauter Historiker ist es für mich eine Selbstverständlichkeit, keine Hagiografie, auf gut Steirisch: keine Lobhudelei, vorzulegen, Fakten nicht zu verdrehen oder wegzulassen, sondern das verfügbare Quellenmaterial nach bestem Wissen und Gewissen neutral auszuwerten und zu einem möglichst facettenreichen Bild zusammenzusetzen. Im Laufe eines jeden Lebens gibt es – wer wüsste das nicht – Höhen und Tiefen, Erfolge und Rückschläge und als Quintessenz aus all dem die Hoffnung, dass einem die Zukunft mehr Höhen und Erfolge als das ungeliebte andere bescheren möge. Mario Kunasek, das haben meine Recherchen zweifelsfrei ergeben, ist ein Mensch, der stets auf seine Kraft, die eigenen Leistungen und Anstrengungen vertraut. Dass einem im Leben wenig oder – eher die Regel – gar nichts geschenkt wird, ist ihm schon sehr früh klar geworden. Sein späterer hauptberuflicher Einstieg in die Politik konnte, ja musste diese Einsicht nur bestätigen. Der dem Dichter und Sprachgelehrten der Barockzeit Justus Georg Schottel, genannt Schottelius (1612–1676), dem Sohn eines evangelisch-lutherischen Pastors, zugeschriebene Ausspruch „Hilf dir selbst, dann hilft dir Gott!" mag auf den ersten Blick für den Katholiken Kunasek nicht ganz passend wirken, er trifft trotzdem exakt ins Schwarze.

Als Quellen dieses sich dem Objektivitätsgebot der Geschichtswissenschaft verpflichtet fühlenden Buches dienten in erster Linie die (zeit)geschichtliche Fachliteratur, Medienberichte, darunter FPÖ-Zeitungen, Werbematerialien, Protokolle der FPÖ-Gremien und parlamentarischer Körperschaften, wie des Landtags Steiermark und des Nationalrats, sowie Interviews mit dem Protagonisten und etlichen seiner Weggefährten, denen ich für ihre Bereitschaft, mir Rede und Antwort zu stehen und sich meinem mitunter hartnäckigen Nachfragen zu stellen, herzlich danke. Ein aufrichtiger Dank gilt ebenso meiner aufmerksamen Lektorin, Mag. Heike Pekarz, und dem Team des Stocker-Verlags.

Da sämtliche Genderschreibweisen dem hier Porträtierten ein ebensolcher Gräuel sind wie mir, verwende ich in diesem Buch das generische Maskulinum. Bei allen im Text genannten Personen führe ich akademische und sonstige Titel in der Regel nur bei der ersten Erwähnung an. Meine erläuternden Zusätze zu wörtlichen Zitaten stehen in eckigen Klammern. Prozentangaben sind auf eine Kommastelle auf- oder abgerundet.

Univ.-Dozent Dr. Martin Moll
Anfang Mai 2024

1 Mario Kunaseks Kindheit und Jugend

Das Elternhaus

Mario Kunasek wurde am 29. Juni 1976, einem Dienstag, im Landeskrankenhaus Graz geboren. Die Geburtszeit 4 Uhr 45 hätte zwar nicht zum Neujahrsbaby gereicht, ein Frühaufsteher (oder nachtaktiv, je nachdem) war der Junge aber zweifellos. Die Geburtsurkunde verzeichnet als Eltern den 1948 geborenen selbstständigen Transportunternehmer Herbert August Kunasek und Friederike Kunasek, geborene Halwachs (Geburtsjahrgang 1956); bei der Mutter ist in der Rubrik Religionszugehörigkeit „röm.-kath." vermerkt (Abb. 1). Als das Standesamt die Urkunde 1995 erneut ausstellte, waren dafür eine Verwaltungsabgabe von 20 Schilling zu entrichten und eine Stempelmarke im Wert von 60 Schilling aufzukleben; in einem ging es nicht.[2] Bürokratie in Österreich, möchte man meinen. Der umgerechnete Wert von zusammen nicht einmal sechs Euro hat seinerzeit vermutlich nicht einmal den für die Einhebung erforderlichen Verwaltungsaufwand abgedeckt.

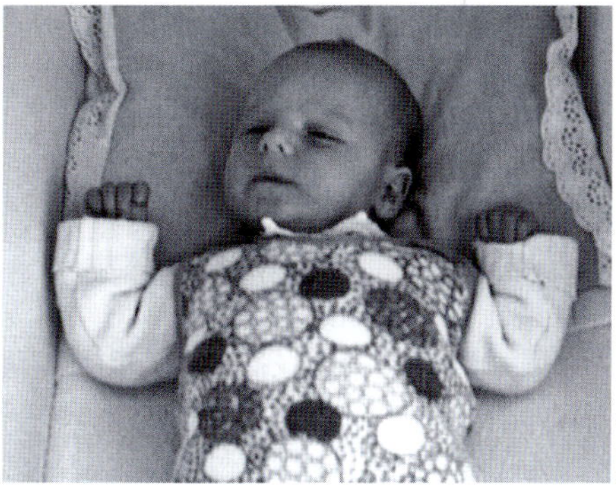

Quelle: Sammlung Kunasek

▸ **Abb. 1: Der kleine Mario Kunasek, Ende 1976**

Kunaseks Mutter war mit rund 19 Jahren sehr jung, als sie ihn zur Welt brachte. Von Seiten des Vaters gab es bereits die ältere Halbschwester Andrea. 1989 bekamen die Eltern noch eine Nachzüglerin, Mario Kunaseks Schwester Carina, die später Krankenschwester wurde.

2 Standesamt der Landeshauptstadt Graz, Eintragungsnummer 2662/1976. Geburtsurkunde Mario Kunasek, (wieder)ausgestellt am 20. Juni 1995. Fotokopie dem Verfasser zur Verfügung gestellt.

Mario Kunasek verbrachte die ersten knapp sechs Jahre seines Lebens in Graz. Er und seine Halbschwester wuchsen mit den Eltern in einer mit nicht einmal 50 Quadratmetern für eine vierköpfige Familie recht kleinen Wohnung in der Triestersiedlung im Süden der Stadt auf; die Adresse lautete: Sechsundzwanziger-Schützen-Gasse. Diese am Vorbild der Gemeindebauten des roten Wiens orientierte Siedlung begann in den 1920er-Jahren, als Graz mit Vinzenz Muchitsch (1873–1942) ebenfalls einen sozialdemokratischen Bürgermeister hatte, zu entstehen. Sie ist der älteste zusammenhängende Siedlungsbau in Graz, der Wohnraum für rund 9.000 Menschen bereitstellt. Als die Kunaseks dort lebten, galt der Bereich rund um die Triesterstraße nicht gerade als Grazer Villengegend, woran sich seither nichts geändert hat. Die gegenwärtig dort anzutreffende, besonders hohe Konzentration ausländischer Bewohner gab es damals freilich noch nicht.

Quelle: Sammlung Kunasek

▸ **Abb. 2: Immer schon lieber im Freien als in der Stube**

Marios beide Eltern waren stets berufstätig; auch Kunaseks Mutter arbeitete, natürlich von Karenzzeiten unterbrochen, als Sekretärin beim Vorgänger der heutigen Steiermärkischen Krankenanstaltengesellschaft. Das Ehepaar war weder politisch noch religiös sonderlich engagiert; beides hielt sich im üblichen Rahmen, wenngleich eine gewisse freiheitliche Denkweise vorherrschte. Bei den noch stärker durch ihre ländliche Herkunft geprägten Großeltern spielte der Katholizismus eine etwas größere Rolle (Abb. 2).[3]

Volksschulzeit in Vasoldsberg

Vor dem Eintritt in die Volksschule zog der im sechsten Lebensjahr stehende Mario Kunasek 1981 für rund fünf Jahre zu seinen mütterlichen Großeltern Johann und Frieda Halwachs nach Vasoldsberg, was insbesondere seiner Mutter ihre weitere Berufstätigkeit erleichterte. Diese 1329 erstmals urkundlich erwähnte, rund zehn Kilometer südöstlich von Graz im Bezirk Graz-Umge-

3 Interview mit Mario Kunasek, 26. Februar 2024. Zur Unterscheidung von der ebenfalls interviewten Sabrina Kunasek wird bei künftigen Zitaten aus diesem Gespräch, anders als bei den übrigen Befragten, der Vorname hinzugefügt.

bung gelegene Gemeinde, von einer direkten Nachbarschaft zu Graz durch die Gemeinde Raaba-Grambach getrennt, mit heute rund 4.800 Einwohnern, einer Fläche von 28 Quadratkilometern, zwei Postleitzahlen und vier Telefonvorwahlen ist in den letzten Jahrzehnten stark gewachsen. Als Kunasek dort lebte, lag die Einwohnerzahl bei rund 3.000. Die Gegend war seinerzeit noch stärker ländlich geprägt als heute, da sie zum Grazer Speckgürtel zählt und die Wohnsitze vieler, die arbeitsbedingt nach Graz und zurück pendeln, beherbergt. Noch kurz vor der Jahrtausendwende wurden in Vasoldsberg immerhin 739 Rinder, 1.065 Schweine und mehr als 22.000 Stück Geflügel auf 263 landwirtschaftlichen Betrieben gezählt.[4]

Ein bis heute wichtiger Wegbegleiter und Freund seit Kunaseks früher Kindheit ist der etwa ein halbes Jahr jüngere Raimund Hilzensauer, seit 2016 FPÖ-Bezirksparteisekretär im Bezirk Graz-Umgebung. Die Mütter der beiden lernten sich kennen, als sie ihre Babys im Kinderwagen spazieren führten; man wohnte ja nahe beieinander. Die beiden Buben schlossen eine lebenslange Freundschaft und verbrachten den Großteil ihrer Freizeit zusammen. Jahre später waren sie wechselseitig Trauzeugen bei allerdings mittlerweile geschiedenen Ehen. Kunasek ist obendrein der Firmpate von Hilzensauers Sohn. Sie spielten auf öffentlichen Spielplätzen Basket- und Fußball, doch nur der weitaus sportlichere Mario trat zu diesem Zweck einem Verein bei, in diesem Fall Sturm Graz, wo er zeitweilig neben dem damaligen Star Mario Haas dem Ball nachjagte (Abb. 3). Ohne vorgreifen zu wollen: Etliche Jahre später traten die beiden Freunde in den Ring Freiheitlicher Jugend (RFJ) ein und legten damit den Grundstein für ihre politischen Karrieren.[5]

Quelle: Sammlung Kunasek

▸ **Abb. 3: Kunaseks (hockend rechts) erste Schritte in den Vereinssport**

4 Josef Riegler (Hrsg.): Geschichte und Topographie des Bezirkes Graz-Umgebung. Bezirkslexikon (= Große geschichtliche Landeskunde der Steiermark Band 6/II; Graz 2023), S. 709–716.

5 Interview mit Raimund Hilzensauer, 1. Februar 2024. Einige Fotos aus Kunaseks Kindheit und Jugend mit knappen Erläuterungen in: Intern Nr. 14 (April 2015), S. 12 f.

Mario Kunasek besuchte bis zum Schuljahr 1985/86 die Volksschule Vasoldsberg. Jahreszeugnisse sind für die letzten beiden Jahre, also die 3. und 4. Klasse, erhalten. Da sich die Bezeichnungen der unterrichteten Gegenstände seither doch erheblich verändert haben, seien die damaligen Namen angeführt: Religion, Sachunterricht, Deutsch/Lesen, Mathematik, Musikerziehung, Bildnerische Erziehung/Schreiben, Werkerziehung und Leibesübungen. Marita Stuckel, Kunaseks Lehrerin in diesen beiden Jahren, gab ihm im letzten Zeugnis vom 4. Juli 1986, knapp eine Woche nach seinem zehnten Geburtstag, lediglich in Werkerziehung einen Zweier, sonst nur Einser. In Deutsch hatte sich Kunasek gegenüber der 3. Klasse ebenfalls auf einen Einser verbessert. Darüber hinaus nahm er an den verbindlichen Übungen Englisch und Verkehrserziehung teil. Nicht zu vergessen: Das „Verhalten in der Schule" wurde stets mit „sehr zufriedenstellend" beurteilt.[6]

Kunasek hat an seine Volksschulzeit nur schöne Erinnerungen und definiert sich selbst als strebsamen Schüler. Seine mittlerweile hundertjährige Oma mütterlicherseits machte mit ihm die Aufgaben, daneben verbrachte er viel Zeit im Freien, vor allem mit Fußballspielen. Seinen Großvater erlebte er wie einen Vater. Nach Absolvierung der Volksschule kehrte Kunasek wieder nach Graz bzw. in die elterliche Wohnung in der Sechsundzwanziger-Schützen-Gasse zurück.[7]

Gymnasiast in Graz

Mit dem Schuljahr 1986/87 wechselte Kunasek ins Bundesgymnasium Pestalozzi in der gleichnamigen Straße in Graz. Der Übertritt von der Volksschule ins doch anspruchsvolle Gymnasium, von der Landgemeinde in die Großstadt scheint nicht völlig reibungslos vonstatten gegangen zu sein. Kunasek empfand den Wechsel wie einen „Kulturschock"; auch der Schulweg – in Vasoldsberg nur wenige Meter – war nun wesentlich länger. Der Elfjährige fand sich nicht sofort zurecht; jedenfalls weist das erste Jahreszeugnis vom 10. Juli 1987 eine bunte Notenmischung mit drei Vierern auf; die Bestnote gab es nur in Religion und Leibesübungen. Die Teilnahme an der unverbindlichen Übung Fußball ist ohne Benotung vermerkt. An diesem Bild eines durchschnittlichen Schülers, der freilich niemals ein Nichtgenügend ausfasste, änderte sich in den folgenden Jahren nicht viel. Die Einser in Leibesübungen sind die einzige Konstante. Brenzlig wurde es allerdings im vierten und letzten Jahr der Unterstufe, als

6 Jahreszeugnisse der Volksschule Vasoldsberg, Schuljahre 1984/85 und 1985/86. Fotokopien im Besitz des Verfassers.

7 Interview Mario Kunasek.

Kunasek durchzufallen drohte. Nach dem ersten Semester der 8. Schulstufe (4. Klasse Gymnasium) wechselte Kunasek vom Pestalozzigymnasium in die Albert Schweitzer Hauptschule (heute Mittelschule) am anderen, rechten Murufer unweit seines bisherigen Gymnasiums, wo er das Schuljahr 1989/90 beendete. Das obligatorische 9. Schuljahr absolvierte er 1990/91 im ersten Jahrgang der Höheren Technischen Bundeslehranstalt in der Grazer Ortweingasse.[8]

Lehrling beim Autohaus Vogl & Co.

Sein weiterer Bildungsweg führte Mario Kunasek in eine Lehre. Hier konnte er seine eher im Praktischen liegenden Talente besser entfalten. Ein erster Anlauf als Angestelltenlehrling (Speditionskaufmann) bei der Grazer Spedition Lafer endete bereits nach einem Monat, da das Unternehmen in den Konkurs schlitterte und nicht fortgeführt wurde. Im zweiten Anlauf sollte es dann umso besser klappen.

Nach wie vor mit seinen Eltern in der Grazer Sechsundzwanziger-Schützen-Gasse wohnhaft, schlossen Mario Kunasek, sein Vater als gesetzlicher Vertreter sowie die Vogl & Co Autoverkaufsgesellschaft m.b.h., ein damals auf die Marke Renault spezialisiertes, großes Grazer Autohaus, am 23. September 1991 einen Lehrvertrag ab. In einer vier Jahre dauernden Lehre sollte Kunasek zum Kraftfahrzeugmechaniker und Kraftfahrzeugelektriker ausgebildet werden. Die Lehrlingsentschädigung dürfte bloß die im Kollektivvertrag als Minimum festgelegte gewesen sein, da die entsprechende Rubrik im Lehrvertrag keine davon abweichende Summe nennt. Es war nicht unbedingt Kunaseks Traumberuf, sondern eine aus der Not bzw. dem erwähnten Konkurs seines ersten Lehrbetriebs hervorgegangene Lösung (Abb. 4).[9]

Quelle: Sammlung Kunasek

▸ **Abb. 4: Lehrjahre sind keine Herrenjahre …**

8 Ebda. Jahreszeugnisse des Bundesgymnasiums Pestalozzistraße, Schuljahre 1986/87 und 1988/89. Schulbesuchsbestätigung der HTL Ortweingasse, 12. September 1990. Fotokopien im Besitz des Verfassers.

9 Interview Mario Kunasek. Lehrvertrag mit Vogl & Co., 23. September 1991. Fotokopie im Besitz des Verfassers.

Die für diesen Lehrberuf zuständige Berufsschule befand sich im südweststeirischen Arnfels (Bezirk Leibnitz), nahe der Grenze zum gerade erst unabhängig gewordenen Slowenien. Kunaseks Jahreszeugnisse fielen jetzt besser aus als im Pestalozzigymnasium: weniger oder gar keine Vierer, mehr Zweier und Dreier und eine sprunghafte Verbesserung in Englisch, dessen Kenntnisse die Lehrer in den ersten drei Jahren in Arnfels durchgehend mit einem Einser benoteten. Kunasek besuchte in allen vier Jahren den Freigegenstand Religion. Am 24. Oktober 1995, rund vier Monate nach seinem 19. Geburtstag, bestand er die Lehrabschlussprüfung als Kraftfahrzeugmechaniker.[10] Um diese Prüfung ablegen zu können, musste er um Urlaub bitten, da er bereits am 1. Oktober dem Ruf des Vaterlandes gefolgt war und die Uniform des Österreichischen Bundesheers trug. Kunaseks Tätigkeit für Vogl & Co. war einige Tage davor zu Ende gegangen.

Jugendfreund Hilzensauer, der ebenfalls bei dieser Firma eine Lehre absolvierte, berichtet von positiven Erinnerungen an diese Zeit, wenngleich Lehrlinge damals nicht so umworben waren wie heute; es war selbstverständlich, dass sie alle Arten von Tätigkeiten, auch die niedrigsten, zu verrichten hatten. Das Duo hält bis heute den Kontakt zum einstigen Lehrbetrieb. Wenn Kunasek nach dem Ende seiner Berufsausbildung nicht bei Vogl & Co. blieb, so hatte dies doch teilweise mit negativen Eindrücken zu tun. Vor allem gegen Ende seiner Lehrzeit hatte er es mit einem neuen Meister zu tun, einer schwierigen Person, die das Arbeiten mühsam machte und das Betriebsklima verschlechterte. Es lag daher nahe, sich neu zu orientieren. Nun begann ein neuer, Kunaseks Leben für viele Jahre prägender Abschnitt.[11]

10 Jahreszeugnisse der Berufsschule Arnfels 1991/92 bis 1994/95. Fotokopien im Besitz des Verfassers.

11 Interviews Hilzensauer und Mario Kunasek.

2 Vom Grundwehrdiener zum Berufssoldaten

Grundwehrdienst und Entschluss, beim Bundesheer zu bleiben

Vom 1. Oktober 1995 bis zum 31. März 1996 leistete Kunasek den Grundwehrdienst in der obersteirischen Kaserne St. Michael beim dort stationierten Jägerregiment 10 ab.[12] Eigenen Angaben zufolge hegte er in dieser Zeit den Wunsch, trotz seiner abgeschlossenen Lehre Polizist zu werden. Dafür war die Ableistung des Grundwehrdiensts eine unabdingbare Voraussetzung; Zivildiener nahm die Polizei, anders als heute, seinerzeit nicht auf. Bevor sich diese Pläne materialisieren konnten, erging just 1995 ein Aufnahmestopp für den Polizeidienst; Kunaseks Traum war damit wenigstens fürs Erste ausgeträumt, die Alternative stand jedoch schon bereit. Kunasek gefiel es beim Bundesheer immer besser und die dort herrschende Kameradschaft beeindruckte ihn zutiefst.[13]

Ein Grund, sich nicht sofort für eine militärische Laufbahn zu entscheiden, kann gewesen sein, dass Kunasek den zu dieser Zeit bereits recht kläglichen Zustand der Ausstattung seines Regiments am eigenen Leib erlebte. Jedenfalls erinnerte er sich noch mehr als zwei Jahrzehnte später, 2018 als nunmehriger Verteidigungsminister im Zuge einer Parlamentsrede, an seine damaligen Eindrücke: „Ich bin 1995 im damaligen Jägerregiment 10 in St. Michael eingerückt, und wir sind damals schon mit Reisebusunternehmen in den Gefechtsdienst gefahren, weil bereits damals bei der Jägertruppe entsprechende Transportkapazitäten gefehlt haben."[14]

---

12 Dieses Kapitel beruht, wenn nicht anders angegeben, auf den dem Verfasser zur Verfügung gestellten Militärunterlagen Mario Kunaseks. Aufgrund der Vielzahl dieser Dokumente wird auf Einzelnachweise verzichtet.

13 Interview Mario Kunasek.

14 https://www.parlament.gv.at/dokument/XXVI/NRSITZ/19/fname_706416.pdf, S. 290. Sitzung vom 18. April 2018.

Im April und Mai 1996 absolvierte Kunasek Truppen- und Kaderübungen, die zur Vorbereitung auf eine spätere Verwendung als Milizunteroffizier dienten. Sein Entschluss, beim Bundesheer zu bleiben und eine Unteroffizierslaufbahn einzuschlagen, stand aber nun fest, denn er meldete sich noch während des sechsmonatigen Grundwehrdiensts am 14. Februar 1996 zum weiteren Wehrdienst als Zeitsoldat. Mitte März wurde diese Meldung akzeptiert; der für sechs Monate anberaumte weitere Dienst sollte am 1. Juni beginnen. Der knappe Begriff Zeitsoldat fiel bald der damals bereits einsetzenden Gendersprache zum Opfer. Stattdessen hieß es dann umständlich „Militärperson auf Zeit".

Kunasek durchlief in recht kurzer Zeit die Mannschaftsdienstgrade (Gefreiter, Korporal und Zugsführer). In den Monaten Juni, Juli und August 1996 diente er nach seiner Versetzung bei der 1. Ausbildungskompanie des Grazer Versorgungsregiments 1 (VR 1), bei dem im Unterschied zu St. Michael gerade eine Zeitsoldatenstelle frei war. Kunasek konnte sie nach „Überwindung einiger bürokratischer Hürden" antreten, da sich seine Kameraden für den aufstrebenden jungen Mann, der so gut mit Menschen umzugehen verstand, einsetzten.[15] Für eine dauerhafte Anstellung beim Bundesheer, die auch weitere Aufstiegs- und Beförderungsmöglichkeiten eröffnete, waren jedoch die Ausbildung zum Unteroffizier sowie nach deren Beendigung weitere spezielle Schulungen erforderlich.

Ausbildung zum Unteroffizier

Um überhaupt diese Laufbahn antreten zu können, waren allerhand Auswahlverfahren zu überstehen, die unter anderem die physische Belastbarkeit testeten. Jugendfreund Hilzensauer erinnert sich noch heute daran, dass ihm Kunasek, den er weiterhin beinahe täglich traf, einmal nach einem über Dutzende Kilometer führenden Marsch seine Füße zeigte: Sie waren mit Blasen und Abschürfungen übersät.[16] Darüber hinaus waren vorbereitende Kurse zu durchlaufen, in Kunaseks Fall zwischen August und Dezember 1996 ein zweiteiliger Unteroffizierslehrgang beim Kommandobataillon 1 in Graz und danach an der in Wien beheimateten Heeresversorgungsschule, die diesen Kursteil jedoch praktischerweise an das VR 1 in Graz auslagerte. Über das Erlernte waren im September und Dezember 1996 die ersten beiden Teilprüfungen der insgesamt

---

15 Interview mit Vizeleutnant Jürgen Hofer, 11. März 2024. Hofer ist ein Jahr älter als Kunasek. Er war einer seiner ersten Ausbilder beim VR 1 und diente viele Jahre lang Seite an Seite mit ihm.

16 Interview Hilzensauer.

vierteiligen Dienstprüfung abzulegen, wovon der damalige Korporal Kunasek die zweite Prüfung in drei von fünf Fächern (Waffen- und Gerätelehre, Führen im Einsatz sowie Versorgung und Materialerhaltung) mit Auszeichnung bestand. Die für Kunasek in Aussicht genommene Waffengattung bzw. Fachrichtung war aufgrund des von ihm beim VR 1 besetzten Dienstpostens der Feldzeugdienst.

Wie sämtliche Bewerber musste sich auch Kunasek einer psychologischen Eignungsfeststellung durch den Heerespsychologischen Dienst unterziehen, die er Ende August 1996 mit der Einstufung „geeignet" bestand. Wie immer man die Aussagekraft solcher Tests bewerten mag: Einige Details sind doch von Interesse. Gute Bewertungen erhielt Kunasek bei den Teilaspekten verbal-logische Intelligenz, Handlungsintelligenz, Merkfähigkeit, Schnelligkeit der Wahrnehmung und Belastungsfähigkeit. Eher schwach ausgeprägt waren hingegen Konzentration und Frustrationstoleranz, während es für die Bewährung bei sozialer Exponiertheit die Bestnote gab.

An der Heeresunteroffiziersakademie in Enns

Wenig später war dann die erste Hürde geschafft: Mit 1. Februar 1997 erfolgte Kunaseks Dienstzuteilung, wie es militärisch korrekt heißt, zur Heeresunteroffiziersakademie in der Towarek Schulkaserne im oberösterreichischen Enns. Die Stadt hatte um die Jahrtausendwende rund 10.500 Einwohner. Sie liegt im Bezirk Linz-Land an den Flüssen Donau und Enns. Die erwähnte Kaserne wurde wenige Jahre vor dem Ersten Weltkrieg als Militärunterrealschule bzw. Kadettenschule erbaut (Abb. 5). Benannt ist sie seit 1967 nach Oberst Rudolf Towarek (1885–1959), einem Offizier der Habsburgerarmee und des Bundesheers der Ersten Republik, der unter anderem Kommandant der Theresianischen Militärakademie war, als sie in der Zwischenkriegszeit zeitweilig in Enns logierte, bevor sie 1934 nach Wiener Neustadt zurückkehrte. In dieser Funktion verweigerte Towarek beim „Anschluss" Österreichs an NS-Deutschland im März 1938 den geforderten Eid auf den „Führer" und

Quelle: www.bmlv.gv.at/karriere/unteroffizier/pdf/traditionspflege.pdf

▸ **Abb. 5: Historische Postkarte mit der späteren Towarek-Kaserne** wurde daher zwangspensioniert. Die acht Jahre nach Towareks Tod erfolgte Benennung der Ennser Kaserne nach ihm ist folglich bis heute politisch unumstritten. Anfang 1959 richtete das 1955 aufgestellte Bundesheer in dieser Kaserne die damals so bezeichnete Heeresunteroffiziersschule als die zentrale Ausbildungsstätte seiner Unteroffiziere ein. Da diese Ausbildung 1995, also rund zwei Jahre vor Kunaseks Eintritt, neu strukturiert wurde, erfolgte parallel die als Aufwertung gedachte Umbenennung zur Heeresunteroffiziersakademie (HUAk).

In Enns verbrachte Kunasek in etwa das erste Halbjahr 1997, bevor er am 27. Juni dieses Jahres, mittlerweile seit 1. Jänner zum Zugsführer befördert, den letzten Teil der Dienstprüfung des Unteroffizierslehrgangs bestand.[17] Einer seiner Kameraden erinnert sich schmunzelnd daran, dass der stets umtriebige und an vielen Fronten, nicht nur militärischen, beschäftigte Kunasek wenig Zeit zum Büffeln des Lernstoffs hatte und daher am Vorabend der Prüfung heimlich eine Kirche aufsuchte, um ein Stoßgebet zum Himmel zu schicken und göttlichen Beistand zu erbitten, den er offensichtlich auch erhielt.[18]

Prüfungsstoff

Die geprüften Fächer waren mittlerweile auf acht angewachsen, darunter zivil anmutende: Verfassungsrecht und Behördenorganisation, Dienst- und Besoldungsrecht, Verfahrensrecht, Wehrrecht, Wehrpolitische Ausbildung, Heereskunde und Gefechtsmittellehre, Ausbildungsmethodik und Führungsverhalten sowie Körperausbildung. Apropos Sport: Die ebenfalls auf den Zeugnissen penibel vermerkten sportlichen Leistungen Kunaseks hatten sich in Enns im Vergleich zur in Graz abgelegten zweiten Teilprüfung binnen vier Monaten deutlich verbessert: beim 2.400-Meter-Lauf von 9 Minuten 39 Sekunden auf 9 Minuten 20 Sekunden und beim Hindernislauf von 4 Minuten 12 Sekunden auf 3 Minuten 40 Sekunden. Auf das Zeugnis, betreffend die vier bestandenen Teilprüfungen, war natürlich wieder eine Stempelmarke aufzukleben, in diesem Fall eine im Wert von 120 Schilling (rund neun Euro).

Wenige Tage vor dieser (vorläufig) letzten Prüfung, als die eigentliche Ausbildung an der HUAk bereits beendet war und die Teilnehmer sich aufs Lernen konzentrierten, verfasste der Lehrgangsleiter, Hauptmann Dieter Muhr (gegenwärtig Brigadier und Militärkommandant von Oberösterreich), eine verbale

17 Es handelte sich Ende Juni 1997 um die dritte Teilprüfung, da Kunasek die vierte vorgezogen und bereits im April abgelegt hatte.

18 Interview Hofer.

Beurteilung des Aspiranten Kunasek, die es wert ist, hier vollständig zitiert zu werden, weil sie dokumentiert, welch hoher Wert an dieser Einrichtung nicht bloß auf das Erlernen des eigentlichen militärischen Handwerks, sondern zugleich auf die didaktische Befähigung zur effektiven Weitergabe dieses Wissens beispielsweise an Rekruten gelegt wurde:

„Zgf [Zugsführer] KUNASEK war auf seine Lehrauftritte fachlich immer gut vorbereitet. Die Auswahl der passenden Methoden zu den jeweiligen Ausbildungsstufen gelang ihm meistens sehr gut. Er hat auch die Wichtigkeit der Ausbildungsgrundsätze erkannt, gut in die Praxis umgesetzt und die Lernschritte zielorientiert und aufbauend gesetzt. Bei den Nachbesprechungen von Lehrauftritten anderer Kursteilnehmer brachte er sich immer gut ein und zeigte auch während des Unterrichtes gute Mitarbeit. Sein Ausbildungsverhalten vor der Gruppe [8–10 Mann] war sehr sicher und korrekt. Während des III. Abschnittes zeigte er ein hohes Maß an Verantwortungsbewußtsein und Engagement. Sein Auftreten (Verhaltensregeln für Soldaten) während des III. Abschnittes war sehr korrekt und vorbildlich. Zgf KUNASEK wird daher als SEHR GUT GEEIGNET beurteilt."

Geschafft: Beförderung zum Wachtmeister

Im Anschluss an seine an der HUAk absolvierte Ausbildung wurde Kunasek zum Wachtmeister, dem ersten Unteroffiziersrang, befördert. Er besetzte ab 1. Dezember 1997 die Planstelle einer Militärperson auf Zeit, bis die von der 1. Ausbildungskompanie des VR 1, zu der Kunasek nach Ende seiner Ausbildung in Enns zurückgekehrt war, „auf Grund seiner ausgezeichneten Dienstleistung" im Jänner 1998 beantragte Einteilung auf einen freien Arbeitsplatz bei dieser Kompanie einige Monate später bewilligt wurde. Für Militärpersonen auf Zeit war eine (nach der ersten Angelobung als Grundwehrdiener) weitere, in diesem Fall schriftliche Ablegung eines Gelöbnisses gefordert, das zu Kunaseks Zeiten folgenden (wie viele Dokumente dieser Zeit in der alten Rechtschreibung verfassten) Wortlaut hatte: „Ich gelobe, daß ich die Gesetze der Republik Österreich befolgen und alle mit meinem Amte verbundenen Pflichten treu und gewissenhaft erfüllen werde." Ernennung und Angelobung begründeten ein zeitlich begrenztes, öffentlich-rechtliches Dienstverhältnis.

Nach Graz zum VR 1 zurückgekehrt, diente Kunasek erneut als Kommandant einer Ausbildungsgruppe im Feldzeugdienst in der Gablenz-Kaserne in Graz-Straßgang, in der heute unter anderem das Militärkommando Steiermark untergebracht ist. Das Bundesheer baute diese Kaserne, deren Ursprünge auf Baracken der deutschen Wehrmacht zurückgehen, ab 1959 sukzessive aus.

1967 erhielt die Anlage ihren heutigen Namen nach Ludwig Karl Wilhelm Freiherr von Gablenz (1814–1874), einem gebürtigen Sachsen, der 1833 in österreichische Dienste trat, sich in den Kriegen von 1848, 1859, 1864 und 1866 bewährte und nach dem Deutsch-Dänischen Krieg von 1864, an dem Österreich als Gegner Dänemarks teilnahm, kurzzeitig als Statthalter des vorläufig Österreich zugesprochenen, bisher dänischen Holstein amtierte. Als Folge des Börsenkrachs von 1873 verlor der mittlerweile als General der Kavallerie pensionierte Gablenz sein gesamtes Vermögen, woraufhin er sich im Jahr darauf das Leben nahm.

Die Vereinten Nationen in Bosnien-Herzegowina

Für Berufssoldaten ist es nichts Ungewöhnliches, in regelmäßigen Abständen zu anderen Standorten versetzt zu werden und auf diese Weise ihr Heimatland kennenlernen zu können, wenngleich dieses, verglichen mit der Habsburgermonarchie, recht klein geworden ist. Kunasek hielt es nicht auf Dauer in der Gablenz-Kaserne, er wollte im Rahmen seines Dienstes andere Regionen Europas kennenlernen, wofür die Auslandseinsätze des Bundesheers als Teil von Friedenstruppen der Vereinten Nationen (VN) die passende Gelegenheit boten. Der Staat als Dienstgeber erwartete außerdem von seinem Kaderpersonal solche freiwilligen Meldungen ins Ausland; sie waren nicht zu umgehen, wollte man künftig aufsteigen. Nach einem einmonatigen Grenzsicherungseinsatz im Herbst 1997 an der burgenländisch-ungarischen Grenze nach § 2 Abs 1 lit b des Wehrgesetzes meldete sich Kunasek im Jahr darauf für einen Auslandseinsatz, der ihn ab Mitte Februar 1999 in das von Krieg und Bürgerkrieg geschüttelte Bosnien-Herzegowina führte.

Nach dem Zweiten Weltkrieg war das 1941 untergegangene Jugoslawien wiedergegründet worden; das multiethnische und multireligiöse Bosnien-Herzegowina bildete eine seiner sechs Teilrepubliken. In den Jahren nach dem Tod des Staatsgründers, des Partisanenführers des Weltkriegs und Chefs der Kommunistischen Partei des Landes, Josip Broz, genannt Tito (1892–1980), im Mai 1980 setzten jedoch Auflösungsprozesse ein, die Ende Juni 1991 mit den Unabhängigkeitserklärungen der bisherigen Teilrepubliken Slowenien und Kroatien einen vorläufigen Höhepunkt erreichten. Bosnien-Herzegowina erklärte sich ein Jahr darauf ebenfalls für unabhängig. Serbien als die bis dahin tonangebende Teilrepublik wollte diesen Zerfall jedoch mit Waffengewalt stoppen bzw. rückgängig machen, was in einen jahrelangen Bürgerkrieg mündete.

In Bosnien-Herzegowina kam es zu besonders blutigen und langwierigen Kämpfen mit vielfach wechselnden Allianzen und Frontstellungen zwischen (jeweils mehrheitlich) katholischen Kroaten, orthodoxen Serben und muslimischen Bosniaken. Sarajewo wurde jahrelang von serbischen bzw. von Truppen der bisherigen Jugoslawischen Volksarmee belagert und beschossen. Immer wieder kam es zu als „ethnische Säuberungen" verbrämten Vertreibungen und Tötungen, unter denen das von bosnischen Serbenmilizen im Juli 1995 verübte Massaker von Srebrenica mit rund 8.000 Opfern bis heute am bekanntesten ist. Es war also höchste Zeit, dass die Internationale Gemeinschaft diesem Wüten mitten in Europa ein Ende setzte, wenngleich ausgerechnet die Morde in Srebrenica praktisch vor den Augen einer hilflosen niederländischen Blauhelmtruppe stattgefunden hatten.[19]

Zu dieser Zeit konnte das Bundesheer bereits auf eine beinahe 40-jährige Geschichte seiner Friedensmissionen außerhalb Österreichs zurückblicken. Erstmals hatte es 1960 im Auftrag der VN ein Sanitätskontingent in den Kongo entsandt.[20] Es folgten weitere Einsätze unter anderem auf der Mittelmeerinsel Zypern, in Kambodscha, im afrikanischen Liberia und auf den zwischen Israel und Syrien gelegenen Golan-Höhen, dort immerhin in Bataillonsstärke. Von Februar bis Dezember 1996 entsandte das Bundesheer das Austrian Logistic Contingent nach Bosnien-Herzegowina, wo es der Implementation Force (AUSLOG/IFOR) angehörte, einer seit Dezember 1995 unter NATO-Kommando stehenden internationalen Friedenstruppe. Im Dezember 1996 erfolgte die Umbenennung in Stabilization Force (SFOR). Deren rechtliche Basis bildete die am 12. Dezember dieses Jahres vom Sicherheitsrat der VN verabschiedete Resolution 1088, die das frühere Mandat der IFOR auf die SFOR übertrug und zugleich verlängerte. Vorausgegangen waren das am 21. November 1995 unter massivem internationalem Druck von den Konfliktparteien im Jugoslawienkrieg paraphierte Friedensabkommen von Dayton (Ohio, USA) und der am 14. Dezember in Paris unterschriebene Friedensvertrag, dessen militärische Aspekte IFOR und später SFOR umzusetzen hatten.

An der SFOR beteiligten sich insgesamt 39 mehrheitlich europäische Staaten, die auf deren Höhepunkt eine rund 30.000 Mann starke Truppe stellten. Aufgrund der VN-Resolution stand der Beteiligung neutraler Staaten (neben Österreich noch Schweden, Finnland und Irland) nichts im Weg. Zu den Aufgaben der SFOR zählten die Verhinderung weiterer Feindseligkeiten in Bosnien, die Stabilisierung des Friedensprozesses sowie ganz allgemein die Wiederherstellung (halbwegs) normaler Verhältnisse. Das Mandat der SFOR endete

19 Vgl. zuletzt György Dalos: Die Jugoslawienkriege 1992–1999 (Erfurt 2023).

20 Vgl. Erwin A. Schmidl: Blaue Helme – Rotes Kreuz: Das österreichische UN-Sanitätskontingent im Kongo, 1960–1963 (= Peacekeeping-Studien Band 1; Innsbruck 2010).

Anfang Dezember 2004; seither nimmt die Aufgaben, soweit noch erforderlich, die EUFOR, eine unter der Leitung der Europäischen Union stehende Truppe, wahr.[21]

Am 12. Dezember 1995 beschloss der österreichische Ministerrat, drei Tage später gefolgt vom Nationalrat, die Entsendung einer rund 300 Mann starken Transporteinheit (AUSLOG/IFOR), zunächst auf ein Jahr begrenzt und aus Freiwilligen zusammengesetzt, die sich jeweils für sechs Monate verpflichteten. Der Personalaustausch sollte jeweils im Februar und im August stattfinden; eine Verlängerung der Freiwilligenmeldung war möglich. Jeder, der sich meldete, wurde in sportlicher, medizinischer und psychologischer Hinsicht auf seine Einsatztauglichkeit getestet. Für die Vorbereitung und Abwicklung der Aktion war innerhalb des Bundesheers das damalige Kommando Auslandseinsätze zuständig. Die praktische Durchführung lag beim Panzerartilleriebataillon 4 und beim Versorgungsregiment 2 in Gratkorn, das die fahrtechnische Vorbereitung übernahm. Die für Bosnien-Herzegowina vorgesehenen rund 300 Freiwilligen gehörten entweder der Stabs- oder der Transportkompanie von AUSLOG/IFOR an. Letztere war eine rein logistische Einheit, die den von der NATO gestellten Kampftruppen unterstützend zur Seite stand. Eine Beteiligung an mit Gewaltanwendung verbundenen Einsätzen zur Friedensdurchsetzung war für die österreichischen Soldaten zu keiner Zeit vorgesehen.

Die Transportkompanie bestand aus drei Zügen, von denen zwei mit den mittelschweren (4 t) ÖAF-Kippern 16.162 und 16.192 ausgestattet waren, während der dritte über den schweren (10 t) ÖAF-sLKW 20.320 verfügte. Die drei Gruppen jedes Zuges (40–45 Mann) hatten jeweils sechs Fahrzeuge, die gesamte Kompanie somit 54. Pro Fahrzeug waren zwei Lenker im Mannschafts- oder Unteroffiziersrang eingeteilt. Um sie besser zu schützen, hatte man vor der Verlegung nach Bosnien-Herzegowina rund um die Fahrerhäuser Metallplatten angebracht, die zumindest einem Beschuss mit leichten Infanteriewaffen oder den Splittern explodierender Minen standhalten konnten.

Das Bundesheer gab sich generell große Mühe, seine Freiwilligen heil nach Hause zurückzubringen. Schließlich war Ex-Jugoslawien noch bis kurz vor dem Einsatz ein Kriegsgebiet gewesen und es war keineswegs garantiert, dass sich alle lokalen Milizenführer an das Abkommen von Dayton halten würden. Bei früheren Einsätzen des Bundesheers im Ausland war die allgemeine politische und militärische Lage in der Regel nicht derart angespannt gewesen. Es galt daher, alle Anstrengungen zu unternehmen, um auch für brenzlige Situationen gewappnet zu sein.

---

21 https://www.bundesheer.at/einsaetze/einsaetze-im-ausland.

Das war durchaus wörtlich zu verstehen, jedoch angesichts der schon damals nicht gerade zeitgemäßen Ausrüstung des Bundesheers leichter gesagt als getan. So musste man sich unter großem Zeitdruck bei den Franzosen moderne Kampfhelme und Schutzwesten ausborgen. Sämtliche österreichischen Freiwilligen erhielten außerdem eine kurze, aber intensive Schulung, in der sie viel über die Verbesserung des Eigenschutzes und die Achtsamkeit gegenüber verlegten Landminen erfuhren. Auf der Agenda stand ferner der angemessene Umgang mit illegal errichteten Straßensperren und den einheimischen Kommandeuren – kleinen, aber unberechenbaren Warlords. Die Bewaffnung der österreichischen Soldaten war überschaubar und im Grunde auf die bloße Selbstverteidigung ausgerichtet: Sie umfasste das standardmäßige Sturmgewehr 77, für Kommandanten und Spezialkräfte die Pistole Glock 17 und im Camp einige Maschinengewehre 74.

Die Österreicher waren bis 2000, anfangs zusammen mit belgischen, griechischen und luxemburgischen Kameraden, im Raum Visoko stationiert, einer Stadt rund 25 Kilometer nordwestlich von Sarajewo mit damals etwa 44.000 mehrheitlich muslimischen Einwohnern. Die Stadt, in der im Mittelalter die bosnischen Könige residiert hatten, war 1882 durch die von der seit 1878 amtierenden österreichisch-ungarischen Okkupationsverwaltung errichtete Bosnabahn an das Eisenbahnnetz angeschlossen worden. Untergebracht war AUSLOG im Camp BELUGA (Belgium, Luxembourg, Greece, Austria) auf dem Areal einer aufgelassenen Textilfabrik, in deren Halle man aufblasbare Zelte errichtet hatte (Abb. 6). Eine heimische Spedition lieferte die erforderlichen Sanitärcontainer (Dusch-/Wasch-/WC-Kombination) direkt aus Österreich. Mitte Juni 1998, also vor Kunaseks dortiger Stationierung, erfolgte die Ablösung der Belgier und Luxemburger durch Kameraden aus Bulgarien. Das Camp erhielt daraufhin den neuen Namen HELBA (Hellenic, Bulgaria, Austria).

Quelle: Sammlung Kunasek

▸ **Abb. 6: Kunasek mit einem Kameraden in ihrem Zelt**

Wie erwähnt, war AUSLOG von Anfang an lediglich als logistische Unterstützungseinheit für NATO-Truppen vorgesehen. Falls die diesem Zweck dienenden Transporte die Österreicher nicht auslasteten, waren auch Beförderungen für zivile Zwecke gestattet. Davon profitierten unter anderem die österreichische Caritas und das vom ORF ins Leben gerufene, die Sammlung von

Spenden bezweckende Projekt für den Wiederaufbau des Landes „Nachbar in Not". Da die militärischen Aufgaben im Lauf der Zeit immer mehr abnahmen, weil die Zahl der in Bosnien-Herzegowina stationierten SFOR-Soldaten kontinuierlich sank, transportierte AUSLOG gegen Ende seines Bestehens praktisch nur mehr zivile Güter für den Wiederaufbau. Die stets in gesicherten Konvois durchgeführten Fahrten gingen entweder in die nähere Umgebung des Camps bis in den Großraum Sarajewo oder, dann sich über mehrere Tage erstreckend, bis nach Kroatien, Österreich und Ungarn. Kunasek, als Fahrer des ihm vom VR 1 bekannten Kompaniekommandanten Major Mag. Dr. Siegfried Dohr eingeteilt, nahm ebenfalls an solchen größeren Fahrten teil und nutzte sie, wenn es ihn hierbei in die Steiermark verschlug, um sich bei seinem Jugendfreund Hilzensauer zu melden.[22]

Da die Zivilbevölkerung Bosnien-Herzegowinas der unmittelbare Nutznießer der von den Österreichern bewerkstelligten Transporte war und sie deren Bemühungen um den Wiederaufbau des kriegszerstörten Landes anerkannte, bestand in der Regel ein ausgesprochen gutes Einvernehmen. Beispielsweise machten sich die Österreicher des ersten Kontingents daran, eine in der habsburgischen Zeit, also vor dem Ersten Weltkrieg, errichtete, im Jugoslawienkrieg schwer beschädigte Schule instand zu setzen. Nicht leicht zu überprüfen ist die häufig anzutreffende, vermutlich von einer k.u.k. Nostalgie beeinflusste Behauptung, die Bosnier hätten noch positive Erinnerungen an jene Zeit gehabt, als ihr Land zur Habsburgermonarchie gehörte (1878–1918). Die erwähnte, unter österreichischer Regie erbaute Eisenbahn war zwar nach wie vor vorhanden, doch war seit deren Bau mehr als ein Jahrhundert vergangen (Abb. 7).

Kunaseks Einsatz in Bosnien-Herzegowina 1999

Mario Kunasek hat generell nur beste Erinnerungen an seinen Bosnieneinsatz: Die Kameradschaft war fantastisch, zumal sich viele Männer bereits vom VR 1 kannten und in seinen Worten „eine Partie" bildeten. Das Erlebnis des abrupten Wechsels vom friedlichen Österreich in ein kriegszerstörtes Land hinterließ bei dem jungen Wachtmeister tiefe Spuren. Kunasek relativiert jedoch ein wenig das in Bundesheerpublikationen betonte ungetrübte Einvernehmen mit der Bevölkerung: Man gewann laut Kunasek bei den muslimischen Bosniaken keine Freunde, wenn man Güter in die serbisch dominierten Regionen transportierte, und vice versa. Immer wieder gerieten die Österreicher in Demonstrationen gegen die örtlichen Machthaber, wobei Menschentrauben ihre Fahrzeuge um-

22 Interview Hilzensauer.

Quelle: Sammlung Kunasek

▶ **Abb. 7: Kunasek (rechts) mit Schulkindern in Bosnien-Herzegowina, 1999**

ringten, auf sie eintrommelten und deren Insassen ein ungutes Gefühl vermittelten. Abgesehen davon, war die Sorge vor Minen allgegenwärtig: Selbst beim Verrichten der Notdurft konnte man nicht einfach wie üblich von der Straße ins angrenzende Gelände treten. Die ethnischen Spannungen spitzten sich mit dem Beginn des Kosovokriegs 1999 noch mehr zu. Ein bizarrer Ausdruck der Zerrissenheit des nicht allzu großen Landes war der Umstand, dass die Handynetze innerhalb weniger Kilometer ständig wechselten – je nachdem, in wessen Machtbereich man sich gerade befand.[23]

Die Bilanz von AUSLOG kann sich sehen lassen: Ohne ernsthafte Zwischenfälle politischer oder militärischer Natur fanden während des rund fünfjährigen Bestehens der Einheit zehn Rotationen des Personals statt. Dabei sank der Stand laufend ab, da sich die Lage im Land stabilisierte und das Bundesheer Ressourcen für andere internationale Einsätze freimachen wollte. In Summe nahmen an der Bosnien-Mission knapp 2.000 Soldaten des Bundesheers teil, die nicht weniger als 6,8 Millionen Kilometer zurücklegten und rund 462.000 Tonnen Güter aller Art an ihre Zielorte brachten. Zwei Unteroffiziere starben wäh-

23 Interview Mario Kunasek.

rend des Einsatzes. Im März 2001 erfolgte die Auflösung der noch bestehenden Reste der Mission.[24]

Rückkehr vom Auslandseinsatz nach Graz

Wachtmeister Mario Kunasek kehrte von seiner sechsmonatigen Verpflichtung bei AUSLOG am 16. August 1999 in die Heimat zurück, wo er noch rund zehn Tage dem Kommando Internationale Einsätze (dem Nachfolger des Kommandos Auslandseinsätze) dienstzugeteilt war und sich über einige Tage Sonderurlaub freuen durfte. Im März 2006 kehrte Kunasek für wenige Tage nochmals nach Bosnien-Herzegowina zurück, diesmal im Rahmen des österreichischen Kontingents bei der nun von der EU geführten Friedenstruppe AUTCON/EUFOR.

Kunaseks weitere Laufbahn beim Bundesheer

Mario Kunaseks weitere Karriere beim Österreichischen Bundesheer verlief naturgemäß nicht so aufregend wie seine Zeit auf dem Balkan, aber durchaus vielfältig und abwechslungsreich. Wie sich aus seinen Militärunterlagen ergibt, verrichtete er keineswegs bloß Dienst nach Vorschrift, sondern war andauernd bestrebt, sich auf zahlreichen Gebieten weiterzubilden, Neues zu lernen und sich für künftige Aufgaben zu qualifizieren. Dazwischen ging es immer wieder einmal für ein oder zwei Monate zum Grenzsicherungseinsatz ins Burgenland.

Kunasek bewies erneut, alles andere als ein Stubenhocker zu sein. Man muss freilich bei der Beurteilung einer militärischen Laufbahn in einem kleinen Heer, das grundsätzlich auf der allgemeinen Wehrpflicht und dem Milizsystem beruht und in Friedenszeiten lediglich einen zahlenmäßig überschaubaren Kader an Berufssoldaten aufweist, stets berücksichtigen, dass jede Vorrückung bzw. Beförderung vom Vorhandensein einer entsprechenden freien Planstelle abhängt. In einer solchen Armee geht alles langsam vor sich. Die dienstrechtlich vorgeschriebenen Vorrückungszeiten sind eben geduldig abzuwarten. Außer-

24 Vgl. den ausführlichen Bericht des ersten Kommandanten von AUSLOG. Josef Günter Kienberger: Der erste Einsatz des Bundesheeres im Rahmen der NATO AUSLOG/IFOR, Bosnien und Herzegowina 1996. In: Christian Ségur Cabanac/Wolfgang Etschmann (Hrsg.): 50 Jahre Auslandseinsätze des Österreichischen Bundesheeres (= Schriften zur Geschichte des Österreichischen Bundesheeres; Wien 2010), S. 651–663. Ferner Günther Voitic: Der Einsatz des Österreichischen Bundesheeres in Bosnien und Herzegowina. In: ebda., S. 665–679. Michael Pesendorfer: IFOR – SFOR – EUFOR. In: Truppendienst Nr. 2 (2005), S. 149–155. Patrycia Ciempka: Das Österreichische Bundesheer in Bosnien und Herzegowina. In: Truppendienst Nr. 3 (2010), S. 256–265.

planmäßige Beförderungen wegen Tapferkeit vor dem Feind, die einzelne Männer im Alter von Anfang 30 in den Generalsrang brachten, gab es in Europa zuletzt im Zweiten Weltkrieg.

Nach seiner Rückkehr aus Bosnien-Herzegowina Mitte August 1999 saß Wachtmeister Kunasek beim VR 1 wieder auf dem „systemisierten Arbeitsplatz" einer Militärperson auf Zeit; seine Entlohnung war wieder die normale, nachdem er im Auslandseinsatz entsprechende Zulagen erhalten hatte. Die erste, auf drei Jahre befristete Ernennung zur Militärperson auf Zeit wäre Ende November 1999 ausgelaufen, jedoch erwirkte das VR 1 rechtzeitig eine weitere Bestellung für drei Jahre, die es sowohl mit dem eigenen Personalbedarf als auch mit Kunaseks guter Dienstleistung begründete. Der entsprechende Befehl des in Graz stationierten, heute nicht mehr bestehenden Korpskommandos I vom 15. November 1999 erklärte eine weitere Verlängerung bis zu einer Höchstdauer von neun Jahren für zulässig. Bevor diese Option Ende 2002 spruchreif werden konnte, war beim VR 1 jedoch eine Planstelle einer Berufsmilitärperson frei geworden, die Kunasek mit Zustimmung des Dienststellenausschusses des VR 1, also der Personalvertretung, Ende Oktober 2001 erhielt, was mit einer weiteren Angelobung einherging. Zuvor war eine ärztliche „Su-Gi-Untersuchung" ohne jeden Hinweis auf die Einnahme von Suchtgiften verlaufen.

Das österreichische Beamtenrecht (hier § 11 Beamten-Dienstrechtgesetz 1979) erforderte es, dass Kunasek selbst nach Ernennung zur Berufsmilitärperson einen separaten Antrag auf Definitivstellung einbringen musste. Dieser Antrag zielte auf den Wegfall jeglicher Befristung seines Dienstverhältnisses (vom Pensionsantritt in ferner Zukunft einmal abgesehen) und bedurfte neuerlich einer Befürwortung durch Kompanie- und Regimentskommandanten sowie der Vorlage beim Korpskommando I, selbstredend wieder mit einem Rattenschwanz von Beilagen, bestehend unter anderem aus Suchtgifttest, Stellungnahme des Dienststellenausschusses, Leistungsfeststellung und den Nachweisen der abgelegten Prüfungen. Das Korpskommando gab dem Gesuch bereits wenige Tage später statt. Mario Kunasek war nun ein vollwertiger Berufssoldat, dessen Dienstverhältnis zur Republik Österreich de facto nur auf seinen eigenen Wunsch hin enden konnte.

Weitere Spezialausbildungen

Obwohl Kunasek speziell für die Bereiche Versorgung, Feldzeugdienst und Transportwesen ausgebildet und auch auf diesen Gebieten eingesetzt war, absolvierte er zahlreiche, wenn man so will „fachfremde", Weiter- und Ausbildungen. Besonders angetan hatte es ihm der ABC-Bereich, das Akronym für atomar, biologisch und chemisch. Zum Schutz gegen diese schrecklichen Waffen unterhielt das Bundesheer eine eigene ABC-Abwehrschule im niederösterreichischen Seibersdorf (heute ABC-Abwehrzentrum in Korneuburg bei Wien), an der Kunasek im Februar 2000 seinen ersten Kurs zur ABC-Abwehr für Unteroffiziere absolvierte; weitere sollten folgen, darunter die alljährlich vom Militärkommando Steiermark organisierten ABC-Schulungen.

Die Militärbürokratie unterließ es nicht, auf dem den Lehrgangsteilnehmern ausgestellten Zeugnissen eigens zu vermerken, sie dienten ausschließlich zum Dienstgebrauch und bedürften daher keiner Vergebührung. Mit diesem Kurs erwarb Kunasek das Strahlenschutzleistungsabzeichen in Bronze. Im Mai 2001 erhielt er zusätzlich das Wehrdienstzeichen 3. Klasse, zehn Jahre später jenes 2. Klasse. Eine undatierte, dem Aktenzeichen zufolge aus dem Jahr 2001 stammende „Kurzbeurteilung" Kunaseks aus der Feder seines Kompaniekommandanten beim VR 1 erwähnte ausdrücklich seine profunden ABC-Kenntnisse, die er unter anderem in die Ausbildung von Grundwehrdienern einbrachte. Generell hieß es dort: „Diese Ausbildungstätigkeit führt Wm [Wachtmeister] KUNASEK mit großem Einsatz zur vollsten Zufriedenheit seiner Vorgesetzten durch. Er ist loyal gegenüber seinen Vorgesetzten, kameradschaftlich gegenüber UO[Unteroffiziers]-Kameraden und korrekt und fair gegenüber seinen Untergebenen."

In Anbetracht von so viel Lob verwundert nicht, dass Kunasek am 1. Dezember 2002 seine Beförderung zum Stabswachtmeister erhielt (Abb. 8). Einige Monate danach erfolgte die Versetzung von der 1. Ausbildungskompanie des VR 1 zur 2. Nachschub- und Transportkompanie dieses Regiments, das mittlerweile von der Gablenz- in die Kirchner-Kaserne in Graz übersiedelt war. Kunaseks dortige Funktionen waren die des Kommandanten einer Nachschubgruppe und des stellvertretenden Kommandanten eines Nachschub- und Transportzuges. Für die Nichtmilitärs unter den Lesern: Zu einer Gruppe gehören 10–12 Soldaten, zu einem Zug 40–45. Im Oktober 2003 bestand Kunasek an der Heeresunteroffiziersakademie in Enns die zweitägige Zulassungsprüfung zum Stabsunteroffizierslehrgang, die in den Fächern Englisch, Politische Bildung, Führen im Einsatz und Körperausbildung abzulegen war. Den eigentlichen, zweisemestrigen Lehrgang beendete er mit Abschluss(teil)prüfungen am 22. Juli und 7. Dezember 2005. In acht von insgesamt 14 Fächern erhielt er die Bestnote und wurde mit Wirkung vom 1. Jänner 2006 auf eine Planstelle der (höheren) Verwendungsgruppe M BUO 1 ernannt.

Sieht man einmal von Kunaseks Weiterbildungen in seinem ureigensten Fachgebiet, etwa dem Kraftfahrwesen, sowie in Englisch ab, so hatte es ihm erwartungsgemäß der Sport besonders angetan. Er wollte ihn nicht nur dienstlich

▸ **Abb. 8: Kunasek nach der Beförderung zum Stabswachtmeister**

und privat ausüben, sondern andere mit seiner sportlichen Begeisterung anstecken und mitreißen. Im Februar und März 2005 besuchte Kunasek beim Heeres-Sportzentrum, ebenfalls in Enns, einen Sportausbildungskurs, der mit der bestandenen kommissionellen Abschlussprüfung endete. An der in Wien beheimateten Bundeslehranstalt für Leibeserziehung belegte Kunasek etwa zur gleichen Zeit einen Kurs „zur Ausbildung von Lehrwarten für Allgemeine Körperausbildung", den er mit der Bestnote in fünf von sechs Fächern abschloss; lediglich im eher theoretischen Fach „Bewegungslehre und Biomechanik" erhielt er ein Gut.

In den ersten Jahren nach der Jahrtausendwende begann Kunasek, sich zusätzlich für Ausbildungen auf zivilen Gebieten zu interessieren, die auf seinen künftigen Einstieg in die Politik hindeuten und ihm später als Politiker nützlich sein sollten. Dabei kam ihm das breite heereseigene Bildungsangebot auch für Unteroffiziere zugute. Die Heeresunteroffiziersakademie bot etwa ein Seminar „Interviewtraining, Verhandlungsführung und Umgang mit Medien" an, das Kunasek im April 2005 absolvierte. Da er auch als Multiplikator des Gedankens der Umfassenden Landesverteidigung gegenüber der Bevölkerung wirken wollte, nahm er im Mai 2006 an einem von der Wiener Neustädter Theresianischen Militärakademie angebotenen Seminar „Wehrpolitik für Informationsoffiziers-Anwärter" teil. Ähnliche Ziele verfolgte ein im Mai 2008 auf dem legendären Truppenübungsplatz Seetaler Alpe im Raum der obersteirischen Stadt Judenburg besuchter Kommunikationsbasiskurs.

Personalvertreter beim Bundesheer

Bereits 1998 war der damalige Wachtmeister Mario Kunasek als Fahrer im Rahmen der ersten EU-Ratspräsidentschaft Österreichs tätig. Zu seinen Fahrgästen zählten Minister und Staatssekretäre diverser Mitgliedsstaaten. Kunasek war erneut eingebunden, als Österreich in der ersten Jahreshälfte 2006 zum zweiten Mal die EU-Ratspräsidentschaft innehatte, wofür er ein Dankschreiben des Bundesministeriums für Auswärtige Angelegenheiten erhielt. Zu dieser

Zeit hatte sich Kunasek als Personalvertreter beim Bundesheer im Rahmen der Fraktion AUF/AFH (Aktionsgemeinschaft Unabhängiger und Freiheitlicher/Arbeitsgemeinschaft der Freiheitlichen Heeresangehörigen) sowie durch die Übernahme erster Funktionen in der FPÖ ein weiteres Betätigungsfeld erschlossen. Der AUF/AFH ging es in erster Linie darum, der Übermacht der von der ÖVP kontrollierten Personalvertretung beim Bundesheer etwas entgegenzusetzen und auf diese Weise für mehr Ausgewogenheit zu sorgen. Um 2000 besetzte die ÖVP-nahe Fraktion Christlicher Gewerkschafter (FCG) bei dem für rund 250 Personen zuständigen Dienststellenausschuss des VR 1 alle fünf Mandate. Insbesondere jüngere Unteroffiziere fühlten sich ohne Lobby und insgesamt nicht optimal vertreten. Zwischen ihnen und den älteren, bereits pragmatisierten Kameraden lagen eine Generation und zum Teil unterschiedliche Interesseneinschätzungen. Die idealistische Jugend wollte sich für eine Verbesserung der Zustände beim Bundesheer einsetzen, während ein Teil der Älteren vor dieser Aufgabe schon resigniert hatte.

Kunasek tat sich mit einigen Kameraden, alle Unteroffiziere, zusammen, führte in jeder freien Minute Gespräche mit den Bediensteten und trat erstmals bei den Personalvertretungswahlen 2004 für die AUF/AFH an. Trotz großen Widerstands gegen diese unerwünschte Konkurrenz errang die neue Liste auf Anhieb zwei Mandate. Es hatte sich nicht ausgezahlt, den damals 28-jährigen Unteroffizier als zu jung für die Personalvertretung hinzustellen. Viele seiner Kameraden hatten nämlich den Eindruck, er engagiere sich mit ganzer Kraft für ihre Anliegen, ohne sie jemals anzuschwindeln. Er wirkte einfach authentisch. 2009 wiederholte sich dieser Wahlerfolg und Kunasek avancierte sogar zum Vorsitzenden des Dienststellenausschusses, bisher quasi eine Erbpacht der FCG.

Dieses ihm entgegengebrachte Vertrauen wiegt umso schwerer, als Kunasek 2008 sein bisheriges volles Beschäftigungsausmaß von 40 Wochenstunden deutlich reduzieren musste, um seine politischen Funktionen (unter anderem Nationalratsabgeordneter und FPÖ-Landesparteisekretär) erfüllen zu können. Das VR 1 bemühte sich jedenfalls um eine Dienstgestaltung, die ihm die Teilnahme an zahlreichen politischen Terminen gestattete. Außerdem sieht das Beamtendienstrecht die Möglichkeit vor, politisch tätige Staatsbedienstete in Vorwahlzeiten mehrere Wochen hindurch freizustellen. 2015 wurde Kunasek dann zu 100 % karenziert, er kann jedoch jederzeit zum Bundesheer zurückkehren.[25] Noch nicht absehbar war bei den ersten Schritten als Personalvertre-

25 Interviews Mario Kunasek und Hofer.

ter freilich, dass Kunasek mehr als ein Jahrzehnt später als Bundesminister für Landesverteidigung an die Spitze des Bundesheers treten würde.

Mario Kunasek ist bei seinen einstigen Kameraden bis heute als „toller Freund" hochgeschätzt. Seinen Dienst leistete er stets engagiert und tadellos. Überliefert ist lediglich ein kleines ihm widerfahrenes Missgeschick: Grundwehrdiener des VR 1 befanden sich zur Nachtausbildung auf dem Garnisonsübungsplatz Pöls südlich von Graz. Als die von Kunasek kommandierte Gruppe zu später Stunde in die Kirchner-Kaserne einrückte, stellte man plötzlich fest, dass ein Rekrut fehlte. Keinem seiner wohl bereits erschöpften Kameraden war dies während der Rückfahrt aufgefallen. Ob der vergessene Soldat auf eigene Faust mittels eines herbeigerufenen Taxis den Anschluss an seine Truppe zurückgewann oder mit einem eilig nach Pöls entsandten Fahrzeug abgeholt und heimchauffiert wurde – darüber gehen die Erinnerungen der Beteiligten auseinander.[26]

26 Interview Hofer.

3 Erste Schritte in die Politik

Mario Kunasek trat Ende Jänner 2003 in die Freiheitliche Partei Österreichs ein. Seine Beweggründe erläuterte er mehr als ein Jahrzehnt später wie folgt: „Die FPÖ vertritt Werte, die mit meiner politischen Überzeugung weitgehend übereinstimmen. Der zweite Grund war die Übermacht der ‚schwarzen' Personalvertreter in der GÖD [Gewerkschaft Öffentlicher Dienst], die mich störte. Deshalb bin ich im Jahre 2004 bei den Personalvertretungswahlen im Dienststellen-Ausschuss des VR.I. [Versorgungsregiment 1] in der Kirchner-Kaserne angetreten und errang auf Anhieb eines von zwei freiheitlichen Mandaten."[27]

Die Anfänge beim Ring Freiheitlicher Jugend

Kunasek engagierte sich, abgesehen von der Personalvertretung beim Österreichischen Bundesheer, anfangs im Ring Freiheitlicher Jugend (RFJ). Die Vorgeschichte der ersten Begegnung wirkt ein wenig kurios und zugleich als Vorbote des heraufziehenden Internetzeitalters. Wie sich Kunaseks Jugendfreund Hilzensauer erinnert, saßen die beiden 2002 in Kunaseks Domizil beisammen, als Kunasek beim Surfen auf die Webseite des RFJ stieß, die ihn so beeindruckte, dass sich beide spontan als Mitglieder anmeldeten. Sie waren schon als Lehrlinge politisch interessiert gewesen und hatten über damals aktuelle Themen diskutiert, darunter den EU-Beitritt Österreichs 1995, das absehbare Aus für den Schilling und soziale Fragen. Kunasek erwähnt außerdem seine weitere Politisierung durch den Dienst beim Bundesheer, der ihn zum Nachdenken über viele Dinge veranlasste.[28]

---

27 Gerhard Kurzmann/Mario Kunasek (Hrsg.): Vom Dritten Lager zur ersten Kraft. Die Steirischen Freiheitlichen (Graz 2017), S. 253. Die weiteren Angaben in diesem Abschnitt stammen, sofern nicht anders angegeben, aus dieser Quelle sowie einer dem Verfasser zur Verfügung gestellten, tabellarischen Auflistung sämtlicher von Kunasek für die FPÖ bekleideten Funktionen im öffentlichen und Parteibereich, Stand März 2023.

28 Interviews Mario Kunasek und Hilzensauer.

▸ **Abb. 9: RFJ-Wahlhelfer, 2. von rechts Raimund Hilzensauer**

Der nächste Schritt bestand darin herauszufinden, wann und wo es ein RFJ-Event gab, an dem die beiden teilnehmen konnten. Laut Hilzensauer fand wenig später ein Stammtisch des RFJ Graz-Umgebung in St. Radegund nordöstlich von Graz statt, zu dem die beiden Freunde fuhren; laut den Erinnerungen Kunaseks war es allerdings Pachern, das heute zu Hart bei Graz gehört. Wie bzw. wo auch immer: Man hieß das Duo als neue Mitglieder herzlich willkommen (Abb. 9). Zu ihrer Freude – wir reden ja von jungen Männern in den besten Jahren – war der RFJ keineswegs eine reine Männerpartie, ganz im Gegenteil: Das Geschlechterverhältnis war ziemlich ausgewogen, weil viele männliche Mitglieder ihre Freundinnen oder noch nicht vergebene Schwestern zu diesen Treffen mitnahmen. Kunasek und Hilzensauer verfuhren, was ihre Partnerinnen betrifft, ebenso. Die Freundinnen der beiden waren mithin in die ersten politischen Gehversuche stets eingebunden und trugen sie mit.

Dieses erste Zusammentreffen mit der freiheitlichen Bewegung hatte nach den Erinnerungen Hilzensauers zwar durchaus und vielleicht sogar vorrangig einen geselligen Charakter, doch berichtete der damalige RFJ-Obmann für den Bezirk Graz-Umgebung, Richard Schuster, darüber hinaus über die Aktivitäten des Rings. Dazu gehörten etwa die Einrichtung eines Glühweinstands, aber auch ein sozial-karitatives Engagement. RFJ-Mitglieder, darunter bald das

Duo Kunasek-Hilzensauer, fertigten beispielsweise Kerzen an, die sie verkauften und deren Erlös sie einem Krankenhaus spendeten. Dies stärkte ebenso ihr Selbstbewusstsein und ihre Freude an der freiheitlichen Politik wie die damit einhergehenden Begegnungen und das Händeschütteln mit damaligen Politgrößen wie Dr. Magda Bleckmann oder dem FPÖ-Landesparteiobmann und Landeshauptmannstellvertreter Dipl.-Ing. Leopold Schöggl.

Kunasek war hierbei umtriebig und aktiv; zusammen mit Hilzensauer organisierte er zum Beispiel RFJ-Dart- und Fußballturniere, unter anderem in seinem Wohnort Gössendorf. Mag. Dr. Michael Klug, heute Klubdirektor des FPÖ-Landtagsklubs, der 1999 im Alter von 16 Jahren zum RFJ gestoßen war, erinnert sich daran, wie professionell und damit attraktiv Kunasek diese Turniere auf die Beine stellte: Er holte nicht nur die damalige Fußball-Legende Mario Haas von Sturm Graz und LH-Vize Schöggl dazu, sondern sorgte daneben als Moderator bzw. Ansager für einen gut strukturierten Ablauf der Spiele, indem er das Publikum über das Geschehen auf dem Laufenden hielt. Erzielte eine Mannschaft ein Tor, wurde Musik eingespielt. Für die Sieger gab es Pokale, die Kunasek irgendwo aufgetrieben bzw. durch Sponsoren finanziert hatte (Abb. 10).[29]

▸ Abb. 10: Beim RFJ zu Gast: Mario Haas (links) mit Michael Klug

Kunaseks Interessen und Ambitionen beschränkten sich freilich niemals auf den Fußballplatz. Nachdem sein politisches Interesse einmal geweckt war und er beim RFJ bzw. der FPÖ seine politische Heimat gefunden hatte, wollte er möglichst schnell möglichst viel über jene Fragen erfahren, die Österreich damals umtrieben. Klug erinnert sich an seine erste Begegnung mit Kunasek bei einem Seminar, das der Bundes-RFJ im Sommer 2003 in der burgenländischen Gemeinde Weiden am See (Bezirk Neusiedl) veranstaltete und zu dem sich Kunasek aus eigener Initiative angemeldet hatte. Er war mit seiner damaligen Freundin Schirin Barid angereist, beteiligte sich als vollkommener Neuling, der im RFJ noch keine Funktion innehatte, rege an der Programmarbeit in diversen Arbeitskreisen und hinterließ wegen seines strukturierten Auftretens und seiner durchdachten, knappen, aber präzisen Wortmeldungen einen überaus positiven Eindruck.

29 Interview mit Mag. Dr. Michael Klug, 6. März 2024. Hiernach das Folgende.

RFJ - GU INFO

INFORMATIONSBLATT DES RING FREIHEITLICHER JUGEND - GRAZ UMGEBUNG

SEPTEMBER 04
1. Ausgabe

www.rfj-gu.at.tf

Bezirksobmann Mario Kunasek

RFJ - GU INFO

Der Ring Freiheitlicher Jugend-Graz- Umgebung stellt sich vor!

Endlich ist es soweit: die erste Ausgabe der RFJ-GU Info ist erschienen!
Unsere Aktivitäten, Veranstaltungen und unsere Ideen - dass und vieles mehr erwartet dich in unserem Infoblatt. Außerdem werden Interviews mit unseren Vorstandsmitgliedern, FPÖ-Funktionären und Spitzenpolitikern den Informationsgehalt dieser Broschüre aufwerten.
Aber auch deine Meinung ist gefragt: Leserbriefe und Beiträge zu den Themen die dich interessieren sind bei uns jederzeit willkommen.

Mit jungfreiheitlichen Grüßen

Kunasek Mario

Themen in dieser Ausgabe:
RFJ-GU Fußballturnier in Gössendorf
Das RFJ-GU Interview
Standpunkt: Jugend und Bildung
Aktuell: Homo-Ehe

Das RFJ-GU Interview

In dieser Ausgabe:

Bezirksobmann Kunasek Mario

Frage: Was hat dich dazu bewegt dem RFJ beizutreten?
Kunasek: Es war einfach die Tatsache dass die Jugendlichen zu wenig in Entscheidungen der Politik eingebunden werden obwohl sie die Zukunft unseres Landes sind.

Frage: Wie stehst Du zur Rechtschreibreform?
Kunasek: Das ganze ist ja zum Lachen! Statt sich über so was Gedanken zu machen sollte sich Minister Gehrer einmal fragen, ob es normal ist, dass die Schüler von heute nur mit Nachhilfestunden zum Schulerfolg kommen können. Liegt das an den Schülern oder am System? Ich glaube am Zweiten! Bildung darf kein Privileg sein sondern muss für alle zugänglich sein!
Frage: Karriere mit Lehre! Gibt's das überhaupt noch?
Kunasek: Ja es gibt sie schon, aber leider zu wenig. In der Steiermark fehlen über 7000 Lehrstellen. Hier hat die Politik versagt und unsere Jugendlichen können das heute ausbaden.
Frage: Wie stehst Du zur Homo-Ehe?
Kunasek: Wir leben im Jahr 2004. Da muss man natürlich offen auf alle Themen zugehen. Ein liberalerer Umgang mit Schwulen ja - Gleichstellung mit der Ehe nein. Vorher sollte man einmal andenken die langjährigen Lebensgemeinschaften von Hetero-Paaren rechtlich mit der Ehe gleichzustellen! Hier gibt es immer noch große Defizite und überhaupt die jungen Menschen in Österreich wünschen sich hier Veränderungen!

Bezirksjugendtag

Am 21. August 2004 fand in Pirka bei Graz der Bezirksjugendtag 2004 des RFJ-GU statt. Mario Kunasek, der einstimmig neugewählte Bezirksobmann, bedankte sich bei Richard Schuster für die von ihm geleistete Arbeit und durfte sich über einen starken neuen Vorstand freuen: Richard Schuster, Raimund Hilzensauer, Christopher Perk, Markus Grill, Carina Kunasek, Gerhard Mizia und Andreas Konrad bilden das Team des RFJ-GU.
Kunasek nannte das "Wahljahr 2005" und die "Mitgliederaktivierung" als Schwergewicht für die Arbeit der Bezirksgruppe.
Er sei auch stolz auf " die Motivation und die guten jungfreiheitlichen Ideen" die die Mitglieder des Vorstandes mitbringen.

Der Vorstand des RFJ-GU am Bezirksjugendtag 2004
V.l.n.r.: Perk, Schuster, Kunasek, Hilzensauer, Konrad, Mizia

RFJ GU RFJ GU 1 RFJ GU RFJ GU

▸ **Abb. 11: Kaum zum RFJ-Bezirksobmann gewählt, gründet Kunasek ein Informationsblatt. Hier die erste Ausgabe vom September 2004.**

Beeindruckt von den gut ankommenden Aktivitäten Kunaseks beschloss der seinerzeitige RFJ-Obmann für Graz-Umgebung, Richard Schuster, bereits 2004, ihn zu seinem Nachfolger vorzuschlagen (Abb. 11). Mit der Übernahme dieser Funktion gehörte Kunasek auch der FPÖ-Bezirksparteileitung Graz-Umgebung an. Der RFJ-Obmann war der Erste, der gerne und freiwillig seine Stellung räumte, um der Nachwuchshoffnung Kunasek eine Plattform zur Entfaltung seiner Talente zu bieten. Dieser selbst sieht heute seinen Weg ab 2002/03 vom RFJ über die AUF/AFH zur FPÖ als „fließenden Übergang".[30]

Michael Klug nahm Kunasek damals bereits als kommende Führungsfigur wahr, da er es verstand, die Dinge auf den Punkt zu bringen, anstatt weitschweifig, aber ohne konkretes Ergebnis herumzuschwadronieren. Dadurch fiel er auch im Landesvorstand des RFJ angenehm auf. Dort leistete er zusammen mit Klug einen konstruktiven Beitrag dazu, die Festlegung des Delegiertenschlüssels für den Bundestag des RFJ auf eine neue, den tatsächlichen Aktivitäten der einzelnen Landesgruppen besser entsprechende Basis zu stellen. Der in der Stadt Graz beheimatete und dort aktive Klug nahm gelegentlich an Sitzungen des RFJ Graz-Umgebung teil, die er – im positiven Sinn – wie eine militärische Befehlsausgabe erlebte. Kunasek legte bei diesen Gelegenheiten klipp und klar fest: Wer macht was? Es ging ums Tun, nicht um bloße Ankündigungen. Kunasek verstand es unter Anwendung dessen, was er beim Bundesheer gelernt hatte, trefflich, seine Mitarbeiter zu motivieren, indem er jeden einzelnen gesondert ansprach und ihm sagte: Ich habe folgenden Auftrag für dich ... Der Angesprochene fühlte sich dadurch geehrt, selbst wenn es sich um eine eher bescheidene Aufgabe handelte, und machte sich mit Feuereifer ans Werk.[31]

Vom RFJ zur Kommunalpolitik

Bevor Kunaseks Engagement in der Gemeindepolitik in Gössendorf begann, bestand bereits eine längere Bekanntschaft seiner Eltern mit dem dortigen blauen Gemeinderat und Ortsparteiobmann Peter Samt, dem ersten wichtigen Förderer und väterlichen Freund des aufgehenden Sterns. Man lernte sich um 1990, als Mario noch ein Teenager war, bei der Besprechung des Baus von Reihenhäusern in Gössendorf kennen, wofür sich beide Familien interessierten. Als die Häuser 1991 fertiggestellt waren, wohnten sie in unmittelbarer Nachbarschaft. Der damalige Lehrling und spätere Soldat Kunasek traf also wiederholt mit Samt zusammen. Aber erst Jahre später, Ende 2002, stand Kunasek eines

30 Interviews Hilzensauer und Mario Kunasek.

31 Interview Klug.

Tages in der Tür Samts, bezog sich auf dessen ihm von seinem Vater mitgeteilte Tätigkeit für die FPÖ und bot seine Mitarbeit an, was Samt natürlich freudig akzeptierte. Kunasek und seine damalige Partnerin Schirin Barid bezogen schließlich in Gössendorf eine Gemeindewohnung.[32]

Der Neuzugang erwies sich vom ersten Tag an als wertvolle Hilfe, ja mehr als das: Kunasek brachte sich sofort aktiv ein, sprühte vor Ideen, kam besonders bei jüngeren Menschen bestens an und rekrutierte laufend neue Mitglieder. Laut Samt war Kunasek „der Zündfunke für viele Veranstaltungen", mit denen die FPÖ von da an auf sich aufmerksam machte. Dazu zählten unter anderem Bälle, Ausflüge und Sommerfeste, die niemand sonst organisierte. Mit seinen nie versiegenden Ideen riss Kunasek alle, die mit ihm in Kontakt kamen, sofort mit. Seine Zuversicht, man könne das vorerst bloß Angedachte tatsächlich umsetzen, übertrug sich auf die ganze blaue Ortsgruppe, zumal Kunasek selbst keiner dafür notwendigen Arbeit aus dem Weg ging, ganz im Gegenteil. Die Basis der sich später einstellenden Erfolge war das harmonische Zusammenwirken Kunaseks mit Samt, der nicht nur das enorme Talent des rund 20 Jahre jüngeren Mario, des „Mannes der Zukunft", erkannte und ihn nach Kräften förderte, sondern in ihm niemals einen Konkurrenten witterte, zumal Samt aus beruflichen Gründen keine Karriere als Vollzeitpolitiker anstrebte.[33]

Kunasek wurde noch im Jahr seines Beitritts zur FPÖ (2003) Sportreferent für Graz-Umgebung, Bezirksobmannstellvertreter sowie stellvertretender Kassier der FPÖ Gössendorf. 2004 avancierte er, wie erwähnt, zum Bezirksobmann des RFJ Graz-Umgebung sowie zum stellvertretenden Finanzreferenten des RFJ Steiermark.[34] Die Tätigkeit beim RFJ blieb jedoch eher eine Episode, zumal Kunasek bei seinem Eintritt in die FPÖ bereits im 27. Lebensjahr stand.

In der Gemeindepolitik in Gössendorf

Nachhaltiger und folgenreicher war Mario Kunaseks Betätigung für die FPÖ auf Gemeinde- und Bezirksebene. Kunasek wohnte, wie erwähnt, seit 1991 in Gössendorf. Die vermutlich spätestens im 11. Jahrhundert gegründete, um 1230 erstmals urkundlich erwähnte Siedlung bzw. spätere Gemeinde erhielt 1993 ein eigenes Wappen („In blauem mit sechs silbernen Sternen bestreuten Schild ein silbernes Einhorn") und 2004 das Recht zur Führung der Bezeichnung „Marktgemeinde" verliehen. Die Landwirtschaft spielt hier, anders als in

32 Interview mit Peter Samt, 20. Februar 2024. Interview Mario Kunasek.

33 Interview Samt.

34 Material für den Gemeinderatswahlkampf 2005. Archiv der FPÖ Graz.

Vasoldsberg, nur mehr eine bescheidene Rolle: Vor der Jahrtausendwende gab es lediglich 66 landwirtschaftliche Betriebe (davon bloß 16 im Haupterwerb) mit 133 Rindern, 792 Schafen und 680 Stück Geflügel.[35]

Vom Agrarsektor abgesehen, weist Gössendorf viele Parallelen zu Vasoldsberg auf, wo Kunasek einige Jahre seiner Kindheit verbracht hatte. Es liegt ebenfalls südlich an Graz angrenzend im Bezirk Graz-Umgebung, gehört zum „Speckgürtel" rund um die Landeshauptstadt und weist ein rasantes Bevölkerungswachstum auf. Bei der Volkszählung 2001 hatte Gössendorf etwas mehr als 3.000 Einwohner, mittlerweile sind es rund 4.200. Dieses Wachstum ging naturgemäß mit einer regen Bautätigkeit, der Erweiterung der kommunalen Infrastruktur sowie mit einem Strukturwandel einher, der wie erwähnt den früher agrarischen Charakter der Gemeinde mehr und mehr in den Hintergrund treten lässt und sie zunehmend zum Wohnsitz von Personen macht, die in Graz im sekundären oder tertiären Sektor arbeiten und dorthin zur Arbeit pendeln. Es bestand also kein Mangel an Aufgaben für die Gemeindepolitik. Darunter befanden sich auch Großprojekte wie das 2012 in Betrieb gegangene Laufkraftwerk Gössendorf an der Mur.

Als Mario Kunasek sich in der Kommunalpolitik zu engagieren begann, spielte die FPÖ in Gössendorf eine unbedeutende Nebenrolle. Die Gemeinderatswahl vom März 2005 ergab folgende Sitzverteilung im Gemeinderat: SPÖ 12, ÖVP 7, die Liste Grüne und Unabhängige für Gössendorf 1, FPÖ 1. Die SPÖ verfügte mithin über eine absolute Mehrheit und stellte natürlich den Bürgermeister. Kunasek hatte bei dieser Wahl auf dem zweiten Listenplatz kandidiert und erhielt folglich kein Mandat.[36]

2005: die Stunde null der steirischen FPÖ – Die Vorgeschichte

Kunaseks erstes Antreten bei einer Kommunalwahl fiel mitten in den schwersten Absturz, den die steirische FPÖ in ihrer bisherigen Geschichte erlebte. Auf die Gründe kommen wir gleich zu sprechen. Steiermarkweit verlor die FPÖ

35 https://julrich.at/geschichte-der-marktgemeinde-goessendorf/. Martin Moll: Allgemeine Geschichte des Bezirkes Graz-Umgebung 1848 bis heute. In: Josef Riegler (Hrsg.): Geschichte und Topographie des Bezirkes Graz-Umgebung. Allgemeiner Teil (= Große geschichtliche Landeskunde der Steiermark Band 6/I; Graz 2023), S. 213–286. Josef Riegler (Hrsg.): Geschichte und Topographie des Bezirkes Graz-Umgebung. Bezirkslexikon (= Große geschichtliche Landeskunde der Steiermark Band 6/II; Graz 2023), S. 175–178.

36 Interview Hilzensauer.

bei der Gemeinderatswahl 2005 rund die Hälfte ihrer Stimmen und mehr als die Hälfte ihrer Gemeinderatssitze. In Gössendorf fiel der Absturz sogar noch dramatischer aus: Bei der Wahl im Jahr 2000 hatte die FPÖ gut abgeschnitten und mit 266 Stimmen (15,4 %) zwei Mandate errungen; fünf Jahre später waren es nur mehr 4,9 % (dies entsprach nahezu exakt dem Durchschnittswert der FPÖ für alle Gemeinden des Bezirks Graz-Umgebung) und ein Mandat. Die 2.603 Wahlberechtigten gaben 1.963 gültige Stimmen ab, wovon gerade einmal 96 auf die FPÖ entfielen.[37] Es war bestenfalls ein schwacher Trost, dass die Resultate in den Nachbargemeinden nicht besser ausfielen oder dort überhaupt keine Kandidaturen der FPÖ zustande gekommen waren. Der bisherige Gössendorfer FPÖ-Ortsparteiobmann Peter Samt legte sein Amt nieder.

Das sollte erst der Anfang eines tiefschwarzen Jahres sein. Bei der Landtagswahl am 2. Oktober 2005, bei der Kunasek ebenfalls kandidierte, erlitt die FPÖ schwere Verluste, rutschte unter 5 % der Stimmen und flog aus dem Landtag. Wie war es dazu gekommen? Die Frage stellt sich umso mehr, als die FPÖ noch wenige Jahre zuvor einen beispiellosen Höhenflug erlebt hatte. Bei der Nationalratswahl Ende 1999 erzielte sie unter ihrem damaligen Obmann Dr. Jörg Haider mit rund 27 % Stimmenanteil das bis dahin beste Ergebnis ihrer Geschichte und überholte sogar geringfügig die ÖVP unter Vizekanzler Dr. Wolfgang Schüssel. Anfang 2000 trat die FPÖ ohne Haider, der Landeshauptmann von Kärnten blieb, in die unter Schüssel gebildete schwarz-blaue Bundesregierung ein, womit ihr Abstieg begann. Die Auswahl der von der FPÖ nominierten Minister erwies sich in mehreren Fällen als – gelinde gesagt – unglücklich. Obwohl die Regierung eine Reformagenda verfolgte, die den jahrelangen Stillstand der bisherigen rot-schwarzen Großen Koalitionen beenden sollte, verstand es die regierungserfahrene ÖVP, alle Erfolge auf ihre Fahnen zu heften und die negativen Dinge der FPÖ zuzuschieben.

Die Spannungen innerhalb der FPÖ eskalierten bei einem außerordentlichen Parteitag am 7. September 2002 im obersteirischen Knittelfeld. Verschiedentlich ist von einem Putsch die Rede gewesen; ganz geklärt sind die Abläufe und die Rollenverteilung bis heute nicht. Gesichert ist, dass Haider, der Anfang 2000 zugunsten von Vizekanzlerin Dr. Susanne Riess-Passer als Parteiobmann zurückgetreten war und nur mehr ein „einfaches Parteimitglied" sein wollte, mit dem Kurs von Bundespartei und Regierung unzufrieden war und je länger, desto mehr von Klagenfurt aus unerbetene Ratschläge erteilte. Generell bewahrheitete sich ein weiteres Mal, dass es den Anhängern und Wählern einer viele Jahre lang auf die Oppositionsrolle eingeschworenen Partei schwerfällt, den Eintritt

37 https://egov.stmk.gv.at/wahlen/GR2005/GR2005_60600.html.

ihrer Partei in die Regierungsverantwortung und das damit zwangsläufig verbundene Eingehen von Kompromissen zu goutieren.

Steirische Landtagswahl 2000

Bereits die steirische Landtagswahl vom 15. Oktober 2000, rund ein Dreivierteljahr nach der Bildung der schwarz-blauen Koalitionsregierung in Wien, gab einen Vorgeschmack auf den gärenden Unmut bisheriger FPÖ-Wähler, wobei die Spitzenkandidatin Theresia Zierler sich nicht als eine ernsthafte Herausforderin der überaus populären ÖVP-Landeshauptfrau Waltraud Klasnic erwies. Der nur von der FPÖ praktizierte Einsatz von Bundespolitikern im Wahlkampf erwies sich als eher kontraproduktiv und schürte den Verdacht, er solle lediglich die geringe Bekanntheit Zierlers wettmachen. Die Landtagswahl 2000 bescherte zwar der einen Regierungspartei, der ÖVP, ein Traumergebnis, der anderen, der FPÖ, jedoch deutliche Verluste. Sie rutschte um 4,7 Prozentpunkte auf 12,4 % ab und verlor drei ihrer bisher zehn Mandate – ein gewaltiges Minus vor allem gegenüber dem steirischen Resultat bei der Nationalratswahl ein Jahr zuvor, als die Landes-FPÖ 29,2 % der Stimmen einfuhr und damit um rund 2,5 Prozentpunkte vor der ÖVP lag. Damals, 1999, schien alles möglich zu sein. Nur ein Jahr später hatte sich das Blatt zumindest in der Steiermark komplett gewendet. Bei der Landtagswahl 2000 lag die Klasnic-ÖVP bei 47,3 %, die FPÖ wie gesagt bei 12,4 %. Alles schien verspielt zu sein.

Überdies führte die Schlappe vom Oktober 2000 zu einem Wechsel an der Spitze der Landespartei, da der damals populäre Landesparteiobmann und Bundesminister für Infrastruktur, Dipl.-Ing. Michael Schmid, aus beiden Funktionen ausschied, wovon noch die Rede sein wird. In der Landespartei folgte ihm Leopold Schöggl nach, der auch den der FPÖ zustehenden Sitz in der Landesregierung übernahm und Landeshauptmannstellvertreter wurde. Zierler ging trotz Unterstützung aus der Bundespartei und obwohl sie Spitzenkandidatin gewesen war, leer aus, was für weitere Spannungen sorgte. Hinzukam, dass Schöggl nicht der Wunschkandidat der Bundes-FPÖ war. Da er mit Klasnic ein für die ganze fünfjährige Legislaturperiode gültiges Arbeitsübereinkommen abschloss, schien nun in Graz eine ähnliche – und bei FPÖ-Wählern ähnlich unbeliebte – Konstellation gegeben wie in Wien.[38]

---

38 Reinhold Lopatka/Herwig Hösele: Steirische Landtagswahl 2000: Der fulminante Sieg hat eine Mutter – Waltraud Klasnic. In: Andreas Khol/Günther Ofner/Günther Burkert-Dottolo/Stefan Karner (Hrsg.): Österreichisches Jahrbuch für Politik 2000 (Wien 2001), S. 77–93. Vgl. aus FPÖ-Sicht (dominant jene der Bundespartei) Wilhelm Brauneder: Die FPÖ und die „Wende". In: ebda.,

Krach in Knittelfeld

Es gab im Vorfeld von Knittelfeld also allerhand Konfliktstoff, der freilich bei dem Treffen ausgeräumt werden sollte – so die offizielle Vorgabe und Hoffnung. Es sollte freilich ganz anders kommen. Der Tropfen, der das Fass zum Überlaufen brachte, war die aufgrund einer Hochwasserkatastrophe im Sommer 2002, die massive staatliche Hilfszahlungen erforderte, angekündigte Verschiebung einer Steuerreform, die nicht zuletzt vielen FPÖ-Wählern die versprochene Entlastung bringen sollte. Über die Frage der Fortsetzung der Regierungskoalition war in Knittelfeld kein Konsens zu erzielen. Daraufhin traten die freiheitlichen Bundesminister sowie Klubobmann Ing. Peter Westenthaler zurück, womit die Koalition faktisch geplatzt war.[39]

Bei der vorgezogenen Neuwahl des Nationalrats am 24. November 2002 verlor die FPÖ nahezu zwei Drittel ihrer Wähler von 1999 und fiel von fast 27 % auf 10 % zurück.[40] Die Koalition mit der enorm gestärkten ÖVP wurde zwar fortgesetzt (nun mit einer deutlich geschwächten FPÖ als Juniorpartner), doch dümpelte die Regierungsarbeit sang- und klanglos dahin und der Personalverschleiß an der Spitze der FPÖ ging weiter.

Die Gründung des BZÖ

Vor diesem Hintergrund schlug es wie eine Bombe ein, als Jörg Haider und einige weitere freiheitliche Spitzenpolitiker am 4. April 2005, wenige Wochen nach der für die Freiheitlichen desaströsen steirischen Gemeinderatswahl, ihre Abspaltung von der FPÖ und die Gründung einer neuen Partei namens Bündnis Zukunft Österreich (BZÖ) bekanntgaben. Der damalige steirische FPÖ-Obmann, Leopold Schöggl, wurde eigenen Angaben zufolge erst zwei Stunden vor der öffentlichen Ankündigung der Abspaltung in Kenntnis gesetzt und zum Übertritt aufgefordert, was er aber ablehnte.[41]

Mario Kunasek befand sich an diesem Tag wieder in der Heeresunteroffiziersakademie in Enns, als er ein SMS von Haiders Adlatus Dipl.-Ing. Uwe Scheuch erhielt, das ihn mit den (sinngemäßen) Worten „Alle konstruktiven

---

S. 321–337. Lothar Höbelt: Die Durchquerung der Wüste und das gelobte Land. Der Weg zur zweieinhalbten Republik. In: ebda., S. 541–555.

39 Reinhard Olt: Die „Wenderegierung" 2000–2002: Gründe für ihr Scheitern. In: Andreas Khol/Günther Ofner/Günther Burkert-Dottolo/Stefan Karner (Hrsg.): Österreichisches Jahrbuch für Politik 2002 (Wien 2003), S. 109–126.

40 Peter A. Ulram: Die Nationalratswahl 2002. In: ebda., S. 129–140.

41 Kurzmann/Kunasek, Lager, S. 194.

Kräfte sind zum BZÖ eingeladen" zum Übertritt veranlassen wollte, was man durch Registrierung auf einer neu eingerichteten Webseite tun konnte. Obwohl Jörg Haider für Kunasek wie für nahezu alle Freiheitlichen das große Vorbild und das beste Zugpferd der Partei war, lehnte Kunasek diese Form der Abspaltung vehement ab. Auf der besagten Webseite, die er sich ansah, war nicht einmal rudimentär erkennbar, was die neue Gruppierung eigentlich bezweckte und mit welchem Programm sie antrat. Der Entschluss, Scheuchs Massen-SMS zu ignorieren, stand schnell fest.[42] Da sich aber andere Freiheitliche vorerst nicht eindeutig zu deklarieren schienen, stellte der Landesvorstand des RFJ der Landespartei sogar ein kurz befristetes Ultimatum, bis zu dessen Ablauf sich die Führung der steirischen FPÖ zur Mutterpartei bekennen sollte.[43]

Allerdings traten drei der sieben steirischen FPÖ-Landtagsabgeordneten zum BZÖ über, das im Juni 2005 seine steirische Landesgruppe gründete. Ihr erster Obmann wurde der bis heute durch seine Fernseh- und Internetauftritte bekannte, wortgewaltige Gerald Grosz. Wie tief die Spaltung ging, zeigte sich im Vorfeld der Landtagswahl dieses Jahres, als das BZÖ niemand Geringeren als den früheren FPÖ-Landesparteiobmann, den Landesrat und kurzzeitigen Infrastrukturminister im ersten Kabinett Schüssel, Michael Schmid, als Spitzenkandidat nominierte.

Von Schmids einstiger Popularität war freilich nicht mehr viel übrig, nachdem er seinen Ministersessel nach nur wenigen Monaten im Amt entnervt aufgegeben und die Verantwortung für die FPÖ-Verluste bei der Landtagswahl 2000, der ersten während der Regierungsbeteiligung der Partei in Wien, übernommen hatte. Obendrein war er 2001 aus der FPÖ ausgetreten. Vorangegangen war dem ein Streit um seine Ministerpension, auf die Schmid entgegen einer Forderung der Partei nicht verzichten wollte. Dem daraufhin angedrohten Parteiausschluss kam er durch seinen Austritt zuvor. Dennoch war es eine Peinlichkeit erster Ordnung, dass nun ausgerechnet ein ehemaliger FPÖ-Landesparteiobmann gegen seine frühere Gesinnungsgemeinschaft in den Ring stieg. Theresia Zierler, die glücklose Spitzenkandidatin des Jahres 2000, schloss sich ebenfalls dem BZÖ an, ohne allerdings bei der Landtagswahl 2005 zu kandidieren.

Landtagswahl 2005: Der Super-GAU für die FPÖ

Schmid und das BZÖ erreichten bei der Landtagswahl am 2. Oktober 2005 zwar nicht einmal 2 % (natürlich überwiegend auf Kosten der FPÖ), doch der

42 Interview Mario Kunasek.

43 Interview mit Nationalratsabgeordneten Mag. Hannes Amesbauer, 12. März 2024.

jahrelange Streit, die häufigen Personalwechsel, die Parteispaltung und das glücklose Agieren in der Bundesregierung im Schatten der ÖVP führten gebündelt zum erwähnten dramatischen Stimmenverlust der FPÖ, zum Abrutschen auf unter 5 % und zum Ausscheiden aus dem Landtag.[44] Sogar die Kommunisten waren jetzt stärker als die Freiheitlichen! Vor der steirischen FPÖ lagen fünf bittere Jahre – wobei natürlich in den Sternen stand, ob es bei dieser Durststrecke bleiben und die nächste Wahl deutlich besser verlaufen würde. Es erforderte ein gehöriges Maß an Gesinnungsfestigkeit und Loyalität, um der Partei in dieser ihrer schwärzesten Stunde die Treue zu halten und nicht mit fliegenden Fahnen zum (außerhalb der Steiermark) offenbar erfolgreicheren BZÖ überzulaufen, wie es einige blaue Nationalratsabgeordnete taten. Nun trennte sich sprichwörtlich die Spreu vom Weizen: Da das BZÖ nun im Bund mit der ÖVP koalierte und einen, wenn auch eingeschränkten, Einfluss etwa in den von seinen Vertretern geleiteten Ministerien auszuüben vermochte, schlossen sich jene dem BZÖ an, denen es in erster Linie um ihre eigene Karriere ging. Bei der FPÖ zu bleiben, versprach jedenfalls weder im Bund noch im Land irgendeinen materiellen Vorteil.

2005/06: Ein steiniger Neubeginn

Mario Kunasek gehörte zu jenen, die seiner Partei, der er erst vor rund zweieinhalb Jahren beigetreten war, die Stange hielten und ihr bei der Bewältigung der fünf langen Jahre im Exil, außerhalb des Landtags, tatkräftig halfen. In Graz-Umgebung war der dortige Bezirksparteiobmann, der Bundesheeroberstleutnant und Landtagsabgeordnete Kurt List, vom BZÖ abgeworben worden; auf ihn folgte – wohl mehr aus der Not der Stunde geboren denn als langfristige Lösung gedacht – der Architekt Dipl.-Ing. Gerald Deutschmann.[45] Dieser erinnert sich daran, dass Kunasek, zu dieser Zeit RFJ-Obmann in diesem Bezirk, ihn damals ansprach und seine noch stärkere Mitarbeit in der Bezirksparteileitung anbot. Man traf sich, vermutlich unter Mitwirkung von Peter Samt als „Keiler", in dem winzigen Büro, das sich die Partei damals noch leisten konnte bzw. das ihr eines ihrer Mitglieder in seinem Unternehmen zur Verfügung stellte.

44 Brigitte Salfinger/Alexander Reichmann: Stürmischer Wahlherbst. Analyse der Wählerströme bei den Landtagswahlen in der Steiermark, im Burgenland und in Wien. In: Andreas Khol/Günther Ofner/Günther Burkert-Dottolo/Stefan Karner (Hrsg.): Österreichisches Jahrbuch für Politik 2005 (Wien 2006), S. 29–45. Peter A. Ulram/Franz Sommer: Gebremste und ungebremste Stürze. Gemeinderats- und Landtagswahlen 2005. In: ebda., S. 47–58.

45 Interview mit dem stellvertretenden FPÖ-Klubobmann im Landtag, Mag. Stefan Hermann, MBL, 26. Februar 2024.

Die FPÖ hatte nichts mehr zu verteilen, brauchte aber dringender denn je einsatzfreudige, nicht auf den eigenen Vorteil bedachte Kräfte. Kunasek wirkte auf Deutschmann vom ersten Augenblick an mehr als vielsprechend: Er war sympathisch, fleißig und aktiv, ja umtriebig, kurzum: ein offensichtliches politisches Talent weit überdurchschnittlichen Formats, das sich auch in einer Zeit der tiefsten Krise vorbehaltslos zu seiner Gesinnungsgemeinschaft bekannte. In Kunaseks Augen war es „die Geburtsstunde der FPÖ neu". Es wurde „das Haus neu errichtet" und viele Junge hatten das Glück, rasch in freigewordene Positionen aufrücken zu können.[46]

Zu tun gab es mehr als genug, die Probleme waren in der Tat riesengroß. Noch die geringsten Schwierigkeiten bereitete die Analyse der Ursachen des Wahldebakels, die ja auf der Hand lagen: Wie so oft in der Geschichte des Dritten Lagers seit dem 19. Jahrhundert hatten interne Zwistigkeiten und die Profilierungssucht Einzelner für eine nachhaltige Schwächung der gesamten Bewegung gesorgt, wovon insbesondere die sich die Hände reibende ÖVP profitierte. Nun galt es freilich, den Blick von der Vergangenheit abzuwenden und in die Zukunft zu richten. Wie sollte es weitergehen?

Der Rauswurf aus dem Landtag hatte weitreichende personelle und finanzielle Konsequenzen. Bis dahin hatte die FPÖ etwa 2,2 Millionen Euro an öffentlichen Förderungen erhalten, die nun von einem Tag auf den anderen wegfielen. Die Weiterbeschäftigung von rund 30 Mitarbeitern in der Landesgeschäftsstelle, im Landtagsklub und in den Bezirken war ebenso wenig möglich wie die Weiterführung der Geschäftsstellen in sämtlichen der damals noch 17 steirischen Bezirke. Dieser Kahlschlag reduzierte natürlich drastisch die Möglichkeiten, mit den Menschen im Land zu kommunizieren und ihnen freiheitliche Anliegen näherzubringen – ganz abgesehen davon, dass die Medien von einer nicht mehr im Landtag vertretenen Partei kaum mehr Notiz nehmen. Selbst die Miete für die Landesgeschäftsstelle, in der nur zwei besoldete Mitarbeiter verblieben, war nicht mehr finanzierbar. Als Notlösung konnte man in den Büros des Rings Freiheitlicher Jugend in der Grazer Schmiedgasse zwei kleine Zimmer beziehen. Der Blick auf den gleich danebengelegenen Landtag muss schmerzliche Erinnerungen an bessere Zeiten geweckt haben. Selbstredend waren auch die einstigen Klubräume im Landhaus sowie jene Büros, die Landesrat Schöggl und sein Team nutzen hatten können, nicht mehr verfügbar.

46 Interview mit dem dritten Landtagspräsidenten, Dipl.-Ing. Gerald Deutschmann, 15. Februar 2024. Interview Mario Kunasek.

Gerhard Kurzmann übernimmt das Ruder

Als der Landesparteivorstand zwei Tage nach der Wahl die triste Lage beriet, war bereits absehbar, dass Schöggl als Landesparteiobmann seinen Hut nehmen würde. Die Suche nach einem Nachfolger dauerte noch ein wenig, bis sich die Vorstandsmitglieder bei einer weiteren Sitzung Ende November 2005 einstimmig auf den Historiker und Archivar Dr. Gerhard Kurzmann als neuen Landesparteiobmann einigen konnten. Kurzmann war wohl einer von ganz wenigen, die unter den gegebenen Umständen überhaupt bereit und fähig waren, das Ruder zu übernehmen. Obendrein hatte er bereits Anfang 2003 seine Steherqualitäten bewiesen, als er die Grazer Stadtgruppe nach der verheerenden Niederlage der FPÖ bei der Grazer Gemeinderatswahl übernahm.

Für ihn sprach außerdem, dass gerüchteweise verlautete, die Bundespartei unter Heinz-Christian Strache würde, sollte sich die Landesgruppe nicht auf einen neuen Chef einigen, die nicht sonderlich beliebte einstige Nationalrats- und Landtagsabgeordnete sowie Landesrätin Dr. Magda Bleckmann als Obfrau ins Spiel bringen.[47] Es schien fraglich, ob Bleckmann sich von einem ebenso tragischen wie in der politischen Landschaft Österreichs einzigartigen Schicksalsschlag hinreichend erholt hatte, der sie 2000 traf: Ihr Ehemann Alexander Jost, von dessen Doppelleben und kriminellen Aktivitäten sie keine Ahnung hatte, war nach einem von ihm verübten Banküberfall von der Polizei auf der Flucht erschossen worden. Magda Jost-Bleckmann, wie sie damals hieß, war zu dieser Zeit schwanger, hatte 2005 also noch ein Kleinkind zu betreuen.[48]

Schöggl betraute Kurzmann am 30. November mit Wirkung ab 1. Dezember 2005 schriftlich mit der Wahrnehmung seiner Befugnisse, bis ein außerordentlicher Landesparteitag die formelle Wahl vornehmen würde. Dieser Parteitag fand am 19. Februar 2006 in Graz statt; die Delegierten wählten Kurzmann mit rund 77 % der Stimmen zum neuen Obmann. Bemerkenswerterweise hatte es einen Gegenkandidaten gegeben, auf den die restlichen Stimmen entfielen.

Zu den ersten Amtshandlungen Kurzmanns, der seine neue Funktion angesichts der Umstände rückblickend als eine Art Himmelfahrtskommando empfand, gehörte die Aufnahme eines recht niedrig verzinsten Darlehens in der Höhe von 130.000 Euro bei der FPÖ-Landespartei Wien, um beispielsweise die Abfertigungen der gekündigten Mitarbeiter bezahlen zu können. Das Darlehen wurde bis Februar 2013 vollständig zurückbezahlt. Damit waren die

47 Interview mit Dr. Gerhard Kurzmann, 30. Jänner 2024.

48 https://www.tagblatt-wienerzeitung.at/nachrichten/chronik/oesterreich/350190_Geheimnis-um-Doppelleben.html.

Obmannfrage verhältnismäßig reibungslos geklärt und die ärgsten Finanznöte vorübergehend behoben. Einen Anlass zu vorsichtigem Optimismus gab auch die Erkenntnis, dass die FPÖ nach der Abspaltung ihres bisherigen Zugpferds Haider und des BZÖ keineswegs tot war, denn Haiders Nachfolger an der Spitze der Bundes-FPÖ, Heinz-Christian Strache, erzielte nur drei Wochen nach der steirischen Landtagswahl bei der Wiener Landtagswahl überaus respektable 14,8 %. Kein Wunder, dass Strache unmittelbar nach Kurzmanns Wahl zum Obmann zu mehreren öffentlichen Auftritten in die Steiermark kam, die der Landespartei zusätzlich etwas Aufwind verschafften.[49]

Wie rasch Kurzmann die Einigung und Festigung der Partei, trotz aller fortbestehenden finanziellen Engpässe, gelangen und wie sehr man seine Leistung schätzte, zeigt nichts besser als der Umstand, dass er bei seiner Wiederwahl zum Landesparteiobmann beim ordentlichen Landesparteitag am 17. Juni 2007 stolze 98,4 % der Delegiertenstimmen erhielt.[50] Für Kunasek war Kurzmann aus damaliger wie heutiger Sicht „ein Glücksfall", denn unter seiner Leitung wurde, wie schon zitiert, das blaue „Haus neu errichtet".[51]

Erste wichtige Funktionen für Kunasek

Kurzmann war klar, dass sein Konsolidierungs- und Wiederaufstiegskurs nicht zuletzt ein verlässliches, uneigennützig arbeitendes Team erforderte, darunter möglichst viele, die nicht durch die Streitereien der jüngeren Vergangenheit belastet waren. Einen Schlussstrich unter die Spaltung zu ziehen, bedeutete auch, dass Kurzmann für die FPÖ Steiermark die Parole ausgab, man bleibe freiheitlich, werde den Kampf jetzt durchstehen und in einer hoffentlich besseren Zukunft keine zum BZÖ Abgewanderten zurücknehmen, die es sich eventuell anders überlegt hatten. Diesen Beschluss trug anfangs auch Strache vollinhaltlich mit, der freilich bald darauf, als solche Szenarien schlagend wurden, dagegen verstieß.[52]

Kunasek gehörte zu jenen, auf die alle von Kurzmann geforderten Kriterien der Befähigung und Loyalität restlos zutrafen. Seine erfolglose Kandidatur bei der insgesamt sehr schlecht verlaufenen Gemeinderatswahl 2005 in seiner

49 Während Kurzmann zu Strache stets ein distanziertes Verhältnis hatte (unter anderem wegen dessen wirren Aussagen über historische Persönlichkeiten), war er für Kunasek und Hilzensauer „ein lässiger Bursch", der überall gut ankam und den sie voll unterstützten. Es gab nie Konflikte mit ihm. Interviews Kurzmann und Hilzensauer.

50 Kurzmann Kunasek, Lager, S. 203–211, mit einer Biografie Kurzmanns.

51 Interview Mario Kunasek.

52 Interview Kurzmann.

▸ **Abb. 12: Treffen der FPÖ-Ortsgruppe Gössendorf**

Wohnsitzgemeinde Gössendorf hatte ihn nicht entmutigt. Immerhin wurde er nach der Wahl im April 2005 dort Ortsparteiobmann, was er bis Anfang 2018 bleiben sollte. Ebenfalls im April 2005 wurde er neuerlich in die Bezirksparteileitung Graz-Umgebung gewählt, deren Vorsitz er im April 2007 übernahm, nachdem er davor zwei Jahre als stellvertretender Bezirksparteiobmann tätig gewesen war. Diese Funktion war 2005 durch das Aufrücken Deutschmanns zum Obmann vakant geworden, nachdem der bisherige Obmann List, wie erwähnt, zum BZÖ übergetreten war. Kunasek übernahm den Bezirk 2007 mit einem Stand von 935 Mitgliedern, bei seinem Ausscheiden 2018 waren es 1.152, der bisher höchste Wert seit der Jahrtausendwende (Abb. 12).[53]

Wie trist 2005 nach außen die Lage der FPÖ in Graz-Umgebung wirkte, zeigte sich den Erinnerungen Deutschmanns zufolge im Vorfeld des Bezirksparteitags dieses Jahres, als ihn ein Journalist der „Kleinen Zeitung" zynisch fragte, ob er mit vier oder fünf Teilnehmern rechne. Deutschmann gab sich zuversichtlich und erwiderte, es würden 50 Personen kommen, was dann auch eintrat. Deutschmann wurde 2005 als Bezirksparteiobmann in Graz-Umgebung wiedergewählt; kein anderer wollte sich damals diese Bürde auferlegen lassen.

53 Mitgliederdaten der FPÖ für Graz-Umgebung 2000–2024, dem Verfasser als Excel-Tabelle zur Verfügung gestellt. Interview Deutschmann. Hiernach das Folgende.

Kunasek übernimmt den Bezirk Graz-Umgebung

Kunaseks Vorgänger Deutschmann wollte ebenso wie Kurzmann einen Generationenwechsel vollziehen. In der Frage, ob er sofort auf Kunasek kam oder er ihn für noch nicht hinreichend erfahren hielt, sodass es einiger Überredungskünste von dritter Seite, insbesondere von Samt, bedurfte, gehen die Erinnerungen der Beteiligten etwas auseinander. Kunasek erlebte die Situation aus seiner heutigen Sicht so, dass Deutschmann zwar „nicht überglücklich" über den ihm nahegelegten Verzicht zugunsten eines jungen Aktivisten war, aber „die Zeichen der Zeit erkannte" und für einen geordneten Übergang sorgte, der sich im Nachhinein als die richtige Entscheidung erwies – nicht zuletzt für jene, die ihre parteiinternen Plätze geräumt hatten, denn mit dem neuen Zugpferd Kunasek zogen sowohl Deutschmann als auch Samt 2010 in den Landtag ein.[54] Wie auch immer, letzten Endes schlug Deutschmann als neuen Bezirksparteiobmann Kunasek vor, einen Kumpeltyp, der nicht nur führen, also anordnen, sondern mit dem ganzen Team gemeinsam anpacken wollte. Als er den Bezirk 2007 übernahm, gab es dort allerlei Probleme; drei Jahre später war Graz-Umgebung ein blauer Vorzeigebezirk mit kontinuierlich steigenden Mitgliederzahlen.[55]

Kunasek fehlte es, wie Deutschmann bemerkte, nicht an Selbstvertrauen: Er erkannte das gerade herrschende Vakuum und wollte darin durchstarten. Der Übergang von Deutschmann zu Kunasek vollzog sich nach außen harmonisch und ohne jeden Konflikt. Der Architekt Deutschmann wollte aus beruflichen Gründen sein Amt zügig an einen Jüngeren übergeben, ohne jedoch im Bezirk eine Kampfabstimmung heraufzubeschwören. Kunasek, der bereits dem Landesparteivorstand angehörte, bot sich als idealer Nachfolger an, was Peter Samt ebenso sah. Deutschmann wollte sich auf die Rolle des Wirtschaftssprechers der FPÖ in Graz-Umgebung beschränken, wovon er auch Landesparteiobmann Kurzmann zu überzeugen vermochte. Der war anfangs ein wenig skeptisch gewesen, da er fürchtete, Deutschmann wäre dann gänzlich weg.[56]

Deutschmann war nach Richard Schuster, dem RFJ-Obmann in Graz-Umgebung, und Peter Samt in Gössendorf der Dritte, der dem Hoffnungsträger Kunasek freiwillig Platz machte, da er dessen vielversprechendes Potenzial erkannte. Apropos Platz: Der war damals bei der FPÖ-Bezirksparteileitung Graz-Umgebung mehr als begrenzt. Das Bezirksbüro bestand aus einem kleinen Raum. Dort konnte Kunasek, assistiert von Hilzensauer, Schreibarbeiten

54 Interview Mario Kunasek.

55 Interviews Deutschmann und Samt.

56 Interview Deutschmann.

erledigen, mit den Geräten der Firma zweifarbige Flugblätter herstellen usw. Das Bezirksbüro befindet sich übrigens nach wie vor im selben Gebäude.[57]

Kunaseks raschen Aufstieg erleichterte sicherlich der Umstand, dass nach Knittelfeld und der Abspaltung des BZÖ in der steirischen FPÖ ein gewisses Vakuum herrschte: Viele Funktionäre hatten sich frustriert zurückgezogen oder sogar den Übertritt zum BZÖ vollzogen, wofür Haiders Mannen in der Grünen Mark emsig warben, allerdings nicht beim Landesparteiobmann Kurzmann, bei dem ein solches Unterfangen als aussichtslos galt. Freundschaften waren zerbrochen, als sich einstige Weggefährten plötzlich in gegnerischen Lagern wiederfanden. Kurzmann spricht im Rückblick treffend von einem „innerparteilichen Bürgerkrieg". Hilzensauer erinnert sich an seine Verstörung, als ihn die Meldung von der Gründung des BZÖ erreichte: Er habe schnurstracks Kunasek angerufen und ihn gefragt: „Was wird jetzt aus uns und dem RFJ?"[58] Hinzukam die Schwierigkeit, der Bevölkerung den Unterschied zwischen FPÖ und BZÖ zu verdeutlichen; viele Menschen nahmen es da nicht so genau und entschieden sich für den seit Langem österreichweit bekannten und populären Jörg Haider.[59] Dieser hatte es obendrein gerade im Umland der steirischen Landeshauptstadt verstanden, mit Gerald Grosz und Kurt List einige dort bestens verankerte und bekannte Lokalgrößen auf seine Seite zu ziehen.[60]

Im Mai 2005 zog Kunasek außerdem in den Landesparteivorstand ein – eine bemerkenswerte parteiinterne Karriere angesichts des Umstands, dass der so Ausgezeichnete erst Anfang 2003 der FPÖ beigetreten war. Sie erklärt sich teilweise aus seinem Aufstieg im Bezirk Graz-Umgebung, der zu jenen Bezirken gehörte, in denen die FPÖ üblicherweise gute Wahlergebnisse erzielte, sodass Funktionäre aus diesem Bezirk in den Landesgremien stark vertreten waren. So folgte etwa aus Kunaseks Übernahme der Funktion des Landesparteisekretärs sein Eintritt auch in das Landesparteipräsidium im September 2007.[61]

Kunaseks erste Kandidatur für den Nationalrat

Wie sehr Kurzmann dem jungen Mario Kunasek vertraute, zeigt nicht zuletzt der Umstand, dass er ihn im Juni 2006, vier Monate nach seiner eigenen Wahl zum Landesparteiobmann, als einen der steirischen Kandidaten für die am

57 Interview Hilzensauer.

58 Ebda.

59 Interview Kurzmann.

60 Interview Mario Kunasek.

61 Von der FPÖ übergebene Aufstellung der öffentlichen und Parteifunktionen Kunaseks, 2005–2023.

1. Oktober fällige Nationalratswahl vorschlug, was der Landesparteivorstand billigte. Unter den blauen Funktionären aus Graz-Umgebung wollten aus beruflichen Gründen weder Deutschmann noch Samt nach Wien gehen. Kurzmann selbst trat als steirischer Spitzenkandidat an, Kunasek rangierte auf Platz vier der Landesliste und als Spitzenkandidat im Wahlkreis 6B (Graz-Umgebung und Voitsberg). Die Reihung hatte auf diverse parteiinterne Gesichtspunkte Rücksicht zu nehmen: Kurzmann und der zweitgereihte Wolfgang Zanger, beide auf halbwegs sicheren Listenplätzen, standen für Graz samt seinem Umland bzw. die Obersteiermark. Die auf Platz 3 rangierende Grazer Stadträtin Dr. Susanne Winter trug Straches dringendem Wunsch Rechnung, Frauen zu nominieren; außerdem wollte man Winter wegen juristischer Schwierigkeiten, von denen noch die Rede sein wird, in Graz „aus der Schusslinie nehmen", so Kurzmann im Interview 2024. Kunasek auf dem allerdings wenig aussichtsreichen Platz 4 war als Signal an die Jugend und der Erneuerung gedacht.[62]

Kunasek ging bei der Nationalratswahl leer aus, da die FPÖ in der Steiermark nur zwei Mandate erhielt. Diese Wahl, die die Ära von Bundeskanzler Schüssel (ÖVP) beendete und die SPÖ unter Dr. Alfred Gusenbauer erstmals seit 1999 wieder zur (knapp) stärksten Partei machte, brachte der FPÖ unter Strache bundesweit ein leichtes Plus von exakt einem Prozentpunkt auf 11,0 % Stimmenanteil; das BZÖ kam auf 4,1 %. In der Steiermark schnitten SPÖ und ÖVP etwas besser ab als im Bund, die FPÖ mit 10,4 % geringfügig schlechter. Gössendorf, dessen FPÖ-Ortsgruppe Kunasek leitete, scherte aus dem steiermarkweiten Trend aus, denn dort erzielte die FPÖ mit einem Zuwachs von 3,4 Prozentpunkten 13,9 % der Stimmen, was sich sicherlich mit einem gewissen Lokalpatriotismus erklären lässt, stand doch der Gössendorfer Kunasek auf

▸ **Abb. 13: „Konkret" vom September 2006 mit Kunasek als Kandidaten für den Nationalrat**

62 Interviews Kurzmann und Mario Kunasek.

der Kandidatenliste für den Nationalrat. Folgerichtig plakatierte die FPÖ neben einem Konterfei Kunaseks „Gössendorf wählt Gössendorf" (Abb. 13).

Kunasek betrieb (nicht nur) in seiner Wohnsitzgemeinde einen intensiven, stark auf seine Person zugeschnittenen Wahlkampf, für den er nicht bloß Material der Bundes- und Landespartei einsetzte, sondern einen Mix eigener Argumente und eine in neun Punkte gegliederte Entscheidungshilfe. All dies erreichte die Gössendorfer Bevölkerung auf dem Weg der FPÖ-Gemeindezeitung „Konkret", aber auch in volkstümlicherer Form, etwa bei einem „Info- und Bürgerstand" am Tag vor der Wahl „mit Freibier und Jause".[63] Das überdurchschnittlich gute Abschneiden der FPÖ in Gössendorf bei der Nationalratswahl 2006 gab Kunasek recht. Der Abwärtstrend war jedenfalls gestoppt.

Interessant ist die Verteilung der Vorzugsstimmen: Kurzmann erhielt auf der Regionalparteiliste 6A 994 davon, was ihn zum unangefochtenen Spitzenreiter innerhalb der FPÖ-Riege machte. Kunasek bekam auf der Regionalparteiliste 6B 495 Vorzugsstimmen, mehr als jeder andere steirische Bewerber, ausgenommen Kurzmann. Auf der Hitliste sämtlicher Kandidaten aller Parteien in ganz Österreich belegte Kunasek Platz 466 unter knapp 2.800 Gereihten. Strache lag mit rund 15.300 Vorzugsstimmen auf Platz 3 hinter den ÖVP-Politikern Günther Platter und Wolfgang Schüssel. Auf der separat ausgewerteten Landesparteiliste entfielen auf Kurzmann 77 Vorzugsstimmen, auf Kunasek 26. Am erfolgreichsten war hier skurrilerweise der auf dem letzten Listenplatz kandidierende ehemalige Landesparteiobmann Schöggl mit 329 Vorzugsstimmen. Kunaseks sehr gutes Ergebnis reichte aber nicht für eine Änderung der vorher aufgestellten Reihung, sodass der Listenerste und der Listenzweite die beiden steirischen Mandate besetzten, nicht jedoch Kunasek auf Platz 4.[64] Schon zwei Jahre später sollte es bei der vorgezogenen Nationalratswahl 2008 dann aber klappen.

2007: Kunasek wird Landesparteisekretär

Der Umstand, dass Kunasek vorerst nicht ins Wiener Parlament einzog und in Graz blieb, erleichterte seine Bestellung zum Landesparteisekretär am 3. Juli 2007, wenige Tage nach seinem 31. Geburtstag. Diese im Statut der FPÖ Steiermark vorgesehene ehrenamtliche Funktion wurde nach einer längeren Vakanz somit neuerlich besetzt. Kunasek übte dieses Amt mehrere Jahre lang neben

63 Konkret (= Zeitung der FPÖ in der Marktgemeinde Gössendorf), September 2006, S. 1.

64 NRW 2006 Endergebnis VZ.xls (bmi.gv.at). Thomas Hofer/Barbara Tóth (Hrsg.): Wahl 2006: Kanzler, Kampagnen, Kapriolen. Analysen zur Nationalratswahl (Wien 2007).

seiner Tätigkeit als Nationalratsabgeordneter aus. Kurzmann erklärt heute diese an zwei getrennten Orten ausgeübte Doppelfunktion unter anderem damit, dass Kunaseks Aufgaben als Landesparteisekretär anfangs noch überschaubar waren, da die steirische FPÖ nach ihrem Rauswurf aus dem Landtag 2005 weder über besoldetes Personal noch über nennenswerte Ressourcen verfügte. Außerdem betont Kurzmann, er habe von seinem Recht als Landesparteiobmann Gebrauch gemacht, sich den Landesparteisekretär, seinen wichtigsten Mitarbeiter, selbst auszusuchen und dem nächsten Landesparteitag vorzuschlagen.[65] Deutschmann ergänzt rückblickend, das Amt des Landesparteisekretärs sei seinerzeit dem Bezirk Graz-Umgebung als dem stärksten blauen Stimmenbringer und damit ihm selbst zugestanden; er habe jedoch Kurzmann davon überzeugt, es mit dem „aufstrebenden Stern" Kunasek zu besetzen.[66]

Im Vorfeld hatte die FPÖ-Stadtgruppe Graz unter ihrem damaligen Obmann Mag. (FH) Mario Eustacchio den heutigen Obmann dieser Stadtgruppe, MMMag. Dr. Axel Kassegger, als Landesparteisekretär vorgeschlagen. Gegenüber dem eher intellektuellen, urbanen und damals noch weithin unbekannten Kassegger bevorzugte Kurzmann jedoch den mittlerweile erfahrenen und bürgernahen Praktiker Kunasek, der ihm besser geeignet schien, mit den Funktionären in den Bezirken Kontakt zu halten und ihnen die Wünsche des Landesparteiobmanns zu übermitteln, was sich später auch bewahrheitete. Damit waren die Würfel zugunsten Kunaseks gefallen.[67] Wie wir noch sehen werden, sollte die Grazer Stadtgruppe diese Schlappe nicht vergessen und etliche Jahre später bei Kunaseks Aufstieg zum Landesparteiobmann allerhand Vorbehalte vorbringen.

---

65 Interviews Kurzmann und Mario Kunasek.

66 Interview Deutschmann.

67 Interview Kurzmann.

4 2005–2017: Kunasek als Gemeindepolitiker in Gössendorf

Was Kunasek in der Marktgemeinde Gössendorf über einen stets bürgernahen Zugang zur Bevölkerung quasi von der Pike auf gelernt hatte, konnte er nun auf der Landesebene umsetzen. Es lohnt daher ein Blick zurück auf Kunaseks erste Gehversuche in der Gemeindepolitik. Glücklicherweise haben sich aus dieser Zeit einige Materialien, nicht nur solche aus Wahlkampfzeiten, erhalten, die einen Einblick in Kunaseks unverwechselbares Rezept gestatten, wenngleich sicherlich Anleihen bei erfolgreichen Politikern wie Haider und Strache nicht zu übersehen sind. Beiden – Strache noch mehr als Haider– waren große Erfolge bei Wählern aus der Arbeiterschaft und der Jugendszene gelungen, was die FPÖ zugleich als denkbaren Koalitionspartner der ÖVP aufwertete, da sie dieser viel weniger Stimmen wegnahm als der SPÖ.[68]

Gemeinderatswahl 2005: Kunaseks erstes Antreten in Gössendorf

An dem offenbar maßgeblich von Kunasek gestalteten Wahlkampf für die Gemeinderatswahl am 13. März 2005 kann es nicht gelegen haben, dass die FPÖ landesweit und auch in Gössendorf starke Verluste verzeichnen musste (von den Ursachen war bereits die Rede). Da gab es beispielsweise einen Internetauftritt mit der typischen Mischung aus sachlich-programmatischer Information, Vorstellung der wahlwerbenden Personen und Unterhaltung. Kunasek, der sich bei dieser Gelegenheit als Kandidat für den Gemeinderat an das Wahlvolk wendete, kündigte Informationen an „zu meiner Person, zu den Kandidaten der FPÖ-Gössendorf, und zu unserem Programm. Weiters findest Du interessante und lustige Links zu Websites im Internet. Klick Dich einfach durch und mache Dir ein Bild von uns."

68 Freiheitlich. Die Geschichte des dritten Lagers. Lothar Höbelt im Gespräch (Graz 2023), S. 159.

Das Programm war in fünf Punkten zusammengefasst: „GössendorferInnen zuerst!; Die Jugend – unsere Zukunft; Macht braucht Kontrolle!; Transparenz und Offenheit; Politischer Hick-Hack – nein danke!" Zur Rubrik Heiteres gehörten etwa eine Karikierung Schüssels und Gusenbauers sowie das an einen damals populären Film angelehnte Spiel „Bad Boys II", das US-Präsident George W. Bush und den britischen Premierminister Tony Blair wegen des von ihnen angezettelten Irak-Krieges auf die Schaufel nahm (Abb. 14). Schlussendlich ließ Kunasek wissen, wie die Bevölkerung mit ihm in Kontakt treten könne (per E-Mail oder telefonisch). Die Devise war unübersehbar: Ich will ein Politiker zum Anfassen sein.[69]

▸ **Abb. 14: FPÖ-Werbung für die Gemeinderatswahl 2005**

69 Ausdrucke des Internetauftritts der FPÖ Gössendorf vor der Gemeinderatswahl 2005. Archiv der FPÖ, Graz.

Ortsparteiobmann in Gössendorf

Wie erwähnt, honorierte das Ergebnis der Gemeinderatswahl 2005 die Bemühungen der Gössendorfer Freiheitlichen nicht. Es machte aber Kunasek den Weg an die Spitze der FPÖ-Ortsgruppe frei. Deren Ortsgruppenversammlung – erschienen waren inklusive Kunasek lediglich sieben Personen – wählte Kunasek am 2. April 2005 einstimmig zum neuen Obmann; die übrigen sechs Anwesenden wählten sich selbst in die übrigen Funktionen wie Schriftführer, Kassier usw., was hinlänglich zeigt, dass sich die Ortsgruppe nach dem Absturz bei der Gemeinderatswahl nicht gerade in einem erfreulichen Zustand befand. Sie war de facto mit der Ortsparteileitung identisch; sonstige FPÖ-Mitglieder hielten es jedenfalls nicht für nötig, zu dieser Versammlung, bei der eine wegweisende Personalentscheidung anstand, zu erscheinen.[70] Kunasek bestätigt heute, dass die Ortsgruppe damals auf diesen ebenso kleinen wie harten Kern zusammengeschrumpft war.[71]

Der Mobilisierungsbedarf, der auf den neuen Obmann zukam, war also unübersehbar. Kunaseks Vorgänger Peter Samt kandidierte nicht mehr, er behielt aber sein Gemeinderatsmandat (das einzige der FPÖ), sodass der neue Obmann nicht in der Gemeindestube vertreten war. Samt empfahl Kunasek mit den Worten als seinen Nachfolger, es sei nun „Zeit für eine Verjüngung, frischen Schwung und neue Ideen". Kunasek replizierte mit dem Hinweis auf seine feste Überzeugung, man könne die FPÖ Gössendorf „wieder zu alter Stärke" führen, wenn man „die Stärken stärken und die Schwächen schwächen" würde. „Wir müssen nur hart genug daran arbeiten und für die Bürger der Marktgemeinde Gössendorf hier sein." Besonders wichtig sei es, das Motto „immer beim Menschen" zu leben.[72]

Schon in derselben Nummer der FPÖ-Gemeindezeitung „Konkret", die den Obmannwechsel mitteilte, war nachzulesen, auf welche Mittel der neue Mann an der Spitze zwecks Rückgewinnung der alten Stärke setzte. Das Blatt bewarb zum einen die neue Internetseite der Ortsgruppe und kündigte zum anderen für den 2. Juli 2005 ein von der FPÖ Gössendorf und dem RFJ veranstaltetes „Fun-Court Fußballturnier", gefolgt von einer „blauen Party" mit Disco und Karaoke in der Mehrzweckhalle an. Kunasek war klug genug, seine eigene Fußballleidenschaft nicht zum Maß aller Dinge zu machen, denn es hieß ergänzend: „Auch für Kinder und Jugendliche die nicht so fußballbegeistert sind gibt es mit

70 Protokoll der Gössendorfer Ortsgruppenversammlung, 2. April 2005. Ebda.

71 Interview Mario Kunasek.

72 Konkret, Juni 2005, S. 3. Interview Samt.

unserem neu errichteten Gössendorfer Skaterpark und mit dem neuen Spielplatz eine passende Alternative." Zwecks Anmeldung und Einholung weiterer Informationen war Kunaseks Handynummer genannt.[73]

Die Zeitung „Konkret" war seinerzeit zwar in puncto sprachlicher Gestaltung und Layout noch nicht perfekt und sie erschien bestenfalls einmal pro Quartal, war aber ein unverzichtbares und zunehmend genutztes Medium, um Flagge zu zeigen, mit den Gemeindebürgern in Kontakt zu bleiben und sie zu attraktiven, dezidiert blau gefärbten Veranstaltungen einzuladen. Man muss sich vergegenwärtigen, dass den Bewohnern einer so nahe an der Landeshauptstadt gelegenen Gemeinde natürlich ein vielseitiges Freizeitangebot zur Verfügung stand und man ihnen daher etwas bieten musste, das ihren Geschmack traf, wollte man sie von der Fahrt ins nahe Graz abhalten. In abseits gelegenen ländlichen Regionen – früher nannte man sie einschichtig – war die Konkurrenz sicherlich weitaus geringer.

Weitere Ausgaben des „Konkret" informierten die Gössendorfer über wichtige Vorhaben in der Marktgemeinde und – naturgemäß aus FPÖ-Sicht – über die einschlägigen Debatten im Gemeinderat. Letztere Berichte stammten selbstredend aus der Feder des einzigen blauen Gemeinderats, Peter Samt. Beispielhaft sei das bis heute aktuelle Problem der Verkehrsberuhigung genannt.

Ein klassisches FPÖ-Thema war daneben die bei jeder sich bietenden Gelegenheit zum Ausdruck gebrachte Wertschätzung für die Arbeit der Ehrenamtlichen, insbesondere der Freiwilligen Feuerwehr. Die Zeitung war darüber hinaus ein Spiegelbild der von Kunasek angestoßenen, verstärkten Programmarbeit, die den Gössendorfern konkrete Pläne und Konzepte für die künftige Ortsentwicklung anbieten wollte. So berichtete „Konkret" Ende 2006 etwa über eine Klausur der Ortsgruppe, die ein Ortsentwicklungsprogramm für die Jahre 2007 bis 2010 – dann stand die nächste Gemeinderatswahl an – entwerfen sollte. Seine Leitlinien lauteten: Sicherheit, Verkehr und Demokratiekontrolle, womit offenkundig die in der Marktgemeinde mit absoluter Mehrheit regierende SPÖ gemeint war.[74]

Als sich Kunasek am 9. März 2007 der Wiederwahl zum Ortsparteiobmann stellte (er erhielt 90 % der Stimmen), konnte er auf sechs während seiner zweijährigen Funktionsperiode erschienene Ausgaben des „Konkret" verweisen. Die neu gewählte Ortsparteileitung trug ein wenig familiäre Züge, denn ihr gehörte

73 Konkret, Juni 2005, S. 2.

74 Konkret, o. D. (aufgrund der Weihnachts- und Neujahrswünsche auf Ende 2006 datierbar), S. 2.

neben zwei Ehepaaren auch Kunaseks Mutter Friederike an, letztere allerdings lediglich als Rechnungsprüferin.

Partys, Bälle, Charity und Fundraising

Besonders stolz war Kunasek auf die 2005 und 2006 abgehaltenen Blauen Partys und den Blauen Ball im Februar 2007.[75] Eine weitere Party im August 2007 war so konzipiert, dass die Hälfte ihres Reinerlöses zugunsten einer in Not geratenen Gössendorfer Familie zweckgewidmet war. Deren Sohn, eine Frühgeburt, war mit etlichen Defekten zur Welt gekommen, die kostspielige Therapien erforderten. Die Veranstaltung war daher explizit als Benefiz-Party deklariert (Abb. 15).[76]

▸ **Abb. 15: Bewerbung einer Blauen Party, Sommer 2007**

Kunasek war aber auch abseits solchen karitativen Engagements um eine Sanierung der Finanzen der Ortsgruppe bemüht – wir befinden uns, wie erinnerlich, in jener Zeit, als die Landespartei von jeder öffentlichen Förderung abgeschnitten war und daher kaum Unterstützung bieten konnte. Bei einer Durchsicht der Ausgaben des „Konkret" fällt auf, dass seit 2005 die Zahl der inserierenden Firmen zunimmt und es auch nicht immer die gleichen Inserenten sind. Man habe, so erinnert sich Peter Samt, einfach bei diversen Unternehmen wegen einer kleinen finanziellen Unterstützung angefragt. Im Vorfeld des Blauen Balls 2009 (31. Jänner) traten Kunasek und Samt an Wirtschaftstreibende in Gössendorf und seinem Umland mit der Einladung heran, auf dem Ball bzw. bei dessen Ankündigung per Flugblatt mit einer Auflage von 1.300 Exemplaren mit ihrer Eigenwerbung präsent zu sein. Zur Auswahl standen vier Varianten mit Kosten zwischen 75 und

75 Konkret, Juli 2007, S. 4.

76 Rundschreiben Kunaseks an die Bewohner Gössendorfs, 9. Juli 2007. Flugblatt zur Bewerbung der Party, o. D. Beide Archiv der FPÖ, Graz.

500 Euro, worin zwei bzw. ab 100 Euro vier Eintrittskarten samt Tischreservierung inkludiert waren. Dieses Vorgehen zeugt von einer gewissen Professionalität beim Lukrieren von Sponsoren, die es zuvor in dieser Form nicht gab.[77]

Es spricht für Kunaseks Bemühen um gute Kontakte zu anderen Parteien, dass er deren Vertreter zu diesem Ball einlud und die wenigen, die dem Folge leisteten, in seinem Bericht in der nächsten „Konkret"-Nummer namentlich erwähnte. Passend dazu beklagte er das autoritäre Gehabe des bereits seit 1993 amtierenden SPÖ-Bürgermeisters Franz Macher, der keinerlei Gesprächsbasis mehr zu jenen Gemeinderäten habe, die nicht seiner Partei angehörten (Abb. 16).

„Big Brother" für die Politiker

Filmreif: Mario Kunasek (l.) und Peter Samt wollen die Gössendorfer Gemeinderatssitzungen auf Video bannen. Foto: KK

FPÖ Gössendorf will die Gemeinderatssitzungen künftig filmen und im Internet veröffentlichen.

ALEXANDRA NEUMAYER
alexandra.neumayer@woche.at

GÖSSENDORF

„Film ab!", soll es künftig bei Gemeinderatssitzungen in Gössendorf heißen; zumindest, wenn es nach den beiden FP-Politikern **Mario Kunasek** und **Peter Samt** geht. „Wir haben in der letzten Gemeinderatssitzung den Vorschlag gebracht, die Sitzungen auf Video aufzuzeichnen und ungeschnitten im Internet zu veröffentlichen", erklärt Samt. Konkret gehe es darum, den Bürgern Demokratie näher zu bringen. „Auch jene, die bei den Sitzungen nicht dabei sein können, erfahren so ohne Parteizensur, was in der Gemeinde läuft", ist FP-Ortsparteiobmann Kunasek überzeugt. Gerade in Gemeinderatssitzungen werde viel diskutiert, das direkte Auswirkung auf die Bürger habe, wie zum Beispiel Baulandausweisungen oder Förderungsansuchen.

Ein Politschauspiel soll das Ganze aber nicht werden. „Wir setzen auf den Big-Brother-Effekt. Nach einer gewissen Zeit vergisst man, dass die Kamera läuft und agiert ganz natürlich", glaubt Kunasek. Nun wollen die beiden Freiheitlichen einen entsprechenden Antrag formulieren und in der nächsten Gemeinderatssitzung einbringen. Ab wann das Gössendorfer „Polit-TV" aber tatsächlich senden wird, steht noch in den Sternen.

Quelle: Woche Steiermark

▶ **Abb. 16: Kunasek und Samt wollen die Gemeinderatssitzungen transparent machen.**

Als am 14. März 2009 die Neu- bzw. Wiederwahl des Ortsparteiobmanns anstand, konnte Kunasek erneut auf die vielfältigen Aktivitäten seiner Ortsgruppe hinweisen, die sie „wohl zu den fleißigsten politischen Organisationen unserer Marktgemeinde" machten. Gemeint waren damit neben den Partys und Bällen unter anderem der FPÖ-Osterhase und ein Maronibraten. Der Blaue Ball war mittlerweile zu einem fixen Ereignis geworden, und das bei ausgesprochen moderaten Eintrittspreisen: 2,50 Euro im Vorverkauf und 4 Euro an der Abendkasse. Die den Abend musikalisch begleitende Band trug den passenden Namen „Die Steirerleut". Kunasek wurde einstimmig wiedergewählt. Zeitgleich berichtete „Konkret" über die „mit neuester Technologie ausgestattete Inter-

77 Schreiben Kunaseks und Samts mit Anlage: unterschiedliche Werbemöglichkeiten beim Blauen Ball 2009, Jänner 2009. Archiv der FPÖ, Graz. Interview Samt.

netseite" der Ortsgruppe, die allen Interessierten Informationen über Neuigkeiten im Raum Gössendorf sowie die Möglichkeit anbot, „sich auch interaktiv an den Diskussionen zu beteiligen".[78] Heute mag ein solcher Internetauftritt eine schiere Selbstverständlichkeit sein; vor rund 15 Jahren war dies jedoch zumindest für eine überschaubar große Ortsgruppe in einer Kleingemeinde keineswegs der Fall. Kunasek war freilich bewusst, dass man nur so die Jugend, eine seiner wichtigsten Zielgruppen, ansprechen konnte. Außerdem ließen sich auf diese Weise im Vergleich zu herkömmlichen Kommunikationsmitteln, wie Postwurfsendungen, Flugblättern und Plakaten, Kosten einsparen.

Medien- und Programmarbeit in Gössendorf

Unter Kunaseks und Samts Ägide erschienen als Nachfolger von „Konkret" für Gössendorf spezifizierte, meist vierseitige Ausgaben der steirischen FPÖ-Zeitung „Wir Steirer", die sich ausführlich mit aktuellen Problemen der Marktgemeinde auseinandersetzten. Beispielsweise beschäftigte sich eine undatierte, auf die Zeit kurz vor der Wahl zum EU-Parlament am 7. Juni 2009 anzusetzende Nummer mit der ungeklärten, von SPÖ-Bürgermeister Macher verschleierten Finanzlage der Gemeinde, setzte sich für die Errichtung einer Wohnstraße ein und fasste die Position der FPÖ gegenüber der Europäischen Union in einigen Punkten bzw. Forderungen schlüssig zusammen.

Es ist erstaunlich, wie wenig sich an den hier angesprochenen Problemen im Verlauf der seither vergangenen 15 Jahre geändert hat. Nach wie vor aktuell sind etwa folgende 2009 angesprochenen Punkte: Nein zu einem EU-Beitritt der Türkei; Wiedereinführung der Grenzkontrollen im Osten; Auffanglager für Asylwerber außerhalb der EU-Grenzen; Stopp der Atomkraft und Verbot für genmanipuliertes Saatgut und Lebensmittel. Am Tag vor der Wahl betrieb die FPÖ einen EU-Infostand „mit Freibier und Brötchen". Die Ortsgruppe übernahm selbstredend auch das von der Bundespartei zur Verfügung gestellte Werbematerial zur EU-Wahl, die auf Plakaten zum „Tag der Abrechnung" mutierte. Eingängige Slogans lauteten damals etwa „Abendland in Christenhand", „Soziale Wärme statt EU für Konzerne" sowie – unter einem Foto des FPÖ-Spitzenkandidaten Andreas Mölzer – „Echte Volksvertreter statt EU-Verräter".[79]

„Konkret" und „Wir Steirer" vermitteln einen guten Eindruck von den vielfältigen Themen, mit denen die Ortsgruppe Gössendorf befasst war und für die sich Kunasek engagierte – dies auch zu einer Zeit, als er bereits Nationalratsab-

78 Konkret, o. D. (Frühjahr 2009), S. 2 f.

79 Wir Steirer, Ausgabe Gössendorf, o. D. (vermutlich Frühsommer 2009).

geordneter war. Laut Peter Samt nahm Kunasek an allen wichtigen Sitzungen in Gössendorf und Graz-Umgebung teil, was ihm einige Probleme mit dem für seine Strenge bekannten blauen Klubdirektor im Parlament einbrachte.[80] Sieht man einmal von dem Dauerkonflikt mit dem Gössendorfer Bürgermeister wegen der Gemeindefinanzen ab, über den Samt regelmäßig berichtete und der Ende 2009 zu einem Eklat führte, als sämtliche Oppositionsparteien (ÖVP, FPÖ und Grüne) als „letztmöglichen Notwehrakt" gegen die „Informationsblockade" der SPÖ eine Gemeinderatssitzung verließen, widmete sich Kunasek etwa der seinerzeit von der Stadt Graz geplanten Einrichtung einer sogenannten Umweltzone, in der ein Fahrverbot für ältere Dieselfahrzeuge gelten sollte. Das hätte (nicht nur) viele Gössendorfer Pendler schwer getroffen. Die FPÖ wollte daher den Gemeinderat der Marktgemeinde mobilisieren, was allerdings die SPÖ-Mehrheit ablehnte. Die FPÖ startete in der Folge eine Bürgerinitiative mit einer Unterschriftenaktion, woraufhin die SPÖ Gössendorf ihren Widerstand aufgab. Kunasek hatte Kurzmanns Unterstützung mit dem Argument gewonnen, die Umweltzone sei kein grünes, sondern ein genuines Autofahrerthema. Als Erfolg war ebenfalls zu verbuchen, dass ein weiterer FPÖ-Antrag auf Schaffung einer Lehrstelle als Bürokaufkraft bei der Gemeinde durchging. Solche Maßnahmen sollten anschaulich dokumentieren, was mit der plakatierten „sozialen Wärme" konkret gemeint war.[81]

Gemeinderatswahl 2010

Am 21. März 2010 stand landesweit (ohne Graz) die turnusmäßige Gemeinderatswahl auf der Agenda, bei der Kunasek und sein Gössendorfer Team natürlich die 2005 erlittene Schlappe wettmachen wollten. 2009 hatte der bisherige einzige FPÖ-Gemeinderat Peter Samt auf sein Mandat verzichtet, sodass Kunasek noch vor der Wahl nachrückte und in diese als Spitzenkandidat ging. Seine Wahlwerbung stellte das „starke Team" der FPÖ, wie es sich selbst bezeichnete, unter die Devise „Wir stehen für: Sicherheit, Bürgernähe, Transparenz und unsere Heimat". Konkreter wurde es in einem von HC Strache beigesteuerten Vorwort zu einem mehrseitigen Flyer, in dem der FPÖ-Bundesparteiobmann auf die Situation in Gössendorf und die Person Kunaseks, den er als Nationalratsabgeordneten inzwischen gut kannte, einging. Strache prangerte die Missstände im Gemeinderat unter der absoluten SPÖ-Mehrheit an; Kunasek könne

80 Interview Samt.

81 Wir Steirer, Ausgabe Gössendorf, o. D. (vermutlich Ende Dezember 2009). Interview Mario Kunasek. Zur Umweltzone ausführlich Kurzmann/Kunasek, Lager, S. 212 f.

für „frischen Wind" sorgen. Der Angesprochene verwies seinerseits auf seine ständigen Bemühungen um Bürgernähe und Transparenz, während die Politiker anderer Parteien immer nur kurz vor einer Wahl von Tür zu Tür gingen und Geschenke verteilten.

Wie schon in der Vergangenheit üblich, enthielt der Flyer eine Punktation als Entscheidungshilfe, die unter anderem auf die erwähnten Benefizveranstaltungen der FPÖ-Ortsgruppe und ihr Bemühen um eine Aufklärung der Finanzmisere, den Einsatz gegen die Umweltzone und für einen besseren Hochwasserschutz sowie auf andere Aktivitäten verwies. Mit dem Nationalratsabgeordneten Kunasek sei sichergestellt, dass Gössendorfer Anliegen bei Bedarf auch den Weg ins Parlament finden würden. Je zwei Bürgerinnen und Bürger gaben dann kurze Statements ab, in denen sie darlegten, warum Kunasek ihr Wunschbürgermeister war; genannt wurde etwa sein stets offenes Ohr für die Jugend. Unter diesen vier Fürsprechern befand sich erstaunlicherweise auch der bisherige grüne Gemeinderat![82]

Jungwähler sprach Kunasek in einem eigens für sie gestalteten Flugblatt an. Darin brachte er unter anderem die herrschende Politikverdrossenheit zur Sprache und hielt dem entgegen, Gemeindepolitik sei keineswegs langweilig, da sie vor der eigenen Haustür stattfinde. „Jugendzentrum, Sportplätze und die Förderung von Vereinen sind Sache der Gemeinde und werden von Politikern in deinem Ort entschieden." FPÖ-Vertretern sei die Jugend keineswegs gleichgültig und sie seien für deren Anliegen stets erreichbar. „Du findest uns nicht nur in der verstaubten Gemeindestube, sondern auch auf Facebook, Twitter, StudiVZ und auf den beliebtesten Events." Es folgte ein Gewinnspiel, an dem man bei richtiger Beantwortung der nicht allzu kniffligen Frage, an welchem Tag die steirischen Gemeinderatswahlen stattfinden, teilnehmen konnte. Zu gewinnen gab es ein „Meet and Greet mit HC Strache in Wien".[83] Kunasek verstand es zweifellos, Jugendliche mit ihrer Mentalität, ihren spezifischen Lebensgewohnheiten und Interessen gezielt anzusprechen.

Das Wahlergebnis vom 21. März 2010 war ein fulminanter Sieg für die FPÖ Gössendorf: Sie erhielt 463 Stimmen (2005: 96) und stellte nun vier Gemeinderäte statt bisher einem. Allerdings blieb die absolute Mehrheit der SPÖ, die 35 Stimmen und ein Mandat verlor, ungebrochen. Die ÖVP verlor deutlicher und büßte ebenfalls einen Sitz ein. Die Grünen traten 2010 nicht mehr an, sodass auch ihr Mandat zu den Freiheitlichen wanderte. Da die absolute Zahl der Wahlberechtigten sowie jene der abgegebenen gültigen Stimmen trotz der eher

82 Wahlflyer der FPÖ Gössendorf, o. D. (vermutlich Februar/März 2010).

83 Flugblatt der FPÖ Gössendorf „Liebe Jungwähler!", o. D. (vermutlich Februar/März 2010).

geringen Wahlbeteiligung von 72,6 % gegenüber 2005 deutlich zugenommen hatten, müssen sich auch viele Erst- bzw. bisherige Nichtwähler für die FPÖ entschieden haben.[84] Kunasek hatte den freiheitlichen Stimmenanteil mehr als vervierfacht und war der ÖVP (27,6 %) als zweitstärkste Partei in Gössendorf sehr viel näher gerückt; 2005 war die FPÖ noch mehr als 28 Prozentpunkte zurückgelegen, jetzt waren es nur mehr sechs.

Kunaseks Erfolg in Gössendorf tritt noch deutlicher hervor, wenn man bedenkt, dass die FPÖ steiermarkweit lediglich von 5,8 % (2005) auf 6,5 % zulegen konnte. Auf Gemeindeebene waren, blickt man auf das ganze Land, die Folgen des Katastrophenjahres 2005 also noch nicht wirklich überwunden. Da das 2010 in einem Zehntel der Gemeinden (54 von insgesamt 541) kandidierende BZÖ lediglich 0,6 % der Stimmen erhielt, kann diese Konkurrenz nicht der Hauptgrund für das bloß minimale Plus der FPÖ landesweit gewesen sein. Der in der ganzen Steiermark erzielte Prozentsatz an Stimmen hängt natürlich immer davon ab, in wie vielen Gemeinden eine Partei kandidiert und ob es dort viele oder wenige Wahlberechtigte gibt. Lediglich die ÖVP schaffte es 2010 mit einer Ausnahme, in sämtlichen Gemeinden anzutreten. In diesem Jahr gelang dies der FPÖ in 271 Kommunen, also nahezu exakt der Hälfte der Gesamtzahl.

Im Bezirk Graz-Umgebung, wo Kunasek seit 2007 FPÖ-Bezirksparteiobmann war, waren es mit 36 Kandidaturen in 57 Gemeinden deutlich mehr als die Hälfte. Gleichwohl lag in diesem Bezirk insgesamt der FPÖ-Stimmenanteil mit 6,9 % nur marginal über dem Landesergebnis von 6,5 %. Die 21,8 % für die FPÖ in Gössendorf sind daher als höchstpersönlicher Erfolg des dortigen Spitzenkandidaten Kunasek zu interpretieren. Im Rest von Graz-Umgebung hatte er allerdings deutlich weniger Zuspruch mobilisieren können. Die Ausnahme war die Gemeinde Eisbach, wo die Liste FPÖ-Dr. Wolfgang Lagger auf stolze 37,4 % kam und damit die stärkste Partei war – dies trotz der Konkurrenz des BZÖ, das dort 2,6 % erreichte.[85] 2005 hatte Lagger sogar 38,8 % erhalten, was sich wohl nur aus der speziellen Konstellation in dieser Kommune erklärt.

Gemeinderatswahl 2015

Kunasek führte in Gössendorf nun eine deutlich gestärkte FPÖ-Fraktion an und wurde obendrein Mitglied des Gemeindevorstands. Selbstredend trat er auch bei der Gemeinderatswahl vom 22. März 2015 wieder als Spitzenkandidat in

84 https://www.verwaltung.steiermark.at/cms/beitrag/11683998/74837281/.

85 https://egov.stmk.gv.at/wahlen/GR2010/GR2010_60600.html.

Gössendorf an. Die FPÖ kam in diesem Jahr dort auf 29 % und sechs Mandate gegenüber 21,8 % und vier Mandate bei der Wahl 2010. Kunaseks Ortsgruppe landete damit vor der ÖVP auf dem zweiten Platz; stärkste Fraktion blieb mit 47,2 % die SPÖ, die zwar stimmenmäßig deutlich unter die 50-%-Marke abrutschte, jedoch ihre knappe absolute Mandatsmehrheit verteidigte.[86]

Mit diesem tollen Ergebnis erlangte die FPÖ bzw. ihr Spitzenkandidat den Anspruch auf das Amt des Vizebürgermeisters. Da Kunasek rund zwei Monate nach dieser Wahl auf sein Nationalratsmandat verzichtete und somit nur mehr in der Steiermark wirkte, stand seiner noch stärkeren Einbindung in die Gössendorfer Kommunalpolitik kein Hindernis im Weg. Er bekleidete die Funktion des Vizebürgermeisters rund zweieinhalb Jahre lang. Mit seiner Ernennung zum Bundesminister für Landesverteidigung und Sport kurz vor Weihnachten 2017 legte Kunasek dann alle seine Ämter in Gössendorf zurück, sowohl in der FPÖ-Ortsgruppe als auch in der Gemeinde. Sie wären mit seinen neuen Aufgaben im Bund unvereinbar gewesen.

Kunasek hatte die FPÖ Gössendorf 2005 übernommen, als sie gerade noch einen Sitz im Gemeinderat hielt. Ein Dutzend Jahre später übergab er eine konsolidierte und stark angewachsene Ortsgruppe, von der seit 2015 sechs Vertreter im Gemeinderat saßen. Wie sehr dieser enorme Aufschwung mit der Person Mario Kunasek zusammenhing, zeigte sich bei der Gemeinderatswahl 2020, bei der seine Gössendorfer Freunde ohne ihn als Zugpferd auskommen mussten. Bei einem Verlust von 15,9 Prozentpunkten erreichte die FPÖ mit 13,2 % nur mehr den dritten Platz; drei ihrer bisherigen sechs Sitze im Gemeinderat und damit der Anspruch auf den Vizebürgermeister gingen verloren.[87] Kunaseks Nachfolger waren Opfer der später behandelten Affären der Bundes-FPÖ (Ibiza, Spesen des Obmanns) geworden.

Wie wir im folgenden Abschnitt sehen werden, verlagerte sich der Schwerpunkt von Kunaseks politischer Betätigung ab Ende 2008 in den Nationalrat in Wien. Er blieb Gössendorf aber noch mehr als ein Jahrzehnt lang eng verbunden und setzte sich bei jeder Gelegenheit für die Belange der Marktgemeinde ein. Diese wusste das auch mit einiger Verzögerung zu würdigen: Am 22. März 2023 verlieh ihm der Gemeinderat unter Bürgermeister Dipl.-Ing. (FH) Gerald Wonner das Goldene Ehrenzeichen der Marktgemeinde Gössendorf „für besondere Verdienste" um sie (Abb. 17).[88]

---

86 https://egov.stmk.gv.at/wahlen/GR2015/GR2015_60600.html.

87 https://egov.stmk.gv.at/wahlen/GR2020/GR2020_60600.html.

88 Verleihungsurkunde vom 22. März 2023. Fotokopie im Besitz des Verfassers.

Marktgemeinde Gössendorf

Für besondere Verdienste
um die Marktgemeinde Gössendorf

wird

Herrn Vizebürgermeister a. D. und Bundesminister a.D.

LAbg. Mario Kunasek

durch den Gemeinderat

das „Goldene Ehrenzeichen“ der
Marktgemeinde Gössendorf verliehen.

Für den Gemeinderat

Bürgermeister
DI(FH) Gerald Wonner

Gössendorf, am 22. März 2023

Quelle: Sammlung Kunasek

▸ **Abb. 17: Verleihungsurkunde der Marktgemeinde Gössendorf, 2023**

5 2008: Einzug in den Nationalrat

Die Nationalratswahl 2008

Wie erwähnt, kandidierte Mario Kunasek bei der Nationalratswahl 2006 auf dem vierten Listenplatz der steirischen FPÖ, die aber lediglich zwei Mandate errang. Schon viel früher als gedacht ergab sich die Chance für ein neuerliches Antreten, weil die Anfang 2007 ins Amt gekommene Koalitionsregierung unter Bundeskanzler Alfred Gusenbauer (SPÖ) und Vizekanzler und ÖVP-Obmann Mag. Wilhelm Molterer schon nach eineinhalb Jahren zerbrach. Es hatte in der Koalition von Anfang an Reibereien und tiefgreifende Meinungsverschiedenheiten gegeben, die schließlich so weit eskalierten, dass Molterer am 7. Juli 2008 mit den legendär gewordenen Worten „Es reicht!" die Zusammenarbeit aufkündigte. Während die ÖVP mit Molterer in die Neuwahl ging, nominierte die SPÖ den bisherigen Infrastrukturminister Werner Faymann als ihren Spitzenkandidaten. Schon vor Molterers Schritt war vereinbart worden, dass Faymann die Leitung der SPÖ übernehmen, Gusenbauer aber Kanzler bleiben sollte. Nun kam es teilweise anders.

Für die auf den 28. September 2008 gelegte, vorgezogene Nationalratswahl erstellte die steirische FPÖ wiederum ihre Landesliste, auf deren vorderen Plätzen sich, wie schon zwei Jahre zuvor, (in dieser Reihenfolge) Landesparteiobmann Kurzmann, Wolfgang Zanger, die Grazer Stadträtin Susanne Winter und Kunasek befanden. Die Wahl brachte den beiden Regierungsparteien schwere Verluste: Die SPÖ sackte trotz massiver Unterstützung der „Kronen Zeitung" für Werner Faymann auf rund 29 % der Stimmen ab, die ÖVP verlor sogar noch mehr (8,3 Prozentpunkte) und kam knapp unter 26 % zu liegen. Für beide Regierungsparteien war es ihr bisher schlechtestes Ergebnis seit 1945. Das Dritte Lager war auch bei dieser Wahl tief gespalten, da FPÖ und BZÖ getrennt antraten. Mit einem Zugewinn von 6,5 Prozentpunkten erreichten die Freiheitlichen österreichweit 17,5 %, während Haiders BZÖ sich fast verdreifachte, auf 10,7 % kam und noch vor den Grünen Platz 4 errang. Zusammen hatte das Dritte Lager die ÖVP also deutlich überholt und war ganz nahe an die SPÖ herangerückt.[89] Statt bisher 21 entsandte die FPÖ nun 34 Abgeordnete in den Nationalrat.

Interessante Einsichten vermittelt ein Blick auf die Landesergebnisse. In Kärnten lag das BZÖ mit seinem dortigen Lokalmatador Haider in sämtlichen Bezirken auf dem ersten Platz. In der Steiermark schaffte das die ÖVP in Graz sowie den Bezirken Weiz, Hartberg, Fürstenfeld, Feldbach, Radkersburg und Leibnitz; in allen anderen gab es SPÖ-Mehrheiten. Betrachtet man die gesamte Steiermark, so hatte die ÖVP ihre 2006 knapp errungene Mehrheit an die SPÖ verloren. Die FPÖ erzielte mit rund 20 % ihr bestes Ergebnis in Wien mit dem Platzhirsch HC Strache. Das steirische blaue Ergebnis lag mit 17,3 % eine Nuance unter dem Bundesschnitt (2006: 10,4 %), da hier das BZÖ mit 13,2 % deutlich besser abschnitt als im Bund; 2006 hatte das BZÖ in der Steiermark lediglich 3,2 % erhalten. Rechnet man wieder das Dritte Lager zusammen, so lag es mit 30,5 % vor SPÖ und ÖVP auf Platz 1.

Deutlich über dem Landes- und Bundeswert lag die von Mario Kunasek geführte FPÖ im Bezirk Graz-Umgebung, wo sie sich gegenüber 2006 von 12,0 % auf 19,2 % verbesserte; damit nahm sein Bezirk ex aequo mit Fürstenfeld den zweiten Platz innerhalb der Steiermark ein, knapp hinter Mürzzuschlag mit 20 % blauen Stimmen. Allerdings schnitt in Graz-Umgebung auch das BZÖ mit 15 % besonders gut ab (2006: 3,6 %). In Summe lag in Kunaseks Bezirk das Potenzial für das Dritte Lager also bei mehr als einem Drittel der Wählerstimmen, deutlich mehr als ÖVP und SPÖ.

Die starke BZÖ-Konkurrenz machte sich auch in Kunaseks nunmehriger Heimatgemeinde Gössendorf bemerkbar. Zwar verbesserte sich dort die FPÖ gegenüber der letzten Nationalratswahl von 13,9 % auf 21,5 %, was markant über dem Landes- und Bundesschnitt lag. Allerdings explodierte gleichzeitig das BZÖ von 4,1 % (2006) auf 18,6 %. Man konnte sich zwar darüber freuen, dass in Gössendorf das Wählerpotenzial des Dritten Lagers bei über 40 % lag, doch verhinderte die auch in der Steiermark erhebliche Popularität Haiders, der nur zwei Wochen nach der Wahl tödlich verunglückte, dass Kunasek seinen Heimvorteil voll ausspielen konnte. Freilich lag die FPÖ bei der Nationalratswahl 2008 nur in 13 von 57 Gemeinden des Bezirks Graz-Umgebung besser

89 Peter A. Ulram: Ein verspielter Sieg und eine siegreiche Zeitungspartei – zur Analyse der Nationalratswahl 2008. In: Andreas Khol/Günther Ofner/Stefan Karner/Dietmar Halper (Hrsg.): Österreichisches Jahrbuch für Politik 2008 (Wien–Köln–Weimar 2009), S. 3–21. Peter Filzmaier: Ein Regierungsdesaster: Analyse der Nationalratswahl 2008. In: ebda., S. 23–38. Andreas Khol: Die Regierung Gusenbauer-Molterer. Licht und Schatten. In: ebda., S. 111–123. Thomas Hofer/Barbara Tóth (Hrsg.): Wahl 2008: Strategien, Sieger, Sensationen (Wien–Graz–Klagenfurt 2008).

als in Gössendorf; den meisten Zuspruch gewann sie hier in Röthelstein mit 26,8 % und in Peggau mit 26 %.[90]

Die Verteilung der Vorzugsstimmen enthält einige Überraschungen: Am erfolgreichsten war die erwähnte Grazer Stadträtin Winter, die auf der Regionalparteiliste 6A, für die sie Spitzenkandidatin war, erstaunliche 1.741 Vorzugsstimmen erhielt, ein Vielfaches aller anderen blauen Bewerber. Winter, die 2015 aus der FPÖ ausgeschlossen werden sollte, stand damals wegen diverser Äußerungen, insbesondere über den Islam, unter schwerer Kritik und die Staatsanwaltschaft ermittelte seit Anfang 2008 gegen sie wegen des sogenannten Verhetzungsparagraphen des Strafgesetzbuchs. Vermutlich wollten besonders viele FPÖ-Wähler Winter in dieser Situation den Rücken stärken. Ohne derlei Begleitmusik erhielt Kunasek auf der Regionalparteiliste 6B, an deren erster Stelle er kandidiert hatte, mit Abstand die meisten FPÖ-Vorzugsstimmen (856). Diese hatten aber auf die Verteilung der Mandate keinen Einfluss: Da auf die steirische FPÖ nunmehr vier statt bisher zwei Sitze im Nationalrat entfielen, zog Kunasek erstmals als Abgeordneter ins Parlament ein.

Angelobung als Nationalratsabgeordneter

Nach außerordentlich langen Verhandlungen setzten die Wahlverlierer SPÖ und ÖVP die bisherige Koalition fort. Bundeskanzler wurde Werner Faymann, Vizekanzler der neue ÖVP-Obmann Dipl.-Ing. Josef Pröll, der dem glücklosen Molterer, der sich mit der Herbeiführung von Neuwahlen gründlich verspekuliert hatte, nachgefolgt war.

Am 28. Oktober 2008, genau einen Monat nach der Wahl, fand die konstituierende Sitzung des Nationalrats in Wien statt. Sie leitete die Präsidentin der vergangenen Legislaturperiode, Mag. Barbara Prammer (SPÖ), Bundespräsident Dr. Heinz Fischer war anwesend. Nach einem Nachruf auf die kürzlich verstorbenen Altpolitiker Dr. Helmut Zilk und Karl Sekanina erklang die Bundeshymne, intoniert vom Trompetenensemble „The Art of Trumpet Vienna". Die Versammelten sangen, wie das Protokoll ausdrücklich erwähnt, die Hymne stehend mit. Der ORF übertrug den ersten Teil der Sitzung live.

Erster Punkt der Tagesordnung war die Angelobung der Abgeordneten, vor der die Fotografen den Saal zu verlassen hatten. Hierzu musste sich das Plenum neuerlich von den Sitzen erheben und die Schriftführerin verlas die Angelobungsformel: „Sie werden geloben unverbrüchliche Treue der Republik Österreich, stete und volle Beobachtung der Verfassungsgesetze und aller ande-

90 https://bundeswahlen.gv.at/2008/. Hiernach die folgenden Angaben.

ren Gesetze und gewissenhafte Erfüllung Ihrer Pflichten." Im Anschluss rief die Schriftführerin sämtliche Abgeordneten – auch jene, die schon dem vorherigen Nationalrat angehört und das Gelöbnis bereits einmal geleistet hatten – in alphabetischer Reihenfolge auf. Die Genannten hatten jeweils mit „Ich gelobe" zu antworten. Darauf folgten „Allgemeiner Beifall" und Wünsche der Präsidentin für ein erfolgreiches Wirken im Hohen Haus.

Gleich zum Einstand: linke Polemik gegen die FPÖ

Schon diese erste Sitzung war für Mario Kunasek eine Art Feuertaufe, weil rund um die Wahl des dritten Präsidenten heftige Wortgefechte entbrannten. Die FPÖ als drittstärkste Fraktion hatte Mag. Dr. Martin Graf vorgeschlagen, Mitglied einer Burschenschaft, gegen den vor allem die Grünen heftig polemisierten. Graf wurde dennoch mit großer Mehrheit gewählt. Die Grünen versuchten danach, noch eine Wahlmanipulation ins Treffen zu führen, weil auf 34 Stimmzetteln – die FPÖ hatte genau gleich viele Abgeordnete – der Name „Graf" in die linke untere Ecke geschrieben war. Damit sollte wohl die geschlossene Stimmabgabe der blauen Fraktion zugunsten ihres Kandidaten gesichert werden. Der grüne Vorstoß blieb jedoch folgenlos.[91]

Erste Aufgaben im Hohen Haus

Innerhalb der FPÖ-Fraktion wurde Mario Kunasek zum Lehrlings- und Sportsprecher gewählt und in den Landesverteidigungsausschuss entsandt – Funktionen, die perfekt auf ihn zugeschnitten waren und die er überaus ernst nahm. Gegenwärtig (2024) definiert dieser Ausschuss seine Aufgaben wie folgt: „Im Landesverteidigungsausschuss werden alle Gesetzesvorlagen und Anträge behandelt, die sich auf die militärische Landesverteidigung und das österreichische Bundesheer beziehen. Das umfasst die Sicherheits- und Verteidigungsdoktrin Österreichs, den Wehrdienst und die gesamte Heeresorganisation. Der Landesverteidigungsausschuss diskutiert über die Ausstattung des Bundesheers, von Kasernen und Truppenübungsplätzen über Militärflugzeuge bis zu Kampfanzügen. Auch die Beschäftigung von Frauen beim Bundesheer ist ein Thema im Ausschuss. Zur Kontrolle der Nachrichtendienste des Bundesheers (Abwehramt und Heeresnachrichtenamt) ist ein Ständiger Unterausschuss des Landesverteidigungsausschusses eingerichtet."[92] Letzterem gehörte Kunasek

91 https://www.parlament.gv.at/dokument/XXIV/NRSITZ/1/fname_144815.pdf.
92 https://www.parlament.gv.at/ausschuss/XXVII/A-LV/1/00879.

▸ **Abb. 18: FPÖ-Wehrsprecher Fichtenbauer (rechts) mit seinem Mitarbeiter Marco Mercuri und Kunasek**

ebenfalls an. Die Mitglieder des Ausschusses bildeten mit externen Fachleuten den Arbeitskreis Landesverteidigung, der vor allem als Ideengeber zu einschlägigen Fragen in Erscheinung trat.[93]

Im Landesverteidigungsausschuss waren alle fünf ins Parlament gewählten Parteien (SPÖ, ÖVP, FPÖ, BZÖ und Grüne) vertreten und sie hatten auch alle ihre Wehrsprecher, aber abgesehen von der FPÖ und dem BZÖ stand die Landesverteidigung nicht gerade hoch im Kurs. In den Wehrausschuss entsandt oder gar Wehrsprecher zu werden, galt bei den übrigen Parteien eher als Strafversetzung, bestenfalls als notwendiges Übel und als Abstellgleis, da man sich auf diesem Gebiet unmöglich profilieren konnte. Daher fiel es ÖVP und SPÖ nicht schwer, den Vorsitz in diesem als nahezu irrelevant geltenden Ausschuss der FPÖ zu überlassen, woran sich bis heute nichts geändert hat. Während Kunaseks erster Periode als Abgeordneter (2008–2013) bekleidete der Rechtsanwalt und Milizoffizier Dr. Peter Fichtenbauer die Funktionen des freiheitlichen Wehrsprechers und des Obmanns des Landesverteidigungsausschusses, bis ihn seine Partei im Juli 2013 als einen von drei Volksanwälten nominierte. In

93 E-Mail von Mag. Bernhard Rochowanski (Referent und stellvertretender Direktor des FPÖ-Nationalratsklubs) an den Verfasser, 20. Februar 2024.

beiden Ämtern folgte ihm Kunasek nach (Ausschussobmann ab 26. April 2013, Wehrsprecher ab 1. Juli 2013) (Abb. 18).[94]

Die Rahmenbedingungen: Schlechte Zeiten für das Bundesheer

Es war jene Zeit, als nach dem Ende der Jugoslawienkriege der ewige Friede in Europa angebrochen zu sein schien und jegliches Eintreten für das Bundesheer und die Landesverteidigung als überflüssige Zeit- und Ressourcenverschwendung galt. Der Wehrausschuss hatte in der Vergangenheit eher ein Schattendasein geführt und wenig bis keine öffentliche Aufmerksamkeit erweckt. Dies lag nicht zuletzt daran, dass die entscheidende Frage – die Finanzierung des Bundesheers – innerhalb der Regierungskoalition ausgehandelt wurde, aber nicht im Ausschuss, in dem im Übrigen ohnedies die Regierungsparteien die Mehrheit der Mitglieder stellten.

Kunaseks Jungfernrede

Kunasek wollte sich selbstredend für seinen Arbeitgeber, das Bundesheer, einsetzen, wofür freilich die stärker von der Öffentlichkeit wahrgenommenen Plenardebatten des Parlaments eine geeignetere Bühne boten als die Sitzungen des Landesverteidigungsausschusses hinter verschlossenen Türen. Am 3. Dezember 2008 – rund fünf Wochen nach seiner Angelobung – hielt Kunasek im Nationalrat seine erste Rede als Abgeordneter; die Redezeit war freilich auf drei Minuten beschränkt. Er bemängelte, dass sich im Regierungsprogramm zur Situation der Lehrlinge lediglich einige knappe und nichtssagende Überschriften fanden. Danach ging er auf die miserable Ausstattung des Bundesheers und dessen viel zu niedriges Budget ein, das die Verwirklichung des Reformprogramms Bundesheer 2010 unmöglich mache. In einem Entschließungsantrag forderten Kunasek und weitere freiheitliche Abgeordnete, die Regierung möge dem Heer für 2009 mindestens 2,86 Milliarden Euro – das entsprach einem Prozent des Bruttoinlandsprodukts – zur Verfügung stellen. Wie zu erwarten, fand der Antrag keine Mehrheit.[95]

---

94 https://www.fbi-politikschule.at/blauesoesterreich/personen/personen/fichtenbauer-peter/.

95 https://www.parlament.gv.at/dokument/XXIV/NRSITZ/6/fname_146399.pdf, S. 211 f.

Weitere parlamentarische Initiativen Kunaseks

Im Rahmen der Erörterung der Bundesfinanzgesetze 2009 und 2010, also der Budgets für diese beiden Jahre, prangerte Kunasek am 22. April 2009 die „katastrophalen Budgetzahlen" an; das Heeresbudget sinke 2009 gegenüber dem Vorjahr, 1.000 Planstellen würden abgebaut. All das laufe realiter auf eine von den Grünen ganz offen geforderte Abschaffung des Bundesheers hinaus. Verteidigungsminister Mag. Norbert Darabos (SPÖ) ignoriere ernste Warnungen selbst von höchsten Offizieren, betreibe Schönfärberei und sei der irrigen Meinung, es gebe beim Bundesheer noch Speck abzubauen. Hierzu bemerkte Kunasek: „Herr Minister, als Personalvertreter und Abgeordneter sage ich Ihnen: Ein Ausgehungerter – wie eben das Bundesheer – hat keinen Speck mehr auf den Rippen; daher gibt es da wenig wegzunehmen. (Beifall bei der FPÖ.)" In der vierten Minute seiner leicht überzogenen Redezeit forderte Kunasek die Regierung noch auf, mehr für die vielen jugendlichen Lehrstellensuchenden zu tun und im öffentlichen Dienst Lehrstellen zu schaffen.[96]

Elf Monate gingen ins Land, bis sich Kunasek am 24. März 2010 neuerlich im Plenum des Nationalrats zu Wort meldete. In der Zwischenzeit hatte er sich als Mitglied des Landesverteidigungsausschusses redlich darum bemüht, in und mit diesem Gremium konstruktive Arbeit zugunsten des Bundesheers zu leisten und die anderen Parteien, insbesondere jene der Regierungskoalition, von der dringenden Notwendigkeit zu überzeugen, das Heer finanziell besser auszustatten. Wie Kunasek am 24. März 2010 ausführte, versuchte vor allem die SPÖ, den vom freiheitlichen Abgeordneten Peter Fichtenbauer geleiteten Ausschuss faktisch ins Leere laufen zu lassen, indem sie dessen Vorsitzenden acht Monate lang zappeln ließ, ehe sich mit ihr wenigstens ein Termin für die erste Ausschusssitzung vereinbaren ließ.

Alle Anträge der Opposition, so Kunasek im Nationalrat – nicht nur jene die Landesverteidigung betreffenden –, würden von der Parlamentsmehrheit auf die lange Bank geschoben und deren Behandlung immer wieder vertagt. Die Rede war von 700 solcher Anträge. Kunasek wiederholte seine Kritik an Darabos, die inzwischen auch beim Rechnungshof Rückendeckung gefunden hatte. Dieser bemängelte den Assistenzeinsatz des Bundesheers an der burgenländisch-ungarischen Grenze als ineffizient, teuer und zulasten der Ausbildung der Rekruten gehend. Der Burgenländer Darabos halte daran aber aus parteipolitischen Gründen mit Blick auf die bevorstehende burgenländische Landtags-

96 https://www.parlament.gv.at/dokument/XXIV/NRSITZ/20/fname_159217.pdf. Kunaseks Wortmeldung S. 196 f.

wahl fest. Dass die vor Jahren eingeleitete Heeresreform gescheitert war, habe zuletzt die dafür zuständige Evaluierungskommission quasi amtlich festgestellt. Der Grund war schlicht und einfach der notorische Geldmangel. Den desolaten Zustand zahlreicher Kasernen hatte zudem erst kürzlich ein dem Hohen Haus zugeleiteter Bericht der Volksanwaltschaft konstatiert.

Misstrauensantrag gegen Verteidigungsminister Darabos

Kunasek stand also keineswegs allein mit seiner Meinung, beim Bundesheer liege vieles im Argen. Spätestens seit Beginn des russischen Angriffskriegs gegen die Ukraine im Februar 2022 hat sich diese Ansicht allgemein durchgesetzt, vor einem Dutzend Jahren stieß sie noch auf zum Teil höhnische Ablehnung. Kunasek hielt der sich in der Theorie, also bei Lippenbekenntnissen, die nichts kosten durften, wehrfreundlich gebenden ÖVP vor, sie gebe den Steigbügelhalter für den auf eine Zerstörung des Bundesheers hinauslaufenden Kurs Darabos'. Um mehr öffentliche Aufmerksamkeit für die Misere beim Bundesheer zu erhalten, hatten freiheitliche Abgeordnete unter der Federführung Ing. Norbert Hofers einen Antrag eingebracht, Minister Darabos das Vertrauen des Parlaments zu entziehen. Die Regierungsparteien verschoben die Behandlung dieses Antrags ans Ende der Tagesordnung; die FPÖ fand für ihren Wunsch, den Antrag als ersten zu behandeln, keine Mehrheit. Jener ÖVP-Abgeordnete, der dieser von Kunasek vorgetragenen Forderung unmittelbar danach widersprach, war übrigens der heutige steirische ÖVP-Landesrat Werner Amon, MBA.

Die Sitzung vom 24. März 2010 verdient noch aus einem anderen Grund in Erinnerung zu bleiben. Als ebenso prophetisch wie die Warnungen vor dem Kaputtsparen des Bundesheers erwies sich nämlich der von Kunasek namens seiner Fraktion eingebrachte und begründete Antrag, der Nationalrat wolle beschließen: „Die Bundesregierung wird aufgefordert, ehebaldigst ein Österreich-Ticket einzuführen, dass [sic!] zu einem sozial verträglichen Tarif die Nutzung sämtlicher öffentlicher Verkehrsmittel in Österreich ermöglicht." Obwohl auch die Regierungsparteien ein solches Ticket angekündigt hatten, lehnten sie sogar Kunaseks Antrag, das Projekt dem Verkehrsausschuss zuzuweisen, ab. Erst die türkis-grüne Bundesregierung setzte ein Dutzend Jahre später dieses Vorhaben um und heftete sich diesen Schritt als Erfolg an ihre Fahnen, ohne dessen blauen Ursprung mit einem Wort zu würdigen.

Parlamentarische Anfragen

Beachtung verdienen über alle diese Aktivitäten hinaus die Themen der zahlreichen Anfragen, die Kunasek als Sprecher seiner Fraktion an die jeweils zuständigen Bundesminister richtete. Sie lassen nämlich erkennen, dass es ihm keineswegs ausschließlich um das Bundesheer ging, sondern darüber hinaus um Anliegen, die die Menschen in ihrem Alltag bewegten. Ich greife beispielhaft wiederum die Sitzung vom 24. März 2010 heraus. Von Kunasek als Erstunterzeichner eingebrachte Anfragen betrafen etwa die „verzweifelte Suche nach Post-Partnern", ein nach der Schließung zahlreicher Postämter vor allem im ländlichen Raum virulentes Problem, ferner die mangelnde Einsatzfähigkeit des Lawineneinsatzzuges in Oberösterreich und den bedrohten Lebensraum Salzkammergut. Auskunftsersuchen, das Bundesheer betreffend, galten etwa den dringend nötigen Investitionen in Kasernenrenovierungen, dem Heeresspital in Wien-Stammersdorf und der angemessenen Entlohnung von Milizsoldaten bei den Luftraumsicherungsoperationen der Jahre 2009 und 2010. Kunasek erging sich also nicht in ideologischen oder theoretischen Debatten, sondern verfolgte konkrete Anliegen von Menschen.[97] Die Ministerien beantworteten derlei Anfragen, obwohl sie gut recherchiert waren und viele relevante Details enthielten, in der Regel floskelhaft und ausweichend.

Kunasek ließ sich aber von den anfangs wohl frustrierenden Erfahrungen der eigenen Machtlosigkeit gegenüber einer Regierung, die mit ihrer Mehrheit alles Unliebsame entweder niederstimmen oder auf den Sanktnimmerleinstag verschieben konnte, nicht entmutigen. Immer und immer wieder wies er, mit konkreten Zahlen der verordneten Einsparungen untermauert, auf die massiven Probleme hin, die daraus für die Aufgabenerfüllung des Bundesheers resultierten. Denn diese Aufgaben wurden ja nicht weniger, sondern sie nahmen durch die Auslands- und Assistenzeinsätze an der Staatsgrenze eher noch zu. Dem Unteroffizier Kunasek waren die Kalamitäten des Heeres natürlich aus eigener Anschauung bestens bekannt. Es erging ihm jedoch so wie dem Rufer in der Wüste bzw. der legendären Kassandra, auf deren sich später bewahrheitende Warnungen auch niemand hören wollte, solange dafür noch Zeit gewesen wäre.

97 https://www.parlament.gv.at/dokument/XXIV/NRSITZ/57/fname_185271.pdf. Die Kunasek betreffenden Stellen in dem 300-seitigen Protokoll sind mit der Suchfunktion leicht zu finden.

Kunaseks Lösungsvorschläge

Kunasek war stets darum bemüht, es in Sachen Verteidigungspolitik nicht bei genereller Kritik an der Regierung, allen voran Minister Darabos, bewenden zu lassen, sondern konkrete Vorschläge zur Verbesserung der Lage zu unterbreiten. In einer weiteren, auf drei Minuten beschränkten Rede im Plenum regte er am 1. Dezember 2010 an, die teuren Assistenzeinsätze an der Staatsgrenze zu beenden. Diese Forderung mag aus heutiger Sicht erstaunlich wirken, tritt doch die FPÖ seit Langem dafür ein, Österreich vor der Einreise illegaler Migranten zu schützen, wenn dies schon an den EU-Außengrenzen nicht funktioniert, wie eigentlich vorgesehen. Man muss allerdings bedenken, dass 2010 der Zustrom von Asylwerbern bei Weitem nicht jene Dimension hatte, wie dies seit 2015 der Fall ist. Kunasek, der selbst mehrere solcher Einsätze an der Grenze mitgemacht hatte, führte ferner ins Treffen, die Soldaten hätten bei Aufgriffen illegaler Migranten so gut wie keine Befugnisse und müssten sich mehr oder minder aufs Beobachten beschränken. Die vergleichsweise wenigen Anhaltungen stünden in keinem Verhältnis zu den hohen Kosten und der für die Ausbildung der Grundwehrdiener verloren gehenden Zeit.

Darüber hinaus plädierte Kunasek am 1. Dezember 2010 dafür, nicht bei der Truppe, sondern im Ministerium zu sparen, keine teuren Inserate mehr zu schalten, die lediglich den Minister „in Überlebensgröße" abbilden, und zudem die Beteiligung österreichischer Soldaten an Friedensmissionen der Vereinten Nationen zu hinterfragen: „Gehen wir dorthin in einen Auslandseinsatz, wo die Republik Österreich auch einen Mehrwert davon hat. Wir brauchen keine Experimente oder Expeditionen in den Tschad, in den Libanon oder sonst wohin."[98] Rund ein Jahr später beantragte Kunasek namens der FPÖ erfolglos, die Regierung solle die Personalkosten für die Auslandseinsätze, insoweit sie die Inlandsgehälter überstiegen, außerhalb des regulären Heeresbudgets finanzieren, um die Erfüllung der Inlandsaufgaben des Bundesheers nicht zu gefährden.[99]

Wehrpflichtvolksbefragung Jänner 2013

Um die Jahreswende 2010/11 nahm die Debatte über die militärische Landesverteidigung eine überraschende Wende. Im Vordergrund stand plötzlich nicht

---

98 https://www.parlament.gv.at/dokument/XXIV/NRSITZ/88/fname_204218.pdf. Rede Kunaseks S. 105–107, Zitate S. 106.

99 https://www.parlament.gv.at/dokument/XXIV/NRSITZ/124/fname_236617.pdf. Rede Kunaseks S. 292–295.

mehr die Höhe der für das Bundesheer notwendigen Budgetmittel, sondern die Frage der Abschaffung oder Beibehaltung der allgemeinen Wehrpflicht. Die Entwicklung beim NATO-Mitglied Deutschland, dessen Regierung 2010 die als „Aussetzung" verharmloste faktische Abschaffung der Wehrpflicht beschloss, schwappte naturgemäß auf das neutrale Österreich über. Verteidigungsminister Darabos, der noch im Sommer 2010 die Wehrpflicht als „in Stein gemeißelt" bezeichnet hatte, vollzog unter dem Eindruck oder dem Druck einer Kampagne der „Kronen Zeitung" sowie des Wiener Bürgermeisters Dr. Michael Häupl, der sich von einer Abschaffung der Wehrpflicht Vorteile bei der bevorstehenden Wiener Landtagswahl versprach, eine völlige Kehrtwendung und trat plötzlich für ein Berufsheer ein, ein Modell, das die Sozialdemokraten seit Jahrzehnten vehement abgelehnt hatten. Als ihm sein eigener Generalstabschef, General Mag. Edmund Entacher, öffentlich widersprach, wurde er seines Postens enthoben, was die Berufungskommission beim Bundeskanzleramt ein Dreivierteljahr später für unbegründet erklärte, sodass sie Entacher wieder einsetzte.[100]

Wenige Tage nach der Absetzung Entachers, an dessen Seite sich übrigens auch Bundespräsident Fischer, ein früherer SPÖ-Politiker, als Oberbefehlshaber des Bundesheers und der oberste Beamtengewerkschafter, der ÖVPler Fritz Neugebauer, stellten, kam es am 4. Februar 2011 im Nationalrat zu einer größeren Wehrdebatte. Grüne und FPÖ brachten separate Misstrauensanträge gegen Darabos ein, die die Mehrheit der Regierungsparteien erwartungsgemäß ablehnte. Darüber hinaus beteiligte sich Kunasek prominent an einem Entschließungsantrag der FPÖ, dessen Kernsätze wie folgt lauteten: „Die Bundesregierung wird aufgefordert, die Aufrechterhaltung der umfassenden Landesverteidigung zum Schutz der Neutralität Österreichs auf der Basis einer aktualisierten Sicherheitsdoktrin zu gewährleisten, die allgemeine Wehrpflicht beizubehalten, dadurch die umfassende und nachhaltige Erfüllung der Landesverteidigung, des Katastrophenschutzes und des Zivildienstes sicherzustellen und das Österreichische Bundesheer mit ausreichenden Budgetmitteln für eine umfassende Modernisierung des bestehenden Systems auszustatten." Dieser Antrag fand ebenso keine Mehrheit wie ein weiterer unter anderem von Kunasek eingebrachter, der auf die Wiedereinsetzung Entachers abzielte.[101]

Mit der Causa Entacher und – noch viel wichtiger – der losgetretenen Debatte über die Wehrpflicht war der Streit um die Landesverteidigung in ein neues Stadium getreten, in dem die Wogen höher gingen, als bei diesem Thema ansonsten üblich. In diesem Zusammenhang handelte sich Kunasek seinen

100 https://www.sn.at/wiki/Edmund_Entacher.

101 https://www.parlament.gv.at/dokument/XXIV/NRSITZ/95/fname_209354.pdf.

ersten und einzigen Ordnungsruf seitens der Nationalratspräsidentin Prammer (SPÖ) ein. Als Kunasek in einer Rede am 15. November 2011 zur Begründung eines weiteren Misstrauensantrags gegen Darabos neuerlich mit dem Minister abrechnete und ihm Desinformation der Öffentlichkeit und des Parlaments über die wahren Zustände beim Bundesheer vorwarf, sagte er unter anderem wörtlich: „Jetzt hier so zu tun, als ob alles in Ordnung wäre, ist gegenüber dem Bundesheer, der gesamten Bevölkerung Österreichs einfach unwahr und eine Sauerei. – Entschuldigen Sie diesen Ausdruck. (Beifall bei der FPÖ. – He-Ruf bei der SPÖ.)" Nach dem Ende der Rede fragte Prammer Kunasek, ob seine Entschuldigung als Zurücknahme des Wortes „Sauerei" zu werten sei, was Kunasek verneinte und dafür einen Ordnungsruf ausfasste.[102]

Um den Gordischen Knoten in der Debatte über die Wehrpflicht zu durchschlagen, einigte sich die Regierung im August 2012 darauf, hierüber eine Volksbefragung abzuhalten. Die FPÖ und natürlich auch Kunasek plädierten vehement für die Beibehaltung der Wehrpflicht; Kunasek beteiligte sich jedoch kaum an den parlamentarischen Debatten zu diesem Thema, wohl aber zusammen mit Kurzmann an zahlreichen Pressegesprächen in einer Reihe steirischer Bezirksstädte.[103] Kunasek meldete sich allerdings am 17. Oktober 2012 zu Wort, als das Hohe Haus das Bundesfinanzgesetz für 2013 erörterte. Er monierte ein weiteres Mal, es sei viel zu wenig Geld für das Bundesheer vorgesehen, und rechnete Darabos vor, es würde nie und nimmer genügend Freiwillige für das von diesem favorisierte Berufsheer geben. Kunasek verwies darauf, im Gegensatz zum Minister und dessen Parteikollegen wisse er als Unteroffizier und Personalvertreter, wovon er rede (Abb. 19).[104]

Die Volksbefragung war für den 20. Jänner 2013 angesetzt. Rechtlich war ihr Ergebnis nicht verbindlich, die Regierungsparteien hatten jedoch zugesichert, sich daran zu halten. Im Vorfeld traten ÖVP und FPÖ für die Beibehaltung der Wehrpflicht ein, SPÖ und Grüne sprachen sich für ein Berufsheer aus. Das BZÖ plädierte zwar ebenfalls für ein Berufsheer, hielt aber die Befragung für rein parteipolitisch motiviert und rief daher zu deren Boykott auf. Die FPÖ war einer Heeresreform nicht abgeneigt. Überraschenderweise sprach sich FPÖ-Bundesparteiobmann Strache wenige Tage vor der Befragung für die Wie-

---

102 https://www.parlament.gv.at/dokument/XXIV/NRSITZ/130/fname_239634.pdf. Rede Kunaseks S. 143–146.

103 Kurzmann/Kunasek, Lager, S. 235.

104 https://www.parlament.gv.at/dokument/XXIV/NRSITZ/175/fname_284126.pdf. Rede Kunaseks S. 165 f.

dereinführung der Assistenzeinsätze an der Ostgrenze aus, die Kunasek in den Jahren davor mehrfach als sinnlos und kostspielig abgelehnt hatte.[105]

▸ **Abb. 19: Die FPÖ trat ohne Wenn und Aber für die Wehrpflicht ein.**

Resultate der Volksbefragung

Bei einer sehr niedrigen Beteilung von lediglich 52,4 % der Stimmberechtigten votierte eine deutliche Mehrheit von 59,7 % für die Beibehaltung der Wehrpflicht, an der auch das weitere Schicksal des Zivildiensts hing. Lediglich in Wien stimmte eine knappe Majorität für ein Berufsheer; im Burgenland, der Heimat Darabos', war dies immerhin in drei der sechs Bezirke der Fall. Im übrigen Österreich erreichten die Befürworter des Berufsheeres in keinem einzigen Bezirk die Mehrheit, in der Steiermark sogar in keiner einzigen Gemeinde. Kein Wunder, dass sich die Grüne Mark mit nahezu 66 % für die Wehrpflicht aussprach. Während sich der steirische ÖVP-Obmann, Landeshauptmannstellvertreter Hermann Schützenhöfer, „erfreut" gab, wollte SPÖ-Vorsitzender und Landeshauptmann Mag. Franz Voves das Ergebnis überhaupt nicht kommen-

105 https://oe1.orf.at/artikel/327742/Strache-Bundeskanzleramt-und-Innenministerium.

tieren. Er hatte die maßgeblich von der Bundes-SPÖ initiierte Befragung im Vorfeld kritisiert.[106]

Die Analysen der Motive der Abstimmenden sind sich darin einig, dass der Ausgang der Befragung durch den Wunsch nach Beibehaltung des Zivildiensts begründet war; eine Mehrheit der Bevölkerung befürchtete wohl den Kollaps der Blaulichtorganisationen, könnten diese künftig nicht mehr auf Zivildiener zurückgreifen.

Ministerwechsel: Darabos tritt ab, Klug kommt

Wenige Wochen nach der Befragung erklärte Darabos, der sein politisches Schicksal mit dem vom Wahlvolk abgesegneten Übergang zu einem Berufsheer verknüpft hatte, seinen Rücktritt. Ihm folgte der Steirer Mag. Gerald Klug (SPÖ) als neuer Verteidigungsminister. Fürs Erste schien es, als hätte die SPÖ aus ihrer Schlappe bei der Volksbefragung gelernt. Ein Berufsheer stand nun nicht länger zur Diskussion und es mangelte auch nicht an Lippenbekenntnissen seitens des neuen Ministers, die Heeresreform nun endlich in Angriff zu nehmen und außerdem die budgetäre Lage zu verbessern. Viel die Rede war daneben von der beabsichtigten „Attraktivierung des Grundwehrdienstes", die verhindern sollte, dass sich immer mehr junge Männer aus den ohnedies schwächer werdenden Geburtsjahrgängen für den Zivildienst entschieden und daher beim Bundesheer fehlten.

Trotz Ministerwechsel: Business as usual

Diese vollmundigen Ankündigungen Klugs stellten sich recht schnell als Seifenblasen heraus. Kunasek, der als freiheitlicher Wehrsprecher (ab 1. Juli 2013) und nunmehriger Obmann des Landesverteidigungsausschusses natürlich viel mehr mit dem Minister zu tun hatte als seine Fraktionskollegen, kleidete seine Enttäuschung bzw. seinen Einstellungswandel gegenüber Klug, den er im Vergleich zum Zivildiener Darabos zumindest als das kleinere Übel empfunden hatte, am 16. Oktober 2014, als Klug rund eineinhalb Jahre im Amt war, in folgende Worte: „Als Sie [Klug] sich vergangenes Jahr im März hier in diesem Hohen Haus als Verteidigungsminister vorgestellt haben, habe auch ich Ihnen von diesem Rednerpult aus Respekt gezollt und gesagt, dass vieles von dem, was Sie gesagt haben, auch vonseiten der FPÖ zu unterstützen sei. Das, was heute hier angekommen ist und sich in Ihrer Rede widerspiegelt, hat mit dem, was Sie

106 https://steiermark.orf.at/v2/news/stories/2567942/.

letztes Jahr im März hier gesagt haben, allerdings nichts mehr zu tun. (Beifall bei der FPÖ.) Herr Bundesminister, das grenzt nicht nur an Realitätsverweigerung, sondern natürlich auch an den Ausverkauf der Sicherheit insgesamt!"[107]

Eine neue Sicherheitsstrategie für Österreich

Immerhin stellte die Regierung 2013 eine neue Sicherheitsstrategie für Österreich vor, die natürlich im Landesverteidigungsausschuss bzw. in dessen ständigem Unterausschuss Österreichische Sicherheitsstrategie, dem Kunasek vom 1. März 2011 bis zum 26. Juni 2013 angehörte, ausführlich erörtert wurde. Am 3. Juli 2013, kurz vor dem Ende der Legislaturperiode und vor der Sommerpause, stand das Papier auf der Tagesordnung des Plenums des Nationalrats. Kunasek erläuterte dabei den Standpunkt der FPÖ, die dem Entwurf trotz etlicher Vorbehalte zustimmen werde, da er wenigstens ein Schritt in die richtige Richtung sei und die Sicherheit Österreichs kein Gegenstand für Parteienhader sein solle. Kunasek bemängelte allerdings, dass sich in dem Konzept kein Wort über das für das Bundesheer notwendige und dementsprechend vorzusehende Budget finde. In eigener Sache erfolgte der Hinweis, es fehle außerdem an mehr Anerkennung des so wichtigen Standes der Unteroffiziere, während sich die Autoren der Sicherheitsstrategie viele Gedanken über Randthemen, wie die Karrieremöglichkeiten von Frauen im Bundesheer, gemacht hatten.[108]

Eintreten für steirische Belange

Nach der Volksbefragung konnte Kunasek sich vermehrt zivilen Themen zuwenden, die ihn schon früher interessiert hatten, wie wir gesehen haben. Steirische Anliegen hatten es ihm naturgemäß besonders angetan, beispielsweise die Verbesserung der Bahnverbindungen zwischen Graz und Salzburg oder die Auflassung des ÖBB-Terminals in Werndorf bei Graz, die zu einer Verlagerung des Güterverkehrs von der Schiene auf die Straße und damit zu einer Verschlechterung der Feinstaubsituation im Großraum der Landeshauptstadt führen musste. Die Regierungsmehrheit lehnte allerdings entsprechende Entschließungsanträge der FPÖ ebenso ab wie einen weiteren vom 14. Juni 2013, der das vor der Auflassung stehende Bezirksgericht in Frohnleiten im Norden

107 https://www.parlament.gv.at/dokument/XXV/NRSITZ/43/fname_372870.pdf. Rede Kunaseks S. 41–44, Zitat S. 41.

108 https://www.parlament.gv.at/dokument/XXIV/NRSITZ/213/fname_331246.pdf. Rede Kunaseks S. 98–100.

des Bezirks Graz-Umgebung betraf. Kunasek machte sich nicht nur in diesem Fall zum Fürsprecher einer Bürgerinitiative, die 2.000 Unterschriften gesammelt hatte. Im Sprengel dieses Gerichts lebten mehr als 40.000 Menschen, die in Zukunft in das rund 30 Kilometer entfernte Graz fahren mussten. Kunasek versuchte einen Schulterschluss mit den steirischen Abgeordneten der anderen Parteien, die er aufforderte, in dieser Angelegenheit Landes- vor Parteiinteressen zu stellen und eine weitere Ausdünnung des ländlichen Raums zu verhindern – ohne Erfolg.

An diesem Beispiel lässt sich gut illustrieren, welcher erhebliche Arbeitsaufwand mit der Vorbereitung und Formulierung eines solchen Antrags verbunden ist. Wie Kunaseks Ausführungen zu entnehmen ist, hatte er nicht nur mit etlichen Bürgermeistern und Gemeinderäten der betroffenen Kommunen Rücksprache gehalten und sich ihrer Unterstützung für sein Anliegen versichert. Außerdem hatte er mit der tatkräftigen Unterstützung seines parlamentarischen Mitarbeiters Mag. Stefan Hermann, MBL, der bei diesem Gericht einen Teil seines Gerichtsjahres absolviert und daher dort quasi einen Heimvorteil hatte, recherchiert, dass das BG Frohnleiten erst einige Jahre zuvor bei einer vom Justizministerium veranlassten Evaluierung von 141 Gerichten unter den Top 10 rangiert hatte. Darüber hinaus hatte er erfahren, dass die Gemeinde Frohnleiten das in ihrem Eigentum stehende Gerichtsgebäude, das sie mietfrei zur Verfügung stellte, erst kürzlich um 700.000 Euro renoviert und dabei auf die Zusage des Ministeriums, das BG bleibe bestehen, vertraut hatte. Kunasek hatte obendrein eine Anfragebeantwortung des Justizministeriums herausgesucht, die die monatlichen Betriebskosten dieses BG für die Jahre 2010–2012 bezifferte. Es waren bescheidene Summen, sodass mit der Schließung des Gerichts keine nennenswerten Einsparungen einhergingen, denn das dort tätige Personal wurde ja, wie Kunasek ebenfalls in Erfahrung gebracht hatte, in Graz weiterbeschäftigt.[109]

Kunaseks Arbeitsweise als Abgeordneter

Ich habe diese Details so ausführlich geschildert, weil sie gerade dadurch, dass sie nur einen von unzähligen Anträgen usw. betreffen, einen Eindruck von der Arbeitsbelastung eines Abgeordneten vermitteln, der sein Mandat – sich in erster Linie für die Bürger seines Wahlkreises einzusetzen – ernst nimmt. Man muss dabei bedenken, dass österreichischen Nationalratsabgeordneten nur we-

---

109 https://www.parlament.gv.at/dokument/XXIV/NRSITZ/209/fname_328766.pdf. Rede Kunaseks S. 71 f. Interview Hermann.

nige Mitarbeiter im Rahmen ihres Parlamentsklubs zur Verfügung stehen. Der freiheitliche Klub beschäftigte damals zehn Fachreferenten, die für jeweils vier Ausschüsse und deren Agenden zuständig waren und bei denen sich die dort tätigen Abgeordneten fachlichen Rat holen konnten. Wollte ein Abgeordneter beispielsweise einen Initiativantrag einbringen, konnte er den infrage kommenden Referenten mit der Ausformulierung beauftragen; dieser prüfte zugleich, ob das Anliegen inhaltlich der Parteilinie entsprach. Nach der Einholung der Unterschriften von mindestens vier weiteren Mandataren nahm der Klubdirektor, damals wie heute Mag. Norbert Nemeth, die Endredaktion vor.

In die Ausarbeitung der sehr zahlreichen Anfragen an Minister waren die Referenten hingegen nur ausnahmsweise eingebunden; diese Aufgabe oblag den persönlichen Mitarbeitern der Abgeordneten, von denen gleich die Rede sein wird. Der unter anderem für die Landesverteidigung zuständige Fachreferent war (und ist) Mag. Bernhard Rochowanski, der an Kunasek wegen dessen geselliger Art sowie seines freundschaftlichen Umgangs mit den Mitarbeitern nur die besten Erinnerungen hat.

Darüber hinaus erlaubt es das 1992 verabschiedete Parlamentsmitarbeitergesetz, mittlerweile umbenannt in Parlamentsmitarbeiterinnen- und Parlamentsmitarbeitergesetz (ParlMG), jedem gewählten Abgeordneten, die Vollzeitstelle eines Mitarbeiters mit einer Person seiner Wahl zu besetzen, deren Bezüge die Republik vergütet. Das arbeitsrechtliche Vertragsverhältnis besteht zwischen dem Abgeordneten und diesem Mitarbeiter. In Kunaseks Fall waren dies zunächst für die regionale Betreuung Martina Fengler sowie für die Pressearbeit MMag. Anja Schöggl, MA und der aus Neuberg an der Mürz stammende, 1981 geborene Publizistik- und Kommunikationswissenschaftler (seit 2019 Mag.) Hannes Amesbauer, ein gelernter Steinmetz, der seit 2009 zudem als Landesobmann des Rings Freiheitlicher Jugend fungierte.[110]

Nach Amesbauers Wechsel in den Landtag Steiermark folgte ihm im zweiten Halbjahr 2010 als Kunaseks rechte Hand der jetzige stellvertretende FPÖ-Klubobmann im Landtag Steiermark, FPÖ-Landesparteisekretär und FPÖ-Bezirksparteiobmann Graz-Umgebung, Stefan Hermann.[111] Dieser war schon als Teenager mit der FPÖ in Berührung gekommen; seine politischen Anfänge liegen in der Gemeindepolitik in seiner Heimatgemeinde Feldkirchen bei Graz. Kunasek lernte er 2006 bei einer Sitzung der FPÖ-Bezirksparteileitung Graz-Umgebung in St. Marein bei Graz kennen. Kurz nachdem Hermann nach seiner Sponsion zum Mag. iur. das Gerichtsjahr absolviert hatte, heuerte

110 https://www.parlament.gv.at/person/51879. Interview Amesbauer.

111 Interview mit Mag. Norbert Nemeth und Mag. Bernhard Rochowanski, 22. Februar 2024.

ihn Kunasek als Nachfolger Amesbauers in Wien an. Praktischerweise lebte seine seinerzeitige Freundin und nunmehrige Gattin in der Bundeshauptstadt, sodass sich die Übersiedelung an die Donau als Win-Win-Situation erwies. Als Hermann seinen Dienst in Wien antrat, war Kunasek noch nicht lange Abgeordneter und galt in der blauen Fraktion eher noch als Hinterbänkler mit einem dementsprechenden Sitzplatz in den hinteren Reihen des Hohen Hauses. Das sollte sich sehr rasch ändern.[112]

Generell waren die parlamentarischen Mitarbeiter ausgewiesene Experten, die den Abgeordneten einige Arbeit abnehmen konnten; die Ideen für parlamentarische Initiativen stammten aber zumeist von Letzteren oder wurden an sie aus Kreisen der Bürger herangetragen. Kunasek kam hier gewiss zugute, dass er mit offenen Augen durchs Leben schritt, viel unterwegs war und zahlreiche Kontakte pflegte; folglich schnappte er laufend auf, wo im Land der Schuh drückte. Vielfach fragte er gezielt nach, welche Probleme es gerade gab, etwa bei seinen Bundesheerkameraden: „Was sagt die Truppe?"[113]

Das Duo Kunasek/Hermann entwickelte sich in den beinahe fünf Jahren ihrer Zusammenarbeit zu einem eingespielten Gespann – und zu ziemlich besten Freunden. Ursprünglich stammten die meisten Ideen von Kunasek, der dann Hermann mit der weiteren Umsetzung beauftragte. Später unterbreitete dieser vermehrt eigene Vorschläge, um seinen Arbeitgeber zu unterstützen und zu entlasten. Hermann, von jeher ein eifriger Zeitungsleser, machte es sich zur Angewohnheit, seinem Chef am frühen Morgen per E-Mail oder SMS den Link zu einem online verfügbaren Presseartikel mit dem Zusatz „AF?" zu schicken. Solche Medienberichte handelten von Gegenständen, die Hermann für eine parlamentarische Anfrage (AF) für geeignet hielt. Nach Kunaseks Okay machte er sich an weitere Recherchen und an die Ausarbeitung der Texte der Anfragen. Zahlreiche weitere Hinweise und Anregungen kamen naturgemäß von Bediensteten des Bundesheers, die in Kunasek ihren idealen Fürsprecher erblickten und obendrein wussten, dass er die von ihnen stammenden Informationen vertraulich behandeln, also aktiven Quellenschutz betreiben würde. Die Formulierungen der Anfragen ließ keinen Rückschluss auf die Ideengeber zu, die ja, wie die Causa Entacher gezeigt hatte, durchaus mit dienstlichen Schikanen zu rechnen hatten, wäre ihre Identität aufgeflogen.[114]

Zur Erinnerung: Kunasek saß zu dieser Zeit zwar im Landesverteidigungsausschuss, war aber (noch) nicht der Wehrsprecher der FPÖ. Der 30 Jahre ältere

112 Interview Hermann.
113 Interview Hofer.
114 Interviews Samt und Hermann.

Amtsinhaber Peter Fichtenbauer (geboren 1946), ein honoriger und zurückhaltender Rechtsanwalt, war ein weniger aktivistischer Typ; ihm war Kunaseks und Hermanns Umtriebigkeit ein wenig unheimlich und er ließ die beiden andeutungsweise wissen, sie möchten einen Gang zurückschalten und nicht ständig so viel Staub aufwirbeln, was ohnedies nichts bringe. Freilich warf er dem Duo, das sich sowieso nicht bremsen ließ, auch keine ernsthaften Prügel zwischen die Beine und gab ihnen im Grunde die Bühne frei, ihre diversen Initiativen namens der FPÖ im Parlament einzubringen. Folglich sind die meisten der von Kunasek formulierten Anträge von Fichtenbauer mitunterzeichnet.[115]

Damit ist die Rollenverteilung zwischen Wehrsprecher Fichtenbauer, der Kunasek anfangs nicht sonderlich ernst nahm, und seinem späteren, quasi schon ungeduldig in den Startlöchern scharrenden Nachfolger ab 2013 noch nicht erschöpfend beschrieben. Stand im Parlament eine Debatte über Themen der Landesverteidigung an, so stimmten sich natürlich die beiden blauen Wehrexperten darüber ab, wer was sagen würde. Als Erster am Wort war stets Fichtenbauer. Er trug dann großteils das vor, was Kunasek ihm zuvor loyal als den Inhalt seiner konzipierten Rede mitgeteilt hatte. Der dabei zuhörende Steirer musste nolens volens Punkt für Punkt aus seinem Manuskript streichen, um unnötige Wiederholungen zu vermeiden, und sich binnen kürzester Zeit etwas völlig Neues einfallen lassen.[116]

Es rundet die Beschreibung der damaligen Situation ab, dass Kunasek ja nicht nur Abgeordneter und Mitglied eines Ausschusses in Wien war, sondern hauptberuflich beim Bundesheer arbeitete, wenngleich seit 2008 mit einem reduzierten Beschäftigungsausmaß. Darüber hinaus war er Personalvertreter, Gemeinderat in Gössendorf, FPÖ-Landesparteisekretär und Funktionär dieser Partei auf Orts-, Bezirks- und Landesebene. Hilzensauer erinnert sich, dass Kunasek, sofern er nicht in Wien war, täglich im Bezirksparteibüro der FPÖ Graz-Umgebung vorbeischaute und darüber hinaus zahlreiche Veranstaltungen besuchte.[117] Man staunt, wie ein Einzelner das mit allen diesen Aufgaben einhergehende Arbeitspensum, zu dem man noch die vielen Fahrten nach Wien und in der ganzen Steiermark hinzurechnen muss, bewältigen konnte. Die beim Bundesheer erlernte (Arbeits-)Disziplin wird dabei sicherlich geholfen haben.

Es verdient jedenfalls erwähnt zu werden, dass die stenographischen Protokolle des Nationalrats für die gesamte Legislaturperiode 2008 bis 2013 keine einzige Verhinderung der Teilnahme Kunaseks an den Sitzungen verzeichnen.

115 Interview Hermann.

116 Interview Mario Kunasek.

117 Interview Hilzensauer.

Und wir reden hier von über 200 Sitzungen! Nach der Erinnerung seines damaligen Mitarbeiters Hannes Amesbauer kam Kunasek lediglich einmal zu spät zu einer Sitzung (nach einer langen Nacht). Ein einziges Versäumnis dieser Art ist wohl entschuldbar bei einem Mann mit dem Ruf eines „Sitzen- oder Hockenbleibers", der nach jedem geselligen Beisammensein als Letzter aufsteht und den Raum verlässt.[118]

Kunaseks Tätigkeiten in der XXIV. Gesetzgebungsperiode des Nationalrats, die am 28. Oktober 2013 endete, waren also ausgesprochen vielfältig und arbeitsintensiv. Dabei lernte Kunasek nicht zuletzt das bittere Los eines Oppositionspolitikers kennen, dessen Initiativen bei den Regierungsparteien nahezu durchgängig auf Ablehnung stießen und niedergestimmt wurden, sofern man sie nicht einfach auf die lange Bank schob. Kunasek stellte sich 2013 gleichwohl der Wiederwahl und zog auch neuerlich in den Nationalrat ein. Bevor wir uns seinem weiteren Wirken in seiner zweiten Periode als Abgeordneter widmen, müssen wir in die Steiermark zurückkehren und schildern, was sich dort seit Kunaseks Ernennung zum FPÖ-Landesparteisekretär Mitte 2007 getan hat.

118 Interview Amesbauer.

6 2010: Wiedereinzug der FPÖ in den Landtag Steiermark

Die Ausgangslage

Wir erinnern uns: Im Oktober 2005 war die FPÖ aus dem Landtag Steiermark geflogen und hatte Ende des Jahres mit Gerhard Kurzmann einen neuen Landesparteiobmann bekommen, der sich intensiv und zielstrebig um den Wiederaufstieg der auch finanziell arg gebeutelten Partei bemühte. Unterstützen sollte ihn bei diesem mehr als schwierigen Unterfangen der Anfang Juli 2007 zum Landesparteisekretär designierte Mario Kunasek. Nicht so schnell aus der Welt zu schaffen schien die vorerst fortbestehende Konkurrenz im Wählerreservoir des Dritten Lagers in Gestalt des von der FPÖ abgespaltenen BZÖ, das sich bei den Nationalratswahlen 2008 insbesondere in der Steiermark erstaunlich gut geschlagen hatte.

Freilich war gerade diese Wahl ein deutliches Signal dafür, dass es mit der FPÖ im Bund wie im Land wieder aufwärtsging. Jörg Haiders plötzlicher Unfalltod in der Nacht vom 10. auf den 11. Oktober 2008 war zudem ein Zeichen an der Wand: Da das BZÖ aufs Engste an Haiders charismatische Persönlichkeit gekoppelt war und er außerhalb Kärntens keinen Nachfolger aufgebaut hatte, war unschwer vorhersehbar, dass das BZÖ nach dem Abgang seiner Führungsperson in den übrigen Bundesländern rasch zerfallen würde. Die FPÖ durfte sich daher vor allem in der Steiermark berechtigte Hoffnungen machen, dass sich zahlreiche bisherige BZÖ-Wähler ihr (wieder) zuwenden würden und damit die unselige Spaltung des Dritten Lagers ein Ende hätte. So sollte es auch bald kommen. Kurzmann ist sich noch heute unsicher, ob die FPÖ auf Dauer ein ewiges Kräftemessen im eigenen Lager überlebt hätte. Michael Klug unterstreicht ebenfalls, dass gerade die steirische FPÖ unter der orangen Konkurrenz Haiders zu leiden hatte.[119]

Kurzmann, Kunasek und die gesamte steirische FPÖ wussten im Vorfeld der Landtagswahl 2010 eines ganz genau: Es ging buchstäblich um alles oder

119 Interviews Kurzmann und Klug.

nichts, um die Weiterexistenz der Landesgruppe oder aber die Besiegelung ihres Untergangs – um Sein oder Nichtsein, wie es in William Shakespeares „Hamlet" so treffend heißt. Eine weitere fünfjährige Durststrecke als außerparlamentarische Opposition, einhergehend mit dem Ausbleiben jeder staatlichen Parteienförderung, konnte die steirische FPÖ nicht durchstehen. „They never come back" stand wie ein Menetekel über der Landesgruppe.

Zwar war nach dem Tod Haiders im Oktober 2008 die Gefahr weiterer Überläufer aus den eigenen Reihen zum BZÖ weggefallen, gleichwohl galt noch immer der Grundsatz, dass eine einmal aus einem parlamentarischen Gremium ausgeschiedene Partei selten bis nie den Wiedereinzug schafft; zu massiv sind die dadurch in Gang gesetzten Auflösungserscheinungen. Ratten verlassen eben gerne das anscheinend oder wirklich sinkende Schiff ... Tatsächlich glückte es, abgesehen von der steirischen FPÖ 2010, wovon gleich die Rede sein wird, lediglich den Grünen 2019, nach ihrem Ausscheiden 2017 wieder in den Nationalrat einzuziehen, wobei ihnen freilich zugutekam, dass das Intermezzo aufgrund der vorzeitigen Beendigung der Legislaturperiode nicht fünf, sondern lediglich zwei Jahre währte. Je länger man draußen ist, desto schwieriger ist es, wieder hineinzukommen, und umgekehrt. Ob ein solcher Wiedereinzug bei der kommenden Nationalratswahl im Herbst 2024 auch der KPÖ, die seit mehr als 70 Jahren nicht mehr im Hohen Haus in Wien vertreten ist, gelingen wird, bleibt abzuwarten.

Landtagswahlkampf 2010

Im Wahlkampf zur Landtagswahl 2010 setzte die steirische FPÖ wortwörtlich aufs Laufen ihrer Funktionäre. „Wir waren rund um die Uhr unterwegs", und zwar in der ganzen Steiermark, erinnert sich Hilzensauer an diese Zeit und das begeisterte Engagement seiner Parteifreunde. Es herrschte eine ausgezeichnete Stimmung, da man sich ziemlich sicher war, die Wahl werde gut ausgehen.[120] Die Parole lautete, vor Ort und so nahe bei den Bürgern wie nur irgend möglich präsent zu sein und deren Anliegen nicht nur anzuhören (und dann zu beschwichtigen), sondern die Sorgen ernst zu nehmen und in konkrete Initiativen zur Verbesserung der Lage zu überführen.

Damit wollte die FPÖ nicht zuletzt den vielfach als abgehoben und realitätsfern wahrgenommenen steirischen Regierungsparteien SPÖ und ÖVP Paroli bieten. In der Bevölkerung bestand vielfach der Eindruck, die beiden sogenannten Großparteien seien als solche, aber auch in der Person ihrer Ob-

120 Interview Hilzensauer.

männer Landeshauptmann Voves und seines Vizes Schützenhöfer derart heillos zerstritten, dass sie zwar in der Landesregierung aufgrund des dort geltenden Proporzes nolens volens kooperierten, in Wahrheit jedoch für das Land absolut nichts weiterbrachten. Die FPÖ war seit 2005 weder in der Landesregierung noch im Landtag vertreten und blieb daher von dieser negativen Entwicklung der Stimmung gegenüber den Regierenden verschont.

Alle in der FPÖ waren sich also der enormen Bedeutung der Landtagswahl 2010 bewusst und zogen folglich an einem Strang. „Alle hat der Wille zum Erfolg geeint", erinnert sich der damalige Landesparteiobmann und Spitzenkandidat Gerhard Kurzmann. Sogar das sonst übliche Gerangel um die Erstellung und Reihung der Kandidatenliste blieb diesmal aus.[121] Den Wahlkampf organisierte Landesparteisekretär Kunasek mit großem Elan und Geschick. Die FPÖ setzte auf eine Mischung aus Bundes- und Landesthemen und kümmerte sich außerdem um regionale Probleme. Das betraf etwa bevorstehende Spitalsschließungen: Ein FPÖ-Plakat verknüpfte das Thema mit der damaligen Finanz- und Eurokrise, ausgelöst durch den drohenden Staatsbankrott Griechenlands. Man sieht im Vordergrund einen angesichts der durchgestrichenen H-Tafel (für Hospital) verdrießlich dreinblickenden Kranken, den man am Fieberthermometer in seinem Mund erkennt. Hinter ihm liegt ein zweiter, sichtlich gut gelaunter Mann in einer mit der griechischen Flagge versehenen Hängematte und freut sich über ein dickes Geldbündel in seiner Hand. Der Text dazu lautet: „Unser Geld für unsere Gesundheit! Wehren Sie sich gegen die Spitalschließung in Ihrer Region."[122]

Weitere Aktionen der Freiheitlichen richteten sich beispielsweise gegen die angekündigte Entlassungswelle bei der Firma Triumph in Hartberg, gegen die die FPÖ vor Ort mobilmachte. In Hartberg verteilten ihre Funktionäre etwa Protestflugblätter, deren Text entweder die Erhaltung der Arbeitsplätze oder die Rückzahlung der dem Unterwäschehersteller Triumph zuteilgewordenen hohen Förderungen verlangte. Kurzmann kritisierte in einer Pressekonferenz am selben Tag die verfehlte Förderpolitik der Landes- und Bundesregierung. Man gebe hohe Summen im Ausland aus, anstatt den Menschen im eigenen Land zu helfen. „Unser Geld für unsere Leut!" war eine von Mario Kunasek ersonnene zugkräftige Parole der Freiheitlichen, die bemerkenswerterweise auch die neoliberale Wirtschaftspolitik kritisierten, die zur Abwanderung heimischer Unternehmen in Billiglohnländer und damit zum Verlust von Arbeitsplätzen in Österreich führe.

121 Interview Kurzmann.
122 Abgedruckt bei Kurzmann/Kunasek, Lager, S. 233.

Sich eines solchen klassischen Arbeiterthemas anzunehmen, wäre eigentlich die ureigenste Aufgabe der SPÖ und der ihr nahestehenden Gewerkschaft gewesen, die allerdings auf Tauchstation gingen. Kurzmann ermunterte die Bezirksparteiobleute dazu, wie ein „Feuermelder" über Schwierigkeiten in ihrem Bereich zu berichten, sodass die Landespartei darauf reagieren und den Betroffenen das Gefühl vermitteln konnte, zumindest die FPÖ, wenn schon nicht die Regierenden, kümmere sich um sie. Das erzeugte eine echte Aufbruchsstimmung.

Der als Bezirksparteiobmann für Graz-Umgebung zuständige Kunasek setzte insbesondere auf das Pendlerthema: Wie erwähnt initiierte er eine große Kampagne gegen die geplante Umweltzone in Graz, die zahlreichen Autofahrern und allen voran den Berufspendlern gravierende Nachteile beschert hätte. Der erfolgreiche Einsatz dagegen passte obendrein perfekt zum angestrebten Image der FPÖ als soziale Heimatpartei.[123]

Das gesamte blaue Wahlprogramm stand unter den Leitbegriffen „Mehr Sicherheit. Mehr Freiheit. Mehr Heimat". Neben den genannten finden sich darin Themen, die rund 15 Jahre später unverändert aktuell sind und daher

▸ **Abb. 20: Amesbauer, Kunasek und Sippel wenden sich gegen die fortschreitende Islamisierung.**

123 Interview Kurzmann. Kurzmann/Kunasek, Lager, S. 212–214.

nach wie vor auf der freiheitlichen Agenda stehen. Dazu zähl(t)en insbesondere die Forderungen nach Abschiebung krimineller Ausländer und jener, die das Asylrecht missbrauchten, nach verstärkten Grenzkontrollen, härteren Strafen für Kindesmissbrauch, einem absoluten Bettelverbot und der Untersagung des Baus weiterer Moscheen und Minarette (Abb. 20). Große Aufmerksamkeit fand in diesem Zusammenhang das von der FPÖ angebotene PC-Spiel „Moschee baba". Darüber hinaus setzte sich die FPÖ für eine Begrenzung des Anteils von Kindern mit nicht deutscher Muttersprache in den Schulen, eine steuerliche Entlastung kinderreicher Familien, eine Mütterpension und generell für die Eindämmung staatlicher Regulierungen ein, egal ob diese aus Brüssel oder Wien stammten.

Das Wahlresultat

Der Wahlsonntag, der 26. September 2010, belohnte Kurzmann, Kunasek und ihr Team für ihren unermüdlichen Einsatz. Mit 10,7 % der gültigen Stimmen, einem Plus von 6,1 Prozentpunkten gegenüber der Landtagswahl 2005, zog die FPÖ nicht nur mit sechs Abgeordneten wieder in den Landtag ein, sie eroberte auch den 2005 verlorenen Sitz in der Landesregierung zurück, den Kurzmann einnahm. Das BZÖ unter Gerald Grosz legte zwar ebenfalls zu und kam auf 3,0 %, schaffte jedoch den Einzug in den Landtag nicht. Die Wahlverlierer waren die Regierungsparteien SPÖ und ÖVP, die zusammen allerdings immer noch für heutige Verhältnisse traumhafte rund 75 % erreichten, daneben die KPÖ, die die Hälfte ihrer vier Mandate einbüßte. Laut Wählerstromanalysen überzeugte die FPÖ vor allem bisherige SPÖ-Wähler sowie – als einzige Partei – frühere Nichtwähler. Bei jungen Menschen unter 30 Jahren und bei Arbeitern schnitt sie überdurchschnittlich gut ab.

In der Landesregierung hatte es zwischen 2005 und 2010 fünf rote und vier schwarze Regierungsmitglieder gegeben; durch den Wahlerfolg der FPÖ stand es ab Ende 2010 4:4:1, sodass die FPÖ während der zweiten Amtszeit von Landeshauptmann Voves theoretisch das Zünglein an der Waage hätte sein können.[124] Schüchterne Anläufe der Sozialdemokraten, zu einem Arbeitsübereinkommen mit dem freiheitlichen Regierungsmitglied Kurzmann gegen die ÖVP zu gelangen, verliefen schnell im Sand. Zum einen sprach sich die Bundes-SPÖ unter Bundeskanzler Werner Faymann, unterstützt vom Wiener Bürgermeister

124 Peter A. Ulram/Franz Sommer: Analyse der Landtagswahl in der Steiermark. In: Andreas Khol/Günther Ofner/Stefan Karner/Dietmar Halper (Hrsg.): Österreichisches Jahrbuch für Politik 2010 (Wien–Köln–Weimar 2011), S. 13–20.

Michael Häupl, nachdrücklich gegen eine solche Zusammenarbeit aus, zum anderen hätten sich Voves und Kurzmann im Landtag nur auf eine hauchdünne und damit unsichere Mehrheit von 29 der 56 Abgeordneten stützen können.

ÖVP und SPÖ schlossen daher neuerlich ein – diesmal vollmundig als „Reformpartnerschaft" betiteltes – Arbeitsübereinkommen. Voves wurde mit den Stimmen von SPÖ, ÖVP und FPÖ neuerlich zum Landeshauptmann gewählt. Landesrat Kurzmann oblagen in der Folge die Bereiche Umwelt, Verkehr, Raumplanung sowie Natur- und Tierschutz.[125] Nach dem Freiwerden seines Mandats durch seinen Eintritt in die Landesregierung bestand der freiheitliche Landtagsklub aus Dr. Georg Mayer, Hannes Amesbauer, Gerald Deutschmann, Anton Kogler, Gunter Hadwiger und dem Gössendorfer Peter Samt.[126]

Kunasek war, wie erinnerlich, zu dieser Zeit Nationalratsabgeordneter in Wien. Da sein Wechsel in den Landtag nicht anstand, kandidierte er bei der Landtagswahl lediglich symbolisch im Wahlkreis 1 (Graz und Bezirk Graz-Umgebung) auf dem 34., dem letzten und damit aussichtslosen Listenplatz.[127] Daran vermochten auch 25 Vorzugsstimmen, die auf ihn entfielen, nichts zu ändern.[128] Dennoch hatte die gewonnene Landtagswahl auch Auswirkungen auf seine Person: Die nun neuerlich im Landtag vertretene FPÖ erhielt wieder öffentliche Förderungen, sodass sie ab 2011 nicht nur aufgenommene Kredite zurückzuzahlen, sondern vermehrt Kampagnen zu finanzieren vermochte. Diese erfreuliche Entwicklung berührte natürlich ganz maßgeblich das Wirkungsfeld Kunaseks als Landesparteisekretär.

Weitere FPÖ-Kampagnen

Die Inhalte dieser Kampagnen deckten sich teilweise mit dem, was die FPÖ im Landtagswahlkampf zum Gegenstand gemacht hatte. Die schon damals angesprochenen Probleme, etwa die drohenden Schließungen von Spitälern und Schulen im ländlichen Raum, verschärften sich allerdings durch die von SPÖ und ÖVP verordnete rigorose Sparpolitik. Die FPÖ war selbstredend nicht generell gegen einen sparsamen Umgang mit dem Geld der Steuerzahler; sie prangerte aber an, dass der einheimischen Bevölkerung Sparpakete auferlegt wurden, während zugleich Milliarden ins Ausland flossen, allen voran

125 Kurzmann/Kunasek, Lager, S. 221–224.

126 Ebda., S. 235.

127 https://www.verwaltung.steiermark.at/cms/dokumente/11684565_74837281/c52469d0/KM%20WK%201%20Druckfreigabe.pdf.

128 https://www.verwaltung.steiermark.at/cms/dokumente/11684565_74837281/0a3517f0/Vorzugsstimmen_Steiermark_gesamt.pdf.

nach Griechenland (Abb. 21). Hinzukamen die in Vorbereitung befindlichen Gemeindefusionen, bei denen bereits absehbar war, dass sie in vielen Fällen zwangsweise, also gegen den Willen der betroffenen Gemeinden, über die Bühne gehen würden.[129] Mario Kunaseks Rolle im Vorfeld der Volksbefragung über die Beibehaltung oder Abschaffung der Wehrpflicht im Jänner 2013 ist bereits an anderer Stelle zur Sprache gekommen. Wenngleich als Landesparteisekretär mit der Bewältigung unzähliger Aufgaben der steirischen FPÖ befasst, war das wichtigste von Kunasek bekleidete öffentliche Amt seit 2008 jenes eines Nationalratsabgeordneten. Als 2013 die turnusmäßige Neuwahl des Parlaments näher rückte, kandidierte er ein weiteres Mal.

▸ **Abb. 21: FPÖ-Plakat aus dem Nationalratswahlkampf 2013**

129 Kurzmann/Kunasek, Lager, S. 235.

7 2013–2015: erneut im Nationalrat

Die Nationalratswahl 2013

Die Erfolgsaussichten der FPÖ bei der auf den 29. September 2013 angesetzten Nationalratswahl waren durchaus günstig. Das BZÖ war, abgesehen von Kärnten, nahezu überall von der Bildfläche verschwunden und der Unmut der Bevölkerung über die rot-schwarze Regierungskoalition sowohl im Bund als auch in der Grünen Mark hatte ein vorher noch nie dagewesenes Ausmaß erreicht. Die Gründe sind gewiss vielfältig und können hier nur im Überblick aufgezählt werden: In Wien war es vor allem der von der Regierung von Bundeskanzler Werner Faymann (SPÖ) und Vizekanzler Michael Spindelegger (ÖVP) erweckte Eindruck von Stillstand und gegenseitiger Blockade, in der Steiermark wirkten sich die erwähnten Sparmaßnahmen und die aufgezwungenen Gemeindezusammenlegungen massiv gegen Rot und Schwarz aus. Es versteht sich von selbst, dass die FPÖ jede Gelegenheit nutzte, alle diese Defizite aufzuzeigen und ihnen ihre eigenen Konzepte als bessere Alternativen gegenüberzustellen.

Mario Kunasek wird steirischer Spitzenkandidat

Wer sollte nun die steirische FPÖ als Spitzenkandidat in die Nationalratswahl führen? Kurzmann hatte sein 2008 gewonnenes Mandat zwei Jahre später zurückgelegt, da er nach dem Wahlerfolg in die Landesregierung eintrat. Als vielbeschäftigter Landesrat kam für ihn eine Rückkehr ins Hohe Haus nicht infrage. Der damals 60-jährige Kurzmann entschloss sich daher zu einem Generationenwechsel und wollte seine Nachfolge an der Spitze der FPÖ Steiermark geordnet vorbereiten. Als einer der ersten Schritte in diese Richtung wurde Kunasek ab April 2011 in die Bundesparteileitung entsandt. Darüber hinaus beschlossen die Parteigremien auf Vorschlag Kurzmanns, den bereits im Parlament bewährten Kunasek als steirischen Spitzenkandidaten ins Rennen zu schicken. Auf der Landesliste nach ihm gereiht waren in aussichtsreichen Positionen Wolfgang Zanger, Josef Riemer, Axel Kassegger und Susanne Winter, die dann auch ins Hohe Haus einzogen. Auf dem Bundeswahlvorschlag der FPÖ rangierte Kunasek auf Platz 23.[130]

Die am stärksten akzentuierten Themen im blauen Wahlkampf waren unter anderem die Bekämpfung des Asylbetrugs, eine Halbierung der österreichischen Zahlungen an die EU und die langfristige Sicherung der Pensionen. Mit dem FPÖ-Leitspruch „Nächstenliebe" war gemeint, man möge sich zuerst um Bedürftige im eigenen Umfeld kümmern, anstatt die ganze Welt retten zu wollen. In diesem Zusammenhang kreierte die Bundespartei den Begriff „inländerfreundlich", den die Forschungsstelle für Österreichisches Deutsch zum Unwort des Jahres kürte. Ihre skurrile Begründung lautete: In dem Begriff schwinge quasi verhüllt und subkutan die Bedeutung „ausländerfeindlich" mit.[131]

Nationalratswahl 2013: Die Steiermark wird blau

Als das Wahlergebnis vorlag, hatte sich bei den großen Parteien im Vergleich zur Wahl von 2008 nicht allzu viel geändert. SPÖ und ÖVP verloren zwar neuerlich, aber moderat, wenngleich beide ihre bis dahin schlechtesten Resultate seit 1945 einfuhren. Der Vorsprung der Sozialdemokraten auf die Volkspartei blieb mit rund drei Prozentpunkten nahezu unverändert. Die FPÖ unter Bundesparteiobmann HC Strache konnte sich von 17,5 % auf 20,5 % verbessern und 40 Mandate erringen; die Grünen legten zwei Prozentpunkte zu und kamen auf 12,4 %. Tiefgreifende Veränderungen gab es im Feld kleiner Parteien: Das BZÖ stürzte ins Bodenlose ab und schaffte den Wiedereinzug in den Nationalrat nicht. Erstmals vertreten waren dort hingegen die NEOS und das vom Industriellen Frank Stronach ins Leben gerufene Team Stronach für Österreich, Kurzbezeichnung Frank.[132]

Eine Sensation und zugleich eine schallende Ohrfeige für die Regierungsparteien bedeutete das blaue Ergebnis in der Steiermark: Es war mit 24 % nicht nur das beste unter allen Bundesländern, hier hatte die FPÖ obendrein den ersten Platz erobert und SPÖ (23,8 %) und ÖVP (20,9 %) überholt. Der Abstand wäre ohne die 3,9 % für das BZÖ noch deutlicher ausgefallen. Der blaue Erfolg ist umso bemerkenswerter, als die SPÖ als ihren Spitzenkandidaten den

130 https://www.bmi.gv.at/412/Nationalratswahlen/Nationalratswahl_2013/files/Land_VZ_Broschuere_gesamt.pdf.

131 https://oewort.at/vergangene-woerter-des-jahres/.

132 Thomas Hofer/Barbara Tóth (Hrsg.): Wahl 2013: Macht, Medien, Milliardäre. Analysen zur Nationalratswahl (Wien–Berlin–Münster 2014). Vgl. den Abschnitt „Politik" in: Andreas Khol/Günther Ofner/Stefan Karner/Dietmar Halper (Hrsg.): Österreichisches Jahrbuch für Politik 2013 (Wien–Köln–Weimar 2014), S. 17–161.

damaligen Verteidigungsminister Klug nominierte. Dieser verfügte über einen hohen Bekanntheitsgrad und aufgrund seines Ministeramts über eine sehr starke Medienpräsenz.

Frank Stronach erreichte in seinem Heimatbundesland beachtliche 10 % und lag damit nur marginal hinter den Grünen. Österreichweit wählten lediglich 5,7 % das Team Stronach. Blaue Mehrheiten gab es in den Bezirken Graz-Umgebung, Weiz (von wo Stronach ursprünglich stammte) und Leibnitz. Ein Wermutstropfen war freilich der Spitzenplatz für die Grünen in der Stadt Graz.[133] Hier kündigte sich bereits deutlich ein Trend an, der die Landeshauptstadt, einst eine blaue Hochburg, zu einem zunehmend schwierigen Terrain für die FPÖ machte.

Noch fulminanter war der Erfolg des blauen Spitzenkandidaten Kunasek in seinem Heimatbezirk Graz-Umgebung, wo die FPÖ auf 26,3 % kam. Das bedeutete den dritten Platz unter allen steirischen Bezirken; lediglich Voitsberg (28,0 %) und Leibnitz (27,1 %) lagen noch ein wenig darüber. In Gössendorf erzielte die FPÖ des Lokalmatadors Kunasek sogar stolze 32,9 %, rund neun Prozentpunkte mehr als die zweitgereihte SPÖ, allerdings bei einer recht niedrigen Wahlbeteiligung. Das BZÖ stürzte hier von seinen sensationellen 18 % im Jahr 2008 auf nur mehr 4,8 % ab. Gössendorf lieferte im Bezirk Graz-Umgebung somit eines der besten FPÖ-Resultate. Voran lagen lediglich Feldkirchen, Zettling und Peggau mit Werten zwischen 32,9 % und 36,0 %. Die kaum fasslichen 48,4 % für die FPÖ in der Gemeinde Gschnaidt müssen lokalen Besonderheiten geschuldet sein.

Zu bedenken ist freilich Folgendes: Wenn es der steirischen FPÖ bei dieser Bundeswahl, um in einen anderen Landesteil zu blicken, im einst tiefroten Kapfenberg gelang, 29,0 % der Stimmen zu erzielen, so zeigt dies zweierlei: In Gössendorf und in Graz-Umgebung war das Potenzial des Dritten Lagers noch nicht restlos ausgeschöpft und die FPÖ gewann in einstigen SPÖ-Hochburgen mit einem hohen Arbeiteranteil leichter und mehr dazu als in eher agrarisch geprägten Gemeinden, in denen die Erosion der bis dato tonangebenden ÖVP und die Abwanderung von deren Stimmen zu den Blauen langsamer vonstattengingen.[134]

Nachzutragen bleibt, dass Kunasek rund 4.300 Vorzugsstimmen erhielt, weit mehr als alle übrigen steirischen Blauen, was allerdings angesichts des Um-

133 https://www.bmi.gv.at/412/Nationalratswahlen/Nationalratswahl_2013/start.aspx.

134 https://view.officeapps.live.com/op/view.aspx?src=https%3A%2F%2Fwww.bmi.gv.at%2F412%2FNationalratswahlen%2FNationalratswahl_2013%2Ffiles%2FNRW13_endgueltiges_Gesamtergebnis.xlsx&wdOrigin=BROWSELINK.

stands, dass er ohnedies auf dem ersten steirischen Listenplatz kandidiert hatte, folgenlos blieb.[135]

Nationalratsabgeordneter 2013–2015

Abgesehen von der konstituierenden Sitzung des neugewählten Parlaments am 28. Oktober 2013 und der Angelobung der Abgeordneten nach dem uns schon bekannten Prozedere begegnet uns Kunasek, der in dieser Sitzung zum Ordner gewählt wurde und damit in der Sitzordnung in die vorderen Reihen rückte (Ade Hinterbänkler), rund drei Wochen später das erste Mal in den stenographischen Protokollen der Sitzungen dieser Legislaturperiode. Er brachte wieder für ihn und sein Politikverständnis sowie seine neuerlich übernommenen Funktionen als FPÖ-Wehrsprecher und Obmann des Landesverteidigungsausschusses typische Anliegen auf die Tagesordnung. Beispielsweise richteten Kunasek und einige Fraktionskollegen eine Anfrage an die Innenministerin, in der sie auf den Mangel an Polizisten hinwiesen, der durch die Errichtung des Schubhaftzentrums in Vordernberg (Bezirk Leoben) drohte. Die Bewachung der dort untergebrachten abgelehnten Asylwerber durfte nicht zulasten der Sicherheit der steirischen Bevölkerung gehen.

Weitere Anfragen vom gleichen Tag richteten sich an den Bundeskanzler und sämtliche Minister, um in Erfahrung zu bringen, welche periodisch erscheinenden Druckschriften ihre Häuser zu welchen Kosten abonniert hatten. Kunasek, der sich später als Verteidigungsminister spiegelbildlichen Anfragen der nunmehrigen Opposition an ihn gegenübersah, vermutete aufgrund von Mehrfachbezügen ein erhebliches Einsparungspotenzial. Ohne es direkt auszusprechen, stand dahinter wohl das Wissen um die gängige Praxis, gerade Blätter, die der Partei des jeweiligen Ministers nahestanden oder direkt von ihr herausgegeben wurden, zu abonnieren, um sie auf diese Weise zu sponsern, selbst wenn das betreffende Blatt gar keinen inhaltlichen Bezug zu den Aufgaben des jeweiligen Ressorts aufwies.

Kampf gegen ausländische Spionage

In der Plenardebatte dieses Tages ging es unter anderem um eine Angelegenheit, die damals weltweit hohe Wellen schlug. Whistleblower und dann die Medien hatten die umfangreichen Abhör- und Spitzelaktivitäten der amerikanischen

135 https://www.bmi.gv.at/412/Nationalratswahlen/Nationalratswahl_2013/files/Land_VZ_Broschuere_gesamt.pdf.

National Security Agency (NSA) aufgedeckt, die selbst vor den Regierungen von Verbündeten der USA nicht Halt machten; die deutsche Kanzlerin Angela Merkel (CDU) war eines der prominentesten Opfer. Entsprechende illegale Umtriebe gab es auch in Österreich. Nachdem die in erster Linie zuständigen Regierungsmitglieder, Innenministerin Mag. Johanna Mikl-Leitner (ÖVP) und Verteidigungsminister Gerald Klug (SPÖ), das Problem eher kleingeredet hatten, übte die Opposition scharfe Kritik an diesen die Souveränität Österreichs untergrabenden Zuständen. Kunasek plädierte dafür, die Vorgänge in dem den Nachrichtendiensten gewidmeten Unterausschuss des Landesverteidigungsausschusses schonungslos anzusprechen und aufzuklären. Darüber hinaus zeigte er sich besorgt, da österreichische Ministerien laufend Aufträge an eine IT-Firma vergaben, von der man mittlerweile wusste, dass sie auch für die NSA arbeitete. Gerade erst war dieses Unternehmen mit der Einführung der elektronischen Patientenakte (ELGA) beauftragt worden, sodass Kunasek die Gefahr sah, auf diesem Weg könnten klammheimlich persönliche Daten von Millionen Österreichern ins Ausland gelangen. Der Datenschutz und damit der Schutz der Privatsphäre waren der FPÖ eben stets ein wichtiges Anliegen.[136]

Und wieder: Einsatz für die Landesverteidigung

Dasselbe gilt – für Kunasek vielleicht noch mehr als für seine Partei – für die Landesverteidigung und das Bundesheer. Nachdem die Regierung Faymann-Spindelegger ihr Programm für die kommenden fünf Jahre vorgestellt hatte, kritisierte Kunasek in der Sitzung vom 17. Dezember 2013 den weiterhin tristen Zustand des Bundesheers, bei dem es an allen Ecken und Enden einen riesigen Fehlbedarf gab. Die eigentlich von allen Parteien gewünschte Heeresreform sei mit dem chronisch unterdotierten Budget nie und nimmer umsetzbar. Selbst höchste Offiziere sprächen diese bittere Wahrheit nunmehr öffentlich aus, die Regierung wolle sie aber nicht hören, obwohl Österreich in Europa das Schlusslicht bei den Verteidigungsausgaben sei.

Treffend hielt Kunasek Verteidigungsminister Klug, einem Steirer, unter Anspielung auf dessen mitunter etwas bizarres Agieren vor: „Truppenbesuche im In- und Ausland, diverse zackige Auftritte und Ansprachen in militärisch straffer Sprache reichen nicht aus, um das umzusetzen, was in diesem Regierungsprogramm skizziert ist. Aber eines kann ich auch für meine Fraktion sicherstellen: Wir werden gemeinsam, auch im Verteidigungsausschuss, daran

136 https://www.parlament.gv.at/dokument/XXV/NRSITZ/3/fname_335021.pdf. Sitzung vom 20. November 2013. Rede Kunaseks S. 71–73.

arbeiten, diese Versprechungen umzusetzen, aber vor allen Dingen auch etwas tun und handeln – und nicht nur davon sprechen. (Beifall bei der FPÖ.)"[137] Ein von Kunasek und einigen Fraktionskollegen Ende Jänner 2014 eingebrachter Entschließungsantrag, der die Bundesregierung aufforderte, dem Bundesheer ausreichende finanzielle Mittel zur Verfügung zu stellen, fand erwartungsgemäß keine Mehrheit.[138]

Kunasek ließ sich davon jedoch nicht entmutigen und setzte nunmehr darauf, Minister Klug konkrete Maßnahmen zur schrittweisen Umsetzung der Heeresreform vorzuschlagen, wofür er das Mittel der parlamentarischen Anfrage wählte. Für den 25. Februar 2014 verzeichnet das Protokoll der Parlamentssitzung dieses Tages einen ganzen Schwall eingelangter und maßgeblich von Kunasek formulierter Anfragen an Klug, die ein dickes Bündel von Schritten zur Attraktivierung des Wehrdiensts und damit zur Sicherung des Personalbedarfs des Bundesheers zum Gegenstand hatten. Es ging, um nur einige Beispiele herauszugreifen, etwa um eine adäquate Öffentlichkeitsarbeit für das Projekt Freiwilligenmiliz, die Verbesserung des Umgangs mit Grundwehrdienern und der Informationen für Stellungspflichtige, eine Informationsplattform für Soldatenvertreter, die adäquatere Betreuung von Soldaten und die Aufhebung der zeitlichen Befristung der Verpflichtung von Milizsoldaten.[139] Hier meldete sich unverkennbar jemand zu Wort, der genau wusste, wovon er sprach.

In der Plenarsitzung vom 20. Mai 2014 überreichte Kunasek namens seiner Fraktion sowohl die Petition „Rettet das Bundesheer" als auch eine dringliche Anfrage an Verteidigungsminister Klug betreffend die mangelnde Einsatzbereitschaft des Bundesheers aufgrund massiver Einsparungen. Beide wären als zwei unter unzähligen Schritten Kunaseks in diesem ihm besonders am Herzen liegenden Gegenstand nicht unbedingt der Erwähnung wert, hätte Kunasek nicht zur Begründung beider Anliegen auf die Entwicklung in der Ukraine und die Gefahr eines gewaltsamen russischen Eingreifens hingewiesen. Wohlgemerkt: Wir befinden uns im Jahr 2014, nicht 2022! Russland hatte einige Monate zuvor die bis dahin zur Ukraine gehörende Schwarzmeerhalbinsel Krim militärisch besetzt und danach annektiert. Während hier also der Wehrsprecher der angeblich Putin-freundlichen FPÖ die von Russland ausgehende Bedrohung für Europa, auf die das Bundesheer vorbereitet sein müsse, ins Treffen führte, machten sich Vertreter der Regierungsparteien, aber auch der grüne Abgeord-

137 https://www.parlament.gv.at/dokument/XXV/NRSITZ/7/fname_339842.pdf. Rede Kunaseks S. 128 f.

138 https://www.parlament.gv.at/dokument/XXV/NRSITZ/9/fname_344979.pdf, S. 260–262.

139 https://www.parlament.gv.at/dokument/XXV/NRSITZ/14/fname_345314.pdf, S. 11–13.

nete Dr. Peter Pilz darüber lustig und stellten Kunasek als Schwarzseher und Träumer hin.[140] Knapp acht Jahre später ist genau dieses Szenario mit dem russischen Angriffskrieg gegen die Ukraine blutige Wirklichkeit geworden. Man wüsste gerne, ob den damaligen Kritikern ihr Hohn für Kunaseks prophetische Mahnung heute peinlich ist.

Als alle Vorschläge, Kooperationsangebote und Warnungen ungehört blieben, brachte die FPÖ am 16. Oktober 2014 erneut einen von Kunasek mündlich begründeten Misstrauensantrag gegen Verteidigungsminister Klug ein, der, wie erwartet, an der Mehrheit der Regierungsparteien scheiterte.[141] Dasselbe Schicksal erlitt am 25. März 2015 ein von Kunasek als Erstunterzeichner formulierter Antrag auf Erhebung einer Ministeranklage gegen Klug.[142] Darin kam nicht zuletzt zum Ausdruck, wie rasch und gründlich es Klug gelungen war, die anfangs in ihn gesetzten Hoffnungen zu zerstören. Die Truppe stieß sich beispielsweise an den ihr zur Kosteneinsparung auferlegten autofreien Tagen oder an einem Erlass, die Kaserne möglichst nicht mehr in Uniform zu verlassen. Allenthalben machte sich der Eindruck breit, der Minister wolle das Bundesheer nicht öffentlich sichtbar machen, sondern totschweigen.[143]

Europäische Themen

Beachtung verdient, was Kunasek am 18. Dezember 2013 in den Beratungen des „Hauptausschusses in Angelegenheiten der Europäischen Union" vorbrachte. Er sprach sich zum einen dafür aus, einen Vorschlag des damals noch der EU angehörenden Großbritannien zu unterstützen und arbeitslosen EU-Bürgern, die in ein anderes Mitgliedsland ziehen, nicht sofort den vollen Zugang zu Arbeitslosengeld und Sozialhilfe zu gewähren, um dem grassierenden Sozialtourismus den Nährboden zu entziehen. Zum anderen kommentierte Kunasek jüngste Absichtserklärungen der EU, im Rahmen der Gemeinsamen Sicherheits- und Verteidigungspolitik die europäische Rüstungsindustrie zu stärken, was zugleich ein Instrument einer aktiven Arbeitsmarktpolitik sein sollte. Kunasek zeigte sich skeptisch; er sah hierdurch die Neutralität Österreichs gefährdet

140 https://www.parlament.gv.at/dokument/XXV/NRSITZ/25/fname_359671.pdf. Hier zahlreiche, mit der Suchfunktion zu findende Bezüge zu Kunasek.

141 https://www.parlament.gv.at/dokument/XXV/NRSITZ/43/fname_372870.pdf, S. 45 f. und S. 94.

142 https://www.parlament.gv.at/dokument/XXV/NRSITZ/64/fname_422470.pdf, S. 51.

143 Interview Hofer.

und bezweifelte, ob diese Maßnahmen und die daraus folgende engere Zusammenarbeit mit der NATO verfassungsrechtlich gedeckt sind.[144]

Einsatz für Blaulichtorganisationen

Besondere Anliegen waren dem Berufssoldaten Kunasek naturgemäß, über das Bundesheer hinaus, die Probleme anderer Sicherheitsinstitutionen und der Blaulichtorganisationen. Am 21. Mai 2014 brachten er und weitere Fraktionskollegen etwa einen Entschließungsantrag ein, der die Regierung aufforderte, bei der öffentlichen Hand beschäftigten Mitgliedern der Freiwilligen Feuerwehren eine Dienstfreistellung für die Dauer von Einsätzen zu ermöglichen. Dieser anhand praktischer Erfahrungen gut begründete Antrag, dem sogar die Grünen und die NEOS zustimmten, verfiel ebenso der Ablehnung wie ein weiterer vom selben Tag, der eine Entlastung besonders viele Überstunden leistender Polizeibeamter sowie die Einführung einer Belastungszulage verlangte.[145] Dasselbe Schicksal erlitt Kunaseks Entschließungsantrag vom 24. September 2014, der die Wiedereröffnung der Polizeiinspektion in Spital am Semmering forderte, da in dieser kleinen Gemeinde mehrere Hundert Asylwerber einquartiert waren.[146]

Asyl, Migration und Integration

Ab der zweiten Jahreshälfte 2014 trat neben den für Kunasek wichtigsten Agenden Landesverteidigung, Sicherheit und regionale Anliegen der Steiermark (Verkehr, Ausdünnung des ländlichen Raumes etc.) der Bereich Asyl, Migration und (ausgebliebene) Integration der Zugewanderten immer stärker in den Vordergrund. Deutlich mehr als in früheren Jahren häuften sich nun entsprechende Initiativen Kunaseks (und selbstredend auch seiner Fraktionskollegen), seien es Redebeiträge, parlamentarische Anfragen an die zuständigen Minister oder Entschließungsanträge. Inhaltlich ging es um Dinge, die seit damals zu Dauerbrennern geworden sind: die ungleiche und unzweckmäßige Unterbringung von Asylwerbern, radikale Islamisten und IS-Kämpfer, insbesondere in Graz, die teilweise als Flüchtlinge getarnt nach Europa einsickern, sowie um Ausländergewalt und -kriminalität. Daneben benannte Kunasek die Profiteure: NGOs und parteinahe Organisationen wie die SPÖ-nahe Volkshilfe, die als Teil der

---

144 https://www.parlament.gv.at/dokument/XXV/IV/1/fname_335098.pdf. Erwähnungen Kunaseks S. 3 und S. 7.

145 https://www.parlament.gv.at/dokument/XXV/NRSITZ/27/fname_363241.pdf, S. 126–128 und S. 176 f.

146 https://www.parlament.gv.at/dokument/XXV/NRSITZ/41/fname_371271.pdf, S. 93–96.

„Asylindustrie" mit der Unterbringung und Betreuung von Flüchtlingen gute Geschäfte machten.

Monate vor dem Anschwellen der Flüchtlingsströme im zweiten Halbjahr 2015 bündelte ein von Kunasek mitunterzeichneter, von der Parlamentsmehrheit abgelehnter FPÖ-Entschließungsantrag vom 22. Oktober 2014 die Bandbreite der drängendsten Probleme. Sein Kern hatte folgenden Wortlaut: „Die Bundesministerin für Inneres wird aufgefordert auf Grund der unkontrollierten Migration von Flüchtlingen, der steigenden Schleppertätigkeit und dem Kriminaltourismus schnellst möglich temporäre Grenzkontrollen durchzuführen." Angesichts der späteren Flüchtlingszahlen mutet eine der Begründungen allerdings, von heute aus betrachtet, an wie eine Botschaft aus dem Paradies: „Im Jahr 2013 stellten insgesamt 17.503 Fremde einen Antrag auf Gewährung von Asyl, im Jahr 2012 17.413. Dies bedeutet eine Steigerung von 0,5 %."[147] Einen Anstieg um einen halben Prozentpunkt oder lächerliche 90 Personen mag man für irrelevant halten; die Argumentation zeigt aber, was vor zehn Jahren noch als beunruhigend empfunden wurde bzw., umgekehrt formuliert, woran wir uns zwischenzeitig gewöhnen mussten.

Für seine Begriffe ungewöhnlich scharf, brachte Kunasek in derselben Sitzung die in der politischen Landschaft vorherrschende Rollenverteilung auf den Punkt: „Wenn man diese Sicherheitsdebatte [...] verfolgt, dann wird einem eigentlich klar [...], dass hier in diesem Bereich (in Richtung Grüne weisend) die Vertreter und die Anwälte der kriminellen Ausländer sitzen und hier in diesem Bereich (in Richtung FPÖ weisend) die Anwälte und Vertreter der Österreicherinnen und Österreicher. (Beifall bei der FPÖ. – Zwischenruf der Abg. Glawischnig-Piesczek.)"[148]

Etwas weniger zugespitzt hielt Kunasek den Regierungsparteien SPÖ und ÖVP vor, sie betrieben bei allem, was Asyl und Migration betraf, schlichtweg Realitätsverweigerung, indem sie die für jedermann sichtbaren Probleme schönredeten oder schlicht in Abrede stellten. Einen solchen Vorwurf richtete Kunasek insbesondere an den heutigen steirischen Landesrat Werner Amon (ÖVP), der sich an vorderster Front als Abwiegler hervortat. Mit Blick auf die im Herbst 2015 fällige, dann aber auf Mai vorgezogene Landtagswahl in der Grünen Mark prophezeite Kunasek seinem steirischen Landsmann in der Sitzung vom 5. November 2014: „Herr Kollege Amon! [...] Wenn Sie der Meinung sind, dass wir mit unserer Meinung hier im Haus und in Österreich alleine stehen, dann darf

---

147 https://www.parlament.gv.at/dokument/XXV/NRSITZ/44/fname_377969.pdf, S. 53–55, Zitate S. 54.

148 Ebda. Rede Kunaseks S. 66–68, Zitat S. 66.

ich daran erinnern, wie die Nationalratswahlen letztes Jahr in der Steiermark ausgegangen sind. Da hat es eher so ausgesehen, als ob Sie alleine gewesen wären. Da war die FPÖ nämlich bereits Erste. Ich kann es Ihnen bereits heute prophezeien: Wenn Sie so weitertun, dann werden wir nächstes Jahr bei der Landtagswahl in der Steiermark Ähnliches erleben. (Beifall bei der FPÖ.) Ich glaube eher, dass Sie mit Ihrer Meinung und mit Ihrer Positionierung hier falsch liegen."[149]

Kunasek verlässt den Nationalrat

Der Ausgang der steirischen Landtagswahl 2015 mit ihrem fulminanten Erfolg für die FPÖ bewirkte in der Tat Kunaseks Ausscheiden aus dem Nationalrat, denn er wollte sich jetzt ganz auf seine erweiterten Aufgaben in der Steiermark konzentrieren. In der Parlamentssitzung vom 17. Juni 2015 gab Präsidentin Doris Bures (SPÖ) Kunaseks Mandatsverzicht bekannt; auf ihn folgte der Steirer Mag. Günther Kumpitsch.[150] In dieser Legislaturperiode, in der er keinen weiteren Ordnungsruf seitens eines der drei Präsidenten erhielt, versäumte Kunasek von insgesamt 79 bis zu seinem Ausscheiden abgehaltenen Sitzungen fünf wegen Verhinderung, wobei allerdings in einem dieser Fälle zwei Sitzungen am gleichen Tag stattfanden. Klubdirektor Nemeth erinnert sich, dass Kunasek immer sehr diszipliniert war und wann immer möglich an allen Klub- und Ausschusssitzungen teilnahm (Abb. 22).[151]

Eine beeindruckende Leistungsbilanz

Kunaseks Leistungsbilanz seiner Wiener Jahre kann sich jedenfalls mehr als sehen lassen. Über die oben lediglich ausschnitthaft präsentierten Aktivitäten im Plenum sowie in den genannten Ausschüssen ab Ende Oktober 2008 bis zu seinem Ausscheiden aus dem Nationalrat im Juni 2015 hinaus gehörte Kunasek dem Nationalen Sicherheitsrat an; auch in dieser Funktion beerbte er den als Volksanwalt designierten Abgeordneten Fichtenbauer. Der freiheitliche Parlamentsklub nominierte Kunasek außerdem am 4. Juli 2013 zum Nachfolger Fichtenbauers als Mitglied der Parlamentarischen Versammlung der NATO und der Konferenz der WEU-Versammlung (Westeuropäische Union). Von Ende

149 https://www.parlament.gv.at/dokument/XXV/NRSITZ/48/fname_380160.pdf. Rede Kunaseks S. 79–81, Zitat S. 80.

150 https://www.parlament.gv.at/dokument/XXV/NRSITZ/79/fname_480259.pdf, S. 24.

151 Interview Nemeth und Rochowanski.

▸ **Abb. 22: Auch für den Abgeordneten Kunasek ein Pflichttermin: Landesjugendtag im April 2009**

Oktober 2008 bis zu seinem Mandatsverzicht verzeichnen die Parlamentsprotokolle Kunaseks Mitwirkung an 58 Anträgen, 661 Anfragen, vier Petitionen und zwei Anträgen auf Ministeranklagen, je eine gegen Darabos und Klug. Daneben nahm er an etlichen Reisen parlamentarischer Delegationen teil und fungierte für die Organisation für Sicherheit und Zusammenarbeit in Europa (OSZE) als Wahlbeobachter, beispielsweise in Kasachstan, einer ehemaligen, autoritär regierten Sowjetrepublik, wo mit Kalaschnikows Bewaffnete vor den Wahllokalen postierten. Dem Anliegen einer effektiven Landesverteidigung blieb Kunasek weiterhin verbunden, nachdem er den Nationalrat verlassen hatte: Von 2015 bis 2017 gehörte er der Parlamentarischen Bundesheerkommission an.[152]

Blickt man heute mit dem Abstand von zehn bis fünfzehn Jahren auf die Abgeordnetenzeit Kunaseks zurück, so sticht neben seinem ungeheuren Arbeitseifer vor allem der in die Zukunft weisende Charakter seiner zahlreichen Initiativen ins Auge. Er teilte dabei freilich zumeist das Schicksal des Propheten, der im eigenen Land nichts gilt, alternativ auch das desjenigen, der für das bloße Überbringen einer schlechten Nachricht bestraft wird. Viele, die Kunasek damals belächelt haben, sind inzwischen klüger geworden, wenn auch nicht schweigsamer, denn sie tun heute so, als hätten sie das, was Kunasek vor etli-

152 E-Mail Rochowanski, 20. Februar 2024. Interview Samt.

chen Jahren verlangte, immer schon unterstützt. Die traurige Wahrheit lautet jedoch, dass Kunasek und die FPÖ mit ihren vorausschauenden Anträgen bei den seinerzeitigen Mehrheitsverhältnissen wenig bis nichts bewirken konnten.

Angesichts der Ignoranz der Regierungsparteien, aber auch eines Teils der Opposition (Grüne und NEOS), suchte der Abgeordnete Kunasek notgedrungen nach Wegen, die Öffentlichkeit für seine Anliegen, insbesondere die Stärkung der Landesverteidigung, zu gewinnen. Bei der Volksbefragung über die Beibehaltung der Wehrpflicht war das Anfang 2013 ja beeindruckend gelungen. Im Jahr darauf publizierte das Freiheitliche Bildungsinstitut den von Kunasek herausgegebenen Band „Wehrpflicht 2014. Ein Jahr nach der Volksbefragung". Auf rund 150 Seiten erörterten namhafte Experten, wie es mit dem Bundesheer nun weitergehen sollte, nachdem die Richtungsentscheidung gegen ein Berufsheer gefallen war. Kunasek plädierte in seinem Vorwort vor allem dafür, die Ausbildung der Grundwehrdiener zu verbessern und den leider üblichen Leerlauf abzustellen. Er sprach unverblümt aus, worum es ging: die Vorbereitung der Soldaten auf die militärische Verteidigung ihrer Heimat, mit anderen Worten: die nachhaltige Ausbildung in den militärischen Grundfähigkeiten (Schießen, Überleben in einem feindlichen Umfeld, Geländekunde, Waffenkunde, erweiterte Erste Hilfe bis hin zu Überlebenstechniken in der Natur), was freilich keineswegs ausschließt, dass der Grundwehrdienst einen „Erlebnischarakter" haben und den Rekruten vielfältige nützliche Kenntnisse für ihr weiteres Leben vermitteln soll. Vielmehr trifft das Gegenteil zu. Während andere bis heute nicht müde werden, die schnelle und unkomplizierte Anerkennung im außereuropäischen Ausland erworbener, oftmals dubioser und mangelhaft oder gar nicht nachprüfbarer „Qualifikationen" von Flüchtlingen zu fordern, setzte sich Kunasek im besagten Vorwort dafür ein, von österreichischen Staatsbürgern beim Bundesheer erworbene Zertifikate auch im zivilen Bereich umstandslos anzuerkennen, woran es freilich vielfach haperte.[153] Hier begegnet uns ein weiteres Mal Kunaseks Praxisbezug.

Um seine Anliegen möglichst breit in der Bevölkerung zu kommunizieren, gab Kunasek in seiner Zeit als Abgeordneter mehrfach Zeitungsinterviews und veröffentlichte in den Medien Gastbeiträge, in denen er seine Auffassungen darlegte. Die starken Gewinne der freiheitlichen Fraktion AUF bei den Personalvertretungswahlen 2013 auf Kosten der bis dahin dominierenden schwarzen Fraktion Christlicher Gewerkschafter gaben ihm nicht nur recht, sondern bewiesen, auf welch große Zustimmung die blauen Positionen bei den direkt

153 Mario Kunasek (Hrsg.): Wehrpflicht 2014. Ein Jahr nach der Volksbefragung (Wien 2014).

Betroffenen der ständigen und nie wirklich zu Ende geführten Heeresreformen stießen.[154]

Kunasek blickt heute mit dem Abstand nahezu eines Jahrzehnts auf seine Tätigkeit im Nationalrat als „eine der tollsten Zeiten" zurück, in denen er sehr viel lernen konnte, nicht zuletzt durch diverse Auslandsreisen der Parlamentarier, unter anderem nach Kirgisistan (auch Kirgistan) und andere östliche Staaten. Kunasek erfreute sich an vielen schönen Erlebnissen und knüpfte trotz aller Meinungsunterschiede gute Kontakte zu Vertretern aller anderen Parteien, mit denen er in langen Nächten zusammensaß.[155]

Auch als Kunaseks Rückkehr nach Graz und sein Verzicht auf sein Nationalratsmandat bereits feststanden, engagierte er sich mit voller Kraft im Parlament. Dabei trat das bisherige Hauptthema Bundesheer etwas in den Hintergrund, denn in Kunaseks letzten Monaten in Wien erreichte Österreich die gerade Europa treffende Flüchtlingswelle, die 2015 bisher unbekannte Dimensionen annahm. Bevor sie in der zweiten Jahreshälfte ihrem Höhepunkt zustrebte, hatte Kunasek noch die steirischen Gemeinderats- und Landtagswahlen zu schlagen.

---

154 Diverse vom FPÖ-Parlamentsklub dem Verfasser übermittelte Gastkommentare etc. E-Mail Rochowanski, 20. Februar 2024.

155 Interview Mario Kunasek.

8 „Er ist der ideale Kandidat“: Kunaseks Weg zum Landesparteiobmann

Die Vorbereitung der Nachfolge Kurzmanns

Ein promovierter Historiker wie Gerhard Kurzmann ist schon berufsbedingt besonders sensibel für jene Lehren, die die Geschichte stets bereithält, die aber nach einem bekannten Diktum der Dichterin Ingeborg Bachmann (angeblich) niemand hören will. Aus der Geschichte der steirischen FPÖ galt es insbesondere zu lernen, dass eine irgendwann anstehende Amtsübergabe an einen jüngeren Nachfolger gut vorbereitet sein will und auf einem möglichst breiten Konsens beruhen soll, wenn man Turbulenzen vermeiden möchte. Blickt man auf Kurzmanns Vorgänger seit 1956, so war dies nur wenigen gelungen. Überraschende Rücktritte im Streit, der sich dann bei der Suche nach einem Nachfolger noch fortsetzte, waren eher die Regel als die Ausnahme. Das sollte sich keinesfalls wiederholen, wenn für Kurzmann irgendwann die Stunde seines Abtretens von der Spitze der steirischen FPÖ kommen würde.

Wie erinnerlich, gehörte Kurzmann seit Ende 2010 als Landesrat der steiermärkischen Landesregierung (Voves II) an; der nächste reguläre Wahltermin war im Herbst 2015. Kurzmann wäre dann 62 Jahre alt. Er rechnete nicht damit, in der auf die kommende Wahl folgenden Periode neuerlich Landesrat zu werden. Nach dem bis dahin geltenden Proporzsystem konnte die FPÖ beim Erreichen von etwa einem Zehntel der Stimmen bei einer Landtagswahl damit rechnen, ein Mitglied der Landesregierung zu stellen. Diesen Proporz hatten jedoch SPÖ und ÖVP Mitte 2011 abgeschafft; wirksam wurde dies erst nach der nächsten Landtagswahl. Damit stand in den Sternen, ob die FPÖ dann noch einen Regierungssitz erhalten würde. Das war nicht unmöglich, es setzte jedoch eine Koalition mit einer der beiden anderen Regierungsparteien gegen die dritte voraus. Kurzmann hielt dies für unwahrscheinlich. Eine Rückkehr in den Landtag als Abgeordneter, selbst als Klubobmann, schien ihm, der bereits Landesrat war, nicht attraktiv. Folglich begann er, sich Gedanken darüber zu machen, wer ihm als Landespartei- und Klubobmann im Landtag nachfolgen könnte.[156]

Es bedurfte keiner langen Überlegungen, denn mit Mario Kunasek stand der logische Nachfolger parat. Nun galt es, die Übergabe vorzubereiten und schrittweise in die Wege zu leiten, sodass bis zur nächsten Landtagswahl im Herbst 2015 alles über die Bühne gehen konnte. Im Frühjahr 2013 trug Kurzmann seine Kunasek betreffenden Pläne erstmals Bundesparteiobmann HC Strache vor, von dem er zu seiner Überraschung erfuhr, dass nicht nur der natürlich eingeweihte Kunasek das Thema in Wien bereits angesprochen hatte, sondern sich unabhängig davon und bei anderer Gelegenheit noch ein zweiter Mario selbst ins Spiel gebracht hatte: der damalige Grazer FPÖ-Stadtparteiobmann und Verkehrsstadtrat Mag. (FH) Mario Eustacchio. Kurzmann ließ Strache nicht im Zweifel darüber, dass für ihn nur Kunasek infrage kam, da er im ganzen Land bestens vernetzt und populär war sowie als seit sechs Jahren amtierender Landesparteisekretär nahezu alle Funktionäre persönlich kannte. Eustacchios Wirkungskreis beschränkte sich hingegen naturgemäß auf Graz. Obendrein war die Nachfolge bereits mit den meisten Bezirksparteiobleuten akkordiert.[157]

Strache bezog in dieser nun ein wenig diffizil gewordenen Angelegenheit nicht selbst Stellung und teilte Kurzmann lediglich mit, er habe zwar keinem der beiden Marios bei deren Vorfühlen bei ihm eine Absage erteilt, sie aber auch nicht direkt ermuntert, ihre Pläne weiterzuverfolgen. Die Steirer müssten sich selber ausmachen, wer ihr künftiger Obmann sein solle; er halte sich da heraus. Kurzmann erklärt rückblickend Straches Scheu, sich einzumischen, damit, es sei ihm jeder recht gewesen, wenn nur Kurzmann verschwinde.[158]

Mit der Neutralitätserklärung Straches, der sich anders als Jörg Haider in die Personalentscheidungen in den Ländern kaum einmischte und gewillt schien, Kurzmanns Präferenz für Kunasek zu akzeptieren, waren die Würfel im Grunde bereits gefallen, denn ohne Rückendeckung aus Wien war Eustacchio chancenlos. Nicht zu vergessen: Unterstützung aus Wien kommt bei den selbstbewussten Steirern traditionell nicht gut an und wirkt für den Unterstützten eher kontraproduktiv. Kunasek kann aus der Warte von 2024 nicht erkennen, dass Eustacchio ernsthaft daran dachte, aus Graz wegzugehen und die Landespartei zu übernehmen, denn es fehlte ihm außerhalb der Landeshauptstadt jeglicher Rückhalt, weshalb er niemals eine Mehrheit gefunden hätte. Überdies hatte

156 Interview Kurzmann.

157 Ebda. Kurzmann/Kunasek, Lager, S. 236. Interview Mario Kunasek.

158 Interview Kurzmann.

Kurzmann in seiner rund zehnjährigen Amtszeit als steirischer FPÖ-Obmann stets danach gestrebt, alle steirischen Bezirke gegen Graz auf eine Linie zu bringen.[159]

Eustacchios Fans in Graz versuchten allerdings noch, gegen Kunasek Stimmung zu machen, indem sie seinem Förderer Kurzmann vorhielten, man könne doch nicht einen Unteroffizier zum Landesparteiobmann küren. Auf den Akademiker Kurzmann könne nur ein weiterer Akademiker folgen. In den zuständigen Parteigremien war all das kein Thema, sodass es nicht zu einer Kampfabstimmung, ja nicht einmal zur Kandidatur Eustacchios kam. Dieser bestritt sogar, als er die Aussichtslosigkeit seines Vorhabens eingesehen hatte, jemals derartige Ambitionen gehabt zu haben.[160]

Eustacchios versuchter Alleingang blieb zwar einer breiteren Öffentlichkeit verborgen, er hatte sich jedoch unter einigen blauen Funktionären, die selbst nicht in den Landesgremien saßen, herumgesprochen.[161] Andere, die dort vertreten waren, bekamen von dem zweiten Bewerber kaum etwas mit. Michael Klug nahm lediglich bescheidene Ambitionen Eustacchios in den Jahren 2011–2013, als das Rennen noch offen schien, wahr. Der Grazer wurde jedoch nicht wirklich aktiv. „Er stand am Spielfeldrand, hatte aber kein Trikot angezogen und blieb daher ein bloßer Zuschauer."[162] Kurzmann war naturgemäß bestrebt, das vergebliche Streben Eustacchios nach Höherem nicht allzu breitzutreten, um dessen Reputation in Graz nicht zu beschädigen.[163]

Kür zum Spitzenkandidaten durch den Landesparteivorstand

Die entscheidende, allerdings mit 45 Minuten recht kurze Sitzung des Landesparteivorstands fand am 8. September 2014 statt. Anders als SPÖ und ÖVP, die sich hinsichtlich der Person ihrer Spitzenkandidaten für die nächste Landtagswahl noch nicht festlegen wollten, plädierte Kurzmann für eine frühzeitige Entscheidung, mit der zugleich ein Generationenwechsel einhergehen sollte. Mit dem von ihm vorgeschlagenen Kunasek arbeite er seit neun Jahren zusammen, er habe sehr viel geleistet, zahlreiche Kampagnen vorbereitet und komme in seinem Bezirk Graz-Umgebung hervorragend an. „Er ist der ideale Kandidat." Für eine sofortige Bekanntgabe seiner Spitzenkandidatur im Jahr darauf

159 Interviews Amesbauer und Mario Kunasek.
160 Interview Kurzmann.
161 Interviews Kurzmann und Hilzensauer.
162 Interview Klug.
163 Interview Deutschmann.

spreche, dass man auf diese Weise genug Zeit habe, ihn einer breiteren Öffentlichkeit bekannt zu machen. Kurzmann bat um ein einstimmiges Votum, das er auch bekam. Die Grazer Stadtpartei hatte dem Vorschlag schriftlich zugestimmt, allerdings war bei dieser Sitzung keiner ihrer Vertreter im Vorstand anwesend. Die Herren hatten es vorgezogen, stattdessen zum Ausseer Kirtag zu fahren – ein indirekter Beleg dafür, dass die Würfel längst gegen Eustacchio gefallen waren. Kunasek bedankte sich für das in ihn gesetzte Vertrauen und kündigte an, in Bälde sämtliche Bezirke zu besuchen und sich dort zusammen mit Kurzmann bei Pressekonferenzen vorzustellen.[164]

Obwohl Kurzmann ankündigte, sich weder sofort noch komplett zurückzuziehen, sondern sich bei den Gemeinderats- und Landtagswahlen 2015 noch voll zu engagieren, waren damit die Weichen zugunsten Kunaseks gestellt, ohne dass es zu größeren öffentlichen oder parteiinternen Debatten gekommen war. Der zweite Schritt, der Obmannwechsel, sollte – man ging ja zu dieser Zeit von der nächsten Landtagswahl im Herbst 2015 aus – bei einem Parteitag im Frühjahr dieses Jahres über die Bühne gehen. Somit wären Spitzenkandidatur und Führung der Landespartei rechtzeitig in einer Hand vereinigt. Die vorgezogene Landtagswahl durchkreuzte freilich diesen durchdachten Plan, wie wir bald sehen werden.

EU-Wahl Mai 2014

Davor stand am 25. Mai 2014 noch die EU-Wahl auf dem Programm. In deren Vorfeld kündigte Kurzmann im Landesparteivorstand an, man wolle die Bürger als Zeichen des Protests gegen die EU und ihren abgehobenen bürokratischen Apparat, den viele ablehnten, zur Stimmabgabe mobilisieren und damit den anzustrebenden Block rechter Parteien im EU-Parlament stärken (Abb. 23).[165] Der Urnengang brachte der ÖVP Verluste von drei Prozentpunkten, sie blieb jedoch stimmenstärkste Partei vor der faktisch stagnierenden SPÖ. Die FPÖ legte in ganz Österreich von 12,7 % auf 19,7 % zu. Noch viel besser war das steirische Ergebnis, das beste aller Bundesländer, denn die FPÖ erzielte mit 24,2 % einen Zugewinn von 11,8 Prozentpunkten und landete nur knapp hinter der ÖVP mit 25,3 % auf Platz 2, deutlich vor der SPÖ. In den Bezirken Graz-Umgebung (26,4 %) und Voitsberg (29,4 %) lagen die Freiheitlichen

164 Protokoll FPÖ-Landesparteivorstand (künftig: LPV) 8. September 2014. Ähnlich Protokoll FPÖ-Landesparteileitung (künftig: LPL) 8. September 2014. Sämtliche Protokolle der FPÖ-Landesgremien wurden dem Verfasser in der Parteigeschäftsstelle zur Einsichtnahme zur Verfügung gestellt.

165 LPV 10. März 2014. LPL 10. März 2014.

sogar an erster Stelle. In Gössendorf kam Kunaseks Partei auf sensationelle 32,4 %.[166]

Am Tag nach der Wahl analysierten die Parteigremien in Anwesenheit Kunaseks das insgesamt mehr als erfreuliche Ergebnis. In der Landesparteileitung äußerte sich Kunasek dahingehend, die FPÖ sei nun für viele Menschen der Hoffnungsträger für das kommende Jahr, sie müsse aber auch Antworten auf die Probleme liefern.[167]

▸ Abb. 23: Plakat der Bundes-FPÖ für die EU-Wahl 2014

Kurzmann ließ sich unter dem Eindruck der Verluste von ÖVP und SPÖ, die in der Steiermark auf 25,3 % bzw. 22,8 % abgerutscht waren, sogar zu der Fehlprognose hinreißen, Landeshauptmann Voves und sein Stellvertreter Schützenhöfer würden angesichts solcher Ohrfeigen der Wähler bei der kommenden Landtagswahl nicht mehr antreten. Man habe nicht zuletzt durch die Gewinnung vieler bisheriger Nichtwähler das beste FPÖ-Ergebnis in Österreich erzielt. Kunasek konstatierte den Trend, dass nach der letzten Wahl zur Arbeiterkammer und der Nationalratswahl 2013 nun neuerlich die blauen Spitzenwerte in der Steiermark das Bundesergebnis der FPÖ retteten. Die erfolgreich geschlagene EU-Wahl hatte noch eine Personalveränderung zur Folge: Da der bisherige Klubobmann im Landtag, Georg Mayer, ins EU-Parlament nach Brüssel wechselte, sollte ihm der damals 33-jährige Hannes Amesbauer aus dem Bezirk Bruck/Mürzzuschlag nachfolgen: Der Vorstand beschloss einstimmig, dies dem Landtagsklub vorzuschlagen, der Amesbauer wenig später wählte.[168]

166 https://www.bmi.gv.at/412/Europawahlen/Europawahl_2014/start.aspx.
167 LPL 26. Mai 2014.
168 LPV 26. Mai 2014.

Vorbereitungen für die Gemeinderatswahlen 2015

Sobald diese Personalie geklärt war, richtete sich der Blick der FPÖ-Führung auf das Jahr 2015, in dem Gemeinde- und Landtagswahlen anstanden. Laut Kurzmann war in den Gemeinden bereits zu beobachten, dass viele einst zum BZÖ Übergelaufene oder aus anderen Gründen aus der FPÖ Ausgetretene zurückkehren wollten und auf einen sicheren Listenplatz hofften; auf derlei Wendehälse solle man dankend verzichten.[169] Für die Kandidatenlisten zur Gemeinderatswahl sollten die Kommunen und Bezirke Vorschläge unterbreiten, das letzte Wort liege bei der Landespartei. Denkbar seien Listen, die sich etwa „FPÖ und Unabhängige" nennen, an erster Stelle müsse jedoch stets ein FPÖ-Mitglied antreten. Kurzmann erinnert sich, dass er neue, ihm unbekannte Kandidaten persönlich unter die Lupe nahm und sich in Einzelfällen gegenüber dem Orts- und/oder Bezirksparteiobmann für eine Ablehnung aussprach. Er hatte kein Interesse, „auffällige" Personen oder solche mit einer fragwürdigen Vita zum Aushängeschild der FPÖ zu machen.[170]

Die Aussichten für die Gemeinderatswahl beurteilte der Obmann positiv, er warnte allerdings vor einer Unterschätzung der damals noch wirklich neuen NEOS (unbegründet, wie sich zeigen sollte) und diverser Namenslisten. Besonders wichtig sei, möglichst früh mit der Suche nach geeigneten Kandidaten zu beginnen und dabei die Schließung weißer Flecken – Orte, in denen die FPÖ bisher kein Antreten zustande gebracht hatte – im Auge zu behalten. Um die eigenen Aussichten noch weiter zu verbessern und ihre Performance zu optimieren, ließ sich die FPÖ vom Meinungsforschungsinstitut OGM beraten, sie bestimmte jedoch die Werbelinie selbst. Diese sollte bei beiden 2015 in der Steiermark anstehenden Wahlen unbedingt einheitlich sein.[171]

Steirerland in Steirerhand: Freiheitliche Leitlinien

Im Herbst 2014 fanden die bei der Kür Kunaseks zum Spitzenkandidaten angekündigten Pressekonferenzen zu dessen Vorstellung statt; damit verbunden war es in einigen Bezirken zu einem Generationenwechsel gekommen, wie Kurzmann dem Landesparteivorstand am 27. Oktober 2014 mitteilte. Mit der medialen Berichterstattung war er durchaus zufrieden, denn bei diesen Gele-

169 Später schränkte Kurzmann diese harte Linie ein: Bei Mitgliedern ohne Funktion könne man über deren Wiederaufnahme nachdenken. LPV 15. Dezember 2014. Interview Kurzmann.

170 LPV 26. Mai 2014. Interview Kurzmann.

171 LPV 14. Juli 2014.

genheiten wurde nicht nur Kunasek präsentiert, sondern zugleich „freiheitliche Leitlinien" unter dem Motto „Steirerland in Steirerhand".[172] Kurzmann kündigte eine eigene FPÖ-Zeitung an, von der bis zur Landtagswahl vier Ausgaben vorgesehen waren. Er forderte die Bezirksparteileitungen auf, hierfür geeignete (lokale oder regionale) Themen zu melden, und schlug als Erstes die Asylproblematik vor, die die Menschen, vor allem in der Obersteiermark, interessiere, aber auch im ganzen Land ankomme. Man wolle keine weiteren Zuwanderer mehr und frage sich, wie angesichts der geltenden EU-Regeln (Dublin-III-Abkommen) überhaupt so viele Asylwerber in einem Binnenland wie Österreich ankommen könnten.[173]

Die FPÖ-Landesparteileitung erörterte am 4. Februar 2014 die gerade über die Steiermark hereinbrechende Welle der Schließung von 23 Polizeistationen, wogegen sie eine Kampagne auf den Weg brachte, die Kunasek und Stefan Hermann vorbereiteten. In den davon betroffenen Gemeinden waren Pressekonferenzen, die Verteilung von Flyern, Diskussionsrunden, Unterschriftensammlungen, entsprechende Internet- und Facebookseiten sowie dringliche Anfragen von FPÖ-Mandataren im Landtag und im Nationalrat geplant. Man erhoffte sich davon den Effekt eines „Türöffners" für die Gemeinderatswahl 2015, sodass es gelingen möge, weiße Flecken auf der Landkarte der FPÖ-Kandidaturen zu schließen. Kunasek bemerkte zu den zahlreichen FPÖ-Initiativen, die die SPÖ-ÖVP-Mehrheit in der Regel niederstimmte: „Es ist eigentlich fast egal, ob unsere Anträge pos. oder neg. abgestimmt werden, denn wenn sie abgelehnt werden, kann man sagen, dass es die Opposition verhindert hat, und wenn sie angenommen werden, ist man ohnehin der Sieger."[174]

Kunasek wird im ganzen Land bekannt gemacht

Bereits ab der zweiten Jahreshälfte 2013 begann Mario Kunasek, damals Nationalratsabgeordneter in Wien und Landesparteisekretär, im Mitgliedermagazin „Intern" prominent vorzukommen: Er schrieb allein Vorworte, gab ausführliche Interviews und zeigte sich schon damals mit dem ganz auf seine Person zugeschnittenen „Kunibär", einem Stofftier mit grauem Fell und hellblauem Hemd, das in einer verkleinerten Form und als Schlüsselanhänger auch in den Wahlkämpfen des Jahres 2024 zum Einsatz kommt (Abb. 24).[175]

172 Aus der Vielzahl einschlägiger Presseberichte: Die Woche Südoststeiermark, 15./16. Oktober 2014, S. 12. Die Woche Leibnitz, 15./16. Oktober 2014, S. 12.

173 LPV 27. Oktober 2014.

174 LPL 4. Februar 2014.

175 Intern Nr. 7 (September 2013), S. 8–10.

▸ **Abb. 24: Die große Ausführung des Kunibären**

Gegen Jahresende 2014 erschien eine erste Plakatwelle, die Kurzmann und seinen designierten Nachfolger Kunasek nebeneinander abbildete; auf einer weiteren war nur mehr Kunasek zu sehen. Derselben Logik folgte außerdem das Mitgliedermagazin „Intern“, das in seiner Ausgabe vom Dezember 2014 Kunasek teils an der Seite Kurzmanns und teils allein mit einem von ihm verfassten „Kommentar zum Thema Asyl“ präsentierte. Das Vorwort unterzeichneten die beiden ebenso gemeinsam wie die Weihnachts- und Neujahrsglückwünsche.[176] Die erste Ausgabe von „Wir Steirer“ 2015 brachte ebenfalls ein Foto Kunaseks und Kurzmanns Seite an Seite und titelte dazu: „Gemeinsam für die Steiermark“. Darauf folgte ein ausführliches Interview mit Kunasek.[177]

Zu dieser Zeit setzte die FPÖ nicht nur auf ein neues Gesicht, sondern auf zwei Themen, mit denen sie, wie ihr Obmann zutreffend voraussagte, die Wahlen 2015 gewinnen würde: Asylbetrug und Ausländerpolitik sowie die vielen Zwangsfusionen von Gemeinden. Die Funktionäre schwor Kurzmann darauf ein, die Parteilinie bei „harten Themen“ wie Asyl, Zuwanderung und Bettelei nach außen einzuhalten, selbst wenn sie privat eine etwas andere Ansicht ver-

176 Intern Nr. 13 (Dezember 2013), S. 3 und S. 17.
177 Wir Steirer Nr. 1 (2015), Cover und S. 2 f.

treten sollten.[178] Dem lag ein konkreter Fall zugrunde, bei dem ein Funktionär aus der Partei ausgetreten war und danach seinen Dissens in einer Pressekonferenz öffentlich gemacht hatte. Kunasek hieb in dieselbe Kerbe und plädierte dafür, in der Asylfrage vom Standpunkt der Partei – „das Boot ist voll" – keinen Millimeter abzuweichen, unabhängig von privaten Ansichten. Er warnte allerdings davor, in den sozialen Medien wie Facebook & Co. emotionale Statements zu posten; die Sachlichkeit solle immer gewahrt bleiben.[179]

Anfang Februar 2015 registrierte Kurzmann, dass plötzlich Schützenhöfer und Voves dieselben Themen für sich entdeckten und die FPÖ rechts überholen wollten. Diese billige Wählertäuschung werde leider von den Medien mitgetragen.[180] Bei der Gemeinderatswahl (ohne Graz) am 22. März 2015, bei der Kunasek als Wahlkampfleiter der FPÖ fungierte, sollte sich zeigen, welche Strategie Früchte trug.[181]

Gemeinderatswahl 2015

Die Wahl brachte ÖVP und SPÖ deutliche Verluste (4,1 bzw. 5,4 Prozentpunkte), die ÖVP blieb allerdings mit landesweit 42,7 % und einem Abstand zur SPÖ von rund elf Prozentpunkten eindeutig die Nummer 1. Sie kandidierte ebenso wie die SPÖ in sämtlichen Gemeinden. Die Sozialdemokratie verlor vor allem in ihren einstigen obersteirischen Hochburgen massiv. Insgesamt kamen diese beiden Parteien jedoch mit einem blauen Auge davon, hatte doch die Erwartung bestanden, die Gemeindezusammenlegungen würden wesentlich dramatischere Auswirkungen auf das Wahlverhalten haben.[182]

Die FPÖ gewann 7,3 Prozentpunkte dazu und kam mit nunmehr 13,9 % auf den dritten Platz, ihr historisch bestes Ergebnis. Sie stellte nun 604 Gemeinderäte. Ihr war es gelungen, in 243 der nach der Gemeindezusammenlegung verbliebenen 286 steirischen Kommunen (ohne Graz) Kandidaturen zustande zu bringen, eine enorme Verbesserung gegenüber den zurückliegenden Wahlen, was einen Teil des Zugewinns erklären mag. Ein weiterer Faktor war offenbar der Unmut vieler Wähler wegen zwangsweiser Gemeindefusionen, gegen die sich die FPÖ unmissverständlich ausgesprochen hatte: Sie erreichte in den 158 nicht von Fusionen betroffenen Gemeinden (ohne Graz) durchschnittlich

178 LPV 15. Dezember 2014.

179 LPL 15. Dezember 2014.

180 LPV 2. Februar 2015.

181 Wir Steirer Nr. 1 (2015), S. 2.

182 Heinz P. Wassermann (Hrsg.): Urnengänge. Analysen der steirischen Gemeinde- und Landtagswahlen 2015 (= Studien zu Medien und Gesellschaft Band 3; Graz 2016).

11,6 % der Stimmen, in den betroffenen 128 neu gebildeten oder in ihrem Gebiet veränderten Kommunen hingegen 15,4 %. Die Wahlbeteiligung sank zwar insgesamt leicht auf 73,4 %, sie war jedoch in vielen kleinen Gemeinden, einem günstigen Nährboden für die FPÖ, deutlich höher. Das beste Bezirksergebnis erzielte die FPÖ in Bruck-Mürzzuschlag (20,2 %), das schwächste in Liezen (10,4 %).[183]

Im Bezirk Graz-Umgebung trat die FPÖ in 32 von 36 Gemeinden an; es fehlten lediglich Kumberg, Sankt Oswald bei Plankenwarth, Sankt Radegund bei Graz und Stiwoll. Sie kam hier auf 14 % der Stimmen, was nahezu dem Landesdurchschnitt entspricht. In Gössendorf vermochte der dortige Gemeinderat Kunasek jedoch seinen Heimvorteil voll auszuspielen: Die FPÖ erreichte hier 29 % und sechs Mandate gegenüber 21,8 % und vier Mandaten bei der Wahl 2010. Kunasek hatte damit die ÖVP auf den dritten Platz verwiesen; stärkste Fraktion im Gemeinderat blieb mit 47,2 % die SPÖ, die zwar stimmenmäßig deutlich unter die 50-%-Marke abrutschte, jedoch ihre knappe absolute Mandatsmehrheit im Gemeinderat verteidigte. Mit einem FPÖ-Stimmenanteil in Gössendorf, der den Landesdurchschnitt um mehr als das Doppelte übertraf, konnte Kunasek jedenfalls zufrieden sein. Um einen Hauch besser schnitt die FPÖ im Bezirk Graz-Umgebung lediglich in Feldkirchen ab. Was inzwischen alles möglich war, zeigte die Gemeinde Neumarkt (Bezirk Murau), wo die FPÖ mit sensationellen 46,6 % ihr landesweit bestes Resultat einfuhr.[184]

Blick voraus auf die Landtagswahl 2015

Im Zuge seiner Analyse dieses Erfolgs war Landesparteiobmann Kurzmann zwar mit dem Wahlergebnis zufrieden, nicht jedoch mit der medialen Berichterstattung, die er als „wie immer durchwachsen" einschätzte. Der ORF habe die blauen Erfolge kleingeredet und Kunasek auf unfaire Weise interviewt. Ähnliches gelte für die in der „Kleinen Zeitung" abgedruckten Interpretationen des bekannten, auch damals schon omnipräsenten Politologen Dr. Peter Filzmaier.[185]

---

183 Wolfgang Wlattnig/Manfred Kindermann: 2015: Gemeindestrukturreform und Gemeinderatswahl in der Steiermark. In: Beatrix Karl/Wolfgang Mantl/Klaus Poier/Manfred Prisching/Anita Ziegerhofer (Hrsg.): Steirisches Jahrbuch für Politik 2015 (Wien–Köln–Weimar 2016), S. 127–136. Heinz P. Wassermann: Von weggebrochenen Hochburgen und zerbröckelnden Parteien. Einige statistische Hinweise zu den steirischen Gemeinde- und Landtagswahlen 2015. In: ebda., S. 177–201. Wassermann, Urnengänge.

184 https://egov.stmk.gv.at/wahlen/GR2015/index_GR2015.html.

185 LPV 23. März 2015.

Nun galt es jedoch, den Blick auf den nächsten Urnengang, die Landtagswahl, zu richten und dabei die blaue Erfolgsserie fortzusetzen. Kunasek berichtete in seiner Funktion als Landesparteisekretär bereits in der Sitzung des Landesparteivorstands vom 8. September 2014 über die Bildung von 13 Arbeitskreisen, die mit Anton Kogler als Koordinator bis etwa April/Mai 2015 ein Wahlprogramm formulieren sollten. Die gestellten Themen und deren Bearbeiter waren:

1. Soziales/Arbeit/Asyl (Hannes Amesbauer)
2. Finanzen/Budget (Axel Kassegger)
3. Land- und Forstwirtschaft (Anton Kogler)
4. Wohnbau und Raumordnung (Gerald Deutschmann)
5. Verkehr/Umwelt (Walter Rauch)
6. Wirtschaft (Erich Schoklitsch)
7. Gesundheit/Pflege (Mario Eustacchio)
8. Gemeinden/Ländliche Entwicklung (Peter Samt)
9. Jugend/Bildung/Sport (Stefan Hermann)
10. Rechnungshof/Verwaltungsreform (Wolfgang Zanger)
11. Familie (Wolfgang Zanger)
12. Tourismus/Tierschutz/Volkskultur (Josef Riemer)
13. Sicherheit/Katastrophenschutz (Mario Kunasek)[186]

Deutlich erkennbar ist das Bemühen, die Partei thematisch und inhaltlich möglichst breit aufzustellen und dadurch den Eindruck zu vermeiden, man konzentriere sich nur auf einige Leib- und Magenthemen wie die Ausländerfrage. Demselben Zweck diente auch das im Frühjahr 2015 erstmals herausgegebene „Handbuch freiheitlicher Politik". Kunasek hatte bereits im Mai 2014 konstatiert, die FPÖ werde im Wahljahr 2015 für viele Menschen zur Hoffnungsträgerin werden, sie müsse dann aber auch entsprechende Antworten auf ihre Probleme parat haben.[187]

Vorverlegung der Landtagswahl 2015

Während die 13 Arbeitskreise noch mit der Ausführung ihrer Aufträge beschäftigt waren, platzte eine Bombe: Am 9. März 2015, knapp zwei Wochen vor der Gemeinderatswahl, verkündeten Landeshauptmann Voves und sein Vize Schützenhöfer, die erst wenige Tage zuvor ihr neuerliches Antreten bekanntgegeben hatten, der Landtag werde nicht wie vorgesehen im Herbst, sondern bereits

186 LPV 8. September 2014.
187 LPL 26. Mai 2014.

am 31. Mai neu gewählt. Über die wortreichen Begründungen des Duos, man wünsche sich und selbstredend dem Land einen kurzen Wahlkampf und kein monatelanges Streiten, gehen wir an dieser Stelle mit Stillschweigen hinweg. Politische Beobachter waren sich darin einig, dass Voves und Schützenhöfer alle anderen Parteien, deren Ressourcen großteils im Gemeinderatswahlkampf gebunden waren, überrumpelt hatten, weil sie sich davon Vorteile versprachen.[188]

Auf den ersten Blick schien es, dass die Vorverlegung der Wahl auch die FPÖ auf dem falschen Fuß erwischte. Die erwähnten Arbeitskreise hatten zwar schon im vergangenen Herbst mit ihrem Werk begonnen, dabei aber mit deutlich mehr Zeit gerechnet. Noch weitaus schwerer fiel ins Gewicht, dass nach der oben geschilderten Planung Kunaseks Kür zum Landesparteiobmann genau für jenen Monat vorgesehen war, an dessen Ende nun die Landtagswahl stattfand. Theoretisch wäre es natürlich möglich gewesen, kurzfristig einen außerordentlichen Parteitag einzuberufen, man nahm jedoch davon Abstand. Kurzmann begründet dies rückschauend damit, man habe einerseits nicht kopflos wirken und sich andererseits das Gesetz des Handelns nicht vom politischen Gegner aufzwingen lassen wollen.[189] Deutschmanns Erklärung von 2024 lautet, dass es organisatorisch unmöglich war, neben den der Kandidatenfindung und -reihung dienenden Orts- und Bezirksparteitagen zusätzlich einen Landesparteitag abzuhalten. Es trat laut Deutschmann außerdem nicht das Problem auf, dass Kunasek als designierter Landesparteiobmann im Nationalrat in Wien und nicht etwa im Landtag Steiermark saß; eine große Mehrheit innerhalb der FPÖ hatte erkannt, dass Kunasek als Integrationsfigur genau der richtige Mann zur richtigen Stunde war. Darüber hinaus bildete sein Erfolg als steirischer FPÖ-Spitzenkandidat bei der Nationalratswahl 2013 den „Aufhänger", ihn in der Nachfolge Kurzmanns als nächsten Landesparteiobmann einzuplanen.[190] Einen Glücksfall stellte es jedenfalls dar, dass die Spitzenkandidatur in weiser Voraussicht einer vorverlegten Landtagswahl längst geklärt war.

Landtagswahlkampf

Vor diesem Hintergrund diskutierte das siebenköpfige Landesparteipräsidium am 11. März 2015, zwei Tage nach Bekanntgabe des neuen früheren Wahltermins, die erforderlichen nächsten Schritte. Es ging naturgemäß darum,

188 https://steiermark.orf.at/v2/news/stories/2698674/.
189 Interview Kurzmann.
190 Interview Deutschmann.

schneller, als ursprünglich vorgesehen, in den Wahlkampfmodus zu gelangen. Da Mario Kunasek bereits als Spitzenkandidat feststand, konnte er unmöglich zugleich die zeitintensive Aufgabe des Wahlkampfleiters übernehmen, zu dem statt ihm Stefan Hermann bestellt wurde. Die Zentrale ihres Wahlkampfs richtete die FPÖ im Sitzungssaal der Landesgeschäftsstelle ein, von der auch das Gros des erforderlichen Personals stammte.

Da die Landtagswahl nun schon so bald stattfinden sollte, konnte es nur zwei landesweite Plakatwellen zu jeweils drei Wochen geben. Für Graz musste man eigene, vom Rest der Steiermark unterschiedene Themen finden. „Der Steirer" sollte bis zum Wahltag noch zweimal im ganzen Land erscheinen. Als Auftakt des Wahlkampfs waren die Obersteiermark und der 8. Mai in Aussicht genommen, während der Abschluss am 28. Mai in Graz erfolgen würde, beide Male mit Auftritten von Bundesparteiobmann HC Strache.[191]

Ein gewisses Problem ergab sich kurzfristig daraus, dass Kunasek seinerzeit im ganzen Land noch nicht überall bekannt war. Dem wurde Abhilfe geschaffen, indem das Duo Kurzmann und Kunasek die gesamte Steiermark bereiste, dort gemeinsam auftrat, wobei Kurzmann seinen Nachfolger vorstellte, und die beiden außerdem auf einem landesweit affichierten Plakat Seite an Seite den Wählern entgegenblickten.[192]

Auch der Parteivorstand diskutierte am 23. März 2015 ausführlich über die bevorstehende Landtagswahl und traf erste Festlegungen. Kunasek referierte hierzu unter anderem Folgendes: Die Bezirkslisten der Kandidaten, unter denen möglichst viele Frauen an wählbarer Stelle erwünscht waren, sollten bis 2. April vorliegen. Bis Ende April würden die Werbemittel in den Bezirken eintreffen, sodass der Intensivwahlkampf am 1. Mai beginnen konnte. Bis zum Wahltag sollten noch zwei Ausgaben der FPÖ-Zeitung „Wir Steirer" erscheinen, deren Gründung notwendig geworden war, da die Medien nicht objektiv über die FPÖ berichteten. Als Wahlkampfleiter war Stefan Hermann, einst Kunaseks Mitarbeiter im Parlament, vorgesehen. Kunasek benannte drei Zielgruppen, die er für besonders ansprechbar hielt: a) Unzufriedene Gastronomen, b) bislang zur ÖVP tendierende Klein- und Mittelunternehmer sowie c) Unzufriedene in den obersteirischen Städten. Aus dem letzten Punkt folgte bereits, dass der Wahlkampf regionalisiert sein müsse. Es werde sicher keinen Kuschelkurs, sondern durchaus den einen oder anderen Aufreger geben. Das Ziel bestehe darin, deutlich mehr als bei der letzten Wahl zu erreichen.[193]

191 Protokoll FPÖ-Landesparteipräsidium (künftig: LPP) 11. März 2015.

192 Interview Deutschmann.

193 LPV 23. März 2015.

Die Kandidatenlisten wurden wie vorgesehen bis 2. April eingereicht und vom Vorstand am gleichen Tag behandelt. Um ein deutliches Signal zu setzen, rangierte Kunasek nicht nur im Wahlkreis 1 als Spitzenkandidat, sondern auf Vorschlag Kurzmanns auch in den übrigen Wahlkreisen 2–4 und auf der Landesliste.[194]

Der Wahlkampf war zwar relativ kurz, aber rau. Nach dem guten Abschneiden der Freiheitlichen bei den Gemeinderatswahlen herrschte bei SPÖ und ÖVP erhebliche Nervosität. Sie versuchten, freiheitliche Politiker mit dem bis heute gängigen Vokabular (Rattenfänger, Hetzer, Hassprediger usw.) zu diffamieren, in ein bestimmtes Eck zu stellen und damit den Bürgern zu suggerieren, sie seien unwählbar. Als Landeshauptmann Voves ebenfalls das für ihn eher untypische Wort „Rattenfänger" gebrauchte, erteilte ihm Kunasek prompt die passende Antwort: Wer so rede, bezeichne die Wähler – und damit seine steirischen Landsleute – als Ratten.[195] Kunasek und Voves lieferten sich in den Tagen vor der Wahl ein persönliches Inseraten-Duell, in dem es hauptsächlich um einen Vergleich der Asylberechtigten mit Familien zustehenden Sozialleistungen mit jenen einer arbeitenden österreichischen Familie ging. Der Landeshauptmann reagierte auf eine dieses Duell eröffnende Einschaltung der FPÖ mit dem Versuch, die dort ausgebreiteten Zahlen zu relativieren; Kunasek möge bei der Wahrheit bleiben. Der Angesprochene antwortete darauf in einem weiteren Inserat mit der lapidaren Feststellung, die Wahrheit tue weh und diese laute nun einmal, dass Asylberechtigte nach kurzem Aufenthalt in Österreich fürs Nichtstun mehr bekämen als viele arbeitende Österreicher (Abb. 25).

Landtagswahl 2015

Was immer sich Voves und Schützenhöfer von der Vorverlegung der Wahl erhofft hatten: Ihre Rechnung ging nicht auf und beide scheiterten krachend. Die SPÖ büßte nahezu neun Prozentpunkte ein und kam mit 29,3 % wieder auf den ersten Platz. Bei der ÖVP betrugen die Verluste 8,7 Prozentpunkte, ein Abrutschen auf 28,5 %. Es war für beide Parteien das schlechteste Ergebnis seit 1945. Besonders schmerzte sie, dass die magische 30-%-Marke unterschritten worden war; Voves hatte für diesen Fall sogar seinen Rücktritt angekündigt; mit geringer Zeitverzögerung hielt er sein Wort.

Spiegelverkehrt erzielte die steirische FPÖ das bisher beste Ergebnis ihrer Geschichte. Sie kam mit ihrem Spitzenkandidaten Kunasek auf 26,8 %, ein

194 LPV 2. April 2015.

195 Kurzmann/Kunasek, Lager, S. 239.

Die Wahrheit tut weh, Herr Voves!

FPÖ DIE SOZIALE HEIMATPARTEI

(Auch wenn Sie in Panik sind.)

1 **Sie haben wirklich jedes G'spür verloren.** Viele Steirer können von **2.521 Euro** (14-mal im Jahr) nur träumen. Leider wird Ihre Angabe **nicht mit einer Quelle versehen,** was nicht gerade für deren Glaubwürdigkeit spricht.
Laut dem Hauptverband der Sozialversicherungsträger beträgt das **Durchschnittseinkommen eines 39-jährigen Arbeiters** in der Steiermark **2.202 Euro (14-mal).**

2 Die FPÖ bekennt sich dazu, dass **verfolgten Personen Asyl zu gewähren ist.**
Tatsache ist jedoch, dass in den Jahren 2012 und 2013 **über 75 Prozent aller Asylverfahren negativ beschieden** wurden.

3 Im Familienvergleich der FPÖ wird **an drei Stellen** explizit darauf verwiesen, dass es sich um **asylberechtigte Personen,** für die übrigens der Oberbegriff „Asylant" zutrifft, handelt.

4 **Es geht um soziale Gerechtigkeit.** Wir halten es für nicht gerecht, dass eine fünfköpfige, asylberechtigte Familie bereits nach wenigen Monaten Aufenthalt in Österreich über 2.700 Euro an Sozialleistungen im Monat erhält. Steirische Familien verdienen trotz Erwerbstätigkeit nur geringfügig mehr.
Zum Mindestlohn:
Die **SPÖ-Abgeordneten** haben im Parlament den FPÖ-Antrag auf **1.600 Euro Mindestlohn abgelehnt.***

5 Bei Personen, die in „Zelten und Massenquartieren" untergebracht sind, handelt es sich grundsätzlich um Asylwerber. Wir sprechen jedoch von **Asylberechtigten** und diesen stehen **Mindestsicherung, Familienbeihilfe** und **Wohnbedarf** aus der Mindestsicherung zu.

6 **Ja, das wollen wir, doch offensichtlich die SPÖ nicht. Sie lehnten im Parlament folgende Initiativen ab:***

- die Einführung einer Mindestpension von 1.200 Euro brutto
- eine jährliche Wertanpassung des Pflegegeldes und
- eine jährliche Anpassung der Freibeträge für behinderte Menschen

Mehr G'spür
FPÖ
Mario Kunasek

* Nationalratssitzung vom 10.12.2014

SPÖ STEIERMARK

Bitte bleiben Sie bei der Wahrheit, Herr Kunasek.

(Auch wenn Sie Angst haben.)

Warum vergleichen Sie Äpfel mit Birnen? Warum spielen Sie arbeitslose Asylberechtigte gegen österreichische Geringverdiener aus?
Ungerecht ist, dass der Unterschied zwischen Mindestlohn und Mindestsicherung so gering ist. Dazu hören wir von Ihnen aber keine Vorschläge. **4**

Asylwerberinnen dürfen nicht arbeiten, auch wenn sie wollen. Asylberechtigte müssen arbeitswillig sein – sonst verlieren sie die Mindestsicherung.
AsylantInnen gibt es rechtlich nicht. **3**

Ist es gerecht, dass wir in Wohlstand und Frieden geboren werden und andere in Armut und Krieg?
Asylberechtigte haben Asyl bekommen, weil sie schutzbedürftig sind. Sie sind laut Genfer Konvention InländerInnen rechtlich gleichgestellt. **2**

Der Durchschnittslohn eines 39-jährigen Arbeiters in der Steiermark lag 2014 zum Glück bei 2.521 Euro.
Da sieht Ihre absurde Rechnung gleich anders aus. **1**

Bitte zeigen Sie uns die Flüchtlingsfamilien, die in 90 m²-Wohnungen um 950 Euro mtl. leben. Und die Moscheen, die das Land finanziert hat, gleich dazu.
(Wir zeigen Ihnen die Flüchtlingsfamilien in Zelten und Massenquartieren.) **5**

Wollen Sie nicht mehr, dass der Staat Menschen unterstützt, die zu einem bestimmten Zeitpunkt mehr kosten als sie finanziell beitragen?
Arbeitslose? Kranke? Behinderte? Pensionisten? **6**

ANZEIGE

Asylantenfamilie erhält 10-mal im Jahr fürs Nichtstun um 69,11 Euro mehr!

Soll das gerecht sein, Herr Voves?

FPÖ

▸ Abb. 25: Inseraten-Duell zwischen Kunasek und Voves vor der Landtagswahl 2015

Zugewinn von 16,1 Prozentpunkten, der höchste je in der Zweiten Republik erzielte Zuwachs einer Partei. Das bedeutete 14 Landtagsmandate statt bisher sechs, obwohl der Landtag inzwischen von 56 auf 48 Sitze verkleinert worden war. SPÖ, ÖVP und FPÖ lagen jetzt nur mehr wenig auseinander; vor allem ein Ein- und Überholen der ÖVP lag in Reichweite. Im Landtag hatten die beiden Parteien mit je 14 Sitzen bereits Gleichstand, nur die SPÖ verfügte über ein Mandat mehr. Somit waren im Landtag de facto drei gleich starke Parteien vertreten; Grüne und KPÖ spielten mit drei bzw. zwei Sitzen eine Nebenrolle.

Interessant ist wie immer ein Blick auf die lokale und regionale Ebene. Im Wahlkreis 1 (Graz und sein Umland) lag die FPÖ mit 23,5 % deutlich unter dem Landesschnitt, weil hier die Stadt Graz, ein mittlerweile schwieriges Pflaster, das gute Ergebnis im Umland nach unten drückte. Betrachtet man nur den Bezirk Graz-Umgebung, so lag die FPÖ mit 29 % hier deutlich über dem Schnitt und vor SPÖ und ÖVP. Am besten schnitten die Freiheitlichen im Wahlkreis 2 (Süd- und Südweststeiermark) ab, wo sie erstaunliche 38,1 % und damit den Spitzenplatz eroberten. Nahezu gleich lautete das Ergebnis in Kunaseks Heimatgemeinde Gössendorf, wo die Freiheitlichen mit 37,9 % SPÖ und ÖVP auf die Plätze 2 und 3 verwiesen.[196]

In dieser bisher beispiellosen blauen Erfolgsgeschichte gab es zwei Wermutstropfen. Zum einen gelang es der FPÖ 2015 nicht, die bei der Nationalratswahl 2013 erlangte Spitzenposition vor SPÖ und ÖVP zu behaupten; sie landete stattdessen wieder auf dem quasi angestammten dritten Platz – und dies, obwohl der Unmut über die Regierenden in den zwei Jahren dazwischen bestimmt nicht geringer geworden war und sich in der Grünen Mark mit den Gemeindefusionen und dem sich abzeichnenden Asylchaos zwei zusätzliche Faktoren, die gegen ÖVP und SPÖ wirkten, aufgetan hatten. Folglich konnten die steirischen Freiheitlichen dem ihnen seit 2013 anhaftenden Ruf, der blaue Hoffnungsträger schlechthin zu sein, nur teilweise gerecht werden. Die FPÖ erhielt 2015 zwar prozentuell mehr Stimmen als 2013, die beiden anderen großen Parteien lagen dennoch voran und schnitten trotz ihrer herben Verluste immer noch um einiges besser ab als bei den letzten bundesweiten Wahlen (Nationalrat 2013 und EU-Parlament 2014). Dies bestätigt die erwähnte These, dass die Erosion traditioneller Parteiloyalitäten bei Wahlen im Bund massiver ausfiel und rascher voranschritt als bei Urnengängen in den Ländern, wo der Sinkflug der beiden ehemaligen Großparteien obendrein von einem markant höheren Niveau aus einsetzte, sodass ihr Abstieg in den Ländern jenem im Bund quasi zeitversetzt hinterherhinkte. Zusammen bekamen SPÖ und ÖVP bei der

196 https://egov.stmk.gv.at/wahlen/LT2015/LT2015_60600.html.

Wahl 2015, trotz dramatischer Verluste, immerhin noch 57,8 %; 2013 waren es im Bund lediglich 50,8 % gewesen, gerade genug für eine Regierungsbildung.

Wenngleich insgesamt das Bemühen erkennbar ist, die Verluste irgendwie schönzurechnen, sind doch die Überlegungen und Vergleiche des an der Universität Graz lehrenden Politikwissenschaftlers Univ.-Prof. Dr. Klaus Poier beachtenswert: „In Bezug auf die FPÖ zeigt sich [...], dass ihr Stimmenanteil auch bei Nationalrats- und Europawahlen zuletzt wieder deutlich gestiegen ist. Andererseits ist aber ebenso festzuhalten, dass das Ergebnis der FPÖ von 26,76 % bei der Landtagswahl 2015 zwar mehr als zwei Prozentpunkte über den letzten Ergebnissen bei der Nationalratswahl 2013 (24,05 %) und der Europawahl 2014 (24,24 %) lag, allerdings unter ihren jeweiligen besten Ergebnissen in der Steiermark, die sie bei Nationalratswahlen 1999 mit 29,20 % (damals Platz zwei hinter der SPÖ) und bei Europawahlen 1996 mit 28,85 % erzielt hatte. Der medial betonte Eindruck eines noch nie dagewesenen ‚Erdrutschsieges' der FPÖ bei der Landtagswahl 2015 ist daher weniger mit der absoluten Höhe als mit dem Rekordzuwachs von mehr als 16 Prozentpunkten begründbar, wobei dieser Zuwachs auch wiederum durch das unterdurchschnittliche Ergebnis der FPÖ bei der Landtagswahl 2010 relativiert wird."[197] Es fragt sich allerdings, ob Vergleiche über nahezu zwei Jahrzehnte hinweg sinnvoll sind.

Kunasek und die FPÖ hatten selbstredend viele unzufriedene und bisherige Nichtwähler davon überzeugt, diesmal bei ihr das Kreuz zu machen, aber gleichwohl das Potenzial an Politikverdrossenheit nicht einmal annähernd ausgeschöpft, wie sich allein daran zeigt, dass die Wahlbeteiligung weiter gesunken war; sie lag 2015 bei dürftigen 67,9 %. Nichtwähler stellten somit, wenngleich sie natürlich eine extrem heterogene Gruppe sind, die größte „Partei" dar.

Sämtliche Politikbeobachter und -analysten waren sich darin einig, dass es am 31. Mai 2015 eine Denkzettelwahl gegeben hatte, bei der die Wähler die Regierenden abstraften, egal ob das, was sie ihnen vorwarfen, im Bund oder im Land passiert war. Dass auf beiden Ebenen SPÖ und ÖVP, und zwar in dieser Konstellation mit der ÖVP als Juniorpartner, am Ruder waren, steigerte diesen Effekt nur noch, wenngleich Befragungen ergaben, dass 74 % der Steirer mit der Arbeit der Landesregierung grosso modo zufrieden waren, jedoch nur 37 % mit jener der Bundesregierung. Offenkundig wirkte sich diese Unterscheidung am Wahltag nur sehr begrenzt aus. Um nochmals Poier mit einer diesmal unumstrittenen Beobachtung zu zitieren: „Zweitens kommt es, bei welcher Wahl

197 Klaus Poier: Die steirische Landtagswahl 2015: Erwartbares, Überraschungen, Lehren? In: Beatrix Karl/Wolfgang Mantl/Klaus Poier/Manfred Prisching/Anita Ziegerhofer (Hrsg.): Steirisches Jahrbuch für Politik 2015 (Wien–Köln–Weimar 2016), S. 137–152, Zitat S. 141.

auch immer, zu einer Überlagerung von Gemeinde-, Landes-, Bundes- und Europapolitik, freilich in unterschiedlichem Ausmaß. Bei der steirischen Landtagswahl 2015 [...] spielten allerdings Bundes- und Europathemen, insbesondere im Rahmen des FPÖ-Wahlkampfes, eine erkennbar große Rolle."[198]

In der Steiermark saß die FPÖ zwar aufgrund des Proporzsystems ebenfalls in der Landesregierung, sie war jedoch kein Partner des Arbeitsübereinkommens der beiden anderen Parteien, sondern diese grenzten ihren Vertreter, Landesrat Kurzmann, vielmehr bewusst aus. Viele wichtige Entscheidungen fielen gegen Kurzmanns Votum, sodass die Wähler ihn und die FPÖ nicht für die Regierungspolitik insgesamt haftbar machten. Ganz im Gegenteil: Den Freiheitlichen gelang es, sich als Hauptgegner der „Reformpartner" SPÖ und ÖVP zu positionieren, sodass sie den Großteil der Stimmen jener, die laut Umfragen das Programm dieser Partnerschaft ablehnten, für sich gewinnen konnten, während andere Reformgegner wie die Grünen, die KPÖ und die Liste Frank in den Hintergrund gedrängt wurden.

ÖVP und SPÖ hatten während ihrer „Reformpartnerschaft" zwischen 2010 und 2015 zwar sehr viel weniger auf offener Bühne gestritten als in der vorangegangenen Legislaturperiode; die von ihnen zur Schau gestellte Harmonie bei der Umsetzung von Reformen, darunter sicher viele vernünftige Vorhaben, wurde jedoch spätestens im Jahr vor der Wahl von der Flüchtlings- und Asylfrage überlagert. Nicht auszudenken, wie die Wahl ausgegangen wäre, hätte sie termingemäß erst im Herbst, mitten in der eskalierenden Flüchtlingskrise dieses Jahres, stattgefunden. Allein aus diesem Grund erwies sich ihre Entscheidung, den Urnengang einige Monate vorzuziehen, für SPÖ und ÖVP als einmaliger Glücksgriff.

Hinzukam das sich immer deutlicher manifestierende Stadt-Land-Gefälle, das bei der Bundespräsidentenwahl 2016 seinen Höhepunkt erreichte; wir kommen darauf später zurück. Im ländlichen Raum schnitt die FPÖ weit überdurchschnittlich ab, weil sich dort nicht nur der Frust über die vielfach erzwungenen Gemeindezusammenlegungen ohne Beachtung des vielerorts eindeutig artikulierten Bürgerwillens zu ihren Gunsten auswirkte, sondern zusätzlich die generelle Unzufriedenheit mit der von den Regierungsparteien zwar beklagten, aber nicht wirksam bekämpften Ausdünnung ländlicher Regionen, zu der SPÖ und ÖVP ja allzu oft selbst, allen gegenteiligen Lippenbekenntnissen zum Trotz, aktiv beitrugen, insbesondere durch die Schließung staatlicher Einrichtungen wie Postämter, Schulen, Krankenhäuser, Bezirksgerichte und Polizeiposten. Nicht selten hatten die Regierenden dabei anderslautende Versprechungen –

198 Ebda., S. 143.

erinnert sei an die oben geschilderte, von Kunasek im Nationalrat kritisierte Stilllegung des Bezirksgerichts Frohnleiten – gebrochen, was die Bürger am Wahltag nicht vergessen und noch weniger verziehen hatten.

Gleichsam der Kontrast zu all dem war (und ist) Graz, das von allen diesen Entwicklungen nicht betroffen war. Dort rangierte die FPÖ bei der Landtagswahl 2015 mit mageren 19,8 % weit unter dem Landesdurchschnitt und lieferte das schlechteste aller Bezirksergebnisse mit den geringsten Zuwächsen; hier schnitten Grüne, KPÖ und NEOS überdurchschnittlich gut ab. Für viele Grazer Protestwähler, die den Regierenden einen Denkzettel verpassen wollten, existierten mithin mehrere Alternativen zur FPÖ, während die genannten drei Parteien für die überwältigende Mehrheit der Bewohner des ländlichen Raums damals und teilweise noch heute schlicht unwählbar waren und sind. Das unbefriedigende Resultat in der Landeshauptstadt zeigt, wie verhängnisvoll es gewesen wäre, den Grazer Stadtparteiobmann Eustacchio zu Kurzmanns Nachfolger zu designieren. Mit ihm als Spitzenkandidat wäre das blaue Ergebnis in Graz kaum besser, dafür im Rest des Landes deutlich schlechter ausgefallen.

Erhebungen der Wahlmotive bestätigen, dass Kurzmann, Kunasek und die steirische FPÖ auf das richtige Pferd gesetzt hatten: Das mit weitem Abstand stärkste zugunsten der Freiheitlichen wirkende Motiv war deren konsequente, von Schwankungen freie Haltung in der Causa prima, der Ausländer-, Asyl- und Migrationsfrage (58 %), gefolgt von Kritik an einzelnen Reformmaßnahmen von SPÖ und ÖVP (28 %) und guter Arbeit der FPÖ für das Land (22 %), was sich insbesondere Landesrat Kurzmann an die Fahne heften durfte. Die Motive „Tradition, Stammwähler" nannte hingegen nur ein Zehntel der Befragten.[199] Symptomatisch dafür, dass sich die FPÖ den Wählern als Sprachrohr ihrer Unzufriedenheit mit Strukturmaßnahmen wie den Gemeindefusionen und Spitalsschließungen zu präsentieren vermochte, ist der Umstand, dass sie in den davon betroffenen Gemeinden und Bezirken zum Teil hoch signifikant besser abschnitt als in den übrigen.[200] Selbst prominente Sozialdemokraten wie Max (eigentlich Maximilian) Lercher räumten unumwunden ein: „Der Freiheitlichen Partei gelang es, die Themenführerschaft zu erringen."[201]

---

199 Peter A. Ulram/Franz Sommer: Analyse der Landtagswahlen 2015: Burgenland, Steiermark, Oberösterreich, Wien. Gebremste und ungebremste Abstürze, bunte Regierungskonstellationen nach Regionalwahlen. In: Andreas Khol/Günther Ofner/Stefan Karner/Dietmar Halper (Hrsg.): Österreichisches Jahrbuch für Politik 2015 (Wien–Köln–Weimar 2016), S. 3–23.

200 Wassermann, Hochburgen, S. 187–190.

201 Max Lercher: Eine Analyse der Landtagswahl 2015. In: Beatrix Karl/Wolfgang Mantl/Klaus Poier/Manfred Prisching/Anita Ziegerhofer (Hrsg.): Steirisches Jahrbuch für Politik 2015 (Wien–Köln–Weimar 2016), S. 153–155, Zitat S. 154.

Mario Kunasek formulierte im selben Band und unmittelbar an Lercher anschließend seine eigene Wahlanalyse. 2015 werde in die Geschichte eingehen, denn beide Wahlen dieses Jahres hätten die politische Landschaft der Steiermark nachhaltig verändert und geprägt. Die klare Linie der FPÖ und ihr Eintreten für mehr Mitsprache der Bevölkerung bei sie betreffenden Entscheidungen (gemeint war in erster Linie die Gemeindestrukturreform) seien für die blauen Erfolge verantwortlich. Die Landtagswahl bewertete er als politisches Erdbeben. Scharfe Kritik übte Kunasek an dieser Stelle an SPÖ und ÖVP, die ihre Zwangsehe mit lediglich vertauschten Vorzeichen (nun stellte die ÖVP mit Schützenhöfer den Landeshauptmann) fortsetzten und mit ihren gemeinsam erlangten 57,7 % der Stimmen 100 % der Macht im Land beanspruchten. Auf inhaltliche Verhandlungen mit den Freiheitlichen hätten die beiden komplett verzichtet.[202]

Kunasek zieht in den Landtag Steiermark ein

Nachdem der selbst für die FPÖ-Spitze in diesem Ausmaß unerwartete Wahlerfolg gebührend gefeiert worden war, machte Kunasek den Anspruch seiner Partei publik, künftig Mitverantwortung im Land zu übernehmen. Das war ja nach der Abschaffung des Proporzes in der Landesregierung nicht mehr selbstverständlich, sondern von Vereinbarungen mit den anderen beiden großen Parteien abhängig. Kunasek forderte diese dazu auf, angesichts ihrer Wahlniederlage nicht einfach zur Tagesordnung überzugehen und die Freiheitlichen nicht weiter auszugrenzen.[203]

Genau das geschah freilich, wenngleich es je ein Kennenlern-Gespräch Kunaseks mit Voves und Schützenhöfer gab, nicht jedoch ernsthafte Koalitionsverhandlungen. Künftige Historiker werden daher zu klären haben, wie es der ÖVP mit dem bloßen Bluff, künftig mit der FPÖ zu regieren, gelingen konnte, die SPÖ derart einzuschüchtern, dass sie als stimmen- und mandatsstärkste Partei auf den Landeshauptmann verzichtete, diesen der ÖVP in der Person Schützenhöfers überließ und die Regierungszusammenarbeit dieser beiden Parteien nunmehr als de facto Juniorpartner fortsetzte. Voves, der noch den Verzicht auf den Landeshauptmann paktiert hatte, was ihm viele seiner Parteifreunde bis heute vorwerfen, trat zurück; ihm folgte als neuer SPÖ-Chef

202 Mario Kunasek: 2015: Ein blaues Erfolgsjahr. In: ebda., S. 161–163.
203 Kurzmann/Kunasek, Lager, S. 240.

und Landeshauptmannstellvertreter Mag. Michael Schickhofer nach. Die neue Regierung nannte sich nun „Zukunftspartnerschaft".[204]

Als der FPÖ-Landesparteivorstand zwei Tage nach der Wahl die nächsten Schritte beriet, bestand offenbar die Hoffnung, mit ÖVP oder SPÖ in ernsthafte Koalitionsgespräche einzutreten. Anders ist es nicht zu erklären, dass der Vorstand eine Verhandlungsdelegation für Sondierungen einsetzte, bestehend aus Kurzmann, Kunasek und Amesbauer. Die beiden Erstgenannten baten eindringlich darum, dass alle übrigen blauen Funktionäre öffentliche Äußerungen über den favorisierten Partner und freiheitliche Forderungen für ein künftiges Regierungsprogramm unterließen. Kurzmann wollte eine Lösung ausverhandeln, bei der Kunasek und ein Vertreter des erst zu bestimmenden Partners sich die fünfjährige Amtszeit des Landeshauptmanns teilten. Das Gremium legte ferner fest, dass Kunasek Klubobmann, Amesbauer sein Stellvertreter und Kurzmann dritter Landtagspräsident werden sollten.[205]

Kunasek war nun erstmals Landtagsabgeordneter (Abb. 26). Seine 13 Fraktionskollegen wählten ihn erwartungsgemäß zum Klubobmann. Die konstituierende Sitzung des Landtags fand etwas mehr als zwei Wochen nach der Wahl, am 16. Juni 2015, statt. Ziemlich zu Beginn erfolgte die Angelobung;

▸ **Abb. 26: Kunaseks Jungfernrede im Landtag**

204 Ebda., S. 241.
205 LPV 2. Juni 2015.

sämtliche Mandatare hatten nach namentlichem Aufruf stehend mit „Ich gelobe" auf folgende Formel zu antworten: „Ich gelobe unverbrüchliche Treue zur Republik Österreich und zum Land Steiermark, dann stete und volle Beachtung der Verfassungsgesetze und aller anderen Gesetze des Bundes und des Landes Steiermark und gewissenhafte Erfüllung der Pflichten."

Anschließend stand die Wahl des dreiköpfigen Landtagspräsidiums auf der Tagesordnung. Gegen die von der SPÖ als stärkster Fraktion als Präsidentin vorgeschlagene Dr. Bettina Vollath machten die Kommunisten in der Person ihres Abgeordneten Dr. Werner Murgg geltend, es sei alles andere als eine gute Sitte, jemand in dieses hohe Amt zu wählen, der bisher noch nie dem Landtag angehört hatte (Vollath war zuvor allerdings Landesrätin gewesen). Gegen die von der ÖVP als erste Stellvertreterin nominierte Manuela Khom hatte die KPÖ keine Einwände. Murgg brachte gegen den von der FPÖ als dritten Landtagspräsidenten nominierten Gerhard Kurzmann vor, man sei sich persönlich stets fair und respektvoll begegnet; da die KPÖ aber für die Abschaffung des dritten Präsidenten eintrete, könne sie Kurzmann nicht unterstützen. Die Grünen erklärten, Kurzmann wegen der Politik seiner Partei nicht wählen zu können.

Kunasek gab bekannt, seine Fraktion werde alle drei Vorgeschlagenen wählen. Kurzmanns langjährige Verdienste und tadellose Arbeit in der Stadt Graz, im Bund sowie im Land seien unbestreitbar. Danach bemerkte die Sprecherin der ÖVP, die heutige Landesrätin MMag. Barbara Eibinger-Miedl, ihre Partei stehe auf dem Standpunkt, das Landtagspräsidium solle das Ergebnis der Landtagswahl abbilden, weshalb der FPÖ der dritte Präsident zustehe. Die gleiche Ansicht vertrat die SPÖ. Alle drei Genannten wurden gewählt, Kurzmann mit 43 von 48 Stimmen, also offensichtlich und wie angekündigt ohne jene von Grünen und KPÖ.

In weiterer Folge stand die Wahl der Landesräte, des Landeshauptmanns und seines Stellvertreters an; hierfür unterbreiteten die Fraktionen von SPÖ und ÖVP einen gemeinsamen Vorschlag, der selbstredend nur Mitglieder dieser beiden Parteien enthielt. Die Sprecher der damit zur Opposition gemachten übrigen Fraktionen kritisierten unisono, dieser Vorschlag spiegle in keiner Weise das Wahlergebnis vom 31. Mai 2015 und den darin zum Ausdruck gekommenen Wählerwillen wider. Kunasek brachte in seiner Jungfernrede im Landtag vor, die Wahlverlierer setzten ihre Koalition mit einigen neuen Gesichtern fort und hätten mit den Freiheitlichen nicht ernsthaft verhandelt. Das Regierungsübereinkommen enthalte vor allem eines: leere Überschriften. Er nannte diverse Punkte (Asyl, Mindestsicherung, Lehrstellenmangel, Unterstützung für kleine und mittlere Unternehmen sowie Familien) und erläuterte, was nach freiheitlicher Ansicht im Regierungsprogramm enthalten sein sollte. Die FPÖ werde sich nolens volens darauf konzentrieren, in der Landstube die Anliegen der Menschen zu vertreten, konstruktive Vorschläge einzubringen und den Regierenden auf die Finger zu schauen. Erfreulicherweise hatten diese ja der FPÖ den Vorsitz im Kontrollausschuss des Landtags zugestanden. Der Wahlvorschlag von SPÖ und ÖVP wurde schließlich mit deren Stimmen gegen jene von FPÖ, Grünen und KPÖ (29:19) angenommen, woraufhin Schützenhöfer und Schickhofer eine Art Antrittsrede hielten.[206] Der Landtag trat erneut am 7. Juli 2015 zusammen, bevor er sich für eine zweimonatige Sommerpause vertagte.

Flüchtlingswelle 2015

In diesen zwei Monaten brachen über Österreich Ereignisse herein, die sich zwar bereits angekündigt hatten, jedoch im Sommer dieses Jahres ganz neue Dimensionen erreichten. Ohne auf die Details dieser vielfach dargestellten Entwicklung einzugehen, sei nur in Erinnerung gerufen, dass sich während des Sommers Hunderttausende Migranten bzw. Flüchtlinge vom Nahen Osten und der Türkei aus in Richtung Mitteleuropa in Bewegung setzten. Ohne irgendwo ernsthaft behindert zu werden und auch ohne in den diversen sicheren Ländern der Balkanhalbinsel um Asyl und Schutz anzusuchen, erreichten diese Menschenmassen zuerst über Ungarn die burgenländische Grenze. Dort wurden sie mehr oder weniger durchgewunken, woran der damalige Landespolizeikommandant, der heutige burgenländische Landeshauptmann Mag. Hans-Peter Doskozil (SPÖ), einen maßgeblichen Anteil hatte. Teilweise zu Fuß auf Autobahnen und Straßen, teilweise per Bahn und Bus bewegten sich diese Massen in Richtung Deutschland; viele blieben natürlich auch in Österreich, sodass am Ende des Jahres knapp 90.000 Asylanträge zu verzeichnen waren, ein damaliger, inzwischen allerdings übertroffener Rekord.

Im September änderten sich die Routen der Migranten, sodass Abertausende nun plötzlich an der slowenisch-steirischen Grenze, insbesondere rund um den wichtigsten Grenzübergang Spielfeld, auftauchten (Abb. 27). Sie überrannten mehrfach von Bundesheer und Polizei errichtete Absperrungen und bewegten sich weiter nach Norden. Die Bilder vom ohnmächtigen Agieren (oder Zuschauen) der Exekutive, aber auch von ratlosen politischen Entscheidungsträgern gingen um die Welt und dokumentierten den vollkommenen Kontrollverlust bisher gefestigter Staaten an ihren Außengrenzen. Österreich war

206 https://www.landtag.steiermark.at/cms/dokumente/12468665_122780341/59f7caea/1_Stenografisches_Protokoll.pdf.

▸ Abb. 27: Kolonnen von Migranten nach dem Überschreiten der Staatsgrenze in der Südsteiermark

mit diesem Schicksal in Europa zwar nicht allein, gehörte aber zusammen mit Deutschland und Schweden zu den am stärksten betroffenen Ländern, woran sich bis in die Gegenwart wenig bis gar nichts geändert hat.[207]

Es waren genau solche chaotischen Zustände, vor denen die Freiheitlichen seit Jahr und Tag gewarnt hatten. Ihre Mahnungen, würde man nicht restriktiver vor allem gegen reine Wirtschaftsmigranten vorgehen, werde die Lage bald außer Kontrolle geraten, da immer mehr Menschen kommen würden, blieben jedoch ungehört. Erst als die Flüchtlingsunterkünfte aus allen Nähten platzten und der Flüchtlingsstrom nicht abreißen wollte, zeichnete sich bei den Entscheidungsträgern eine verhaltene Meinungsänderung ab.

Die steirischen Freiheitlichen, allen voran Mario Kunasek, prangerten nicht nur das Chaos in Form von Müllbergen an, das die Migranten entlang ihrer Marschrouten hinterließen (und das dann Polizisten und Soldaten beseitigen mussten!), sondern auch den permanenten Bruch internationalen und nationalen Rechts, der damit einherging, dass man faktisch auf jede Einreisekontrolle verzichtete und den Migranten völlige Bewegungsfreiheit im Land, ja in ganz Europa, gewährte. Die deutsche Kanzlerin Angela Merkel (CDU) und in ihrem Gefolge Bundeskanzler Werner Faymann (SPÖ) erklärten ungeniert, geltende Abkommen wie die Dublin-Regeln und andere seien außer Kraft gesetzt. Auf

207 Vgl. die elf Asyl/Flüchtlingen/Sicherheit gewidmeten Beiträge in: Andreas Khol/Günther Ofner/Stefan Karner/Dietmar Halper (Hrsg.): Österreichisches Jahrbuch für Politik 2015 (Wien–Köln–Weimar 2016), S. 279–404. Johann Gudenus: Die österreichische Flüchtlings-, Einwanderungs- und Integrationspolitik aus freiheitlicher Sicht. Ziele, Zielerreichung sowie künftige Herausforderungen. In: ebda., S. 347–356.

zahlreichen Pressekonferenzen in den steirischen Bezirken kritisierte Kunasek, dabei von FPÖ-Obmann Kurzmann unterstützt, die Untätigkeit der erst einige Monate im Amt befindlichen steiermärkischen Landesregierung, die erst nach langem Zuwarten deutlichere Worte fand.

Führende Landespolitiker, darunter LH-Vize Schickhofer und der damalige Landesrat und heutige Landeshauptmann Mag. Christopher Drexler, nahmen sogar am 7. September 2015 vor dem Landhaus an einer Menschenkette teil, die der damals noch angesagten „Willkommenskultur" Ausdruck verleihen wollte. Wen man da (auch) willkommen hieß, verdeutlichte eine Schlagzeile des FPÖ-Magazins „Wir Steirer", die sich auf die Aussage eines syrischen Flüchtlings berief: „Europa lässt viele radikale Muslime einwandern und bemerkt es nicht!"[208] Bereits der Verfassungsschutzbericht für 2015 bestätigte dann die markante Zunahme radikaler Islamisten in Österreich, unter anderem durch die Rückkehr von Kämpfern für den „Islamischen Staat" aus dem Nahen Osten.[209]

In einer von der FPÖ am 31. August 2015 beantragten Sondersitzung des Landtags verlangte Kunasek am 7. September von Landeshauptmann Schützenhöfer mit einer aus 29 Punkten bestehenden dringlichen Anfrage Auskunft

▸ **Abb. 28: FPÖ-Protest im Landtag gegen das Asylchaos, 2015**

208 Wir Steirer Nr. 2 (2016), Cover.
209 Wir Steirer Nr. 3 (2016), S. 10 f.

darüber, wie es nach dessen Vorstellungen weitergehen sollte, da ja kein Ende des Flüchtlingsstroms absehbar war und die Kapazitäten bereits jetzt aus allen Nähten platzten (Abb. 28). Kunasek verwies darauf, der Bund ziehe in dieser Angelegenheit immer mehr Kompetenzen an sich und dieses sogenannte Durchgriffsrecht höhle den Föderalismus und damit die Befugnisse der Länder aus. Schützenhöfer gab sich – anders als bald darauf – vorerst noch wenig beeindruckt: Wohl sprach er selbst von einer Völkerwanderung mit bisher unbekannten Dimensionen und gab offen zu, Österreich nehme derzeit pro Kopf mehr Flüchtlinge auf als beispielsweise Deutschland, Italien und Frankreich. Man dürfe gleichwohl keine Angst haben, solle mit Herz und Verstand reagieren und werde es schon irgendwie schaffen. Die von Merkel kreierte Durchhalteparole „Wir schaffen das!" hatte schnell ihren Weg nach Graz gefunden.

Ähnlich ausweichend reagierte Landesrätin Mag. Doris Kampus (SPÖ), der Kunasek gleich 41 Fragen stellte, da sie für die Unterbringung von Flüchtlingen zuständig war. Ein freiheitlicher Antrag, wieder echte Grenzkontrollen einzuführen und weitere Sofortmaßnahmen zur Bewältigung des Flüchtlingsstroms zu ergreifen, fand im Landtag keine Mehrheit. Der Beitrag der Grünen zur Debatte bestand unter anderem in ihrem Antrag, die österreichische Botschaft in Budapest für Asylwerber zu öffnen, damit diese legal nach Österreich einreisen könnten. Dieser Antrag fand allerdings keine Mehrheit, wohl aber ein weiterer der Grünen, mit dem sie den umfassenden Ausbau von Hilfeleistungen für Flüchtlinge verlangt hatten.[210]

Am 15. September 2015 befasste sich der FPÖ-Landesparteivorstand mit der unverändert dramatischen Lage. Im Zuge von Besuchen der Parteispitze (Kurzmann und Kunasek) in den Bezirken war nochmals deutlich geworden, dass das Asylchaos jenes Thema war, das die Menschen am meisten interessierte und mobilisierte. Kurzmann gab bekannt, angeblich seien auf dem Westbalkan weitere rund 200.000 Flüchtlinge in Richtung Österreich unterwegs, man müsse den „Staatsnotstand" ausrufen. In Abstimmung mit der Bundespartei plante die steirische FPÖ diverse Aktionen in den Grenzgebieten zu Slowenien. Das Flüchtlingsproblem sollte Österreich noch lange, ja bis in die Gegenwart beschäftigen, wobei SPÖ und ÖVP längst nicht mehr jene Positionen vertreten, die in der Landtagsdebatte vom 7. September 2015 mit denen der FPÖ aufeinandergeprallt waren. So brennend das Asylthema damals war, so hatte sich der

210 https://www.landtag.steiermark.at/cms/dokumente/12468665_122780341/a1c017ea/3_Stenografisches_Protokoll.pdf. Kurzmann/Kunasek, Lager, S. 242–246. Wir Steirer Nr. 4 (2015), S. 4–7.

Parteivorstand am 15. September doch auch mit einer anderen wichtigen Frage zu beschäftigen: der Staffelübergabe von Kurzmann an Kunasek (Abb. 29).[211]

▸ **Abb. 29: Gerhard Kurzmann und sein Nachfolger**

Kunaseks Wahl zum Landesparteiobmann

Wie wir gesehen haben, war die Regelung der Nachfolge Kurzmanns als Landesparteiobmann bereits 2014 geordnet und einvernehmlich paktiert worden; lediglich der vorgesehene Zeitplan war durch die Vorverlegung der Landtagswahl durcheinandergeraten. Nun war es aber so weit: Am 17. Oktober 2015 fand in Bruck an der Mur ein außerordentlicher Landesparteitag statt, auf dem die Kür Kunaseks endgültig über die Bühne ging. Der mit den Klängen des Radetzky-Marsches eingeleitete Parteitag stand noch ganz im Zeichen des Ende Mai errungenen blauen Sieges bei der Landtagswahl. Nun galt es, dem erfolgreichen Spitzenkandidaten Mario Kunasek einen eindrucksvollen Beweis des Vertrauens der Delegierten und damit der Parteibasis entgegenzubringen und so die Geschlossenheit der Partei auch unter ihrem neuen Obmann zu bestätigen.[212]

---

211 LPV 15. September 2015.

212 Intern Nr. 17 (Dezember 2015), S. 14. Intern Nr. 16 (Oktober 2015) widmet sich in großen Teilen dem Obmannwechsel.

Mit einem Traumergebnis von 98,2 % oder 275 von 280 Delegiertenstimmen erhielt Kunasek diesen Vertrauensbeweis. Gerhard Kurzmann lobte seinen Nachfolger als einen Mann, der die steirische FPÖ in den vergangenen Jahren wie kein anderer prägte. Zum neuen Obmann habe er „sich quasi selbst nominiert".[213] In seine nun vakante Position als Landesparteisekretär rückte der damals 30-jährige Jurist Stefan Hermann nach, ein weiteres deutliches Signal des Generationenwechsels und der Verjüngung der Partei. Als Kunasek Ende 2017 als Bundesminister nach Wien ging, übernahm Hermann sein Landtagsmandat.

In einem am Tag der Brucker Versammlung in der „Kleinen Zeitung" erschienenen Interview unterbreitete Kunasek SPÖ und ÖVP das Angebot einer Zusammenarbeit, der allerdings eine Neuwahl vorausgehen sollte – denn nur so war das erklärte Ziel, einen blauen Landeshauptmann zu stellen, kurzfristig erreichbar. Diesen Anspruch wiederholte Kunasek in seiner Parteitagsrede. Darin brachte er jene Fragen aufs Tapet, die den Menschen unter den Nägeln brannten: die hohe Arbeitslosigkeit, die Rekordkriminalität, die steigende Terrorgefahr, das Asylchaos sowie die mit der unkontrollierten Masseneinwanderung einhergehende Entstehung muslimischer Parallelgesellschaften.[214] Alle inner- und außerhalb der FPÖ stimmten darin überein, dass in Bruck eine auf die Person des neuen Obmanns zentrierte, aber auch von ihr ausgelöste Aufbruchsstimmung herrschte. Was die FPÖ bei der Landtagswahl Ende Mai erreicht hatte, sollte noch lange nicht der Gipfel gewesen sein, wenngleich die Erwartung ein wenig unrealistisch anmutet, ÖVP und SPÖ würden einer Auflösung des Landtags kaum ein halbes Jahr nach dem letzten Urnengang zustimmen. Dass dem natürlich nicht so war, tat freilich den weitreichenden Hoffnungen auf eine strahlende Zukunft unter Kunasek keinen Abbruch. Sein Jugendfreund Hilzensauer beschreibt die Stimmung generell so: Überall, wo Kunasek hinkommt, verbreitet er sofort Zuversicht und Optimismus.[215]

Kunaseks Wirken als Landesparteiobmann

Mario Kunasek machte sich sofort an die Arbeit, oder besser gesagt: an seine neue Aufgabe. Die erste Sitzung des Landesparteivorstands, die er als frischgewählter Obmann leitete, fand am 1. Dezember 2015 statt. Das Gremium hatte damals 31 Mitglieder, darunter drei Frauen. Der Einstand Kunaseks in seiner neuen Funktion sei hier etwas ausführlicher geschildert, weil das Protokoll nicht

213 Wir Steirer Nr. 4 (2015), S. 2.
214 Kurzmann/Kunasek, Lager, S. 247–250.
215 Interview Hilzensauer.

nur zeigt, welche (zum Teil neuen) Anliegen dem Obmann wichtig waren und wie er sie umzusetzen gedachte, sondern auch wegen der straffen Führung der Sitzung, die trotz einer umfangreichen Agenda lediglich 90 Minuten dauerte. Dabei kam Kunasek gewiss zugute, was er beim Bundesheer über richtiges und effizientes Führen sowie die Vorbereitung solcher Besprechungen gelernt hatte. Andernfalls besteht bei mehr als 30 Beteiligten die Gefahr, dass die Beratungen in endlose Palaver ausufern.[216]

Nach einem ausführlichen Dank an seinen Vorgänger Kurzmann für die geordnete und reibungslose Staffelübergabe am Brucker Parteitag brachte Kunasek, wenig verwunderlich, als Erstes die unverändert kritische Migrationsfrage zur Sprache. Die Stürmung der Grenze in Spielfeld hatte mittlerweile auch Landeshauptmann Schützenhöfer, der wohl intuitiv den Stimmungswandel in der Bevölkerung weg von der „Willkommenskultur" erkannt hatte, zu einer späten Reaktion veranlasst. Plötzlich beklagte er den Kontrollverlust des Staates, der sich nicht wiederholen dürfe. Die FPÖ hatte einen weiteren Sonderlandtag beantragt (er fand am 13. November statt), im Grenzgebiet eine Aussendung verbreitet und einen gut besuchten Stammtisch organisiert. Mit dem Ergebnis einer Unterschriftensammlung gegen das Asylchaos zeigte sich Kunasek unzufrieden, da sie bisher nicht einmal von allen FPÖ-Mitgliedern unterzeichnet worden war. Die anzustrebende Latte legte er mit 10.000 Unterstützern fest.

Wie mit dem heiklen Asylthema (die Willkommensklatscher und ihre medialen Unterstützer waren ja noch keineswegs verstummt) umzugehen sei, umschrieb der Obmann so: „Bei Aussendungen und Gesprächen sollten wir uns immer nur auf Fakten berufen und sachlich bleiben. Wir dürfen nicht auf Gerüchte, die z. B. über Facebook verbreitet werden, hereinfallen, sonst zerreißen uns die Medien." Die Bevölkerung erwarte konkrete Antworten und Lösungen, keine Polemik. Genau deshalb erstellte der pensionierte Bundesheeroffizier Brigadier Josef Paul Puntigam, der im Sommer 1991 von der Kaserne Straß aus den erfolgreichen Sicherungseinsatz an der Südgrenze geleitet hatte und den Steirern noch in bester Erinnerung war, für die FPÖ ein Konzept, wie man die Grenze gegen illegale Migration effektiv sichern könne. Die Presse berichtete ausführlich und positiv darüber, wobei es sogar hieß, diesem vernünftigen Plan, um Ordnung ins Chaos zu bringen, könne sich niemand verschließen.[217]

---

216 LPV 1. Dezember 2015. Hiernach das Folgende.

217 Vgl. den bei Kurzmann/Kunasek, Lager, S. 251, abgedruckten Bericht der „Kronen Zeitung" vom 17. November 2015. Diese Seite findet sich ebenso in: Intern Nr. 17 (Dezember 2015), S. 13.

Mehr Öffentlichkeitsarbeit und Schulung der blauen Funktionäre

Ein weiteres bedeutendes Anliegen Kunaseks war die Öffentlichkeitsarbeit der FPÖ, da die Partei sich immer wieder – wie sie es wahrnahm – voreingenommenen, ja feindseligen Journalisten gegenübersah, die jede sich bietende Gelegenheit beim Schopf ergriffen, um der Partei ein Bein zu stellen. Erst kürzlich hatte die „Kleine Zeitung" einen beleidigenden Artikel aus der Feder eines leitenden Redakteurs abgedruckt, der sich erst entschuldigte, als etliche FPÖ-Mitglieder deswegen ihre Abonnements kündigten. Um wenigstens teilweise auf eigenen Beinen zu stehen, wollte Kunasek die FPÖ-Magazine „Wir Steirer" und für Graz den „Uhrturm" weiter ausbauen. Beide seien ganz tolle Blätter, die derzeit „für große Aufregung sorgen". Für ebenso wichtig hielt er freilich Bezirks- und Ortskuriere, bei denen noch manches im Argen lag, da etliche Ortsgruppen kein Material lieferten. Als sein Ziel gab Kunasek vor, jede Ortsgruppe müsse mindestens zwei Aussendungen zu gemeindepolitischen Themen pro Jahr zustande bringen. Das Budget dafür stieg um 70.000 Euro auf 200.000 Euro.

Um die Öffentlichkeitsarbeit zu professionalisieren, waren Medien- bzw. Facebookbeauftragte zu wählen, die für die Facebookseiten der Ortsgruppen verantwortlich zeichneten und ein wachsames Auge auf unpassende Kommentare zu werfen hatten, die geeignet waren, die FPÖ in Misskredit zu bringen, selbst wenn sie von einfachen Mitgliedern ohne jedes Parteiamt stammten, mithin lediglich eine private Meinung artikulierten. Politische Gegner, linke NGOs und manche Medienleute verfolgten mit Argusaugen, was sich auf den der FPÖ zugerechneten Webseiten abspielte, und machten aus jedem Ausrutscher oder unbedachten Sager einen Riesenskandal. Den Bezirksparteisekretären sollten daher auf diesen Seiten Administratorenrechte zukommen, um im Fall des Falles sofort eingreifen zu können. Dann war wenigstens glaubwürdig ins Treffen zu führen, Entgleisungen würden postwendend gelöscht. Dazu muss man wissen, dass Facebook vor rund zehn Jahren in den sozialen Medien nahezu eine Monopolstellung innehatte; heute relevante Konkurrenten wie TikTok, Twitter (nunmehr X), Snapchat und Instagram traten erst später in Erscheinung.[218]

Kunasek erinnerte seine Mitstreiter daran, dass sich eine Partei mit nunmehr rund 27 % Stimmenanteil keine peinlichen Ausrutscher erlauben dürfe; sie müsse nicht zuletzt deswegen ihre Funktionäre besser schulen. Ein neues Schulungsprogramm startete im Jänner 2016 und im selben Jahr erschien die zweite verbesserte Auflage des Handbuchs freiheitlicher Politik. Das alles war jetzt

218 LPP 9. Mai 2017.

möglich, weil sich, wie Finanzreferent Eustacchio im Anschluss an Kunaseks Darlegungen berichtete, die der FPÖ zur Verfügung stehenden Mittel dank des Wahlerfolgs und vermehrter öffentlicher Förderungen deutlich erhöht hatten. Davon profitierten der ausgeweitete Personalstand, die Aussendungen und Zeitungen, die Schulungen und die Vorfeldorganisationen. Es bestanden allerdings immer noch beträchtliche Altschulden bei der Bundespartei. Kurzum: Kunasek ließ keine Zeit verstreichen, bevor er damit begann, seine Partei moderner, effizienter und ihrer nunmehrigen Größe entsprechend aufzustellen.

Im Vorfeld der Bundespräsidentenwahl 2016

Mit diesen Vorgaben ging es ins Jahr 2016, in dem insbesondere die Neuwahl des Bundespräsidenten anstand. Am 24. Februar erörterten Landesparteivorstand und -leitung die politische Lage. Kunasek beurteilte sie so, dass im Landtag zwar alle gegen die FPÖ aufträten, diese jedoch mit ihren Anträgen hin und wieder die beiden Regierungsparteien spalten könne. Die ÖVP war plötzlich gewillt, alle freiheitlichen Forderungen, das Asylthema betreffend, inhaltsgleich zu übernehmen und als ihre Ideen auszugeben. Die FPÖ dürfe sich jedoch die Federführung auf diesem Gebiet nicht wegnehmen lassen. Neudeutsch spricht man jetzt von Themenführerschaft.

Zur Sprache kamen ferner die damals neuen Bewegungen Pegida und die Identitären, die gerade mit ihren Demonstrationen einige Aufmerksamkeit erregten. Über die Teilnahme daran möge jeder Freiheitliche individuell entscheiden, die Partei dürfe jedoch weder Daten noch ihre Infrastruktur zur Verfügung stellen, gab Kunasek als Linie vor, die jener von FPÖ-Chef Strache entsprach. Dieser vertrat die Meinung, eine gleichzeitige Mitgliedschaft bei der FPÖ und den Identitären sei ausgeschlossen. Kurzmann ergänzte, die FPÖ möge in den Orten und Bezirken eigene Initiativen gegen die Überfremdung starten und etwa bei Einquartierungen von Asylwerbern mit einer Aussendung reagieren, um das Thema nicht den Identitären zu überlassen. Von den Identitären grenzte sich die FPÖ mithin eindeutig ab; man sah deren Aktionismus (unter anderem Besitzstörungen und die „Dachbesteigung" bei der Parteizentrale der Grünen in Graz) sehr kritisch.[219]

Mit dem gerade gegründeten Kulturforum Steiermark, dessen Präsidentschaft Kurzmann übernahm, wollte die FPÖ signalisieren, dass es auch eine andere, nämlich bodenständige und heimatverbundene Kulturpolitik gab, nicht nur jene auf Internationalität und Multikulti ausgerichtete des linken Main-

219 Bekräftigt im LPV 15. April 2016.

streams. Kunasek regte an, freiheitliche Gemeinderäte sollten beispielsweise die Abhaltung von Selbstverteidigungskursen in den Kommunen beantragen. Würde dem stattgegeben, war dies als eigener Erfolg zu verbuchen; andernfalls könne man SPÖ und/oder ÖVP an den Pranger stellen, weil ihnen die Sicherheit von Frauen offenkundig nichts wert war.

Zur kurz bevorstehenden Bundespräsidentenwahl berichtete Kunasek, dass die schwierige Findung eines Kandidaten nun mit der Kür des Burgenländers Norbert Hofer beendet war; die Bundespartei hatte dies am 28. Jänner bekanntgegeben. Ursprünglich galt die von der ÖVP übergelaufene Wiener Bezirksrätin und einstige ORF-Redakteurin Ursula Stenzel als Favoritin, man hielt sie jedoch für zu sehr polarisierend. Hätte man gänzlich auf einen blauen Bewerber um das höchste Amt im Staat verzichtet, wäre die FPÖ für zwei bis drei Monate gänzlich aus der medialen Berichterstattung verschwunden. Diese im Protokoll festgehaltene Bemerkung aus Kunaseks Mund klingt eher nach einer Notlösung und nicht so, als hätte er mit dem überraschend guten Ergebnis gerechnet, das Hofer schließlich einfuhr.

Optimistischer klang, was Kunasek zur laufenden Auseinandersetzung mit SPÖ und ÖVP zu sagen hatte: „Die einzigen, die uns aufhalten können, sind wir selbst." Die Funktionäre und Mitglieder rief er dazu auf, zusammenzuhalten und jeden Streit zu unterlassen. Diese Mahnung dürfte sich zum Teil damit erklären, dass die obersten Leitungsgremien in vielen, wenn nicht sogar den meisten ihrer Sitzungen mit lokalen Querelen in Ortsgruppen, deutlich seltener auf Bezirksebene, befasst waren und immer wieder Parteiausschlüsse aussprechen mussten.[220] Kunasek wies auch später darauf hin, die Ortsgruppen sollten nicht jeden banalen Hader sofort an den Landesparteivorstand herantragen, sondern lieber im eigenen Bereich nach einer vernünftigen Lösung suchen. Dann werde sich auch die viel zu umfangreiche Beantragung von Parteiausschlüssen aufhören.[221]

Bundespräsidentenwahl 2016

Die erste bundesweite Wahl, für deren steirisches Teilergebnis Mario Kunasek als FPÖ-Landesparteiobmann mitverantwortlich zeichnete, war die Bundespräsidentenwahl 2016, bei der der Amtsinhaber Heinz Fischer nicht mehr antreten durfte. Beim ersten Wahlgang am 24. April bewarben sich eine Frau (die

220 LPV 24. Februar 2016. LPL 24. Februar 2016.
221 LPV 23. September 2016.

von den NEOS unterstützte ehemalige Präsidentin des Obersten Gerichtshofs, Dr. Irmgard Griss) und fünf Männer, darunter für die FPÖ Norbert Hofer.

Bei einer angesichts des bunten Kandidatenfeldes recht niedrigen Wahlbeteiligung von 68,5 % qualifizierten sich Hofer und der von den Grünen nominierte Univ.-Prof. Dr. Alexander Van der Bellen, der frühere grüne Bundessprecher, für die Stichwahl. Hofer erhielt bundesweit rund 35 % der Stimmen, Van der Bellen etwa 21 %. Die Kandidaten von ÖVP und SPÖ schieden schon im ersten Durchgang mit Stimmenanteilen von nur 10 % aus. Diese Blamage trieb die schon länger schwelende parteiinterne Kritik am SPÖ-Bundesparteivorsitzenden, Bundeskanzler Werner Faymann, auf die Spitze, sodass dieser am 9. Mai 2016 beide Funktionen niederlegte. Ihm folgte der bisherige ÖBB-Vorstandsvorsitzende Christian Kern nach.[222]

Das gesamtösterreichische Ergebnis mit 35 % für Hofer verdeckt die erheblichen regionalen Unterschiede. Am besten schnitt der blaue Kandidat in seiner Heimat, dem Burgenland, mit 41,9 % ab; Van der Bellen kam hier in diesem für ihn feindlichen Terrain bloß auf magere 13,2 %. Das zweitbeste blaue Ergebnis lieferte die Steiermark mit 38,84 %, exakt einem Hundertstel Prozentpunkt vor Kärnten.[223] In der später wegen formaler Fehler aufgehobenen Stichwahl am 22. Mai 2016 ging Van der Bellen mit einem hauchdünnen Vorsprung als Erster durchs Ziel, weil ihn alle ausgeschiedenen Kandidaten und deren Parteien unterstützt und massiv gegen Hofer mobilisiert hatten. Hofer lag aber in fünf Bundesländern deutlich voran, nicht nur im Burgenland mit 61,4 %, sondern auch in Kärnten, Niederösterreich, Salzburg und der Steiermark. In der Grünen Mark entfielen 56,2 % der gültigen Stimmen auf den FPÖ-Kandidaten, eine klare absolute blaue Mehrheit.[224]

Bei der Wiederholung der Stichwahl, die wegen technischer Pannen rund um die Wahlunterlagen erst am 4. Dezember 2016 stattfinden konnte, siegte Van der Bellen deutlicher als zuvor (53,8 %). Hofer lag nur mehr in drei Bundesländern vorn: im Burgenland mit dem neuerlichen Spitzenwert von 58,1 %, in Kärnten (54,6 %) und der Steiermark (52,7 %), die diesmal hinter Kärnten

---

222 Zur FPÖ-Sicht Freiheitliches Bildungsinstitut: Res Publica. Österreichs Freiheitliche und ihre Republik 1918–2018 (Wien 2018), S. 24–26.

223 https://www.bmi.gv.at/412/Bundespraesidentenwahlen/Bundespraesidentenwahl_2016/start.aspx#pk_05.

224 https://www.bmi.gv.at/412/Bundespraesidentenwahlen/Bundespraesidentenwahl_2016/start.aspx#pk_06.

zurückgefallen war. In Niederösterreich und Salzburg hatte sich nun eine knappe Mehrheit zugunsten Van der Bellens entschieden.[225]

Hofers letztliche Niederlage war nicht nur der gegen ihn gerichteten geschlossenen Front sämtlicher politischen Kräfte abseits der FPÖ und der massiven Diffamierungskampagne geschuldet, die ihn mit allen Mitteln in ein braunes Eck zu rücken trachtete. Ursächlich war daneben der Unmut vieler Bürger wegen der Anfechtung der ersten Stichwahl durch die FPÖ. Diesem Antrag hatte der Verfassungsgerichtshof zwar stattgegeben, dennoch empfanden es viele Menschen als Zumutung, dass sich der Wahlvorgang über nahezu ein Dreivierteljahr hinzog.

Hofers knappes Scheitern ändert nichts an der Tatsache, dass niemals davor und danach ein freiheitlicher Kandidat um das höchste Amt im Staat auch nur annähernd so gute Resultate erzielte wie er. In immerhin drei von neun Bundesländern, darunter allerdings mit der Steiermark nur in einem großen und bevölkerungsreichen, sowie in weiten Teilen des ländlichen Raums lag Hofer bis zum Schluss voran, was manche Beobachter wohl zu Recht als Manifestation des sich vertiefenden Stadt-Land-Gegensatzes sowie generell der Spaltung der österreichischen Bevölkerung, sofern sie qua Staatsbürgerschaft wahlberechtigt war, bewerteten. Vereinfacht gesagt: Wofür der grüne Intellektuelle Van der Bellen stand, kam in den großen Städten gut an, je größer, desto mehr. Hofer punktete hingegen mit seinem bodenständigen, den strikten Vorrang österreichischer Interessen betonenden Programm in den kleineren Gemeinden. Das galt auch für solche, in denen bei sonstigen Wahlen die ÖVP die Oberhand hatte, denn für viele ihrer Anhänger war der grüne Kandidat schlicht unwählbar.

In der Steiermark gab es jedenfalls bei allen drei Wahlgängen eine solide, im zweiten Durchgang sogar beträchtliche Mehrheit für Hofer, was für die Landes-FPÖ unter Kunasek ein überaus ermutigendes Signal bedeutete. Auch im ersten Durchgang, als SPÖ und ÖVP noch ihre eigenen Kandidaten im Rennen hatten, errang Hofer mit einem Ergebnis über dem Bundesschnitt den ersten Platz. Die 56,2 % bei der ersten ungültigen Stichwahl sind freilich vor dem Hintergrund zu sehen, dass diese Kandidaten da bereits ausgeschieden waren. Man kann das Endresultat natürlich auch ganz anders betrachten: Selbst, wenn alle übrigen Parteien, vom Großteil der Medien unterstützt, gegen den blauen Kandidaten massiv mobilisierten, errang dieser im letzten Durchgang in der

225 https://www.bmi.gv.at/412/Bundespraesidentenwahlen/Bundespraesidentenwahl_2016/start.aspx.

Steiermark immer noch eine klare Mehrheit; dasselbe galt für das Burgenland und Kärnten.

Mit dem, was die steirische FPÖ für Hofer mit einem von ihr mit vollem Einsatz geführten Wahlkampf erreicht hatte, konnte Kunasek mehr als zufrieden sein. Das Ergebnis lag um Haushöhen über dem, was er und wohl auch die Bundespartei bei Hofers Nominierung in ihren kühnsten Träumen zu hoffen gewagt hatten. Hofers exzellentes Abschneiden in der Steiermark, gepaart mit dem beispiellosen bundesweiten Desaster der Kandidaten der beiden Regierungsparteien, die für ihre Protegés kaum zu mobilisieren vermocht hatten, konnte die FPÖ mit Blick auf die Zukunft nur optimistisch stimmen. Allerdings gab das Novum zu denken, dass sich im letzten und entscheidenden Wahlgang die Mehrheit der Österreicher für den von den Grünen, einer Zehn-Prozent-Partei, ins Rennen geschickten Van der Bellen entschieden hatte. Die Frage war nun, ob es der FPÖ gelingen würde, Hofers Erfolg – wenn auch in bescheidenerem Umfang – bei kommenden Wahlen zu wiederholen.[226]

Weitere Arbeit für Land und Partei

Noch während des sich über Monate hinziehenden Bundespräsidentenwahlkampfs betrieb Kunasek weiter die Umstrukturierung und Modernisierung der steirischen FPÖ. Im April 2016 legte er neue Einzelheiten seiner Pläne vor. Darin ging es zum einen um die Aufstockung des Personals für eine erheblich gewachsene Partei und zum anderen um eine weitere Effektivierung der Öffentlichkeitsarbeit. Das sehr gut angenommene Magazin „Wir Steirer" sollte möglichst bald statt vier Mal jährlich sechs Mal erscheinen, was ab 2017 der Fall war. Bei der Inseratenvergabe waren doppelte, nämlich von der Landespartei und den Bezirksstellen georderte Einschaltungen zu vermeiden. Die Bezirke hatten ihre Absichten daher rechtzeitig der Landesgeschäftsstelle zu melden, die korrigierend eingriff, falls erforderlich. Die Ortsgruppen mussten auf eigene Presseaussendungen verzichten und Entsprechendes über die Bezirksbüros veranlassen, um einen Wildwuchs zu vermeiden. Die Partei war angehalten, nach außen mit einem einheitlichen Design (Logos usw.) aufzutreten. Einem ähnlichen Zweck diente künftig ein Webshop, in dessen Angebot sich unter anderem Bekleidung und Werbemittel befanden.[227]

226 Vgl. den Themenblock „Bundespräsidentenwahl 2016" in: Andreas Khol/Günther Ofner/Stefan Karner/Dietmar Halper (Hrsg.): Österreichisches Jahrbuch für Politik 2016 (Wien–Köln–Weimar 2017), S. 3–97. Kurzmann/Kunasek, Lager, S. 257–260.

227 LPV 15. April 2016.

2016 lancierte die steirische FPÖ mehrere größere Kampagnen, die sie jeweils einem bestimmten wichtigen und aktuellen Thema widmete. Dazu gehörte etwa im Sommer 2016 die Familienpolitik, die mit Anträgen im Landtag, Flyern und Zeitungsinseraten vor den Vorhang geholt wurde. Kunasek bemerkte dazu: „Wir sind die einzige Familienpartei, wir sind gegen die Homoehe und für die konservative Familienform.“[228] In diesen Worten schwang unausgesprochen mit, dass die ÖVP diese für sie früher zentralen Kernthemen aufgegeben und dem von Links wehenden Zeitgeist geopfert hatte.

Weitere Kampagnen betrafen die Bereiche Gesundheit und Pflege (der zentrale Gegenstand bei der Herbstklausur 2016), Wirtschaft/Arbeitsplätze, wobei sich die FPÖ besonders für Klein- und Mittelbetriebe einsetzen wollte, die Landwirtschaft sowie Schächten, ein Softthema, das sich besonders für die Vorweihnachtszeit eignete.[229] Die eingängigen Slogans für diese Kampagnen lauteten: Starke Familien für unsere Zukunft; Lebt der Bauer, lebt das Land; Frauenpolitik in der Steiermark; Wirtschaftsstandort stärken – Aufschwung für die Steiermark; Tierschutz – gegen Tierleid und Todesfolter.[230]

FPÖ-Landesparteitag 2016: Bestätigung Kunaseks als Landesparteiobmann

Inmitten dieser umfangreichen Aktivitäten fand am 21. Mai 2016 in Graz der turnusmäßige 33. Landesparteitag der FPÖ Steiermark statt, dessen Delegierte Kunasek mit 99,3 % der Stimmen als Landesparteiobmann bestätigten; lediglich drei von 417 Stimmzetteln waren ungültig. Das ausgezeichnete Ergebnis der ersten Wahl im Oktober des vergangenen Jahres konnte also nochmals übertroffen werden. Im Vorfeld einigte sich der Landesparteivorstand darauf, Hannes Amesbauer als einen von Kunaseks Stellvertretern vorzuschlagen und damit ein weiteres Signal der Verjüngung und Erneuerung zu setzen (Abb. 30).[231]

Noch unter dem Eindruck des Erfolgs Norbert Hofers beim ersten Durchgang der Bundespräsidentenwahl einen Monat davor bekräftigte Kunasek auf dem Parteitag den Anspruch der FPÖ, die stärkste Kraft in der Steiermark zu werden und den ersten blauen Landeshauptmann zu stellen. Die nächste Landtagswahl, die planmäßig freilich erst in vier Jahren fällig war, wäre „die Mutter aller Schlachten“, ganz egal, wen ÖVP und SPÖ als Spitzenkandidaten nomi-

228 LPL 9. Juni 2016.

229 LPV 8. Juli 2016. LPV 23. September 2016. LPV 14. November 2016.

230 Kurzmann/Kunasek, Lager, S. 254.

231 LPV 15. April 2016. Berichte über den Parteitag in: Wir Steirer Nr. 2 (2016), S. 2 f.

▸ **Abb. 30: Bekanntgabe des Wahlergebnisses am Landesparteitag 2016**

nierten. Mit Blick auf ganz Österreich hoffte Kunasek ebenfalls auf die FPÖ als stärkste Kraft und einen freiheitlichen Bundeskanzler.[232] Schon der Ausgang der ersten Bundespräsidentenstichwahl am Tag darauf, bei der Hofer knapp unterlag, dämpfte diesen Optimismus ein wenig.

Kunasek besuchte im Herbst 2016 die Vereinigten Staaten, wo er sich vom Wahlkampf zwischen Donald Trump und Hillary Clinton um das Präsidentenamt inspirieren ließ.[233] Als Nächstes stand daheim die Neuwahl des Grazer Gemeinderats am 5. Februar 2017 auf dem Programm. Bei allen Urnengängen der vergangenen Jahre war das FPÖ-Ergebnis in Graz schlechter ausgefallen als in der übrigen Steiermark. Stadtparteiobmann Eustacchio erläuterte der Landesparteileitung am 12. Dezember 2016 die Devise, unter der die Freiheitlichen antraten: „Wir wollen unser Graz zurück." Man kämpfe gegen die immer mehr überhandnehmende Überfremdung und wolle nur für die Österreicher arbeiten.[234]

Grazer Gemeinderatswahl Februar 2017

Der eindeutige Gewinner der Grazer Gemeinderatswahl war die ÖVP unter Langzeitbürgermeister Mag. Siegfried Nagl, die rund vier Prozentpunkte zu-

232 Kurzmann/Kunasek, Lager, S. 255 f.
233 LPV 14. November 2016.
234 LPL 12. Dezember 2016.

legte und auf 37,8 % der Stimmen kam. Deutlich abgeschlagen erreichte die KPÖ mit nahezu unveränderten 20,3 % Platz 2. Auf dem dritten Platz lag mit 15,9 % die FPÖ, ein Zugewinn von 2,1 Prozentpunkten. Schwere Verluste erlitt die SPÖ, die auf rund 10 % abstürzte und noch ein wenig hinter den Grünen zu liegen kam. Den NEOS gelang mit knapp 4 % der Gewinn eines Mandats.[235] Eustacchio bezeichnete parteiintern das Ergebnis als unzufriedenstellend und machte mehrere Faktoren dafür verantwortlich. Zum einen sei das Verkehrsressort, für das er in der vergangenen Periode zuständig gewesen war, „eher undankbar“. Zum anderen sei die Strategie der ÖVP, die Angst bürgerlicher Wähler vor einer kommunistischen Bürgermeisterin zu schüren, voll aufgegangen. Nahezu alle, die dies verhindern wollten, wählten daher die ÖVP. Auch den Kommunisten sei die Mobilisierung ihres Wählerpotenzials gut gelungen. Eustacchio zog daraus den Schluss, allen Grazer FPÖ-Mandataren einen erweiterten Pflichtenkreis aufzuerlegen und sie zu mehr Aktivitäten zu ermuntern.[236]

Eustacchio konnte sich jedoch darüber freuen, dass sich Bürgermeister Nagl für die FPÖ als Koalitionspartner entschied, sodass der freiheitliche Stadtobmann zum Vizebürgermeister avancierte. Mit den acht Gemeinderäten der FPÖ und den 19 der ÖVP verfügte die Koalition im 48-köpfigen Stadtparlament über eine stabile Mehrheit; von den sieben Stadtregierungsmitgliedern stellte sie vier (drei ÖVP, eines FPÖ). Dieser bürgerlichen Mehrheit rechts der Mitte stand entgegen, dass erst zwei Monate zuvor, bei der Wiederholung der Bundespräsidentenstichwahl, rund 65 % der Grazer für den Grünen Van der Bellen gestimmt hatten. Die FPÖ schnitt besonders in jenen Bezirken gut ab, die von der Zuwanderung massiv betroffen waren. Dies galt beispielsweise für die Bezirke Lend und Gries, wo allerdings vor allem die Kommunisten fulminante Resultate erzielten und in einem Fall sogar die ÖVP überholten. Die FPÖ forderte und erhielt in den Koalitionsverhandlungen das bisher von der KPÖ geführte Wohnbauressort und machte sich sofort daran, Inländer bei der Vergabe von Gemeindewohnungen zu begünstigen, womit sie eines ihrer zentralen Wahlversprechen einlöste. Das mit der ÖVP ausgehandelte Programm „Agenda Graz 22“ sah explizit eine restriktivere Zuwanderungspolitik vor.[237]

---

235 http://www.graz.at/grwahl2017-endergebnis/gr60101.html#.

236 LPV 27. März 2017.

237 Mario Eustacchio: Das Wahljahr 2017 brachte Graz eine klare bürgerliche Mehrheit. In: Beatrix Karl/Wolfgang Mantl/Klaus Poier/Manfred Prisching/Anita Ziegerhofer (Hrsg.): Steirisches Jahrbuch für Politik 2017 (Wien–Köln–Weimar 2018), S. 175–179.

Vorbereitung auf die landesweite Gemeinderatswahl 2020

Abseits der insgesamt für die FPÖ doch erfreulichen Entwicklung in Graz blickte Kunasek Anfang 2017 bereits auf die nächste Gemeinderatswahl in der Steiermark, die Anfang 2020 anstand. Es galt, früh mit der Suche nach Kandidaten zu beginnen, vor allem nach solchen, die als Bürgermeister infrage kamen. Man wollte so viele weiße Flecken wie möglich abbauen, also in möglichst vielen Gemeinden eine Kandidatur zustande bringen. Ein Mittel der Kommunalpolitik waren freiheitliche Gemeindezeitungen, die allerorten mindestens zwei Mal pro Jahr erscheinen, ein einheitliches Bild aufweisen und von professionellen Grafikern gestaltet sein sollten.[238]

Die blaue Öffentlichkeitsarbeit wird noch professioneller

Ende März 2017 befasste sich der Landesparteivorstand neuerlich mit der Verbesserung des öffentlichen Erscheinens der Partei. Die Auftritte in den sozialen Medien wurden überarbeitet; generell strebte die FPÖ an, eigene Kanäle aufzubauen, um von Facebook & Co., aber auch von den Postverteilfirmen unabhängiger zu werden, denn diese könnten die FPÖ schlagartig blockieren. Blaue Funktionäre sollten in den Regionen die dortigen Probleme (etwa Verkehr, Infrastruktur und die Versorgung) erheben und danach Lösungsvorschläge erarbeiten. Dasselbe galt für Wirtschaftsthemen, die in die Zuständigkeit Axel Kasseggers fielen. Der Entwurf eines Wirtschaftsprogramms befand sich gerade in der Überarbeitung. Es galt, den Menschen zu zeigen, dass sich die Dinge bei einer freiheitlichen Regierungsbeteiligung bessern würden und dann zugleich der derzeit in der Landespolitik herrschende Stillstand aufhöre. Kunasek gab allerdings zu bedenken, die Partei habe mittlerweile eine Größe erreicht, die es schwierig mache, das Errungene bei künftigen Wahlen zu halten oder gar noch zu verbessern. Er schlug daher vor, in gewissen Bereichen die Unterstützung externer Fachleute in Anspruch zu nehmen.[239]

Anfang Mai 2017 lag bereits ein von Stefan Hermann formulierter Leitfaden für den Umgang mit den sozialen Medien vor, den Kunasek weit verbreiten wollte. Ihm kam es darauf an, die rasche Löschung bedenklicher und anstößiger Beiträge zu gewährleisten, bevor politische Gegner einen Screenshot anfertigen

238 LPV 25. Jänner 2017.
239 LPV 27. März 2017.

konnten. Den Ortsgruppen riet er, ihre Facebookpostings auf Gemeindeangelegenheiten zu beschränken und nicht die Weltpolitik zu kommentieren. Bei dieser Sitzung befasste sich der Vorstand überdies mit dem Gerücht, im Bund werde es bald Neuwahlen geben. Die sollten schneller kommen als gedacht.[240]

Vor der Nationalratswahl 2017

Als der Vorstand am 6. Juni 2017 zusammentrat, war in der Tat die SPÖ-ÖVP-Bundesregierung geplatzt. Nur einen Tag nach der erwähnten FPÖ-Sitzung vom 9. Mai gab ÖVP-Obmann und Vizekanzler Reinhold Mitterlehner seinen Rücktritt aus beiden Ämtern bekannt. Außenminister Sebastian Kurz übernahm die ÖVP und forderte Neuwahlen, die auf den 15. Oktober angesetzt wurden. Kunasek ließ am 6. Juni parteiintern keinen Zweifel daran, dass mit dem nunmehr türkisen anstatt schwarzen Spitzenkandidaten Kurz eine völlig veränderte Lage eingetreten war und die ÖVP sicher sein konnte, Kurz werde sie nach oben führen.[241]

Gerald Deutschmann nahm im Interview 2024 diese Zeit so wahr, dass Kurz die Sympathien zahlreicher bürgerlicher, nicht-linker Wähler zuströmten, weil er moderater wirkte als Bundesparteiobmann Strache. Da Kurz ohnedies die meisten inhaltlichen Forderungen und Themen der FPÖ zu den seinen machte, bevorzugten viele Menschen den – was die Rhetorik anging – weniger radikalen oder radikal wirkenden Kurs des neuen ÖVP-Obmanns. Derartige Aussagen hörten freiheitliche Funktionäre vielfach im Zuge des Wahlkampfs, sodass sie im Sommer 2017 realisierten, nicht als Erste aus der kommenden Wahl hervorzugehen.[242]

Mit begrenztem Erfolg versuchte das FPÖ-Magazin „Wir Steirer", den Wählern die Unglaubwürdigkeit der türkis umgefärbten ÖVP darzulegen. Es fruchtete nichts, exakt belegte Aussagen des neuen ÖVP-Obmanns aus der jüngeren Vergangenheit, wie „Der Islam gehört selbstverständlich zu Österreich" (23. Jänner 2015) oder „Wir haben zu wenig Willkommenskultur!" (12. November 2014), zu zitieren; das Wahlvolk sah offenbar über die Widersprüche zu Kurz' späteren, völlig konträren Positionen wohlwollend und/oder geblendet hinweg. Der FPÖ-Slogan „Der Lack ist ab" erwies sich mit Blick auf Sebastian Kurz als um Jahre verfrüht.[243]

240 LPV 9. Mai 2017.
241 LPV 6. Juni 2017.
242 Interview Deutschmann.
243 Wir Steirer Nr. 4 (2017), Cover und S. 2–5.

In der FPÖ war bereits klargestellt, dass die Bundespartei den Wahlkampf weitgehend bestimmen würde; alle Aktivitäten in den Ländern waren mit ihr abzustimmen. Geplant war im Zuge einer Steiermark-Tour unter anderem je eine mehrstündige Wanderung pro Bezirk für einen guten Zweck, beispielsweise die Anschaffung eines Diabetes-Hundes. Als steirischen Spitzenkandidaten legte der Vorstand einstimmig Hannes Amesbauer fest. Die übrigen Bewerber waren nach dem üblichen Prozedere über Vorschläge in den Bezirken und Wahlkreisen mit anschließender Genehmigung durch den Landes- und Bundesparteivorstand zu bestimmen.[244]

Während Kunasek auf der Folgesitzung am 3. Juli resümierte, die Erstellung der Kandidatenlisten sei allerorten demokratisch, freundschaftlich und harmonisch abgelaufen, gab es rund um Amesbauer einigen Ärger. Kunasek hatte nämlich am 6. Juni nachdrücklich darum ersucht, über ihn als Spitzenkandidaten nichts durchsickern zu lassen, da man ihn auf einer Pressekonferenz als Überraschung vorstellen wollte. Trotzdem stand alles am Tag darauf brühwarm in der „Kronen Zeitung". Kunasek war sichtlich enttäuscht: „Wenn ich mich nicht auf die MG [Mitglieder] des LPV verlassen kann, können wir keine offenen Diskussionen mehr führen und keine heiklen Themen mehr ansprechen."

Dem zum Wahlkampfleiter bestimmten Stefan Hermann ging es ebenfalls um eine Verbesserung der Disziplin. Er teilte mit, die Bundespartei erwarte von allen Landesgruppen einen wöchentlichen Bericht über ihren Wahlkampf und von sämtlichen Mandataren – vom Gemeinderat bis zum EU-Parlamentier – ihren aktiven Einsatz; „ansonsten wird es ein Gespräch mit Herbert Kickl persönlich geben".[245]

Als der Landesparteivorstand am 23. August 2017 neuerlich beriet, war klar geworden, dass die Person Kurz eine ernste Gefahr darstellte. Nach Kunaseks Einschätzung kam es für etwa ein Viertel der bisherigen freiheitlichen Wähler infrage, für ihn zu stimmen. Persönliche Attacken auf Kurz waren zu unterlassen, man wollte ihm mit Argumenten und Fakten entgegentreten. Für den Wahlkampf waren landesweit rund 200 Auftritte des Spitzenkandidaten Amesbauer und Kunaseks vorgesehen; FPÖ-Chef Strache und Norbert Hofer würden mehrmals in die Steiermark kommen. Bei allen diesen Gelegenheiten suche man das Gespräch mit den Bürgern. Amesbauer berichtete über die erstellten Videoclips zu folgenden Themen: Asyl (Abschiebezentrum Vordernberg), Fair-

244 LPV 6. Juni 2017.

245 LPV 3. Juli 2017. Kickl war damals FPÖ-Generalsekretär.

ness (Voest), Landwirtschaft (Kühe), Tierschutz (Tierheim Purzel & Vicky in Vasoldsberg) und den Finanzskandal in der Gemeinde Hart bei Graz.[246]

Nationalratswahl 2017

Sebastian Kurz wurde den in ihn gesetzten Erwartungen vollauf gerecht, wie sich am Wahltag, dem 15. Oktober 2017, zeigte. Die SPÖ unter ihrem einstigen Hoffnungsträger Christian Kern stagnierte bei 26,9 % der gültigen Stimmen, während die ÖVP 7,5 Prozentpunkte zulegte und auf 31,5 % kam. Die FPÖ zählte ebenfalls zu den Siegern, denn sie gewann 5,5 Prozentpunkte hinzu und erhielt 26 %, nur knapp hinter der SPÖ. Der Hauptverlierer waren die Grünen, die aus dem Parlament flogen. An ihrer Stelle zog die von ihnen abgespaltene Liste Pilz ins Hohe Haus ein. Vertreten waren dort außerdem die NEOS. Obwohl die FPÖ deutlich zugelegt hatte, bestand doch kein Zweifel daran, dass der charismatische Kurz und die von ihm auf Türkis umgefärbte ÖVP ihr den erhofften fulminanten Erfolg gekostet hatten. Die Freiheitlichen verblieben auf dem dritten Platz und ein blauer Bundeskanzler lag in weiter Ferne.[247]

Blickt man auf die Bundesländer, so gab es rote Mehrheiten in Wien und dem Burgenland, eine blaue in Kärnten und türkise im Rest des Landes. In der Steiermark schnitt die FPÖ wieder einmal deutlich besser ab als im Bundesschnitt, denn mit einem Zugewinn von 5,4 Prozentpunkten (nahezu der Bundesschnitt) und 29,4 % eroberte sie den zweiten Platz vor den Sozialdemokraten mit 25,1 %. Der Gewinn der ÖVP betrug hier 10,6 Prozentpunkte, was 31,5 % bedeutete. In den Bezirken Voitsberg, Deutschlandsberg und Leibnitz stimmte eine relative Mehrheit für die FPÖ. In Graz-Umgebung, jenem Bezirk, dem Kunasek besonders verbunden war, kam die FPÖ mit einem Plus von 4,4 Prozentpunkten auf beachtliche 30,7 %, nur einen Hauch hinter der ÖVP (31,0 %). Obwohl Kunasek, anders als 2008 und 2013, diesmal nicht selbst für den Nationalrat kandidierte, erzielte die FPÖ in seiner Heimatgemeinde Gössendorf mit 38,3 % (ein Plus von 5,4 Prozentpunkten) ein Traumergebnis und wurde selbstredend die stärkste Kraft. Ausgehend von einem allerdings sehr niedrigen Niveau, gelang es der ÖVP in Gössendorf, sich auf 28,4 % nahezu zu verdoppeln. Der Zusammenhang ist eindeutig: Je enger die Verbindung eines Gebiets zu Kunasek, desto besser schnitt die FPÖ ab.[248]

246 LPV 23. August 2017.

247 Elf Beiträge „Nationalratswahlen 2017“ in: Andreas Khol/Günther Ofner/Stefan Karner/Dietmar Halper (Hrsg.): Österreichisches Jahrbuch für Politik 2017 (Wien–Köln–Weimar 2018), S. 3–167.

248 https://bundeswahlen.gv.at/2017/index.html.

Bei der Analyse des Wahlergebnisses in der Vorstandssitzung vom 18. Oktober 2017 zeigte sich Kunasek mit dem überdurchschnittlich guten Abschneiden der FPÖ in der Steiermark im Großen und Ganzen zufrieden. Dafür machte er unter anderem die wirkungsvolle Arbeit in den sozialen Medien verantwortlich; auf diesem Gebiet sei die FPÖ unbestritten die Nummer 1. Ihre Veranstaltungen, etwa das Hartberger Oktoberfest und mehrere Kundgebungen in Graz, waren stets sehr gut besucht; ein achtes Mandat in der Steiermark hatte man nur um wenige Stimmen verpasst.

Anlass zur Sorge gab allerdings das erneut und noch ausgeprägter als früher manifest gewordene Stadt-Land-Gefälle, konkret das unbefriedigende Abschneiden der FPÖ in der Stadt Graz, wo sie mit 19,4 % nur um 0,1 Prozentpunkte zulegen konnte, also de facto stagnierte, und um rund zehn Prozentpunkte hinter dem Steiermarkschnitt zu liegen gekommen war. Man müsse sich ernsthafte Gedanken darüber machen, so Kunasek, wie dieser Zustand zu verbessern sei. Man komme um die Erkenntnis nicht herum, dass die FPÖ gewisse Gruppen schwer oder gar nicht überzeugen konnte: Menschen in urbanen Räumen, Ältere bzw. Pensionisten (die, wie angemerkt sei, ihr Wahlverhalten selten ändern), Frauen und Akademiker. An sie Informationen heranzutragen, bleibe eine Schwachstelle der Partei. Axel Kassegger, der in Graz für den Nationalrat kandidiert hatte, merkte als Erklärung für das vergleichsweise schlechte Abschneiden in der Landeshauptstadt an, es gebe dort besonders viele Pensionisten, Studenten und Ausländer, die eben nicht zur FPÖ-Wählerschicht gehörten.[249] Daran war, was die beiden ersten genannten Gruppen betrifft, sicher viel Wahres. Ausländer waren allerdings gar nicht wahlberechtigt. Vielleicht meinte Kassegger eingebürgerte, also ehemalige Ausländer.

Politikwissenschaftliche Analysen haben Kunaseks Einschätzungen einige weitere spannende Facetten hinzugefügt; wenig verwunderlich kreisten auch sie in erster Linie um das Phänomen Sebastian Kurz. Wir begegnen dem Hinweis, dass die Erwartungen an die FPÖ nach den Wahlen der Jahre 2015 und 2016 außerordentlich hoch lagen, sodass es für sie schwierig war, diese Latte zu überspringen. Außerdem brachte der Wechsel an der ÖVP-Spitze zu Kurz die FPÖ in ein Dilemma, weil Kurz es verstand, den Freiheitlichen ihr bisheriges Monopol sowohl auf den Protest gegen das verkrustete alte System als auch auf die Migrationsfrage, das FPÖ-Kernthema, abspenstig zu machen. Die FPÖ hätte darauf mit einer Verschärfung ihrer Forderungen und ihrer Rhetorik reagieren können, was sie aber Stimmen im Sektor gemäßigter Protestwähler gekostet hätte. Da sich die FPÖ-Spitze für die Zeit nach der Wahl einen Ein-

249 LPV 18. Oktober 2017.

tritt in die Bundesregierung als Partner der ÖVP erhoffte, führte sie einen vergleichsweise moderaten Wahlkampf. Er nahm darauf Bedacht, dass mit Kurz als Gegner Platz 1 unerreichbar, eine Regierungsbeteiligung dafür jedoch umso wahrscheinlicher war.[250]

Andere Analysen führen ins Treffen, in der Ära Kurz seien die Wähler von ÖVP und FPÖ kommunizierende Gefäße geworden. Beide Parteien verzeichneten in allen oder in nahezu allen steirischen Gemeinden Zugewinne und die FPÖ konnte ihr Ergebnis obendrein in sämtlichen steirischen Bezirken verbessern. Die Freiheitlichen profitierten überdies von einer hohen Wahlbeteiligung, was bedeutet, dass sie bisherige Nichtwähler besonders erfolgreich ansprechen konnten. In Gemeinden, in denen Flüchtlinge untergebracht waren, schnitt die FPÖ signifikant besser ab als in den übrigen, was belegt, dass es seitens der FPÖ-Führung richtig war, auf dieses Thema zu setzen.

Es mag nur ein Detail am Rande sein, aber: Je schlechter im ländlichen Raum die Versorgung mit Bankomaten war, desto bessere Ergebnisse erzielte die FPÖ. Dies kann nur bedeuten, dass das freiheitliche Engagement gegen die Ausdünnung der ländlichen Regionen am Wahltag seine Anerkennung fand. Ähnliches gilt für die Dichte an Polizeiposten. Darüber hinaus wurde festgestellt, dass der Anteil an Pflichtschul- und Lehrabsolventen in einer Region signifikant mit den FPÖ-Wahlergebnissen korrelierte. Kunasek hatte also recht mit seiner Aussage, die FPÖ könne Akademiker nur schwer erreichen. Von einem hohen Akademikeranteil profitierten vielmehr die Grünen, die NEOS und die Liste Pilz. Je mehr Arbeiter es hingegen in einem Raum gab, desto besser das Wahlergebnis der FPÖ.[251]

Regierungsverhandlungen, Kabinett Kurz/Strache

Es zeichnete sich nach der Nationalratswahl schnell ab, dass die Regierungsbildung auf eine ÖVP-FPÖ-Koalition hinauslief. Beide Parteien, insbesondere die Türkisen, waren am Wahltag gestärkt worden, während die SPÖ stagnierte und nur mehr die zweitstärkste Kraft war. Obendrein war unübersehbar, dass ihr Vorsitzender Kern keinerlei Neigung verspürte, unter Kurz den Vizekanzler zu geben. Die beiden konnten einfach nicht miteinander. Hinzukam, dass

250 Klaus Poier: Nationalratswahl 2017: Ende der dritten Periode der Großen Koalition in der Zweiten Republik. In: Beatrix Karl/Wolfgang Mantl/Klaus Poier/Manfred Prisching/Anita Ziegerhofer (Hrsg.): Steirisches Jahrbuch für Politik 2017 (Wien–Köln–Weimar 2018), S. 121–128, insbesondere S. 126.

251 Heinz P. Wassermann: „ÖVP-Jubel im Steirerland" oder: politisch polarisierte Soziotope. In: ebda., S. 129–147.

ideologisch einer türkis-blauen Regierungsbildung wenig im Weg stand und die Ausarbeitung eines Arbeitsprogramms auf deutlich weniger Hindernisse stieß, als wenn einer der beiden mit den Sozialdemokraten koaliert hätte. Am 20. Oktober erteilte Bundespräsident Van der Bellen Sebastian Kurz als dem Obmann der mit Abstand stimmen- und mandatsstärksten Partei den Auftrag zur Regierungsbildung.[252]

Bereits drei Tage nach der Wahl befasste sich der FPÖ-Landesparteivorstand quasi präventiv mit den noch gar nicht eröffneten Koalitionsverhandlungen, für die es laut Kunasek einer genauen Vorbereitung bedurfte. Die FPÖ sollte exakte Forderungen an die ÖVP stellen, unter anderem das Finanz- und das Innenministerium (Letzteres erhielt sie in der Tat). Unabhängig davon, ob man tatsächlich in die Regierung eintrete oder in Opposition bleibe (die Würfel waren an diesem Tag noch nicht gefallen), müsse die FPÖ ihre „Komfortzone" verlassen, Verantwortung übernehmen und intern Disziplin bewahren. Kurzmann plädierte dafür, wenn irgend möglich mitzuregieren und auf dem Innenministerium zu beharren.[253]

Knapp eine Woche später, am 24. Oktober, lud Kurz nach eher formellen Sondierungsgesprächen mit allen Parlamentsparteien die FPÖ zu konkreten Regierungsverhandlungen ein.[254] FPÖ-Obmann Strache nahm das Angebot an, fügte aber hinzu, das bedeute nicht zwangsläufig, dass es zu einer Einigung kommen werde. Er und seine Partei hätten sehr konkrete Vorstellungen. Dem blauen Verhandlungsteam gehörten neben Strache selbst dessen Stellvertreter Norbert Hofer, Generalsekretär Herbert Kickl, Klubdirektor Norbert Nemeth sowie die Abgeordnete Anneliese Kitzmüller an.[255]

Ende November stand eine Entscheidung noch aus. Der Landesparteivorstand befasste sich daher am 27. November 2017 zuerst mit dem Problemfall Graz. Die FPÖ würde ein eigenes urbanes Programm entwickeln, das sich mit Modifikationen auch für andere größere Städte der Steiermark eignete. Die Zeitschrift „Uhrturm" sollte ein neues Design, eventuell auch einen neuen Namen („Wir Grazer") bekommen und einen allgemeinen Grazer Teil sowie einen weiteren für die einzelnen Bezirke der Stadt enthalten. Ausgezeichnet entwi-

252 Vgl. den Block „Bewertung des Regierungsprogramms der Regierung Kurz-Strache. Analyse und Ausblick". In: Andreas Khol/Günther Ofner/Stefan Karner/Dietmar Halper (Hrsg.): Österreichisches Jahrbuch für Politik 2017 (Wien–Köln–Weimar 2018), S. 171–220.

253 LPV 18. Oktober 2017.

254 https://newsv2.orf.at/stories/2412153/.

255 https://newsv2.orf.at/stories/2412192/2412191/. Freiheitliches Bildungsinstitut: Res Publica. Österreichs Freiheitliche und ihre Republik 1918–2018 (Wien 2018), S. 15–18 und S. 27–48.

ckelte sich die Medienpartnerschaft mit dem Radiosender Antenne Steiermark und dem Magazin „Die Woche". Kunasek forderte dazu auf, die Partei mit jenen ihrer Vorfeldorganisationen, die in den einschlägigen Kammern vertreten waren (Landwirtschafts- und Arbeiterkammer), besser zu vernetzen. Erfreulich war die Mitgliederentwicklung: 2010 hatten rund 4.300 Personen der steirischen FPÖ angehört, Ende 2017 waren es 9.100.

Die Verhandlungen mit der ÖVP waren mittlerweile in ein sehr konkretes Stadium eingetreten. Kunasek beteiligte sich als Experte an der Fachgruppe Landesverteidigung, die für die Steuerungsgruppe (das Aufsichtsgremium über den zahlreichen Runden, die sich einzelnen Sachthemen widmeten) ein Papier erstellte. Kassegger warf ein, die FPÖ führe die Verhandlungen nunmehr ganz anders als im Jahr 2000, da für sie rund 250 Fachleute eingebunden waren. Kurzmann erwähnte die große Zustimmung in der Bevölkerung für eine Mitte-Rechts-Regierung. Diese müsse dann aber auch Erfolge vorweisen können, andernfalls werde es bei der nächsten, planmäßig im Frühjahr 2020 stattfindenden Landtagswahl schwierig, denn die SPÖ sei zwar momentan sehr ruhig, sie werde sich aber gewiss wieder zu Wort melden. Kunasek hielt ebenfalls Überlegungen für erforderlich, wie mit der Situation Schwarz/Rot im Land und Türkis/Blau im Bund umzugehen sei. Das oberste Ziel lautete, 2020 so stark zu werden, dass an der FPÖ auch als Teil der Landesregierung nicht länger vorbeizukommen sei.

Kunaseks bald folgender Eintritt in die Bundesregierung stand zu diesem Zeitpunkt offenbar noch nicht definitiv fest. Er rechnete fix damit, dass ihr zumindest ein steirischer Freiheitlicher angehören würde, was angesichts des guten Wahlergebnisses mehr als naheliegend war (es gab dann mit Kunasek und Mag. Beate Hartinger-Klein zwei Ministerposten für die steirische FPÖ oder sogar drei, wenn man den gebürtigen Steirer Norbert Hofer nicht zu den Burgenländern zählt). Wer zu dieser Ehre kommen würde, hing von den der FPÖ zufallenden Ressorts ab. Auf die konkrete Frage, ob er nach Wien gehen werde, antwortete Kunasek: „Wenn es so ist und das Ressort passt, werde ich die Verantwortung übernehmen."[256] Kunasek musste sich noch ein wenig gedulden. Am 15. Dezember 2017 gaben Kurz und Strache die Einigung ihrer Parteien auf eine gemeinsam zu bildende Koalitionsregierung bekannt. Seit der Nationalratswahl waren knapp neun Wochen vergangen. Orf.at berichtete an diesem Tag, die FPÖ habe ihre Wunschressorts (Inneres, Äußeres und Soziales/

256 LPV 27. November 2017.

Gesundheit) und dazu die Ministerien für Landesverteidigung und Infrastruktur erhalten; Kunaseks Name fiel dabei noch nicht, nicht einmal spekulativ.[257]

Mario Kunasek wird Minister

Es war allerdings naheliegend, den früheren Wehrsprecher, Mitglied bzw. Obmann des Landesverteidigungsausschusses (2008–2013 bzw. 2013–2015) und Berufssoldaten Kunasek mit der Leitung des Bundesministeriums für Landesverteidigung und Sport zu betrauen (die Sportagenden wanderten kurz darauf zum Ressort von Vizekanzler Strache). Am 18. Dezember 2017, drei Tage nach der Bekanntgabe der Einigung Straches und Kurz', gelobte der Bundespräsident die neue Regierung an, darunter Kunasek. Noch am selben Tag erfolgte die Amtsübergabe im Rahmen eines feierlichen Festakts im Verteidigungsministerium, den Kunasek noch heute zu den schönsten Erinnerungen an seine Ministerzeit zählt (Abb. 31).[258] Der Landesparteivorstand war mit der Nominierung seines Obmanns als Bundesminister für Landesverteidigung und Sport im Vorfeld nicht mehr befasst, er hatte ja am 27. November grünes Licht für einen damals bereits denkbaren Weggang Kunaseks nach Wien gegeben. In seiner Ausgabe

Quelle: BMLV | Foto Pusch

▸ Abb. 31: Übergabe des Verteidigungsministeriums von Doskozil an Kunasek

257 https://newsv2.orf.at/stories/2419049/2419047/.
258 Interview Mario Kunasek.

vom Februar 2018 konnte das freiheitliche Mitgliedermagazin „Intern“ jubelnd titeln: „Wir sind Bundesregierung!“[259]

Die erste Nationalratssitzung nach der Bildung der neuen Regierung fand am 20. Dezember 2017 statt. Der nunmehrige Vizekanzler Strache stellte bei dieser Gelegenheit die blauen Regierungsmitglieder vor; für Kunasek fand er folgende Worte: „Ich freue mich, auch den neuen Verteidigungsminister Mario Kunasek im Team begrüßen zu dürfen, der ja selbst aus dem Bundesheer kommt. Er ist Unteroffizier, ist also, wenn man so will, ein Mann der Truppe. Ich glaube, dass es dem Bundesheer ganz guttut, einmal auch aus dieser Perspektive heraus Fortschritte und Weiterentwicklungen zu sehen, denn es braucht dort eine Optimierung für den Berufssoldaten und Verbesserungen im Bereich der Grundausbildung, wo mehr und bessere Rahmenbedingungen geschaffen werden müssen, und es braucht auch ein Wiederbeleben der Miliz. Dafür wirst du der Garant sein. Alles, alles Gute! (Beifall bei FPÖ und ÖVP.)“[260]

Der steirische FPÖ-Abgeordnete Wolfgang Zanger übertraf Straches Lob noch bei Weitem: „Zu meinem lieben Freund Mario Kunasek: Etwas Besseres als dich als Verteidigungsminister hätten wir uns gar nicht wünschen können. Endlich einer, der für die Truppe da sein wird! Endlich einer, der weiß, worum es geht, weil er selbst dort gedient hat, weil er die Schwächen des Systems kennt! Endlich einer, der menschlich ist und zu dem die Unteroffiziere, die Rekruten und alle kommen können – auch die Offiziere natürlich, diese wollen wir jetzt nicht ganz ausschließen, wir wissen aber, dass wir bei den zuvor Genannten am meisten tun müssen. [...] Mario, ganz persönlich: Wir sind ja schon hier im Parlament gesessen, damals noch in einem kleinen, verrauchten Kammerl, und damals haben wir schon philosophiert, wie wir uns auch in der Steiermark weiterentwickeln können, und wir haben vieles geschafft und umgesetzt. Der Höhepunkt ist jetzt sicher einmal: du als Minister. Ich glaube, wenn wir ganz vernünftig, gezielt, effizient, gescheit und gut weiterarbeiten und dabei mit dem Herzen beim Bürger sind, dann wird es 2020 in der Steiermark auch einen blauen Landeshauptmann geben. – Ich danke. (Beifall bei der FPÖ und bei Abgeordneten der ÖVP.)“[261] Erstaunlich, dass zumindest einige schwarze Mandatare zu der Aussicht auf einen blauen Landeshauptmann applaudierten ...

Rückblickend berichtete Kunasek dem Landesparteivorstand am 21. Dezember 2017 über seine Angelobung und die Koalitionsverhandlungen, die

---

259 Intern Nr. 24 (Februar 2018), Cover. Ebda., S. 6 f. Fotos von Kunaseks Angelobung und Amtsübernahme.

260 https://www.parlament.gv.at/dokument/XXVI/NRSITZ/5/fname_681356.pdf, S. 46.

261 Ebda., S. 86.

seinem Urteil zufolge sehr konstruktiv verlaufen waren. Die notwendigen Personalveränderungen gingen zügig und reibungslos über die Bühne. Im Kabinett arbeiteten insgesamt neun Personen, mehrheitlich Offiziere, darunter als Stabschef der damalige Generalmajor Mag. Robert Brieger, der Ende Juli 2018 zum Generalstabschef des Bundesheers aufrückte. Brieger hatte Kunasek bereits während seiner Zeit als Nationalratsabgeordneter kennengelernt und bei verschiedenen Anlässen getroffen; ein besonders enger Kontakt bestand jedoch nicht. Als sich eine türkis-blaue Regierung abzeichnete, besprachen FPÖ-nahe Offiziere, wer für bestimmte Funktionen infrage käme, sollte es seitens der Politik entsprechende Anfragen geben. Dabei ging es unter anderem um den Stabschef, einen unter Darabos eingeführten Posten, dessen Inhaber im Kabinett des Ministers für alle genuin militärischen Aspekte wie das Budget, das Personal, die Infrastruktur und die Organisation zuständig ist. Vorgeschlagen wurde dann eben Brieger, der heute nicht mehr sagen kann, von wem die Idee stammte. Offenkundig ist, dass ihm seit Langem der Ruf eines seriös arbeitenden Fachmanns vorauseilte.[262]

Im Zuge der von der Regierung Kurz-Strache beschlossenen Einführung von Generalsekretären in sämtlichen Ministerien setzte Kunasek den Berufsoffizier Dr. Wolfgang Baumann in seinem Ressort in dieses Amt ein. Er war damit der zweite Mann im Ministerium und nach Kunasek der oberste Vorgesetzte aller seiner Beamten. Als seinen Kabinettschef bestimmte Kunasek einen Mann seines Vertrauens, den Historiker, Milizoffizier und bisherigen Klubdirektor der FPÖ im Landtag, Mag. Michael Klug. Dessen alter Posten war Mag. Christian Moser zugedacht, mit Jürgen Angerer als Stellvertreter. Als Klubobmann im Landtag sollte Stefan Hermann nachfolgen, der als Landesparteisekretär und Wahlkampfleiter die Partei bestens kannte. Da Hermann dem Landtag noch nicht angehörte, würde er das freiwerdende Mandat Kunaseks übernehmen. Zum stellvertretenden Klubobmann war wie bisher Gerald Deutschmann bestimmt. Kunasek hatte ursprünglich beabsichtigt, Hermann mit in sein Kabinett nach Wien zu nehmen, was dieser allerdings aus privaten Gründen ablehnte: Er stand kurz davor, Vater zu werden. Den Landtagsneuling gleich zum Klubobmann zu küren, stieß zunächst auf Widerstand, da sich Deutschmann – aus seiner Sicht verständlich – selbst als den geeignetsten Nachfolger be-

262 https://www.parlament.gv.at/dokument/XXVI/AB/1294/imfname_708601.pdf. Interview mit General Mag. Robert Brieger, 13. März 2024.

trachtete. Nach intensiven Diskussionen und einer kurzen Eiszeit fügte sich Deutschmann dem expliziten Wunsch Kunaseks.[263]

Der Landesparteivorstand segnete alle diese Veränderungen einstimmig ab. Kunasek teilte außerdem seine Absicht mit, alle blauen Regierungsmitglieder bis zum Sommer 2018 zu Sitzungen der Landesparteileitung einzuladen, damit sie sich und die Arbeit ihrer Ressorts vorstellen könnten. Von seinen künftigen Medienterminen in der Steiermark erwartete er eine positive Veränderung der Wahrnehmung der freiheitlichen politischen Arbeit seitens der Bevölkerung.[264]

Das war auch dringend notwendig, denn die Oppositionsparteien im Bund sowie NGOs wie SOS Mitmensch und andere warteten nicht einmal den Abschluss der Koalitionsverhandlungen und die Vorlage des Regierungsprogramms ab, sondern begannen schon davor, von einer reaktionären Wende sowie der Gefährdung von Demokratie und Menschenrechten zu fabulieren. Ging es nach ihnen, so waren mit der Regierung Kurz-Strache der Untergang des Abendlands und die Machtübernahme des Faschismus eingeläutet.

Was Kunasek von dieser Seite an Sticheleien und Anschwärzungen erwartete, dürfte ihm spätestens zwei Tage nach seiner Angelobung klar geworden sein, als sozialdemokratische Nationalratsabgeordnete in einer parlamentarischen Anfrage an ihn unterstellten, das Regierungsprogramm beabsichtige die Erleichterung von Rüstungsexporten.[265] Wenige Tage nach dem Jahreswechsel wollte dann der auf der Liste Pilz ins Hohe Haus gewählte, bekannte Konsumentenschützer Dr. Peter Kolba in einer weiteren, ohne jeden konkreten Anlass eingebrachten Anfrage wissen, ob Kunaseks Ministerium gedenke, in der „weit rechts stehenden Zeitschrift AULA" Inserate zu schalten.[266] Kunaseks Antwort vom 9. März 2018 lautete militärisch knapp „Nein".[267]

Nur um zu illustrieren, mit welch bizarren, mehr oder weniger subtilen Unterstellungen und Verdächtigungen die Opposition gegen Kunasek agitierte, sei hier noch eine Anfrage vom 12. Jänner 2018 erwähnt, in diesem Fall federführend verfasst von der NEOS-Abgeordneten Dr. Stephanie Krisper. Sie führte darin aus, der damalige blaue Wiener Vizebürgermeister Mag. Johann Gudenus

263 Interview Hermann. Zu dessen Übernahme der Klubführung: Wir Steirer Nr. 1 (2018), S. 4 f.

264 LPV 21. November 2017.

265 https://www.parlament.gv.at/dokument/XXVI/J/91/imfname_676711.pdf.

266 https://www.parlament.gv.at/dokument/XXVI/J/99/imfname_677805.pdf. Sitzung vom 9. Jänner 2018.

267 https://www.parlament.gv.at/dokument/XXVI/AB/99/imfname_684729.pdf. Bei der Beantwortung einer Anfrage, die u. a. die „Aula" betraf, hieß es am 17. Juli 2018, es gebe dort keine Inserate, weil „keine Zielgruppenrelevanz besteht". https://www.parlament.gv.at/dokument/XXVI/AB/870/imfname_704706.pdf.

sei „in der Woche vom 8. Jänner" [sic] nach Bosnien gereist und habe dort in der abtrünnigen serbischen Teilrepublik (Republika Srpska) für sich und Strache einen Orden „für außerordentliche Erfolge in der Festigung des Friedens und der internationalen Zusammenarbeit zwischen der Republik Österreich und der Republika Srpska" in Empfang genommen. Diese Auszeichnung habe ihnen der Präsident dieser Republik, Milorad Dodik, verliehen, einer der hartnäckigsten Leugner des Massakers von Srebrenica, von dem oben die Rede war. Offenbar nur deshalb, weil Kunasek, der mit der Reise von Gudenus absolut nichts zu tun hatte, nahezu 20 Jahre zuvor im Zuge einer Blauhelm-Mission der UNO in diesem Gebiet gedient hatte, wollten Krisper und einige ihrer Kollegen von ihm wissen: „1. Welche Auszeichnungen, Orden, Ehrungen und dergleichen haben Sie im Laufe Ihres Lebens bisher erhalten und wofür? a) Gibt es, im Sinne der Transparenz, eine Information darüber irgendwo online? b) Wenn nein, warum nicht? 2. Nach welchen Kriterien werden Sie künftig in solchen Fällen entscheiden, ob Sie eine Auszeichnung annehmen oder nicht? a) Was wären für Sie Gründe, eine Auszeichnung nicht anzunehmen?" Um die mit Händen zu greifende Banalität dieser Angelegenheit ein wenig zu kaschieren, fügten die NEOS-Mandatare scheinheilig hinzu: „Als Regierungsmitglied muss man sich darüber im Klaren sein, dass jede Tätigkeit und jede kontroverse Auszeichnung auf die gesamte Republik Österreich zurückfällt [recte: zurückfallen]."[268]

Eher in die Rubrik Kabarett/Sachen zum Lachen fällt, was andere NEOS-Abgeordnete von Kunasek am 8. März 2018 in gendergerechter Sprache wissen wollten (damals war gerade der Unterstrich en vogue, der mittlerweile vom Genderstern abgelöst wurde): „Haben Sie seit Ihrem Amtsantritt im Zuge von bzw. vor öffentlichen Auftritten die Dienste von Visagist_innen bzw. Make Up Artists in Anspruch genommen? Haben Sie seit Ihrem Amtsantritt im Zuge von bzw. vor öffentlichen Auftritten die Dienste von Frisuer_innen [sic] in Anspruch genommen? Haben Sie seit Ihrem Amtsantritt persönlich Stil-, Farb-, Mode- oder Typberatungen in Anspruch genommen?" Ob auch ein Minister gelegentlich zum Friseur geht, ist zweifellos eine Frage von öffentlichem Interesse, weshalb die NEOS sogar die Namen der Friseure, Visagisten und weiterer Berater erfahren wollten; der sonst von ihnen stets hochgehaltene Datenschutz spielte da ausnahmsweise keine Rolle.[269] Wie keinen Leser überraschen wird, bestand Kunaseks Antwort auf dieses Fragenbündel aus einem einzigen Wort: Nein.[270]

---

268 https://www.parlament.gv.at/dokument/XXVI/J/106/imfname_678036.pdf.

269 https://www.parlament.gv.at/dokument/XXVI/J/450/imfname_684611.pdf.

270 https://www.parlament.gv.at/dokument/XXVI/AB/448/imfname_692702.pdf.

Gleichzeitig wetterte die Opposition in – erraten – weiteren Anfragen gegen die Zahl der Mitarbeiter in Kunaseks Ministerbüro, also gegen jene, die sich mit der Vorbereitung der Beantwortung dieser ach so wichtigen Interpellationen herumschlagen mussten. Deren gab es viele. Zu den größten Herausforderungen beim Verfassen dieses Buches zählte jene, unter den in die Hunderte gehenden Anfragen an Kunasek eine Auswahl zu treffen, die die Leser nicht überfordert. Es war wahrlich nicht leicht zu entscheiden, welche Anfrage skurriler und witziger ist als andere.

Eines war somit bereits während der ersten Wochen von Kunaseks Ministerzeit erkennbar: Leicht würden er und die türkis-blaue Regierung es angesichts einer solchen Opposition sicherlich nicht haben. Trotz dieses Gegenwinds war die Übernahme des Verteidigungsressorts für Mario Kunasek so etwas wie die Erfüllung eines Lebenswunsches, wie auch seine engsten Mitarbeiter registrierten. Die Erreichung dieses Ziels glich einem Märchen im Stil eines Hollywood-Films.[271] Niemand konnte freilich damals ahnen, dass ein anderer, in Ibiza aufgenommener Film diesem Traum ein jähes Ende bereiten würde.

---

271 Interview Klug.

9 2017–2019: Bundesminister für Landesverteidigung

Hohe Akzeptanz in Kunaseks neuem Tätigkeitsbereich

Mario Kunasek übernahm ein Ressort, das ihm im Gegensatz zu seinen Vorgängern Darabos, Klug und Doskozil bestens vertraut war. Er konnte ferner darauf bauen, als Berufssoldat bei der Truppe auf hohe Akzeptanz zu stoßen – niemand im Bundesheer konnte auch nur den geringsten Zweifel daran haben, dass dem neuen Minister die Landesverteidigung ein echtes und ernsthaftes Anliegen war, es also nicht wie in der Vergangenheit nur Lippenbekenntnisse (wenn überhaupt) geben würde, denen keine Taten folgten. Man mochte darüber spekulieren, wie die Generalität mit einem Unteroffizier, der nun ihr Vorgesetzter geworden war, umgehen würde. Es gab allerdings keinerlei Schwierigkeiten mit dem Offizierskorps, das sich zuvor mit dem Zivildiener Darabos als Minister, der obendrein die Wehrpflicht abschaffen wollte, hatte abfinden müssen. Man betrachtete in diesen Kreisen den Unteroffizier Kunasek eher und gewiss zu Recht als einen Gewinn, da er mit der Basis verbunden war und viel Verständnis für die Truppe hatte.[272]

Alle beim Bundesheer Tätigen waren davon angetan, dass die Hebung der Wertschätzung für alle Soldaten zu den vordringlichsten Anliegen des neuen Ministers zählte. Dieser wusste als Personalvertreter, dass Soldaten im Unterschied zu Polizisten niemals eine effektive Lobby hatten, die sich für ihre Angelegenheiten einsetzte. Das Bundesheer war in der Vergangenheit stets ein Stiefkind gewesen, dem „immer ein Negativtouch" anhaftete. Damit sollte nun schleunigst Schluss sein. Es galt, die jahrzehntelang vernachlässigten und daher auf ein Minimum gesunkenen militärischen Kernkompetenzen wieder ins Zentrum zu rücken – nicht Katastrophenhilfe und sicherheitspolizeiliche Assistenzeinsätze, auch wenn sich damit mehr Staat machen ließ. Diese von General Brieger als „Subsidiäraufgaben" bezeichneten Tätigkeiten kamen in der Bevöl-

272 Interview Brieger.

kerung zwar gut an, sie durften jedoch nicht länger für Organisation, Struktur, Ausrüstung und Budget des Bundesheers ausschlaggebend sein.[273]

Der Kampf um das Heeresbudget

Gerade weil Kunasek das Bundesheer wie seine Westentasche kannte, war ihm dessen trauriger Zustand nur allzu deutlich bewusst. Er hatte ja selbst als Nationalratsabgeordneter erst einige Jahre davor darauf hingewiesen und unzählige Verbesserungsvorschläge unterbreitet. Derlei Initiativen würden jetzt, da die FPÖ einen Teil der Bundesregierung bildete, zwar nicht mehr einfach von einer andersdenkenden Parlamentsmehrheit niedergestimmt werden; Kunasek hatte aber als Minister nicht einfach freie Hand, alles umzusetzen, was er zuvor gefordert hatte. Das meiste, wenn nicht alles, hing wie so oft im Leben vom lieben Geld ab. Der Regierungspartner war wohl im Unterschied zu SPÖ und Grünen grundsätzlich positiv zur Landesverteidigung, auch zu ihrer militärischen Komponente, eingestellt. Das bedeutete aber keineswegs, dass Kurz und seine türkise ÖVP plötzlich gewillt waren, dem Bundesheer eine markante Budgetaufstockung zuzugestehen.

Die vielen mahnenden Stimmen der vergangenen Jahre, darunter zahlreiche Insider und Experten, die auf das Totsparen des Bundesheers hingewiesen und konstatiert hatten, es sei in der Praxis kaum mehr militärisch einsetzbar, änderten nichts daran, dass die Landesverteidigung in den Jahren vor dem russischen Angriff auf die Ukraine 2022 nicht gerade hoch im Kurs stand. Mit Ausnahme der FPÖ glaubte keine Partei, bei einem Eintreten für die Belange des Bundesheers ihre Popularität beim Wahlvolk steigern zu können. Der für das Bundesheer günstige Ausgang der Volksbefragung über die Wehrpflicht hatte daran nicht das Geringste geändert. Es blieb das Stiefkind der Nation. Kunasek meint heute sogar, der türkisen Jugendtruppe rund um Kurz sei das Bundesheer schlicht und ergreifend „wurscht" gewesen.[274]

Kunasek wusste nur zu gut, dass es in seinem Ressort nicht an Ideen und sogar ausgearbeiteten Konzepten für Veränderungen beim Bundesheer mangelte. In der Vergangenheit zielten solche Papiere entweder auf eine radikale Schrumpfung der Truppe ab, die sich in der Folge auf Auslandseinsätze und Hilfeleistungen bei Naturkatastrophen im Inland beschränken würde müssen, oder sie strebten im positiven Fall eine Stärkung der militärischen Komponente an, was freilich stets an der fehlenden Bereitschaft der Politik, die dafür erfor-

273 Ebda. (hieraus das Zitat). Interview Mario Kunasek.

274 Interview Mario Kunasek.

derlichen Mittel aus dem Bundesbudget zur Verfügung zu stellen, gescheitert war. Die Folge dieses endlosen Weiterwurschtelns: Hatte sich das Bundesheer schon zu jener Zeit, als Kunasek im Nationalrat so energisch für seine Interessen eintrat, in einem jämmerlichen Zustand befunden, so war es in den seither verflossenen Jahren eher noch schlimmer geworden. Kurzum: Man wusste genau, wo es Defizite gab (es war eine lange Liste), es fehlte aber das Geld, um daran etwas Grundlegendes zu ändern.

Vor diesem Hintergrund kam es der FPÖ insbesondere darauf an, schon während der Koalitionsverhandlungen die ÖVP auf ein klares Bekenntnis zur militärischen Landesverteidigung festzulegen. Dies bedeutete konkret die Verpflichtung, das Verteidigungsbudget signifikant zu erhöhen und den von der ÖVP gestellten Finanzminister zur Bereitstellung entsprechender Mittel anzuhalten. In dem rund 180 Seiten starken Regierungsprogramm „Zusammen. Für unser Österreich" rangierte der Block Sicherheit an zweiter Stelle, nach Staat und Europa. Innerhalb dieses Blocks bildete die Landesverteidigung allerdings den letzten von vier Abschnitten. Einleitend hieß es dort: „Das neutrale Österreich bekennt sich zur militärischen Landesverteidigung durch das Bundesheer, welches als Einsatzheer zu führen und nach den Grundsätzen eines Milizsystems einzurichten ist, sowie zur allgemeinen Wehrpflicht." Weiters war die Rede von „Erhaltung und Stärkung der Fähigkeiten einer eigenständigen militärischen Landesverteidigung" und von einem Bundesheer von zumindest (!) 55.000 Mann. „In diesem Zusammenhang ist das ÖBH [Österreichisches Bundesheer] konsequent auf die Abwehr konventioneller und nicht-konventioneller Angriffe auszurichten. Dafür ist durch eine langfristig gesicherte und ausreichende budgetäre Bedeckung der Investitionsrückstau der vergangenen Jahre ab 2018 aufzulösen und ein verfassungskonformer Zustand des ÖBH, insbesondere der Miliz, herzustellen." Es folgte eine Punktation dessen, was man in den kommenden fünf Jahren erreichen wollte:

„Zieldefinition

1. Langfristige Planbarkeit durch adäquate budgetäre und geeignete personelle Ausstattung ermöglichen – Stärkung des Österreichischen Bundesheeres
2. Eine qualitative Basisausbildung im Grundwehrdienst durch die Einführung einer Rekrutenschule als Qualitätssicherung sicherstellen
3. Miliz Neu: Die jederzeitige Einsetzbarkeit der Miliz ist sicherzustellen
4. Eine anspruchsvolle Cyber-Abwehr im Rahmen einer gesamtstaatlichen Cyber-Strategie der Bundesregierung aufbauen

5. Aufstockung für Auslandseinsätze entsprechend den strategischen Interessen der Republik".

Im Anschluss erfährt man, was sich beim Bundesheer konkret ändern sollte: „Verwaltungsvereinfachung bei internen Abläufen im ÖBH und Kommandantenverantwortung stärken • Evaluierung des aktuellen nationalen Rechtsbestands sowie der militärstrategischen Grundsatzpapiere • Eigenes Dienst- und Besoldungsrecht mit einer eigenen gesetzlichen Regelung für den Militärdienst als Abschnitt im Rahmen des BDG [Beamten-Dienstrechtgesetz]: Schaffung eines funktions- und einsatzbezogenen Besoldungssystems • Autarkie der Kasernen stärken • Festlegung von Standorten für ‚Sicherheitsinseln' mit dem Ziel einer bundesweiten Abdeckung, um im Krisen- und Katastrophenfall eine regionale Durchhaltefähigkeit zu gewährleisten • Sanierung der Kasernen und ihrer Infrastruktur • Schaffung einer Behörde für die Anwendung des Kriegsmaterialausfuhrgesetzes und Außenwirtschaftsgesetzes • Optimierung und Nutzung von Synergieeffekten bei der Beschaffung und Infrastruktur mit anderen Ressorts (insbesondere BMI [Bundesministerium für Inneres]) und zivilen Leistungsträgern • Einsatzorientierte Neugestaltung der Sanitätsversorgung des ÖBH (auch in Kooperation mit anderen Trägerorganisationen/Einrichtungen) • Verstärkte begleitende Kontrolle bei Großbeschaffungen sowie verstärkte europäische und internationale Kooperation bei Beschaffungen."

Der „Kurswechsel" beim Bundesheer, den die Regierung laut diesem Programm einleiten wollte, betraf als Erstes eine effiziente Personalbewirtschaftung und Ressourcensteuerung. Ziele, Aufgaben und Prioritäten waren klar festzulegen. Man wollte den Dienst beim Bundesheer in jeder Hinsicht attraktiver gestalten, allein schon, um den laufend steigenden Anteil wehrpflichtiger junger Männer, die sich für den Zivildienst entschieden, zu senken. Um dieses Ziel zu erreichen, nannte das Regierungsprogramm eine ganze Reihe recht konkreter Vorhaben, etwa die Erhöhung des Solds für Grundwehrdiener, die Sanierung desolater Kasernen, die Gründung einer Rekrutenschule und die Wiedereinführung der Information über die Wehrpolitik an öffentlichen Schulen. Verwunderlich, aber auch vielsagend ist, dass man einen eigenen Punkt „Förderung der Integration durch Deutschkurse und Staatsbürgerkunde" als eine künftige Aufgabe des Bundesheers für nötig hielt – immerhin dienten dort ausschließlich österreichische Staatsbürger.

Kunasek war es gelungen, etliche jener Anliegen, für die er seit vielen Jahren eingetreten war, in das Regierungsprogramm hineinschreiben zu lassen. Was die dafür erforderlichen Mittel betrifft, findet sich allerdings nichts Konkretes.

Auf den etwas mehr als drei Seiten des Programms, die der Landesverteidigung gewidmet sind, sucht man vergebens nach einer Festlegung, um wie viel (in absoluten Beträgen oder in Prozent) das Budget des Bundesheers steigen sollte. Es blieb wieder einmal bei der allgemein gehaltenen Absichtserklärung, für eine „ausreichende budgetäre Bedeckung" zu sorgen.[275] Was darunter konkret zu verstehen war, musste Kunasek, dem ein Prozent des Bruttoinlandsprodukts vorschwebte, mit Finanzminister Hartwig Löger (ÖVP) aushandeln.

Generell hatte sich die Regierung ja die Sanierung des Staatshaushalts durch diverse Einsparungen sowie die Senkung der Steuern und Abgaben auf die Fahnen geschrieben. Kunasek konnte für sein Ressort immerhin argumentieren, die Vorgabe, den Investitionsrückstau der Vergangenheit abzubauen, erfordere logischerweise eine deutliche Erhöhung des Wehretats. In einem Sideletter zum Regierungsprogramm, den für die ÖVP der bisherige Innenminister Mag. Wolfgang Sobotka und für die FPÖ Dr. Walter Rosenkranz unterschrieben, war festgehalten, die Bereiche Bildung und Sicherheit seien vom allgemeinen Sparkurs dezidiert ausgenommen. Für Kunasek war es eine Selbstverständlichkeit, dass das Bundesheer ebenso wie die Polizei zur Sicherheit zählte. Die ÖVP sah dies freilich völlig anders, wie er rasch herausfand.[276]

Kunasek musste bald feststellen, wie schwierig es war, den Worten Taten folgen zu lassen. Am 26. Februar 2018, also nach rund zwei Monaten im Amt, berichtete er dem FPÖ-Landesparteivorstand über die zähen Budgetverhandlungen. Er hatte zwar mehr Geld für das Bundesheer herausgeschlagen, aber bei Weitem nicht genug, und musste daher der ÖVP klarmachen, dass er sein Ressort gewiss nicht „ausbluten" lassen werde. Dies schienen die Türkisen seinem Eindruck nach zu beabsichtigen, da Kunasek 2020 bei der Landtagswahl gegen Schützenhöfer antreten und ihm die ÖVP zuvor keinen Erfolg als Minister gönnen wollte.[277]

Kunaseks Kabinettschef Michael Klug sind die Budgetverhandlungen als ein „irrer Kampf" im Gedächtnis geblieben, bei dem der Koalitions„partner" ÖVP und das Finanzministerium in Wahrheit die ärgsten Feinde waren, während die Oppositionsparteien eher harmlos auftraten. Abgesehen von der FPÖ hatten sich alle anderen an das Totsparen des Bundesheers gewöhnt, denn das war jahre- und jahrzehntelang die gängige Praxis gewesen, insbesondere unter SPÖ-Ministern, die weniger die Interessen des Verteidigungsministeriums

275 https://www.fpoe.at/fileadmin/user_upload/www.fpoe.at/dokumente/2017/Zusammen_Fuer_Oesterreich_Regierungsprogramm.pdf, S. 51–54.

276 Interview Mario Kunasek.

277 LPV 26. Februar 2018.

vertraten, sondern ihrer Parteilinie folgten. Diese üblen Gewohnheiten aufzubrechen, erwies sich als eine harte Nuss. Nach außen durfte man freilich über diesen koalitionsinternen Hader kein Wort verlieren.[278]

Eine etwas andere Erinnerung hat Stabschef Brieger, nach dessen Einschätzung es dem Koalitionspartner wirklich in erster Linie um die Erreichung eines ausgeglichenen Budgets ging. Gut im Gedächtnis geblieben ist ihm allerdings Kunaseks Ärger über Finanzminister Lögers sinngemäße Aussage, selbst läppische 50.000 Euro mehr für das Bundesheer seien schließlich eine Budgeterhöhung.[279]

Eines behielt Kunasek bei der erwähnten Vorstandssitzung für sich: Nachdem ihm Löger brieflich mitgeteilt hatte, wie viel (oder besser: wie wenig) im kommenden Budget für die Landesverteidigung vorgesehen war, drohte er mit seinem Rücktritt, da er andernfalls unglaubwürdig geworden wäre, nicht zuletzt mit Blick auf die nächste Landtagswahl. Die Blamage eines Ministerrücktritts so kurz nach der Regierungsbildung wollten die Türkisen dann doch nicht riskieren, zumal sie unerwünschte Erinnerungen an den in personeller Hinsicht holprigen Start der schwarz-blauen Koalition im Jahr 2000 geweckt hätte. Die ÖVP gab daher ein wenig nach und Kunasek konnte außerdem durch Umschichtungen innerhalb blau geführter Ressorts, insbesondere in jenem von Norbert Hofer, noch etwas zusätzliches Geld beschaffen.[280]

Die Bundes-ÖVP war gleichwohl stets bestrebt, Kunasek keinen Erfolg zu gönnen, weshalb sie beispielsweise versuchte, die Neubeschaffung von Hubschraubern für den obersteirischen Fliegerhorst Aigen im Ennstal auf die lange Bank zu schieben. Der gewiefte Politiker Kunasek holte jedoch in dieser Sache den schwarzen Landeshauptmann Schützenhöfer an Bord, dessen steirischen Patriotismus er ansprach und den er am Erfolg der Sicherung dieses steirischen Bundesheerstandorts teilhaben ließ, sodass sich Schützenhöfer ebenfalls für den Ankauf neuer Helikopter einsetzte. Nicht zuletzt war es ein glücklicher Zufall, dass der sonst so knausrige Löger ein begeisterter Flieger war. Die gefundene Lösung sicherte neben dem Standort auch den Personalnachwuchs, da die Menschen erkannten, Aigen würde auf lange Sicht eine Zukunft haben.[281]

Bei nahezu allen Sitzungen des Landesparteivorstands während seiner Ministerzeit lobte Kunasek die gute Zusammenarbeit innerhalb der Regierung

278 Interview Klug.

279 Interview Brieger.

280 Interviews Mario Kunasek und mit Dr. Wolfgang Baumann (unter Kunasek Generalsekretär im Bundesministerium für Landesverteidigung), 27. Februar 2024.

281 Interviews mit Ernst Brandl (Pressesprecher im Kabinett Kunaseks), 17. Februar 2024, und Mario Kunasek.

sowie seine blauen Ministerkollegen. Sämtliche Beteiligten hatten sich rasch an die neue Situation gewöhnt und Anlaufschwierigkeiten gemeistert. Zu Pannen und personellen Fehlgriffen wie bei der blauen Regierungsbeteiligung 2000 kam es diesmal nicht einmal ansatzweise.[282] Hinter den Kulissen ging es freilich weniger harmonisch zu, denn die ÖVP im Allgemeinen und der mittlerweile zu einer Berühmtheit gewordene Generalsekretär im Finanzministerium, MMag. Thomas Schmidt, im Besonderen bremsten in Sachen Landesverteidigung, wo immer es ging. Kunaseks Generalsekretär Dr. Wolfgang Baumann lieferte sich folglich mit Schmidt, den Michael Klug als einen „Schauspieler" bezeichnet, bei den regelmäßigen Konferenzen der Generalsekretäre sämtlicher Ministerien mehr als einmal heftige Wortgefechte. Schmidt rieb Kunasek, Baumann und Klug ständig unter die Nase, bei der Polizei gehe es ja auch viel billiger, wenn man die anfallenden Kosten pro Mann als Maßstab heranziehe. Es belegt die Ahnungslosigkeit Schmidts, dass er dabei – sofern es sich nicht einfach um billige Polemik handelte – vollkommen außer Acht ließ, dass die Polizei zur Erfüllung ihrer Aufgaben keine kostspieligen Waffensysteme wie Abfängjäger, Kampfpanzer und vieles mehr benötigt.[283]

Mehr Geld für das Bundesheer

Kunasek konnte letztendlich bei Finanzminister Löger erreichen, dass die für die Jahre 2018 und 2019 gemeinsam erstellten Bundesbudgets in absoluten Zahlen die bis dato höchsten Mittel für die Landesverteidigung vorsahen. Die Steigerung lag ein wenig über der Inflation, bedeutete also einen kleinen realen Zuwachs. Außerdem stieg der Anteil von Kunaseks Ressort am Gesamtbudget gegenüber den Vorjahren geringfügig an, was aber hauptsächlich an den Einsparungen anderer Ressorts lag. Unter Kunaseks Vorgänger Doskozil erhielt das Verteidigungsministerium 2017 insgesamt 2,185 Milliarden Euro. 2018 standen 2,258 Milliarden zur Verfügung, 112 Millionen mehr, als im ursprünglichen Voranschlag aus der Zeit Doskozils vorgesehen. Die entsprechenden Zahlen für 2019 lauten 2,288 Milliarden bzw. ein Plus von 69 Millionen. Wenngleich die Steigerungen inflationsbereinigt recht bescheiden ausfielen, war doch immerhin eine Trendumkehr eingeleitet. Nach der Berechnung Generalsekretär

282 Vgl. Lothar Höbelt: Der Wechsel der FPÖ von der Opposition zur Regierung. Ein Vergleich. In: Andreas Khol/Stefan Karner/Wolfgang Sobotka/Bettina Rausch/Günther Ofner/Dietmar Halper (Hrsg.): Österreichisches Jahrbuch für Politik 2018 (Wien–Köln–Weimar 2019), S. 367–377.

283 Interviews Baumann und Klug.

Baumanns, der auch Sonderetats wie etwa jenen für die Hubschrauber einbezieht, erhielt das Bundesheer unter Kunasek insgesamt 600 Millionen mehr.[284]

Bei einer Rede im April 2018 anlässlich der Übergabe der renovierten Kaserne in Zwölfaxing (Niederösterreich) gab sich Kunasek daher zuversichtlich. In seinem Redemanuskript heißt es etwa: „Mit den zur Verfügung stehenden Mitteln wird ein einsatzbereites Bundesheer sichergestellt und es können die im Regierungsprogramm angeführten Maßnahmen eingeleitet werden. Ziel der weiteren Budgetverhandlungen mit dem BMF [Bundesministerium für Finanzen] vor allem für die Jahre ab 2021 ist es[,] den Aufwärtstrend der letzten Jahre fortzuschreiben und das Landesverteidigungsbudget auch im Hinblick auf den Anteil des Landesverteidigungsbudgets am BIP [Bruttoinlandsprodukt] sichtbar zu steigern." Die Zuwächse flossen großteils in die Renovierung desolater Kasernen, insbesondere der Rekrutenunterkünfte. 2018 waren dies 85 Millionen Euro, im Jahr darauf sogar 95 Millionen. Es galt die Devise: weniger Kommanden und Verwaltung, mehr Truppe.[285]

Kunasek befand sich in dieser Frage in einem gewissen Dilemma. Einerseits wollte er gegenüber der Öffentlichkeit und insbesondere den Soldaten auf das Erreichte hinweisen, allein schon, um ihnen Mut zu machen und zu signalisieren, dass die Durststrecke hinter ihnen lag und der ewige Sparkurs unter ihm als Minister an sein Ende gelangt war. Die an ihn gerichteten Erwartungen der Truppe hatten ja die Latte recht hoch gelegt. Andererseits wusste niemand besser als Kunasek, dass es bei diesen bescheidenen Budgeterhöhungen viele Jahre, wenn nicht Jahrzehnte dauern würde, den Investitionsrückstau der Vergangenheit abzubauen. Nach einem knappen Dreivierteljahr im Amt bezifferte er diesen Rückstau mit drei Milliarden Euro, rund eineinhalb damalige Jahresbudgets.[286] Die zahlreichen Wortmeldungen während der ersten Monate Kunaseks als Minister, in denen er mehr Geld für das Bundesheer forderte, hatten hohe Erwartungen geweckt.[287] Es galt daher, Prioritäten zu setzen.

Erste Anschaffungen für das Bundesheer

Mit sichtlichem Stolz konnte Kunasek dem Parlament im Zuge der Budgetdebatte am 18. April 2018 nicht nur die Etaterhöhung, sondern zugleich bekannt-

284 Interview Baumann.

285 Vorschläge für eine Rede Kunaseks, 16. April 2018. Dem Verfasser in Kopie zur Verfügung gestellt.

286 Parlamentskorrespondenz PK 0958, 17. September 2018.

287 Vgl. als ein Beispiel unter vielen: Parlamentskorrespondenz PK 0419, 18. April 2018. „Kunasek will Investitionsstau beim Bundesheer abbauen."

Quelle: BMLV | Carina Karlovits

▸ **Abb. 32: Übergabe neuer Radpanzer Pandur an das Jägerbataillon 17 in Straß, 14. Jänner 2019**

geben, was mit dem Geld zuvorderst angeschafft wurde bzw. werden sollte, wo also seine und des Ministeriums Prioritäten lagen: „Im Bereich der Mobilität, wo wir meines Erachtens noch sehr viel Luft nach oben haben, laufen 34 Stück neue Pandur Evolution zu, 32 Hägglunds – ich habe sie auch nicht gekannt, das sind Spezialfahrzeuge für den Gebirgseinsatz –, 58 Dingos, 500 handelsübliche Pkws, die dringend notwendig sind, um von A nach B zu kommen, und circa 150 5-Tonnen-Lkws, um auch im Bereich der Logistik voranzukommen. Insgesamt investieren wir also in den nächsten beiden Jahren 108 Millionen Euro in den Bereich der Mobilität. [...] 2.000 Stück neue ballistische Schutzwesten, Schutzbrillen, 600 Stück neue Sturmgewehre, die ich schon letzte Woche an die Militärpolizei übergeben konnte, 300 Scharfschützengewehre und vieles mehr laufen zu. Diese sind aber nur ein erster Schritt, um die Mannesausrüstung auf einen zeitgemäßen Stand und auch quantitativ entsprechend an den Mann und an die Frau zu bringen" (Abb. 32).

Für die Verbesserung der Infrastruktur, in erster Linie der Unterbringung, waren für die kommenden zwei Jahre 180 Millionen Euro vorgesehen. „Eines kann ich sagen: Im Bereich der Infrastruktur wird nicht gespart, es wird investiert. Es ist dringend und ganz, ganz notwendig, da weitere Investitionsschritte zu setzen. (Beifall bei FPÖ und ÖVP.)" Kunasek kündigte bei dieser Gelegenheit auch eine „Personaloffensive" an, um mit den „besten Kräften" bevorstehende Pensionierungen usw. auszugleichen. 30 Millionen Euro standen für die Attraktivierung des Grundwehrdiensts bereit. Kunasek forderte darüber hinaus ein neues Dienstrecht, das er sehr anschaulich und aus der Praxis gesprochen so begründete: „Das, was damals, 1995, für einen Mario Kunasek ausreichend war, als er sich entschlossen hat, Berufssoldat zu werden, als man ihm gesagt hat: Du, lieber Mario, verdienst zwar nicht viel, dafür ein Leben lang!, das ist, glaube ich, kein Anreiz mehr für junge Menschen, zu uns zu kommen. Wir brauchen flexiblere Systeme, wir brauchen Ausstiegsszenarien [gemeint sind Möglichkeiten für langgediente ausscheidende Soldaten, in andere Bereiche des öffentlichen Dienstes zu wechseln], Möglichkeiten der Weiterentwicklung, ein modernes Dienstrecht." Viele Kadersoldaten fühlten und fühlen sich hinsichtlich ihrer Besoldung gegenüber der Polizei benachteiligt; nicht wenige verlassen deshalb das Militär schon bald nach ihrer Ausbildung.

Für die Auslandseinsätze, denen Kunasek in der Vergangenheit kritisch gegenübergestanden war, stellte das Ministerium 2018 66,5 Millionen Euro zur Verfügung. Noch höher waren mit jeweils 73 Millionen Euro in den Jahren 2018 und 2019 die budgetierten Aufwendungen für Assistenzeinsätze und sonstige Leistungen des Bundesheers im Zusammenhang mit der „Migrationskrise", wie es Kunasek formulierte. Eher eine Notiz am Rande war der Umstand, dass die zuletzt stark reduzierten Militärmusikkapellen wieder „hochgefahren" wurden, sodass jedes Militärkommando und damit jedes Bundesland über eine vollwertige Kapelle verfügten, um auf diese Weise „den kulturellen Beitrag, den das österreichische Bundesheer in diesem Bereich leistet (Beifall bei FPÖ und ÖVP.)", zum Ausdruck zu bringen.

Kunasek beendete seine Rede, die einen guten Einblick in die enorme Spannweite laufender und geplanter, hier nur teilweise wiedergegebener Vorhaben gewährt, mit einem flammenden Appell an das Hohe Haus: „Meine sehr geehrten Damen und Herren! Ja zu einem starken Bundesheer! Die Österreicherinnen und Österreicher wünschen es sich, und die Republik Österreich braucht es. – Herzlichen Dank. (Beifall bei FPÖ und ÖVP.)"[288]

Heeresgliederung

Abgeordneter Axel Kassegger würdigte im weiteren Verlauf der Debatte die Verdienste von Kunaseks Vorgänger Doskozil: „Also zusammenfassend: Das

288 https://www.parlament.gv.at/dokument/XXVI/NRSITZ/19/fname_706416.pdf, S. 291–293.

Bundesheer ist nicht tot, Doskozil hat die Trendwende eingeleitet, Kunasek wird diese Trendwende erfolgreich fortsetzen. (Beifall bei FPÖ und ÖVP.)"[289] Diese Doskozil lobende Aussage galt allerdings nicht für die unter ihm eingeleitete Neugliederung des Bundesheers, die Kunasek sofort nach Amtsantritt stoppte. Er wollte in Absprache mit seinen militärischen Beratern die Brigadestruktur beibehalten, weil nur sie die Bewahrung der militärischen Kernfähigkeiten gewährleistete.[290] Im Gegensatz dazu hätte die ÖVP am liebsten eine Verländerung des Bundesheers gesehen, stellte sie doch in sechs von neun Bundesländern den Landeshauptmann. Diesem Wunsch entsprachen ohnedies die neun Militärkommanden (und ihre Kapellen), aber weiter wollten die FPÖ und Kunasek nicht gehen. Sie hielten daher an den länderübergreifenden Brigaden fest, weil jedes Militär eben in der Form von Kampfeinheiten funktioniert und nicht in jener ziviler Verwaltungseinheiten.[291]

Die Generalität hegte eine gewisse Skepsis gegenüber den ständigen Strukturreformen, mit denen die oft in kurzen Abständen aufeinanderfolgenden Verteidigungsminister versuchten, dem Bundesheer ihren persönlichen Stempel aufzudrücken. Solche Umgliederungen ermöglichen freilich als durchaus erwünschter Nebeneffekt personelle Neubesetzungen. Demgegenüber vertritt das Offizierskorps die Meinung, man solle eine Änderung erst einmal wirken lassen, bevor man wieder alles über den Haufen wirft.[292]

Autarke Kasernen als Sicherheitsinseln

Neben der Renovierung in die Jahre gekommener Kasernen war Kunasek die Einrichtung einiger geeigneter militärischer Liegenschaften als Sicherheitsinseln ein besonderes Anliegen. Im Regierungsprogramm sah der Abschnitt Landesverteidigung die Stärkung der Autarkie der Kasernen sowie die Festlegung von Standorten als solche Sicherheitsinseln vor. Damit wollte man für den Fall des Zusammenbruchs der öffentlichen Infrastruktur, etwa bei einem flächendeckenden und länger andauernden Stromausfall (Blackout), gewappnet sein. Autarke Kasernen gewährleisten die Bewahrung der militärischen Handlungsfähigkeit im Krisen- und Katastrophenfall und bilden somit die Voraussetzung für die Funktion der Sicherheitsinseln. Diese speziell ausgewählten Standorte können zusätzlich imstande sein, Organisationen und zivile Akteure

289 Ebda., S. 295.
290 Interviews Mario Kunasek und Baumann.
291 Interview Klug.
292 Interview Brieger.

des gesamtstaatlichen Krisenmanagements für einen festgelegten Zeitraum zu unterstützen. Die Eignungsüberprüfung sämtlicher Kasernen erfolgte im ersten Quartal 2018 und umfasste Aspekte der logistischen Bedarfsdeckung und Energieversorgung, der Sicherstellung der Führungsfähigkeit, der notwendigen Maßnahmen in Verbindung mit der militärischen Sicherheit sowie regionale Aspekte der Liegenschaften. Nach dem Vorliegen einer entsprechenden Projektstudie sollten innerhalb des Ministeriums die weiteren Grundlagen dieser Inseln unter Einbindung der Gebietskörperschaften sowie der Bundes-, Landes- und sonstigen Blaulichtorganisationen erarbeitet werden. Die erste Bestandsaufnahme 2018 ergab allerdings, dass kein einziger Standort sämtlichen Anforderungen entsprach. Später legte das Ministerium 12 Kasernen als solche Inseln fest, darunter in der Steiermark die Gablenz- und die Landwehrkaserne in Graz bzw. in St. Michael.[293]

Die Sicherung des Fliegerhorsts Aigen im Ennstal

Da die Regierung Kurz-Strache bekanntlich knapp eineinhalb Jahre nach ihrem Start aufgrund des Bekanntwerdens des Ibiza-Videos zerbrach, liegt es auf der Hand, dass Kunasek nur einen Teil dessen in Angriff nehmen, geschweige denn umsetzen konnte, das er sich vorgenommen und ins Regierungsprogramm hineinreklamiert hatte. Zu jenen Dingen, die oberste Priorität hatten, gehörte der Ersatz von militärischem Gerät, das in die Jahre (teilweise in die Jahrzehnte) gekommen war und dessen unvermeidbare Ausmusterung in absehbarer Zeit bevorstand. Militärische Beschaffungsvorgänge ziehen sich jedoch in der Regel über Jahre hin, sodass in vielen Fällen Kunaseks Nachfolger, insbesondere die derzeitige, seit Anfang 2020 amtierende Verteidigungsministerin Mag. Klaudia Tanner (ÖVP), von dem profitierten, was Kunasek auf den Weg gebracht hatte und was planerisch im Verteidigungsministerium sorgfältig vorbereitet worden war. Auf dieser soliden Grundlage konnte Tanner Ankäufe bewilligen, nachdem sich die außen- und innenpolitische Großwetterlage nach dem Beginn des Ukraine-Krieges grundlegend gewandelt hatte und plötzlich viel Geld zur Verfügung stand. Ex-Generalsekretär Baumann fügt mit etwas Sarkasmus hinzu, Kunaseks Nachfolger hätten außerdem die von ihm erkämpften Sonderbudgets für das Bundesheer immer und immer wieder als ihre eigenen Erfolge hinausposaunt.[294]

---

293 https://www.parlament.gv.at/dokument/XXVI/AB/873/imfname_704712.pdf. Interview Baumann.

294 Interviews Brieger und Baumann.

Quelle: BMLV | Foto Pusch

▸ **Abb. 33: Kunasek in einer Alouette III, um deren Ersatz er sich bemühte.**

Ein gutes und für die Steiermark besonders relevantes Beispiel ist der von Tanner im September 2020 stolz der Öffentlichkeit präsentierte Ankauf von 18 italienischen Hubschraubern des Typs AW 169M Leonardo als Ersatz für die mehr als 50 Jahre alten Alouette III (Abb. 33).[295] Die dafür erforderlichen 300 Millionen Euro waren freilich bereits während Kunaseks Amtszeit in Form eines Sonderbudgets bereitgestellt worden, unter Tanner fiel lediglich die Typenentscheidung. Für die Steiermark war die Beschaffung neuer Helikopter deshalb von besonderer Bedeutung, weil die Alouette III großteils auf dem Fliegerhorst Fiala-Fernbrugg in Aigen im Ennstal stationiert sind. Ohne rechtzeitigen Ersatz drohte bei Ausmusterung dieser Maschinen die Schließung des Standorts, die bereits 2005 angekündigt, dann aber wieder zurückgenommen worden war, weil Landeshauptfrau Waltraud Klasnic kurz vor einer Landtagswahl stand und dagegen intervenierte, woraufhin die damals 40 Jahre alten Alouette mehr als

295 https://www.derstandard.at/story/2000120128797/tanner-trifft-hubschrauber-entscheidung.

ein weiteres Dezennium durchhalten mussten.[296] 2018, als Kunasek gerade ins Amt gekommen war, würde aber endgültig Schluss sein – es sei denn, es gäbe dann neues Fluggerät.

Der Fliegerhorst war für die Gemeinde Aigen mit ihren rund 2.700 Einwohnern und darüber hinaus für die ganze Region Ennstal ein bedeutender Arbeitgeber und Wirtschaftsfaktor. Eine Auflassung des Fliegerhorsts hätte dort ganz andere Konsequenzen gehabt als die bereits erfolgte Schließung eines anderen Militärflugplatzes in der Steiermark, des Fliegerhorsts Nittner am Thalerhof bei Graz, der Anfang 2015 an einen privaten Investor verkauft worden war.[297] Kunasek war jedenfalls sehr stolz darauf, die Mittel für die Beschaffung neuer Hubschrauber aufgetrieben zu haben, wie er dem FPÖ-Landesparteivorstand am 14. September 2018 mitteilte. Damit war der Standort Aigen für rund 40 Jahre gesichert. Er riet, diesen Erfolg in der Region gebührend herauszustellen, sich dabei aber nicht allein auf die Medien zu verlassen, die der Regierung kritisch gegenüberstünden.[298] Eine ähnliche Einschätzung hatte er bereits zwei Monate zuvor vertreten: Die meisten Zeitungen „gehören nicht zu unseren Freunden", während lediglich die „Kronen Zeitung" eher objektiv berichte.[299]

Kunaseks Dienstreisen und Besucher aus dem Ausland

Kunasek war in seiner Amtszeit unermüdlich unterwegs, was sich nicht zuletzt in den zurückgelegten Strecken widerspiegelt. Der Beantwortung einer parlamentarischen Anfrage betreffend die Dienstwägen des Verteidigungsministeriums ist zu entnehmen, dass mit Kunaseks Wagen, einem BMW 730 LD X-Drive, zwischen dem 18. Dezember 2017 und dem 30. April 2018 nicht weniger als 15.229 Kilometer gefahren wurden, vermutlich großteils, wenn nicht zur Gänze mit Kunasek als Passagier. Das bedeutete unter den rund 35 erfassten Fahrzeugen des Ministeriums die mit weitem Abstand größte Distanz, wobei diese Aufstellung jedoch die von Kunasek in seinen FPÖ-Funktionen zurückgelegten Strecken nicht enthält.[300]

Selbstredend besuchte Kunasek mit besonderer Freude die Bundesheerkasernen in der Steiermark und hielt den Kontakt zu seinen alten Kameraden

296 https://www.denkmal-heer.at/wissenswertes/fliegerhorst-fiala-fernbrugg.

297 https://www.derstandard.at/story/2000010912596/fliegerhorst-nittner-in-graz-thalerhof-verkauft.

298 LPV 14. September 2018.

299 LPV 11. Juli 2018.

300 https://www.parlament.gv.at/dokument/XXVI/AB/825/imfname_704369.pdf.

aufrecht, wann immer sich dazu eine Gelegenheit bot. Sein Ministeramt war ihm also keineswegs zu Kopf gestiegen. Die zahlreichen bei diesen Anlässen aufgenommenen Fotos lassen keinen Zweifel daran, wie sehr sich Kunasek in diesen Kreisen wohlfühlte. Er hatte natürlich auch gelernt, vor einer angetretenen Truppe zu stehen, zu ihr zu sprechen und dabei eine gute Figur zu machen. Einer dieser Kameraden erinnert sich an eine solche Begebenheit, als er und seine Männer zur Pistenpräparierung für das Nightrace in Schladming abkommandiert waren. Der ebenfalls anwesende Kunasek bat ihn zu sich und umarmte seinen Freund nach dessen Meldung herzlich. Ein Oberst aus der Umgebung des Ministers soll diese Geste mit sichtlichem Unwillen goutiert haben.[301]

Während seiner knapp achtzehnmonatigen Ministerzeit absolvierte Mario Kunasek folgende Dienstreisen ins Ausland:

21.–23. Februar 2018: Balkan; Truppenbesuch bei KFOR und EUFOR, Einholung von Informationen unter anderem über die schwierige Personallage der dort eingesetzten Hubschrauberbesatzungen[302]

5.–6. März 2018: Brüssel; Treffen der EU-Verteidigungsminister

27.–28. März 2018: Budapest; CEDC-Treffen (Central European Defense Cooperation)

23.–24. April 2018: Berlin; Treffen mit der deutschen Verteidigungsministerin Dr. Ursula von der Leyen. Bei diesem ersten Besuch eines FPÖ-Ministers in Berlin ging es unter anderem um die zwischen den beiden Ländern bestehenden, umfassenden Kooperationen im Bereich Sicherheit sowie um die Vorstellung der Pläne der österreichischen EU-Ratspräsidentschaft im zweiten Halbjahr. Kunasek wollte sich für sein Ressort besonders für den Westbalkan interessieren.[303]

14.–15. Mai 2018: Zagreb; Treffen mit dem kroatischen Verteidigungsminister Damir Krstičević

17.–19. Mai 2018: Bern; Verteidigungsministertreffen; Lourdes, Soldatenwallfahrt[304]

5.–6. Juni 2018: Brüssel; Ministerrat

23.–24. August 2018: Bern; Treffen der D-A-CH-Region (Deutschland, Österreich, Schweiz)

---

301 Interview Hofer.

302 https://www.derstandard.at/story/2000074899999/truppenbesuch-in-bosnien-und-im-kosovo-zeigt-luecken-des-heeres.

303 https://kurier.at/politik/inland/kunasek-als-erster-fpoe-minister-in-berlin-empfangen/400025572.

304 Im Verteidigungsministerium erstellter Ablaufplan für diese Reise, 5. April 2018. Dem Verfasser zur Verfügung gestellt.

8. September 2018: Triest; österreichisch-italienisches Friedenstreffen zur Erinnerung an die Gefallenen und zivilen Opfer des Ersten Weltkriegs. Begegnung mit dem italienischen Familienminister Lorenzo Montana

18.–20. Oktober 2018: Athen, Treffen mit dem griechischen Verteidigungsminister Panos Kammenos

19.–20. November 2018: Brüssel; Rat der EU-Außen- und Verteidigungsminister

26.–27. November 2018: Bukarest; Übergabe der EU-Ratspräsidentschaft

9.–11. Dezember 2018: Libanon; Truppenbesuch bei AUTCON UNIFIL, den österreichischen Blauhelmen im Libanon, und Treffen mit Kunaseks libanesischem Amtskollegen[305]

20.–22. Dezember 2018: Bosnien; Truppenbesuch bei KFOR und EUFOR. Kunasek überbrachte dem rund 300 Mann starken österreichischen EUFOR-Kontingent Weihnachtsgeschenke, dankte für deren Einsatz und informierte sich über aktuelle Aufgaben, insbesondere die Entminung.[306]

8.–19. April 2019: USA; Besuch beim stellvertretenden US-Verteidigungsminister Patrick M. Shanahan inklusive eines Lokalaugenscheins an der Grenze der USA zu Mexiko, eines Besuchs der Unteroffiziersakademie in El Paso (Texas) sowie einer Rede im UNO-Hauptquartier über aktuelle Peacekeeping-Einsätze und die Rolle Österreichs (Abb. 34). Die „Salzburger Nachrichten" berichteten: „Zweck der Reise ist es laut Kunaseks Ministerium, den verteidigungspolitischen Dialog zwischen Österreich und den USA wiederzubeleben und neue Ausbildungskooperationen zu beschließen. Dazu trifft Kunasek im Pentagon unter anderem den Chef der US-Nationalgarde, General Joseph L. Lengyel, mit dem er [...] eine Partnerschaft zwischen der Nationalgarde und einem österreichischen Milizverband vereinbaren wird. Auch mit dem US-Marine Korps ist demnach eine Kooperation geplant: Im Gegenzug für Know-how des Bundesheeres bei der Alpinausbildung soll für österreichische Fähnriche die Möglichkeit geschaffen werden, während ihrer Offiziersausbildung ein Semester an Akademien der US-Streitkräfte zu studieren. Die Delegation des Verteidigungsministers, der auch der EU-Abgeordnete Harald Vilimsky angehört, wird vom US-Botschafter in Österreich, Trevor Traina begleitet." Seine USA-Rei-

305 https://www.kleinezeitung.at/oesterreich/5544895/Libanon_Truppenbesuch-bei-den-Blauhelmen.

306 https://www.tt.com/artikel/15150406/kunasek-weihnachtsbesuch-bei-300-soldaten-in-bosnien. Generell zu den Auslandsreisen: https://www.parlament.gv.at/dokument/XXVI/AB/2420/imfname_737115.pdf.

Quelle: BMLV

▸ **Abb. 34: Empfang durch den stellvertretenden US-Verteidigungsminister Shanahan**

se zählt Kunasek heute zu den schönsten Erlebnissen während seiner kurzen Amtszeit.[307]

Selbstredend gab es die Besuchsdiplomatie auch in die umgekehrte Richtung, vom Ausland nach Österreich. Aus der Vielzahl solcher Begegnungen seien hier zwei besonders bedeutende, stellvertretend für viele andere, herausgegriffen. In Fortführung des erwähnten Treffens der D-A-CH-Region in Bern im April 2018 empfing Kunasek am 18. Jänner 2019 in Wien seine Amtskolleginnen aus Deutschland und der Schweiz, Ursula von der Leyen und Viola Amherd. Auf der Agenda stand unter anderem, nach dem Vorbild des Luftsicherheitsabkommens zwischen Österreich und der Schweiz ein paralleles Abkommen mit Deutschland abzuschließen. Weitere Themen waren die Lage auf dem Westbalkan, die gemeinsame ABC-Abwehr und die EU-Trainingsmission im afrikanischen Mali. Den Rahmen des Treffens bildete die von der Direktion Sicherheitspolitik im Verteidigungsministerium traditionell am Jahresanfang vorgelegte „Sicherheitspolitische Jahresvorschau 2019".[308]

---

307 https://www.sn.at/politik/weltpolitik/verteidigungsminister-kunasek-auf-us-reise-68543929. Interview Mario Kunasek. Ein Bildbericht über die USA-Reise in: Wir Steirer Nr. 3 (2019), S. 10 f.

308 https://www.tt.com/artikel/15234810/kunasek-oesterreich-strebt-luftsicherheitsabkommen-mit-deutschland-an. https://www.bmlv.gv.at/cms/artikel.php?ID=9849.

Für den 26. September 2018 hatte Kunasek seine Amtskollegen aus Albanien, Bosnien und Herzegowina, Mazedonien (heute Nord-Mazedonien), Montenegro und Serbien in seine Heimatstadt Graz eingeladen, wo sie eine Abordnung der Garde sowie der Militärmusik Oberösterreich im Landhaus empfing. Über die Beratungen berichtete die „Kleine Zeitung": „Kunasek will bei dem Treffen seine Amtskollegen über die Ergebnisse des EU-Verteidigungsministertreffens in Wien und der Expertenkonferenz zur Stärkung der Resilienz des Westbalkans informieren. Ziel sei eine Zusammenarbeit auf Augenhöhe um gemeinsam ein Mehr an Sicherheit in Europa zu erreichen [...]. Im Mittelpunkt stünden dabei gemeinsame Anstrengungen bei GSVP (Gemeinsame Sicherheits- und Verteidigungspolitik)-Missionen und -Operationen, grenzübergreifender Katastrophenschutz oder die Vermeidung illegaler Migration."[309]

Nach dem übereinstimmenden Urteil sämtlicher Beobachter machte Kunasek bei allen diesen Begegnungen auf internationalem oder heimischem Parkett eine ausnehmend gute Figur. Spätestens jetzt zahlte sich aus, dass der nunmehrige Minister in seiner Jugend so eifrig Englisch gebüffelt hatte. Für seine würdige Vertretung der Republik Österreich erntete Kunasek von seinen ausländischen Gesprächspartnern viel (nicht nur diplomatisches) Lob.[310]

Die Medien- und Öffentlichkeitsarbeit des Verteidigungsministeriums

Mario Kunasek war sich darüber im Klaren, dass sein ambitioniertes Programm zur Aufwertung des Bundesheers der Unterstützung weiter Kreise der Bevölkerung bedurfte. Das Verteidigungsministerium verfügte bei Kunaseks Amtsantritt bereits über einen relativ umfangreichen und mit erstklassigen Profis besetzten Apparat für seine Medien- und Öffentlichkeitsarbeit. Für die Betrauung dieser Aufgaben in seinem Kabinett engagierte Kunasek Anfang 2018 den seit 2008 als Pressesprecher des freiheitlichen Grazer Vizebürgermeisters Eustacchio tätigen Ernst Brandl, den er bis zu diesem Zeitpunkt nur flüchtig gekannt hatte. Brandl war in Kunaseks Kabinett für die Betreuung der Bundesländermedien zuständig, Mag. Gerold Fraidl für den ORF und die großen landesweiten Zeitungen. Ein jüngerer Mitarbeiter befasste sich mit den immer wichtiger werdenden sozialen Medien. Dieser begleitete den Minister bei allen seinen zahlreichen Terminen und verfasste nahezu zeitgleich Kurzmeldungen für die sozialen Medien, in

309 https://www.kleinezeitung.at/steiermark/5502795/Internationales-Treffen_Sechs-Minister-tagen-im-Grazer-Landhaus.

310 Interview Klug.

denen er neben einprägsamen Überschriften für die Öffentlichkeit interessante knappe Details mitteilte, etwa jenes, wie viele Mahlzeiten das Bundesheer pro Tag ausgab. Solches „Infotainment" (Information + Entertainment) erschloss einen völlig neuen Markt und damit Zielgruppen, die das Bundesheer früher nicht anzusprechen vermocht hatte.

Unverändert blieb unter Kunasek die Stellung des Ministeriumssprechers Oberst Mag. Manfred Bauer, den die Öffentlichkeit durch seine zahlreichen Fernsehauftritte kannte und der auch ohne Einschaltung des Ministers und seines Kabinetts Erklärungen gegenüber den Medien abgeben durfte. Den Nachrichtendienst Twitter, mittlerweile in X umbenannt, bediente Bauer perfekt.

Generalsekretär Wolfgang Baumann, Stabschef Robert Brieger und Kabinettschef Michael Klug setzten sich an Werktagen nahezu täglich zu Arbeitsbesprechungen zusammen.[311] Auf Baumanns Initiative trafen sich außerdem die Spitzenbeamten des Verteidigungsministeriums – ein rund 15 Personen zählender Kreis – drei Mal wöchentlich zu einer „Morgenlage", bei der sie mitteilten, was sich in ihrem Arbeitsbereich gerade abspielte. Die Medienabteilung berichtete bei dieser Gelegenheit über die Resonanz auf die PR-Arbeit des Ressorts, konkret über jede publizierte Erwähnung des Bundesheers und des Ministers. Laut Brandl und Klug verlief die Zusammenarbeit wie am Schnürchen; Kunasek zu „vermarkten", sei geradezu ein Vergnügen und alles andere als schwierig gewesen, denn er passte perfekt zum Bundesheer und wirkte allerorten überaus authentisch. Obendrein ist Kunasek in der Lage, gut frei zu sprechen, weshalb ihm sein PR-Stab nur die wichtigsten Stichworte für Ansprachen etc. zu notieren brauchte, aus denen er dann selbst seine Reden formulierte. Kunaseks Auftritte, egal vor welchem Publikum, wurden sogar von Monat zu Monat besser. Es gab einfach eine perfekte Harmonie zwischen dem Chef und seinem Team, das aus Leuten bestand, die bestens miteinander auskamen und deren Kompetenzen sich wechselseitig ergänzten. Das Wichtigste war: Der Chef, ein Militär-Insider von der Pike auf, stand für das, was er sagte. Seine Mitarbeiter brauchten seine eindeutigen Botschaften nur mehr weiterzuleiten.[312]

Zu den ersten in Angriff genommenen Anliegen gehörte es, die Kernaufgabe des Bundesheers, die militärische Landesverteidigung, wieder stärker als zuvor in Erscheinung treten zu lassen. In Zusammenarbeit mit einer externen Werbeagentur änderte man daher den bisherigen Leitspruch „Schutz und Hilfe" in „Wir schützen Österreich" ab. Ohne damit im Geringsten die wichtige Rolle des Bundesheers bei Katastropheneinsätzen im In- und Ausland schmälern zu

311 Interview Brieger.

312 Interviews Klug und Brandl. Nach Brandl das Folgende.

wollen, sollte das neue Credo ausdrücken, dass der Schutz des Landes nach außen, also gegen eine äußere Bedrohung, im Mittelpunkt stand. Der bald zum Generalstabschef aufgestiegene General Brieger unterstützte diese Schwerpunktverlagerung ebenfalls mit Nachdruck und erhob den gleichlautenden Anspruch, das Bundesheer müsse vor allem anderen die Schutzmacht nach außen sein. Gleichwohl gab es einige interne Diskussionen über die Realisierbarkeit dieser Vorgabe. Schließlich übernahm Kunasek, wie wir gesehen haben, das Verteidigungsministerium auf der Talsohle des finanziell ausgehungerten Bundesheers, sodass man zuerst einmal eine Bestandsaufnahme darüber erstellen musste, was alles fehlte.

Um das eigene Standing zu verbessern, wollte das Bundesheer der österreichischen Bevölkerung noch mehr als bisher verdeutlichen, welche umfassenden Leistungen es ständig erbrachte. Geeignete Anlässe hierfür boten, neben dem kontinuierlichen Assistenzeinsatz an der Grenze, die vielfachen Hilfeleistungen zur Bewältigung des Schneechaos, das im Winter 2018/19 in vielen Regionen Österreichs herrschte. Dabei zeigte sich, nebenbei bemerkt, wie dringend das Heer neue Hubschrauber benötigte. Die ÖVP bestand allerdings darauf, die damals prinzipiell abgesegnete Anschaffung unter dem Signet „Katastrophenschutzprogramm" zu kommunizieren. Die Generation Sebastian Kurz hatte nach wie vor Probleme damit, das Kind beim Namen zu nennen, sie hatte aber anscheinend den alten militärischen Grundsatz „Täuschen und Tarnen" verinnerlicht. Sämtliche Verwendungen von Soldaten im Inneren wurden im Ministerium genauestens dokumentiert (eingesetztes Personal, geleistete Arbeitsstunden etc.) und die Medien hierüber informiert.

Insbesondere die „Kronen Zeitung" druckte gerne entsprechende Berichte. Darin gab die auflagenstärkste österreichische Tageszeitung unter anderem wieder, was Kunasek für sein vordringlichstes Anliegen hielt: mehr Sicherheit für den einzelnen Soldaten durch eine bessere persönliche Ausstattung mit Schutzwesten und Helmen sowie durch eine geschützte Mobilität in Form von Fahrzeugen, die wenigstens einem Beschuss mit leichten Infanteriewaffen standhalten konnten, wie seinerzeit bei Kunaseks Einsatz in Bosnien.[313]

Die erste Titelseite, die die „Krone" dem neuen Minister widmete, lautete allerdings am 25. Mai 2018 in einem etwas seltsamen Deutsch: „Heer kommandiert das Binnen-I ab". Mit sichtlicher Genugtuung verkündete das Blatt:

---

313 Kronen Zeitung, 22. Februar 2019, S. 1. Das Blatt berichtete hier mit einem Foto Kunaseks über die Übergabe von vier Gefechtsfahrzeugen des Typs „Hägglund" an die 6. Gebirgsbrigade in Absam (Tirol). Dieses leicht gepanzerte Fahrzeug erlaubt den geschützten Transport von Soldaten auch im Hochgebirge.

„Minister Kunasek stoppt sinnlosen ‚Gender-Wahn'." Er entsprach damit einem Wunsch aus dem Ministerium und aus der Truppe, die alles andere als glücklich darüber sind, dass Kunaseks Nachfolger diesen Schritt sofort rückgängig machten.[314]

Während den Erinnerungen Brandls zufolge die Zusammenarbeit mit Boulevardzeitungen wie der „Krone" gut funktionierte, spießte es sich bei anderen Blättern mit Ausnahme des „Standard", dessen damals zuständiger Redakteur Conrad Seidl ein Bundesheer-Fan war, laut Kunasek wegen seiner extravaganten Kleidung zugleich eine „skurrile Figur".[315] Sich als links verstehende Organe wie die Wochenzeitung „Falter", überraschenderweise aber auch als bürgerlich geltende Medien berichteten zwar sporadisch über das, was sich unter Kunasek beim Bundesheer tat; sie versuchten laut Brandl jedoch ebenso permanent wie subtil, diese Meldungen in einem insgesamt negativen Sinn zu „framen". Die Sinnhaftigkeit der militärischen Landesverteidigung wurde immer wieder zwischen den Zeilen als per se retro und rechts infrage gestellt und das Image eines heroischen Kämpfers, der sein Land und dessen Zivilbevölkerung gegen äußere Bedrohungen verteidigt, war ihnen (und wohl generell dem Zeitgeist vor dem Ukraine-Krieg) zutiefst fremd; es gab solche Helden nur mehr in Romanen und Spielfilmen.[316]

Sicherung des Personalersatzes, Attraktivierung des Grundwehrdiensts

Kunasek war eines vollkommen bewusst: Alles stand oder fiel mit der Bereitstellung ausreichenden und qualifizierten Personals für das Bundesheer. Ein erhebliches, sich laufend verschärfendes Problem stellte der Umstand dar, dass die ins wehrfähige Alter kommenden Geburtsjahrgänge nicht nur in absoluten Zahlen immer kleiner wurden, sondern dass zusätzlich immer mehr junge Männer bei der Stellung untauglich waren. Dies alles, gepaart mit der unverändert hohen Beliebtheit des Zivildiensts, bewirkte, dass dem Bundesheer von Jahr zu Jahr weniger Grundwehrdiener zur Verfügung standen. An dieser Misere hat sich bis heute nichts geändert, wie jüngst ein dem Personalmangel beim Bundesheer gewidmeter Beitrag in der ORF-Sendung „Report" am 19. März 2024 aufzeigte.

Für Frauen besteht in Österreich bekanntlich keine Wehrpflicht, sie können sich jedoch freiwillig zum Dienst beim Bundesheer melden. Um die damals wie

314 Kronen Zeitung, 25. Mai 2018, S. 1. Interview Brieger.

315 Interview Mario Kunasek.

316 Interview Brandl.

heute ziemlich geringe Resonanz dieses Angebots bei jungen Frauen etwas zu erhöhen, war schon vor Kunasek der alljährliche Girls' Day eingeführt worden, an dem Personen dieser Zielgruppe eine Kaserne besuchen können, wo man ihnen einen ersten Einblick in den militärischen Alltag vermittelt. Unter Kunaseks Ministerschaft fand dieser Tag am 26. April 2018 an zehn Standorten in ganz Österreich statt. Die Kosten hierfür schlugen mit rund 145.000 Euro zu Buche.[317]

Es verdient eine Erwähnung, dass das Verteidigungsministerium schon unter Kunasek dem Parlament alljährlich einen Bericht „Militärische Dienstleistungen von Frauen" vorlegte. Dieser von Kunasek am 29. März 2019 dem Nationalrat zugeleiteten Quelle ist zu entnehmen, dass im einzigen Jahr, für das Kunasek die volle Verantwortung trug (2018), 162 Damen ihren Ausbildungsdienst beim Bundesheer antraten. 2017 waren es lediglich 127 gewesen. Insgesamt dienten 2018 662 Soldatinnen. Die Zahl freiwilliger Meldungen zum Ausbildungsdienst war allerdings von 2017 auf 2018 von 599 auf 421 zurückgegangen.[318] In Summe war und ist der Frauenanteil im Bundesheer eine quantité négligeable. Vielleicht sollte man einfach zur Kenntnis nehmen, dass sich die überwältigende Mehrzahl der Österreicherinnen schlicht und einfach nicht für den Eintritt ins Bundesheer erwärmen kann und dies auch in der absehbaren Zukunft – aus welchen Gründen immer – so bleiben wird, anstatt mit teuren Werbekampagnen eine Gehirnwäsche zu versuchen, die den Adressatinnen etwas einreden möchte, was ihnen sichtlich nicht liegt.

Daraus folgt: In erster Linie anzusprechen waren und sind daher die (männlichen) Wehrpflichtigen. Kunasek wusste als Berufssoldat und Personalvertreter aus erster Hand, wo der Schuh drückte. Nicht alle Defizite konnte man sofort beseitigen, aber bei der Stimmung ließ sich sofort ansetzen. Viel Gutes beginnt ja bekanntlich bei den kleinen Dingen des Lebens. Bei seinen zahlreichen Ansprachen anlässlich der Angelobung von Rekruten wurde Kunasek daher nicht müde, ihnen seine und des Landes Wertschätzung auszudrücken. Er nahm dabei auch Worte in den Mund, die nicht dem Mainstream des individualistischen und pazifistischen Zeitgeists entsprachen: Grundwehrdiener leisten einen wertvollen Dienst für ihr Vaterland, ihre Heimat, worauf sie zu Recht stolz sein können. Das Bundesheer ist eine Schule fürs Leben und ermöglicht Eigenständigkeit und Selbstbehauptung abseits des Hotels Mama. Kunasek gab den Rekruten das Gefühl, sie und ihre Leistungen ernst zu nehmen und zu würdigen. Das war damals keine Selbstverständlichkeit.

---

317 https://www.parlament.gv.at/dokument/XXVI/AB/1644/imfname_720694.pdf.
318 https://www.parlament.gv.at/dokument/XXVI/III/270/imfname_743396.pdf.

Generalstabschef Robert Brieger bemühte sich insbesondere darum, das Gefühl von Leerlauf, Sinnlosigkeit und Zeitverschwendung bei der Ableistung des Grundwehrdiensts zum Verschwinden zu bringen. Er besuchte – mitunter unangemeldet – Kasernen und sprach mit den Soldaten über ihre Erlebnisse. Selbst jene, die sich in einer Kaderausbildung befanden, äußerten bei solchen Gelegenheiten Frustgefühle, als Brieger sie fragte, warum sich so viele Kameraden wieder abmeldeten. Neben dem Eindruck der Sinnlosigkeit kam insbesondere der „schlechte Umgangston" seitens der Vorgesetzten zur Sprache, weshalb Brieger den Kommandanten ins Gewissen redete. Alle – die Grundwehrdiener ebenso wie das angehende Kaderpersonal – sollten das Gefühl haben, gebraucht zu werden und etwas Sinnvolles für ihr Vaterland zu leisten. Der Ausweg aus dem unbefriedigenden Ist-Zustand war eine harte, aber sinnstiftende Ausbildung mit Blick auf die künftigen Aufgaben.[319]

Es erklärt sich aus der Notwendigkeit der Sicherung des Personalersatzes, dass sich Kunasek auch für die Wiedereinführung der Informationsoffiziere einsetzte, die Schüler höherer Schulstufen über die Aufgaben des Bundesheers informieren. Diverse von seinem Ministerium lancierte Informations- und Werbekampagnen zeigten fesche Burschen (und noch feschere Mädel), die über eine coole Ausrüstung verfügen und denen eine breite Palette an Spezialausbildungen offensteht, unter denen jeder und jede etwas für seine bzw. ihre Neigungen finden kann. Damit konform lautete die Botschaft, viele beim Bundesheer auf Staatskosten erworbene Kenntnisse ließen sich auch im zivilen Bereich verwerten, etwa die Ausbildung zum Heeresbergsteiger oder im Bereich Sicherheit, für den seit der Expansion privater Security-Firmen in den letzten Jahren ein neuer Arbeitsmarkt existiert, der Bundesheersoldaten, insbesondere das exzellent ausgebildete Kaderpersonal, gezielt (und vielfach erfolgreich) mit der Aussicht auf höhere Gehälter abwirbt. Es galt daher, dem Eindruck entgegenzutreten, vor allem Grundwehrdiener würden nur ihre sechsmonatige Wehrpflicht mit sinnlosen Tätigkeiten absitzen, es handle sich im Grunde um eine verlorene Lebenszeit. Das Gegenteil ist der Fall.[320]

Erfolgreich und breitenwirksam waren die traditionellen Leistungsschauen des Bundesheers am Nationalfeiertag (26. Oktober). Jene in Graz ging 2018 mit einer Großangelobung einher. Etwas überraschend mag wirken, dass das Ministerium im Frühjahr ein Vielfalts-Konzept (Diversity-Management-Konzept) erstellen ließ.[321]

---

319 Interview Brieger.

320 Interview Brandl.

321 https://www.parlament.gv.at/dokument/XXVI/AB/2332/imfname_730954.pdf.

Kunasek und der behauptete Rechtsextremismus im Bundesheer

Ungeachtet vieler innovativer Ansätze wurden die Oppositionsparteien nicht müde, in zahlreichen Anfragen zu versuchen, Kunasek in ein rechtsextremes Eck zu rücken. Wie er darauf reagierte, ist nicht so sehr den oft formelhaften und vagen Beantwortungen dieser Anfragen zu entnehmen, denn letztere griffen ohnedies vielfach auf Vorlagen aus der Vergangenheit zurück und änderten lediglich den abgefragten Zeitraum; dementsprechend ähnlich klangen die Antworten. Das Verteidigungsministerium verfügte daher bereits über einige Routine und Expertise, um der gesetzlich festgelegten Pflicht nachzukommen, die Wissbegier von Oppositionsabgeordneten zu befriedigen.

Wesentlich aussagekräftiger sind Kunaseks klare Positionierungen in den steirischen FPÖ-Gremien, vor denen er sich kein Blatt vor den Mund zu nehmen brauchte. So berichtete Kunasek dem Landesparteivorstand am 4. April 2019, im Fall von Berufs- oder Milizsoldaten, die „sich in extremistischen Bereichen bewegen", lege das Ministerium Sperrvermerke an. Milizsoldaten dürften dann an gewissen Übungen nicht mehr teilnehmen, bei Berufssoldaten gab es Einschränkungen ihrer beruflichen Laufbahn. Der dem Innenministerium unterstehende Verfassungsschutz stufte zu dieser Zeit 56 beim Bundesheer tätige Personen als extremistisch ein, allesamt Mitglieder der Identitären. Das Verteidigungsministerium reagierte schon deshalb darauf, um das übliche Hochspielen in den Medien zu verhindern.[322]

Die endlose Causa Eurofighter

Ein weiteres ständiges Ärgernis war die hier nicht näher erörterte Causa Eurofighter, die Kunasek von seinen Vorgängern geerbt hatte und bei der es weder ihm noch allen anderen Verteidigungsministern vor und nach ihm gelang, mit dem Hersteller der Flugzeuge eine für alle Seiten tragbare Lösung zu finden. Im Wissen, dass markige Sprüche in der Öffentlichkeit à la Klaudia Tanner „Eurofighter wird mich noch kennenlernen" die Sache nur weiter verkomplizieren, hielt sich Kunasek zurück und ließ in seinem Ministerium prüfen, wie man mit den Abfangjägern weiter verfahren könne. Zu einer nennenswerten Änderung in dieser Angelegenheit kam es während seiner kurzen Amtszeit nicht. Die ÖVP, unter deren Federführung die Flugzeuge Jahre zuvor angeschafft worden

322 LPV 4. April 2019.

waren, reagierte auf jede Erwähnung des Themas hochsensibel und hatte keinerlei Interesse, in dieser Sache Staub aufzuwirbeln.[323]

Gescheiterte Weiterführung des Militärrealgymnasiums Wiener Neustadt

Ein Herzensanliegen war Kunasek die Weiterführung des Militärrealgymnasiums Wiener Neustadt, das mit vollem Namen Bundesoberstufenrealgymnasium (BORG) an der Theresianischen Militärakademie hieß. Die in der Daun-Kaserne untergebrachte Schule verfügte über ein Internat und hatte die Aufgabe, eine – wenn auch kleine – Zahl junger Menschen möglichst früh auf eine spätere Berufstätigkeit beim Bundesheer vorzubereiten. Im Oktober 2014 gab die damalige rot-schwarze Bundesregierung bekannt, das BORG werde Mitte 2018 mit Beendigung des Schuljahrs aus finanziellen Gründen geschlossen; Verteidigungsminister war damals Gerald Klug (SPÖ). Schon 2014 hatte Kunasek die von den Schülern und Lehrern gestartete Petition „Bitte retten Sie unsere Schule" tatkräftig, aber leider ohne Erfolg unterstützt (Abb. 35).

Auf Betreiben Kunaseks und Straches entschied sich die gerade ins Amt gekommene Regierung Kurz jedoch im Jänner 2018 für eine Weiterführung, die sogar Eingang ins Regierungsprogramm fand. Angestrebt war eine Kooperation mit dem Innenministerium, um am Standort eine zentrale Ausbildungsstelle für den Sicherheitssektor einzurichten. Damit wollte man einen neuen Berufszweig für Sicherheitsdienstleister etablieren. Es war freilich ein schlechtes Omen, dass selbst der betroffene Schuldirektor den Zeitpunkt dieser Entscheidung als ungünstig bezeichnete.[324]

Eine unmittelbare Fortsetzung des Schulbetriebs erwies sich als unmöglich, da seit 2014 in personeller und räumlicher Hinsicht alles für die Auflassung vorbereitet worden war. Man musste, auch um die bisherige auf das Militärische orientierte Ausbildung zu erweitern, ein völlig neues Konzept erstellen, das unter anderem für die Polizei und private Sicherheitsfirmen von Interesse sein sollte. Letzten Endes kam die angestrebte Zusammenarbeit mit dem Innen- und Justizministerium nicht zustande und die Kosten der für einen Neustart erforderlichen umfangreichen Investitionen (30 Millionen Euro) erwiesen sich als nicht bewältigbar. Das Verteidigungsministerium musste wenige Wochen nach dem Ausscheiden Kunaseks aus der Bundesregierung das Aus für diese Pläne bekanntgeben. ÖVP und FPÖ kritisierten diese Entscheidung der Übergangs-

323 Interview Klug.

324 https://noe.orf.at/v2/news/stories/2887854/.

▸ Abb. 35: Strache (Bildmitte mit DIN-A4-Blatt) und Kunasek (rechts daneben) unterstützen die Wiener Neustädter Petition.

regierung bzw. des interimistischen Verteidigungsministers Generalmajor Mag. Thomas Starlinger, machten sich jedoch auch gegenseitig für das Scheitern des ambitionierten Vorhabens verantwortlich, das Kunasek ursprünglich als eines seiner „Leuchtturmprojekte" angekündigt hatte.[325] Es war ein weiteres Nachbeben der gerade geplatzten türkis-blauen Koalition.

Die Bilanz von Kunaseks Ministerzeit

Auf die Ereignisse während der Regierungszusammenarbeit zurückblickend, wurde innerhalb der FPÖ zunehmend klar, dass Bundeskanzler Sebastian Kurz von Beginn an kein vollkommen ehrliches Spiel gespielt hatte. Insbesondere für die Landesverteidigung galt, was Kunasek, wie dargelegt, schon wenige Wochen nach der Regierungsbildung vermutet hatte: Die ÖVP gönnte ihm in seinem Ressort keinerlei Erfolg, um seine Ausgangsposition für die nächste Landtagswahl in der Steiermark nach Möglichkeit zu schwächen. Nach dem

325 https://www.noen.at/wr-neustadt/schneeberger-ueberrascht-heeres-sicherheitsschule-in-wr-neustadt-eingestellt-wiener-neustadt-verteidigung-heeres-sicherheitsschule-klaus-schneeberger-150135657.

Scheitern der Regierung legte Kurz dann seine Karten offen auf den Tisch. In der Parlamentsdebatte vom 25. September 2019 fasste der freiheitliche Abgeordnete Mag. Volker Reifenberger den Erkenntnis- und Ernüchterungsprozess innerhalb der FPÖ in folgende Worte:

„Altkanzler Sebastian Kurz hat im ORF-‚Sommergespräch' leider dezidiert gesagt, dass es im Bereich der Landesverteidigung zu keiner wesentlichen Budgeterhöhung kommen soll. Ich war fassungslos über dieses öffentliche Bekenntnis, obwohl wir das seit Längerem koalitionsintern gespürt und miterlebt haben. Unser ehemaliger Minister Mario Kunasek hat bei den Budgetverhandlungen mit dem damaligen Finanzminister Löger und dem Regierungskoordinator Blümel unter dieser Einstellung der ÖVP gelitten. [...] Jetzt hat das aber ÖVP-Obmann Sebastian Kurz persönlich zum ersten Mal öffentlich gesagt."[326]

Das war nicht nur die blaue, aus der Rückschau gewonnene Einsicht in die Doppelzüngigkeit der ÖVP. Bereits am 23. Februar 2018 – Kunasek war gerade zwei Monate im Amt – schrieb der „Standard" über einen Truppenbesuch des Ministers in Bosnien-Herzegowina, der die chronische Unterdotierung des Heeres ein weiteres Mal ans Tageslicht gebracht hatte: „Dass die Lücken geschlossen werden müssen, um alle Posten besetzen und einen geregelten Dienstbetrieb aufrechterhalten zu können, ist im Militär jedem klar. Doch hinter vorgehaltener Hand wird darauf verwiesen, dass die schönen Zusicherungen des freiheitlichen Ministers natürlich nur so viel wert sind, wie die Bereitschaft der ÖVP und ihres Finanzministers, die falsche Sparpolitik der Jahre bis 2015 auszugleichen und dem Verteidigungsressort kräftige Budgeterhöhungen zuzugestehen. Die Jahre, in denen die ÖVP den Finanzminister gestellt hat, haben aber gezeigt, dass die Volkspartei wenig Bereitschaft hat, ihre oft bekundete Bereitschaft, das Militär bestmöglich auszustatten, auch mit entsprechenden Finanzspritzen zu unterstützen."[327]

Genau daran haperte es. Da das Finanzministerium dem Bundesheer nur marginal mehr als die Abgeltung der Inflation zugestand, konnte das Heeresbudget bestenfalls ansatzweise zum Abbau des vieljährigen Investitionsrückstands dienen, sondern ging wie in den Jahren zuvor für die Erfüllung des Kerns der gesetzlichen Auflagen drauf. Dazu zählen so banale Dinge wie die vorgeschriebenen wiederkehrenden Überprüfungen aller Fahrzeuge nach § 57a Kraftfahrgesetz („Pickerl") sowie die Bereitstellung von Ersatzteilen und Betriebsmitteln. Wie sich General Brieger mit Bedauern erinnert, blieb da schlicht kein Spiel-

326 https://www.parlament.gv.at/dokument/XXVI/NRSITZ/89/fname_795913.pdf, S. 315.

327 https://www.derstandard.at/story/2000074899999/truppenbesuch-in-bosnien-und-im-kosovo-zeigt-luecken-des-heeres.

raum für größere Anschaffungen, sodass man während der Amtszeit Kunaseks – abgesehen von den Hubschraubern – kein größeres Projekt in Angriff nehmen konnte. In der Hoffnung auf kommende bessere Tage leistete das Ministerium dennoch vorbereitende Grundlagenarbeit betreffend die materielle Ausstattung des Bundesheers, wovon die Republik ab 2022 profitierte. Kunasek amtierte bedauerlicherweise zu einer Zeit, als die Devise „koste es, was es wolle" noch nicht galt. Da viele im Regierungsprogramm enthaltene Vorhaben aus Geldmangel nicht umgesetzt werden konnten, war es unvermeidlich, dass sich im Kabinett und bei der Truppe ein wenig Enttäuschung breitmachte.[328]

Bilanzierend bleibt festzuhalten, dass sich Kunasek um die Unterstützung all jener bemühte, denen das Bundesheer so wie ihm ein echtes Anliegen war. Das galt für die allgemeine Öffentlichkeit, aber nicht minder für die übrigen im Parlament vertretenen Parteien, egal welche Einstellung diese zur Landesverteidigung vertraten. Als Minister lud er die Wehrsprecher sämtlicher Parteien regelmäßig zu sich ein und legte ihnen dar, mit ihm könne man über alles reden. In diesem Punkt beherzigte Kunasek jene Lehren, die er Jahre zuvor als FPÖ-Wehrsprecher selbst gemacht hatte. Das Echo auf diese Offerten fiel zwar sehr unterschiedlich aus, es gab jedoch, abgesehen von der Causa Eurofighter, keinen größeren Gegenwind gegen seine Vorhaben.[329]

Ambivalent war Kunaseks Verhältnis zu Bundespräsident Alexander Van der Bellen, dem nominellen Oberbefehlshaber des Bundesheers, der ja, wie erinnerlich, nach einer intensiven Auseinandersetzung mit dem freiheitlichen Präsidentschaftskandidaten Norbert Hofer in sein Amt gelangt war. In zumindest einem Fall gab es einen veritablen Konflikt zwischen VdB und Kunasek, als der Präsident die Gegenzeichnung der von Kunasek vorgeschlagenen Ernennung einiger Generäle verweigerte – ein durchaus unüblicher Vorgang. Das hinderte die beiden aber nicht daran, ihrem gemeinsamen Laster zu frönen und bei diversen Zusammentreffen gemeinsam zum Rauchen eines Zigaretterls ins Freie zu gehen. Was sie dort beredeten, entzieht sich unserer Kenntnis und soll ihr Geheimnis bleiben.[330]

Ehrungen für seine Tätigkeit als Bundesminister für Landesverteidigung erhielt Kunasek mehrfach erst nach seinem Ausscheiden aus dem Amt und dann aus dem Ausland. Besonders stolz ist er wegen dessen aus österreichischer Sicht exotischen Charakters auf den kroatischen Fürst-Trpimir-Orden mit Halsband und Stern, den ihm die damalige Präsidentin Kroatiens mit Entschließung

328 Interview Brieger.

329 Interview Mario Kunasek.

330 Interview Brieger.

vom 25. Oktober 2019 verlieh. Die geschmackvoll und symbolreich gestaltete Verleihungsurkunde für den Orden, der nach einem kroatischen Fürsten und Dynastiegründer aus der Mitte des 9. Jahrhunderts (!) benannt ist, führt zwar keine Gründe an, aus den gesetzlichen Bestimmungen ergibt sich aber, dass diese Auszeichnung – die Nr. 5 in der Rangliste kroatischer Dekorationen – für herausragende Beiträge zur Unabhängigkeit, Integrität sowie zur internationalen Reputation des kroatischen Staates verliehen wird, darüber hinaus für die Entwicklung der Beziehungen zu anderen Staaten und für Verdienste um den Aufbau Kroatiens (Abb. 36 und 37).[331]

Quelle: Sammlung Kunasek

▸ **Abb. 36: Übergabe des Ordens (oben)**

▸ **Abb. 37: Verleihungsurkunde für den Fürst-Trpimir-Orden (links)**

Zu diesen Verdiensten zählt, dass unter Kunasek als Verteidigungsminister die Rückgabe eines historischen Flugzeugs an Kroatien vollzogen wurde. Damit hat es folgende Bewandtnis: Während der Jugoslawienkriege der 1990er-Jahre waren die Luftstreitkräfte der Jugoslawischen Volksarmee eine wichtige Waffe, um die Separationsbestrebungen unter anderem von Kroatien zu bekämpfen. Ausgestattet waren sie teilweise mit einsitzigen Jagdflugzeugen vom sowjetischen Typ MIG-21. Ein kroatischer Pilot wollte nicht seine um ihre Unabhängigkeit kämpfenden Landsleute bombardieren und desertierte, indem er mit seiner Maschine nach Klagenfurt flog und dort im Oktober 1991 landete. Das Flugzeug blieb jahrzehntelang in Österreich, der in Kroatien als Held gefeierte Pilot kehrte später in seine Heimat zurück. Erst Kunasek veranlasste in

331 https://de.wikipedia.org/wiki/F%C3%BCrst-Trpimir-Orden_mit_Halsband_und_Stern. Verleihungsurkunde der Präsidentin Kroatiens, 25. Oktober 2019. Kopie im Besitz des Verfassers. Dank an Štefica Jurišić für die Übersetzung ins Deutsche.

den letzten Tagen seiner Ministerschaft auf Vorschlag von Generalmajor Johann Frank nach einer (völker-)rechtlichen Überprüfung und Freigabe durch das Außenministerium die von Kroatien mehrfach erbetene Überstellung der MIG, mittlerweile ein nicht mehr flugtauglicher Oldtimer, an das inzwischen längst in die EU aufgenommene Kroatien. Nach Zerlegung und Transport auf dem Landweg fand das symbolträchtige Flugzeug in seiner neuen/alten Heimat einen würdigen Aufstellungsort im Militärmuseum in Zagreb, wo es zu den begehrtesten Ausstellungsstücken zählt.[332]

Bilanziert man Kunaseks Ministerzeit, so stechen die übereinstimmenden Urteile über seine Eloquenz, seinen exzellenten Umgang mit Menschen – egal, ob General oder Grundwehrdiener – und seine positive Aufnahme bei der Truppe ins Auge. Er nahm sich seiner Aufgabe mit voller Kraft an, erinnert sich etwa Generalstabschef Brieger, der etwa einmal pro Woche zu einem längeren Austausch mit dem Minister zusammenkam, der nicht selten bis in die Nachtstunden dauerte. Auf der Agenda standen dabei beispielsweise Tagesprobleme, die Medienarbeit und längerfristige Vorhaben wie die Personalentwicklung. Wenngleich der Minister einen Teil seiner verfügbaren Zeit für die steirische Landespolitik aufwendete, attestiert ihm Brieger, sich seiner Aufgabe in Wien „mit sehr viel Engagement und Hingabe" gewidmet zu haben. Er sei daher zweifellos einer der besten Verteidigungsminister der Zweiten Republik, der sich wegen der Kürze seiner Amtszeit leider nur unvollständig entfalten konnte.

Es ist beinahe eine Ironie, dass Brieger Mario Kunasek hinsichtlich seiner Verdienste in eine Reihe mit einem seiner Vorvorvorgänger stellt, dem von 1987 bis 1990 amtierenden ÖVP-Verteidigungsminister Dr. Robert Lichal (1932–2024). Dessen Namen durfte man früher in der Steiermark nur hinter vorgehaltener Hand und mit dreimaligem Bekreuzigen aussprechen, denn Lichal hatte dafür gesorgt, dass Ende der 1980er-Jahre sämtliche damaligen Abfangjäger des Bundesheers auf den zwei steirischen Fliegerhorsten Thalerhof und Zeltweg stationiert wurden. Da diese SAAB Draken, nach jahrzehntelanger Nutzung durch die Luftwaffe Schwedens ebenso gebraucht wie betagt angekaufte Maschinen, bei ihren Starts sehr viel Lärm produzierten, sprach sich die steirische ÖVP, die damals mit Dr. Josef Krainer den Landeshauptmann stellte, gegen die alleinige Stationierung in der Grünen Mark aus. Lichal lenkte aber aus zwingenden militärischen Gründen nicht ein, woraufhin Krainers ÖVP ein von rund einem Viertel der Steirer unterschriebenes Volksbegehren gegen die Draken initiierte. Die steirischen ÖVP-Abgeordneten brachten im National-

332 https://www.ots.at/presseaussendung/OTS_20190507_OTS0160/oesterreich-gibt-alte-mig-21-an-kroatien-zurueck.

rat sogar einen (erfolglosen) Misstrauensantrag gegen ihren eigenen Verteidigungsminister ein – ein in der Geschichte der Zweiten Republik beispielloser Vorgang. Als nur wenig später, 1991, an der steirischen Grenze zu Slowenien gekämpft wurde, waren die Steirer, an der Spitze der ÖVP-Landeshauptmann, jedoch sehr froh, eigene Abfangjäger in der Nähe zu haben. Da Lichals Name jedoch auch mit der Festschreibung der Milizstruktur des Bundesheers in der Verfassung sowie der Anschaffung von Lenkwaffen verbunden ist, dürfte Mario Kunasek vermutlich mit Briegers für einen Steirer eigenwilligem Vergleich leben können.[333]

Ich möchte das Kapitel über Kunasek als Verteidigungsminister mit einer kleinen, aber überaus bezeichnenden Episode abschließen, die mir ein Freund während der Arbeit an diesem Buch erzählte. Seine Gattin Mag. Marianna Hermann (nicht mit dem FPÖ-Politiker Stefan Hermann verwandt), aus Polen gebürtig, beteiligte sich mit großem Einsatz an Hilfsmaßnahmen für den Kosovo. Dabei lernte sie eine junge Kosovarin kennen, die dort als Dolmetscherin für das Bundesheer arbeitete. Mit ihrem Monatslohn von rund 500 Euro konnte sie nicht nur sich selbst, sondern auch ihre betagten Eltern unterhalten. Als Mario Kunasek Bundesminister für Landesverteidigung war, kam die Nachricht, dass der Vertrag auslief und die junge Kosovarin somit vor dem Nichts stand. Der Zufall wollte es, dass Frau Hermann wegen ihrer karitativen Tätigkeit eine Einladung zum Neujahrsempfang des Militärkommandos Steiermark in der Gablenz-Kaserne erhielt. Sie ging allein hin, sprach den ebenfalls anwesenden Minister an und schilderte ihm die Angelegenheit. Kunasek sagte spontan zu, sich der Sache anzunehmen. Einer seiner Begleiter notierte sich die Details. Es blieb auch in diesem Fall nicht bei leeren Worten. Wenig später erfuhr Frau Hermann: Der Vertrag der Dolmetscherin ist verlängert.[334]

333 Interview Brieger. Walter Tancsits: Die Auseinandersetzung um Abfangjäger und die Stationierung des SAAB-Draken in Österreich. In: Andreas Khol/Günther Ofner/Alfred Stirnemann (Hrsg.): Österreichisches Jahrbuch für Politik 1987 (Wien–München 1988), S. 583–600.

334 Mündliche Mitteilung von Dr. Nikolaus Hermann, 2. März 2024.

10 Ibiza: Die Regierung platzt

Das Ibiza-Video und seine Vorgeschichte

Am späten Nachmittag des 17. Mai 2019, einem Freitag, erfuhren zahlreiche Medien nicht nur in Österreich, die Online-Portale der „Süddeutschen Zeitung" (SZ) und des „Spiegel" würden am frühen Abend ein Video bzw. Ausschnitte aus einem solchen veröffentlichen, die Vizekanzler und FPÖ-Bundesparteiobmann Heinz-Christian Strache schwer belasteten. Die Aufnahmen waren beinahe zwei Jahre alt. Die bekannt gewordenen Sequenzen zeigen Strache, den damals geschäftsführenden Klubobmann der FPÖ im Nationalrat, Johann Gudenus, dessen Gattin und eine weitere Frau bei einer Besprechung im Sommer 2017 auf der spanischen Mittelmeerinsel Ibiza.

Wie sich aus den Erläuterungen von SZ und „Spiegel" ergab, hatte sich die unbekannte und allgemein als sehr attraktiv eingeschätzte junge Frau als die Nichte eines russischen Oligarchen ausgegeben. Jene, die Strache und Gudenus diese Falle stellten und sie in ein mit versteckten Videokameras ausgestattetes Haus lockten, hatten zuvor dieses Gespräch mit der angeblichen Oligarchennichte eingefädelt. Strache, sichtlich etwas angetrunken und bemüht, der feschen Dame zu imponieren, tätigte dort ahnungslos Aussagen, die man als seine Bereitschaft zu korruptem Verhalten, zu Amtsmissbrauch und zur Ausschaltung eines kritischen Journalismus interpretieren konnte – wenn man wollte. Im Wesentlichen kündigte er großsprecherisch, in etlichen Punkten aber vollkommen abseits jeder Realität an, was er und die FPÖ im Fall ihrer Regierungsbeteiligung tun würden. Zu einer solchen kam es ja bekanntlich einige Monate später.

Viele Fragen waren am Tag der Veröffentlichung ungeklärt: Wer hatte die Abhöraktion in Auftrag gegeben und durchgeführt? Was enthielt der Rest des nur in kurzen Auszügen veröffentlichten Videos? Waren die beiden FPÖ-Politiker gezielt unter Alkohol- und/oder Drogeneinfluss gesetzt worden? Warum kam das Band erst beinahe zwei Jahre nach seiner Entstehung an die Öffentlichkeit? Was war mit diesem sicherlich nicht zufällig gewählten Timing neun Tage vor der EU-Wahl bezweckt? Obwohl alle diese Fragen unbeantwortet waren (und teilweise noch immer sind), schlug das Video ein wie eine Bombe. Die Nachrichtensendungen in Österreich kannten an diesem Abend kaum ein anderes Thema und auch im Ausland zählte es zu den Topmeldungen.

Wie die Spitzenvertreter der steirischen FPÖ diesen dramatischen Tag in Erinnerung haben, weicht in manchen Details voneinander ab. Gelegentlich war zu hören, in den Wochen vor Ibiza hätten sich die Anzeichen dafür gemehrt, die mit Sebastian Kurz weiter auf einem Höhenflug befindliche ÖVP suche einen Anlass, die Regierung platzen zu lassen und auf diesem Weg die Kontrolle über das Innenministerium zurückzuerlangen.[335] Am bemerkenswertesten sind die Schilderungen Peter Samts, denen zufolge Kunasek bereits etwa zwei Tage vorher mitteilte, laut kursierenden Gerüchten würde in Kürze ein für Strache peinliches Video das Licht der Öffentlichkeit erblicken; Genaueres wusste man bis zum 17. Mai allerdings nicht. Es zirkulierten drei Varianten darüber, wie sich der Bundesparteiobmann unter Berücksichtigung des ihm anhaftenden Rufs unsterblich blamiert haben könnte: Drogen- und/oder exzessiver, selbst für österreichische Verhältnisse nicht mehr tolerierbarer Alkoholkonsum, eine Bunga-Bunga-Party mit heißen Girls nach dem Vorbild Silvio Berlusconis oder dummes Geschwätz.[336]

Wenn Mario Kunasek heute auf Ibiza zurückblickt, so bewertet er eine Begebenheit einige Wochen vor dem öffentlichen Aufpoppen des Skandals als mögliches Zeichen an der Wand. Er hatte seine blauen Ministerkollegen zu einem steirischen Abend in sein Büro eingeladen; Strache war mit von der Partie. Man delektierte sich an etlichen Flaschen guten steirischen Weißweins. Der schon sichtlich angeheiterte Strache sagte plötzlich, Kunasek möge die Partei übernehmen, falls ihm etwas passiere. Kunasek fragt sich bis heute, ob diese seltsame, damals völlig unmotivierte Äußerung lediglich Straches Alkoholkonsum geschuldet war oder doch auf eine Vorahnung bzw. ein rudimentäres Wissen über das kommende Unheil zurückgeht. Die an diesem Tag Anwesenden maßen all dem jedenfalls keine Bedeutung bei. Strache war ja für mancherlei Spleens, darunter esoterische Neigungen und den Glauben an übersinnliche Kräfte, bekannt und wurde dafür vielfach belächelt, wenngleich man dies eher als kleine menschliche Schwäche und nicht als politisches Manko auslegte. Vielleicht, so dachten die damaligen Ohrenzeugen, hatte er einfach einen schlechten Tag oder sein Astrologe hatte ihn auf eine ungünstige Sternenkonstellation aufmerksam gemacht.[337]

335 Interview Amesbauer.

336 Interview Samt.

337 Interview Hermann.

Konkreter wurde das drohende Unheil, als die Bundes-FPÖ ein oder zwei Tage vor dem ominösen Freitag einen fix geplanten Auftritt Kunaseks mit dem freiheitlichen EU-Parlamentarier Harald Vilimsky an der burgenländischen Grenze kurzfristig absagte. Die eher vage Begründung dafür lautete, dass eventuell mediale Vorwürfe gegen Vilimsky auftauchen könnten. Die Steirer nahmen dies nicht sonderlich ernst und konzentrierten sich auf den für Samstag anberaumten Landesparteitag. Am besagten Freitag, dem 17. Mai, sagte auch Innenminister Herbert Kickl seine Teilnahme an einem für diesen Tag geplanten Besuch des in sein Ressort fallenden Anhaltezentrums in Vordernberg nördlich von Leoben kurzfristig ab.[338]

Kunaseks rechte Hand Stefan Hermann scheint unter den 2024 Befragten vom drohenden Ungemach am wenigsten bzw. erst zum spätesten Zeitpunkt etwas mitbekommen zu haben; für ihn gab es keine echte Vorwarnung. Er saß an diesem Freitag mit Kunasek und anderen FPÖlern in einem Lokal in der Grazer Landhausgasse beim Mittagessen, wobei die Runde den Landesparteitag am folgenden Samstag besprach, der unter dem optimistischen, ganz auf die erfolgreiche Ministerschaft Kunaseks ausgerichteten Motto „Der neue Weg für die Steiermark" stehen sollte. Plötzlich entnahm Hermann einer SMS aus Wien, dass Strache entgegen fixen Absprachen nicht dabei sein würde; eine Begründung blieb aus. Kunasek wirkte etwas weniger überrascht und erwähnte herumschwirrende Gerüchte über ein demnächst auftauchendes Video.

Kabinettschef Michael Klug hat eine deutlich abweichende Erinnerung: Er führte, nachdem er am Nachmittag von Wien nach Graz gefahren war, bis in den frühen Abend hinein von Zuhause aus im Auftrag Kunaseks mehrere Telefonate mit Straches persönlicher Assistentin, die alle seine Termine verwaltete, bis gegen 20 oder 21 Uhr die Absage der Teilnahme des Bundesparteiobmanns am Landesparteitag endgültig feststand. Das lange Hin und Her erklärt Klug damit, dass die ÖVP den Vizekanzler dazu drängte, noch am Freitagabend seinen Rücktritt zu erklären, was dieser jedoch erst am folgenden Tag zu tun bereit war.[339]

Laut Stefan Hermann ging es nach Einlangen der Absage in den frühen Nachmittagsstunden so weiter: Noch ohne das Video gesehen zu haben, ergab sich als nächste Notwendigkeit, irgendein bundespolitisches Zugpferd für den Landesparteitag aufzutreiben. Es folgten hektische Telefonate nach Wien, aus denen herauszulesen war, es werde ein Video kommen, dieses sei jedoch nicht allzu schlimm. Als Hermann die Passagen gegen 18 Uhr zu sehen bekam, war

338 Interviews Amesbauer und Mario Kunasek.

339 Interviews Hermann und Klug.

ihm allerdings augenblicklich klar, dass eine Welt zusammenstürzte, der Parteitag völlig anders angelegt werden musste und man irgendeinen prominenten Vertreter der Gesamtpartei benötigte, um Strache zu ersetzen. Das war leichter gesagt als getan, war doch anzunehmen, dass alle freiheitlichen Bundespolitiker bei Krisensitzungen in Wien gebraucht würden. Hermann rief daher am frühen Abend den EU-Parlamentarier Vilimsky an, der sich spontan bereit erklärte, sofort aus Tirol nach Graz zu fahren.[340]

Unmittelbar nach der Veröffentlichung des Ibiza-Videos stand fest, dass Strache nur der sofortige Rücktritt blieb; selbst innerhalb der FPÖ zeigte sich erstaunlich wenig Solidarität mit ihm, obwohl offenkundig war, dass man ihn gezielt in eine Falle gelockt hatte. Wie dem auch sei, für seine törichte Geschwätzigkeit gab es einfach keine Entschuldigung. Für Samstag, den 18. Mai, kündigte Strache für den späten Vormittag eine Presseerklärung an, deren wesentlichen Inhalt man schon ahnte. Fraglich war, wie die ÖVP reagieren würde.

FPÖ-Landesparteitag am 18. Mai 2019

Am selben Samstag fand in der Grazer Stadthalle der lange geplante FPÖ-Landesparteitag statt, auf dem unter anderem Kunaseks Wiederwahl zum Landesparteiobmann auf der Agenda stand. Die Umstände hätten kaum widriger sein können. Was als Jubelparteitag, als Feier für den beliebten Verteidigungsminister und als weitere Herausforderung an die Adresse der steirischen Regierungsparteien ÖVP und SPÖ gedacht war, stand nun im Zeichen der Schadensbegrenzung. Eine derart kurzfristige Absage oder Verschiebung des Parteitags war unmöglich. Kunaseks engste Mitarbeiter mussten eine lange Nachtschicht einlegen, um die Regie und das Programm des Parteitags unter dem Motto „Der neue steirische Weg" an die grundlegend veränderte Situation anzupassen. Als Erstes wurde ein roter Teppich, auf dem die Parteiführung in den Saal einziehen sollte, entfernt. Kunasek nutzte die wenigen verbleibenden Stunden dafür, sein vorbereitetes Redemanuskript komplett umzuschreiben.[341]

Die Gedanken der Delegierten galten ohnehin mehr der noch offenen Fortsetzung der Affäre in Wien als den Themen von Land und Landespartei. Als der Parteitag gegen 10 Uhr begann, hatte Strache sein Pressestatement noch nicht abgegeben, sodass viele Delegierte weniger das Geschehen im Saal verfolgten und stattdessen angespannt die ORF-Berichterstattung auf großen Monitoren im Foyer verfolgten.

340 Interview Hermann. Ähnlich Interview Amesbauer.

341 Interviews Brandl, Hermann, Klug und Mario Kunasek.

Kunasek war um seine Rolle wahrlich nicht zu beneiden. Buchstäblich über Nacht hatte sich die politische Szene grundlegend verändert, alle Vorbereitungen waren obsolet. Wer den Parteitag miterlebt hat, kann nur staunen, mit welcher äußeren Ruhe Kunasek bestrebt war, nicht nur den Parteitag halbwegs geordnet über die Bühne zu bringen, sondern die Stimmung der Versammelten ein wenig zu heben. Die war nämlich, wie sich Klug erinnert, anfangs „wie bei einem Begräbnis". Böse Erinnerungen an die seinerzeitige Abspaltung des BZÖ und dessen fatale Folgen kamen auf.[342]

Quelle: Foto Gimpel

▸ **Abb. 38: Am Tag nach Ibiza: Landesparteitag 2019**

Kunasek forderte die Teilnehmer in seiner Rede auf, der FPÖ nicht wegen der Fehler eines Einzelnen den Rücken zu kehren. Das Leben werde weitergehen und die notwendigen Konsequenzen würden in Form des Rücktritts Straches (und ebenso Gudenus', der auf dem Video hauptsächlich als Dolmetscher zu sehen war) rasch gezogen. Mit Infrastrukturminister Norbert Hofer stand bereits der Nachfolger Straches fest; auf ihn hatte sich die FPÖ-Spitze in den wenigen Stunden seit dem Platzen der Bombe geeinigt. Die Stimmung beim Parteitag besserte sich nach dieser Rede trotz der widrigen Umstände deutlich, die Reihen blieben geschlossen und es kam zu keinem Aufruhr – teilweise wegen der herrschenden Schockstarre, teilweise wegen der mitreißenden Reden Kunaseks

342 Interview Klug.

und des freiheitlichen EU-Abgeordneten Harald Vilimsky. Es erwies sich sogar als Vorteil, so viele Funktionäre an einem Ort versammelt zu haben, da man ihnen so die neue Lage unmittelbar erklären konnte. Bei seiner Wiederwahl zum Landesparteiobmann erhielt Kunasek famose 99,6 % der Delegiertenstimmen (Abb. 38).[343]

Rücktritt sämtlicher freiheitlichen Minister

Während Kunasek in Graz außerordentliche Steherqualitäten bewies, überstürzten sich die Ereignisse in Wien erneut. Noch bis gegen Mittag an jenem Samstag schien es, die Türkisen würden die Koalition mit einem Vizekanzler Hofer fortsetzen. Die entsprechende öffentliche Erklärung von Sebastian Kurz zögerte sich jedoch Stunde um Stunde hinaus. Später wurde bekannt, dass die ÖVP plötzlich den Rücktritt von FPÖ-Innenminister Herbert Kickl forderte, der mit der Ibiza-Affäre nicht das Geringste zu tun hatte. Als die FPÖ dies ablehnte, kündigte Kurz mit den Worten „genug ist genug" die Koalition auf. Bundespräsident Van der Bellen entließ Kickl auf Vorschlag des Bundeskanzlers – ein in der Bundesverfassung vorgesehener Vorgang, der jedoch seit 1945 noch nie so stattgefunden hatte. Aus Solidarität mit Kickl und um nicht der Erpressung seitens der ÖVP nachzugeben, traten die übrigen blauen Minister zurück, selbstredend auch Kunasek. Dies hatte das Bundesparteipräsidium in seiner Sitzung vom 19. Mai, einem Sonntag, beschlossen. Die Rücktrittserklärungen erfolgten am Montag. Man war sich darüber im Klaren, dass das Ausscheiden aus der Bundesregierung vermutlich den Beginn einer vielleicht jahrelangen Durststrecke in der Opposition bedeutete.[344] Übrigens: In der ORF-Sendung „Report" vom 9. April 2024 ließ ÖVP-Generalsekretär Dr. Christian Stocker endgültig die Katze aus dem Sack, indem er erklärte, seine Partei habe 2019 die Koalition nicht wegen des Ibiza-Videos beendet, sondern wegen Herbert Kickl, den die ÖVP aufgrund seiner Amtsführung unbedingt aus dem Innenministerium entfernen wollte.

Kurz konnte sich freilich nicht viel länger im Amt des Bundeskanzlers halten, denn am 27. Mai 2019 sprach eine Mehrheit im Nationalrat ihm und seiner Regierung das Misstrauen aus. Auch das hatte es seit 1945 noch nie gegeben. Kurz war damit nicht nur der jüngste, sondern zugleich der einzige Regierungschef der Zweiten Republik, dem diese Blamage widerfuhr. Am 30. Mai betraute der Bundespräsident die parteilose pensionierte Präsidentin des Verfassungs-

343 Interviews Deutschmann und Mario Kunasek. Intern Nr. 26 (2019), S. 33–35.

344 Interviews Mario Kunasek und Klug.

gerichtshofs, Dr. Brigitte Bierlein, mit der Bildung einer Übergangs- bzw. Beamtenregierung, die bis zum Zustandekommen einer neuen Regierung nach Neuwahlen die Amtsgeschäfte zu führen hatte.[345]

Alles, wofür sich Kunasek im Verteidigungsministerium mit so viel Leidenschaft, Engagement und Beharrlichkeit eingesetzt hatte, war jetzt in Gefahr. Mit seinem zweiten Nachfolger Generalmajor Starlinger trat zwar nach einem etwa zehntägigen Intermezzo ein Mann an die Spitze des Ministeriums, der das Bundesheer bestens kannte, er hatte sich allerdings in der Vergangenheit für ein Berufsheer ausgesprochen. Freilich kam auch Starlinger nicht darum herum, während seiner gerade ein halbes Jahr währenden Ministertätigkeit einen Zustandsbericht zu veröffentlichen, der die Lage beim Bundesheer schonungslos aufzeigte. Kunasek hatte enorm viel auf den Weg gebracht, nur ein Teil davon konnte in der kurzen zur Verfügung stehenden Zeit bereits erste Früchte tragen. Man konnte nur hoffen, dass nicht alles umsonst gewesen war und das Heer nicht wieder in die Rolle des Aschenputtels der Nation zurückfallen würde.

Kunasek und die Angehörigen seines Kabinetts, die wie ihr Chef binnen Stunden ihre Schreibtische räumen, ihre Sachen zusammenpacken und dienstliche Gegenstände wie Handys und Laptops zurückgeben mussten, blickten naturgemäß mit Sorge in die Zukunft. Eine Art „Untergangsstimmung" machte sich breit. Es war ein ruhmloser Abschied, ein völliger Kontrast zur würdigen Amtsübergabe Ende 2017. Es blieb Kabinettschef Klug vorbehalten, den neuen Minister Generalleutnant Mag. Johann Luif in seinen Amtsräumen zu begrüßen und seinen eigenen Nachfolger im Kabinett, den stellvertretenden Klubobmann des ÖVP-Parlamentsklubs, in die Lage einzuweisen. Dabei überreichte Klug ihm eine Mappe mit einer Auflistung der dringendsten Aufgaben. Der Zweck bestand darin, kein Vakuum entstehen zu lassen, sondern trotz der widrigen Umstände im Interesse des Ministeriums eine geordnete Übergabe zu gewährleisten.

Kunasek stieg ins Auto und verließ die Bundeshauptstadt. Für ihn und jene, die ihm Ende 2017 aus Graz nach Wien gefolgt waren, hieß es nun: zurück in die Steiermark![346]

---

345 Bastian Obermayer/Frederik Obermeier: Die Ibiza-Affäre. Innenansichten eines Skandals. Mit einem Vorwort von Armin Wolf (Köln 2019). Barbara Tóth: Einmal Ibiza und zurück. In: Thomas Hofer/Barbara Tóth (Hrsg.): Wahl 2019. Strategien, Schnitzel, Skandale (Salzburg 2019), S. 127–142. Bettina Rausch: Die erste Abwahl einer Regierung und andere Premieren im Parlament. In: Andreas Khol/Stefan Karner/Wolfgang Sobotka/Bettina Rausch/Günther Ofner/Dietmar Halper (Hrsg.): Österreichisches Jahrbuch für Politik 2019 (Wien–Köln–Weimar 2020), S. 53–63. Heidi Glück: Die Nationalratswahl 2019 – Resümee und Analyse. Ibiza – ein politischer Urknall. In: ebda., S. 77–88.

346 Interviews Mario Kunasek und Klug.

11 Mai 2019: Rückkehr in die Landespolitik

Für einen gestandenen Steirer ist es normalerweise eine mehr als erfreuliche Aussicht, in seine Heimat zurückkehren zu können, doch unter den gegebenen Umständen lagen die Dinge doch merklich anders. So vieles war jetzt von einem Tag auf den anderen neu zu regeln, berufliche ebenso wie private Angelegenheiten vom Job bis zur Wohnung. Und Zeit war keine zu verlieren, standen doch nicht nur die EU-Wahl Ende Mai und die Neuwahl des Nationalrats Ende September vor der Tür, sondern auch die Möglichkeit, dass Landeshauptmann Schützenhöfer und sein Vize Schickhofer die Gunst der Stunde nutzen und vorgezogene Neuwahlen auch in der Steiermark herbeiführen würden. Fände die Landtagswahl turnusmäßig im Mai 2020 statt, hätte man wenigstens ein Jahr Zeit gehabt, um wieder Tritt zu fassen. Eines stand aber fest: Kunasek würde nicht der Vergangenheit nachtrauern, sondern sich mit voller Kraft in die Landespolitik stürzen. Das war für die Wahl 2020 ohnedies geplant, nun kam es eben etwas früher.

Kunasek blickt nach vorne

Die Latte hatte man inzwischen tiefer gelegt, denn solange die ÖVP und große Teile des Landes im Bann des Charismatikers Kurz standen, war der erste Platz für die FPÖ weder im Bund noch in der Steiermark erreichbar. Kunasek wusste das nur zu gut. Schon ein halbes Jahr vor Ibiza erklärte er dem FPÖ-Landesparteivorstand, sein Ziel bei der nächsten Landtagswahl sei der zweite Platz, mit dem eine Beteiligung an der Landesregierung in Reichweite rücke.[347] Das Duell gegen Schützenhöfer um den Landeshauptmannsessel war also vorerst einmal vertagt. Der Landesparteitag vom 18. Mai 2019, als das ganze Land unter dem Schock der Ibiza-Bombe stand, war ebenfalls denkbar ungeeignet gewesen, den Anspruch auf einen blauen Landeshauptmann zu erneuern. Kurz verstand es ausgezeichnet, sich einerseits als Opfer der blauen Chaos-Truppe und ande-

347 LPV 6. Dezember 2018.

rerseits als jener starke Mann zu inszenieren, der Korruptionisten vom Schlage eines HC Strache aus der Regierung geworfen hatte. Damals ahnten nur wenige, dass Kurz und seine türkisen Paladine bald mit Korruptionsvorwürfen ganz anderen Kalibers konfrontiert sein würden.

Es gab inmitten der ganzen Turbulenzen und Rückschläge einen großen Lichtblick: Auf dem erwähnten ordentlichen Landesparteitag am 18. Mai, am Tag nach dem Platzen der Ibiza-Affäre, wurde Kunasek mit 99,6 % der Delegiertenstimmen als Landesparteiobmann wiedergewählt. In dieser schweren Stunde sandte der Parteitag ein Signal der Geschlossenheit und Einigkeit aus, und dies eine Woche vor der EU-Wahl. Jetzt machte sich bezahlt, dass die Landespartei auch während Kunaseks Zeit in Wien schlagkräftig aufgestellt und überaus aktiv war. Im Landtag betrieb sie eine kantige Oppositionspolitik. Klubobmann Hermann konnte Ende 2018 auf 900 Presseaussendungen, 700 im Bürgerbüro behandelte Anliegen und 974 Initiativen im Landtag im Lauf des zu Ende gehenden Jahres zurückblicken.[348] Im neuen Jahr ging es mit dieser Dynamik weiter, wie etwa die Landtagssitzung vom 12. Februar 2019 belegt, bei der elf der 13 Tagesordnungspunkte von der FPÖ stammten. Zu Recht konnte Kunasek damals resümieren: „Ohne uns passiert also nichts im Land!"[349]

Personalrochaden

Nach dem Ausscheiden aus der Regierung und dem Landesparteitag befasste sich der Landesparteivorstand erstmals am 27. Mai 2019 mit der grundlegend veränderten Lage. In den wenigen Tagen dazwischen brach Kunasek seine Zelte in Wien ab. Zurück in Graz gab er die Parole aus: „Volle Kraft für die Steiermark!"

Als Erstes waren Personalia zu regeln, musste Kunasek doch so schnell wie möglich wieder in den Landtag einziehen. Dies ermöglichte ihm der selbstlose Verzicht von Landesgeschäftsführer Anton Kogler auf sein Mandat. Kunasek wurde erstmals Klubobmann im Landtag, Stefan Hermann geschäftsführender Klubobmann. Kunaseks nun stellenlose Mitarbeiter aus seinem Ministerbüro fing die Landespartei vorübergehend auf, bis sich für sie eine langfristige Lösung im Freiheitlichen Landtagsklub oder im Freiheitlichen Gemeinderatsklub in Graz ergab. Hermann bat den damals für Personalia zuständigen Landesrat Christopher Drexler (ÖVP) um Hilfe, die dieser auch gewährte. Apropos Graz: Wenigstens dort hielt die schwarz-blaue Koalition. Stadtparteiobmann

348 Ebda.

349 LPV 11. Februar 2019.

Eustacchio berichtete über ein Gespräch mit Bürgermeister Nagl, der ihm versichert hatte, es werde in Graz keine vorgezogene Neuwahl geben.[350] Es gab auch ohne Graz genug zu wählen, als Erstes das Europäische Parlament.

Die Wahl zum Europäischen Parlament 2019

Im Vorfeld der EU-Wahl hatte Kunasek – damals noch Minister – für die steirische FPÖ und deren Wahlkampf die Devise ausgegeben: „Wir wollen transportieren, dass wir einerseits pro Europa eingestellt sind, aber trotzdem dem EU-Parlament kritisch gegenüberstehen, vor allem für Österreich stehen."[351] In die heiße Phase des Wahlkampfs platzte dann die Ibiza-Bombe.

Klarer Sieger der EU-Wahl vom 26. Mai 2019 war die ÖVP, die in allen Bundesländern außer Wien und Kärnten den ersten Platz eroberte. Mit einem Zugewinn von 7,6 Prozentpunkten kam sie auf 34,6 %. Die zweitplatzierte SPÖ verlor zwar nur 0,2 Prozentpunkte, sie lag aber mit 23,9 % weit abgeschlagen hinter den Türkisen. Die FPÖ hielt sich angesichts des Gegenwinds aus Ibiza mit einem Verlust von 2,5 Prozentpunkten und einem Stimmenanteil von 17,2 % erstaunlich gut. Sie verlor allerdings eines ihrer vier Mandate. Bei Grünen und NEOS änderte sich so gut wie nichts. Die ÖVP vermochte mit Kurz wieder einmal massiv zu mobilisieren, wobei ihr auch ein Mitleidseffekt zugutekam: Am Wahlsonntag war bereits absehbar, dass das Parlament dem populären Kurz am folgenden Montag das Vertrauen entziehen würde. Daraus erklärt sich nicht zuletzt, warum die Oppositionsparteien SPÖ, Grüne und NEOS vom Platzen der Bundesregierung so gut wie nicht profitieren konnten.[352]

In der Steiermark verlor die FPÖ zwar mit 4,5 Prozentpunkten deutlich mehr als im Bund, sie lag mit 19,7 % jedoch wieder einmal deutlich über dem österreichweiten Schnitt. Wirklich besorgniserregend war das Grazer Ergebnis: ein Minus von 5,2 Prozentpunkten und ein Abrutschen auf 12,8 %, nur einen Hauch vor den NEOS. Mit 26,0 % schnitten hier allerdings auch die Türkisen weit unter dem Durchschnitt ab, sie lagen nur ganz wenig vor den Grünen auf Platz 1. Im Bezirk Graz-Umgebung verlor die FPÖ 6,0 Prozentpunkte, sie erzielte aber mit 20,5 %, deutlich mehr als der Bundesschnitt, den zweiten Platz hinter der ÖVP. In Gössendorf büßten die Freiheitlichen 5,6 Prozentpunkte

---

350 LPV 27. Mai 2019. Ähnlich LPV 17. Juni 2019. Interviews Hermann und Mario Kunasek.

351 LPV 11. Februar 2019.

352 David Wineroither: Die Europawahl in Österreich. In: Andreas Khol/Stefan Karner/Wolfgang Sobotka/Bettina Rausch/Günther Ofner/Dietmar Halper (Hrsg.): Österreichisches Jahrbuch für Politik 2019 (Wien–Köln–Weimar 2020), S. 293–301.

ein, erreichten aber mit 26,8 % ein sehr gutes Resultat.[353] Im Landesparteivorstand war man vor allem mit dem schlechten Abschneiden in Graz unzufrieden; nur in der Stadt Salzburg war es für die Blauen noch schlechter gelaufen. Viele freiheitliche Wähler waren frustriert der Wahl ferngeblieben.[354]

Nationalratswahl 2019: Der Wahlkampf

Es blieb keine Zeit für langes Grübeln. Parallel zu den anstehenden Urnengängen brachte die Landespartei den Umzug in eine neue Geschäftsstelle in der Grazer Conrad-von-Hötzendorf-Straße auf den Weg; erste konkrete Pläne lagen im April 2018 vor. Als Standort hatte man sich bewusst nicht für einen Grazer „Luxusbezirk" entschieden, sondern für den profaneren Bezirk Jakomini. Der Umbau würde allerdings ungefähr zwei Jahre dauern.[355] Im Frühjahr 2019 gingen die Vorarbeiten zügig weiter.[356] Ibiza machte den Planungen einen Strich durch die Rechnung, denn nun war eine Nationalratswahl zu schlagen, mit der man nicht gerechnet hatte.

Nach dem Platzen der türkis-blauen Bundesregierung und der Auflösung des Nationalrats wurde dessen Neuwahl auf den 26. September 2019 festgelegt. Kunasek gab dafür die Parole aus: „Jetzt erst recht!"[357] Die mit der Wahl zusammenhängenden Personalia waren schnell geklärt: Spitzenkandidat war erneut Hannes Amesbauer, Wahlkampfleiter in der Steiermark Stefan Hermann. Alle übrigen Kandidaten hatten die Parteistellen in den Bezirken und Wahlkreisen vorzuschlagen. Landesfinanzreferent Eustacchio wies den Vorstand jedoch darauf hin, dass die unerwartete Situation eine Budgetaufstockung um rund eine halbe Million Euro erforderte. Hinzukam die immer größer werdende Wahrscheinlichkeit der Vorziehung auch der Landtagswahl, worüber Kunasek bereits mit dem Landeshauptmann gesprochen hatte, ohne sich mit ihm auf einen Termin einigen zu können.[358]

Als der Landesparteivorstand am 9. September neuerlich zusammenkam, stand der 24. November als Termin für die Landtagswahl fest. Kunasek berichtete, er, die FPÖ und die Grünen hätten dies beantragt, um eine Fortsetzung des Stillstands der handlungsunfähigen Regierung zu verhindern; in der Öffentlich-

353 https://bundeswahlen.gv.at/2019_2/6.html.
354 LPV 27. Mai 2019.
355 LPV 30. April 2018.
356 LPV 4. April 2019.
357 Cover von Wir Steirer Nr. 4 (2019).
358 LPV 17. Juni 2019.

keit liege der Schwarze Peter jedoch bei Schützenhöfer.[359] Gestützt auf Meinungsumfragen, ging man – trotz Ibiza – von einem recht guten Abschneiden der FPÖ aus. Niemand ahnte zunächst, dass der bald aufpoppende Skandal wegen Straches Spesen dieses Kalkül wie ein Kartenhaus zusammenbrechen ließ. Dennoch war die Vorziehung der Landtagswahl das kleinere Übel: Niemand in der FPÖ wusste damals nämlich, welche unerfreulichen Dinge noch auf die Partei zukommen würden.[360]

Man hatte sich auf eine Obergrenze der Wahlkampfkosten von 1 Million Euro pro Partei geeinigt, die die FPÖ ohne jede Trickserei strikt einzuhalten gedachte. Der Vorstand wählte einstimmig Anton Kogler zum Wahlkampfleiter und Kunasek zum Spitzenkandidaten in allen vier Landtagswahlkreisen. Mit Blick auf die Nationalratswahl urteilte Kunasek, die FPÖ habe die Causa Ibiza bisher gut weggesteckt, sie müsse sich aber trotzdem anstrengen, um unbedingt den zweiten Platz bei der Landtagswahl zu erreichen. Die Hoffnung, erste Kraft zu werden, hatte man offensichtlich begraben; gegen den amtierenden Landeshauptmann Schützenhöfer und das professionelle Bestreben der steirischen ÖVP, ihre Macht zu erhalten, betrachtete die FPÖ-Führung sich als so gut wie chancenlos. Kunasek wollte auch im Bundeswahlkampf Landesthemen einbringen, etwa einen Stopp für das geplante Leitspital im obersteirischen Liezen, mit dessen Errichtung die Schließung einiger anderer Spitäler in der Region einhergehen sollte.[361]

Wenige Tage vor der Nationalratswahl zeigte sich Kunasek mit dem Wahlkampf und insbesondere mit dem unermüdlichen Einsatz des steirischen Spitzenkandidaten Amesbauer mehr als zufrieden. Die Stimmung sei allgemein positiv, was sich nicht zuletzt unter den 3.500 Besuchern des Hartberger Oktoberfests gezeigt habe, bei dem Herbert Kickl eine mitreißende Rede hielt.[362] Die FPÖ-Spitze unterschätzte vermutlich, wie sich jüngste Enthüllungen rund um HC Strache auf die Mitglieder auswirkten. Seit August 2019 häuften sich Meldungen, denen zufolge Strache auf Kosten der Partei einen fürstlichen Lebensstil gepflogen und sich private Spesen in enormer Höhe aus der Parteikassa refundieren hatte lassen. Eine Hausdurchsuchung bei ihm war die Folge, die Wirtschafts- und Korruptionsstaatsanwaltschaft bestätigte die laufenden Ermittlungen wenige Tage vor der Nationalratswahl. Hier ging es längst nicht mehr um das Geschwätz von Ibiza, sondern um den Vorwurf der systematischen

359 Intern Nr. 26 (2019), S. 18 f.

360 Interviews Mario Kunasek und Klug.

361 LPV 9. September 2019. Interview Deutschmann.

362 LPV 23. September 2019.

persönlichen Bereicherung eines Mannes, der damals noch FPÖ-Mitglied war. Vorerst ungeklärt im Raum stand, ob und, wenn ja, welche Parteigremien Straches Spesenkonten abgesegnet hatten. Das alles erzeugte kein gutes Image für eine Partei, die sich stets gegen Privilegien ausgesprochen hatte.

Das Ergebnis der Nationalratswahl 2019

Das Ergebnis der Nationalratswahl war denn auch eine herbe Enttäuschung für die Freiheitlichen unter ihrem Obmann Norbert Hofer. Die ÖVP unter Kurz verbesserte ihr schon sehr gutes Ergebnis von 2017 um weitere sechs Prozentpunkte und kam auf 37,5 %. Abgesehen von Wien war sie in ganz Österreich die zum Teil mit weitem Abstand stärkste Partei. Die zweitplatzierten Sozialdemokraten unter ihrer neuen Vorsitzenden, der Ärztin und vormaligen Gesundheitsministerin Dr. Pamela Rendi-Wagner, büßten 5,7 Prozentpunkte ein und erzielten nur mehr 21,2 %, das mit Abstand schlechteste rote Ergebnis seit 1945. Die FPÖ stürzte sogar um 9,8 Prozentpunkte ab und kam mit nur mehr 16,2 % klar auf dem dritten Platz zu liegen. Grünen und NEOS glückte der Wiedereinzug in den Nationalrat.[363]

In der Steiermark, wo die Türkisen in sämtlichen Bezirken vorne lagen, sah es nicht besser aus. Die Verluste der FPÖ (ausgehend allerdings vom sehr hohen Niveau 2017) betrugen hier sogar 11 Prozentpunkte, der Stimmenanteil lag mit 18,5 % weniger deutlich über dem Bundesschnitt als in den vergangenen Jahren. Die Zeiten der blauen Steiermark waren vorbei. Vor allem aber: Der Abstand zur ÖVP betrug mehr als 20 Prozentpunkte, während die FPÖ nur minimal schlechter abschnitt als die SPÖ. Das bedeutete: Platz 2 bei der Landtagswahl war durchaus in Reichweite, Platz 1 hingegen bloße Tagträumerei.

Wenngleich Kunasek zum Zeitpunkt dieser Wahl weder in Graz-Umgebung noch in Gössendorf eine Parteifunktion bekleidete und auch nicht kandidierte, wollen wir quasi aus Tradition die dortigen Ergebnisse anführen. In Graz-Umgebung schrumpfte der FPÖ-Stimmenanteil um 11,6 Prozentpunkte auf 19,1 %, immerhin Platz 2 vor der SPÖ und geringfügig besser als der Landesschnitt. Gössendorf stimmte ebenfalls nur teilweise gegen den allgemeinen Trend: Minus 11,6 Prozentpunkte, aber immer noch beachtliche 26,4 % und klar Platz 2 für die FPÖ. Den größten Zugewinn erzielten hier die Grünen.[364]

---

363 Vgl. den Themenblock „Nationalratswahl 2019" mit zehn Beiträgen in: Andreas Khol/Stefan Karner/Wolfgang Sobotka/Bettina Rausch/Günther Ofner/Dietmar Halper (Hrsg.): Österreichisches Jahrbuch für Politik 2019 (Wien–Köln–Weimar 2020), S. 27–166.

364 https://bundeswahlen.gv.at/2019/index.html.

Nach langen Verhandlungen koalierte der Wahlsieger Kurz mit den Grünen unter Mag. Werner Kogler, denen nach ihrem Ausscheiden aus dem Parlament 2017 zwei Jahre später der fulminante Wiedereinzug in das Hohe Haus gelungen war. Die ideologischen Differenzen zwischen diesen beiden Parteien waren und sind zwar massiv, doch hat die Regierung bis zum heutigen Tag (Frühjahr 2024) gehalten. Sie erhebt den Anspruch, „das Beste aus zwei Welten" zusammenzuführen.

Analysen der Nationalratswahl 2019

Mit gutem Grund betitelte der Grazer Politikwissenschaftler und Historiker Heinz Peter Wassermann seine Analyse der steirischen Resultate unter Rückgriff auf eine Schlagzeile der „Kronen Zeitung" plakativ mit „ÖVP räumt bei blauen Wählern ab!"[365] Es setzte sich ein schon 2017 massiv bemerkbarer Trend fort: Der ÖVP gelang es unter Kurz, Kompetenzbereiche an sich zu ziehen, die bislang als Domänen der FPÖ gegolten hatten, insbesondere die Ausländer-, Migrations- und Asylthematik. Abzuwarten blieb aus damaliger Sicht, ob Kurz dem seit 2000 bemerkbaren Auf und Ab der FPÖ ein Ende bereitete, indem sich die Partei dank ihm auf niedrigem Niveau stabilisierte – die Frage hat sich mittlerweile durch das Ausscheiden Kurz' aus der Politik erledigt und das Rennen ist wieder (Stand Frühjahr 2024) vollkommen offen. Die SPÖ verlor bei der Nationalratswahl 2017 massiv an die FPÖ, 2019 hingegen (nochmals) an die ÖVP. Nach Zugewinnen 2015 bis 2017, nicht zuletzt bei Nichtwählern, war die FPÖ 2019 auf ihre Kern- bzw. Stammwähler reduziert, was allerdings ebenso auf die SPÖ zutraf. Wassermann bringt den Unterschied, den Kurz ausmachte, schlüssig auf den Punkt: „Bei der Landtagswahl 2015 waren ehemalige ÖVP-Wähler die stärksten Stimmenbringer für die FPÖ. Seit der Nationalratswahl 2017 wird die FPÖ von der (neuen) Volkspartei geradezu ausgehöhlt."[366]

Angesichts des schlechten Wahlergebnisses war es kein Wunder, dass bei der Sitzung des FPÖ-Landesparteivorstandes am 2. Oktober 2019 eine gewisse Katerstimmung herrschte. Den Ausführungen Kunaseks zufolge lag die FPÖ in Umfragen vor der Wahl bei rund 25 %. Spitzenkandidat Amesbauer lieferte einen guten Wahlkampf, doch dann tauchte kurz vor dem Urnengang der Spesenskandal rund um Strache auf, der drei bis fünf Prozentpunkte kostete. Von

365 Heinz P. Wassermann: „ÖVP räumt bei blauen Wählern ab!" Steirische Wahlergebnisse und Wählerströme zwischen 2015 und 2019. In: Andreas Khol/Stefan Karner/Wolfgang Sobotka/Bettina Rausch/Günther Ofner/Dietmar Halper (Hrsg.): Österreichisches Jahrbuch für Politik 2019 (Wien–Köln–Weimar 2020), S. 147–166. Hiernach das Folgende.

366 Ebda., S. 160.

früher acht steirischen Nationalratsmandaten ging die Hälfte verloren. Strache, dessen Mitgliedschaft die obersten Parteigremien mittlerweile suspendiert hatten, habe viel für die FPÖ getan, jetzt jedoch eine rechtliche und moralische Grenze überschritten. Sein Verhalten betrachtete Kunasek für die FPÖ, die sich als soziale Heimatpartei verstand und versteht, als inakzeptabel. Der Vertrauensverlust bei den Wählern war seiner Meinung nach enorm, sodass viele am Wahlsonntag daheimblieben. In den Medien komme sicher noch das eine oder andere in dieser leidigen Angelegenheit nach. Das Wahlergebnis war jedenfalls alles andere als ein Regierungsauftrag, daher blieb nur der Gang in die Opposition.[367] Wie sehr die FPÖ diese ihr aufgezwungene Entscheidung bedauerte, zeigt das Cover der ersten Ausgabe von „Wir Steirer" nach der Wahl, wo es unter einer entsprechend eingefärbten Landkarte Österreichs warnend hieß: „Schwarz-Grün steht vor der Tür".[368]

Vorbereitungen für die Landtagswahl 2019

Als Nächstes galt es, sich auf die Landtagswahl zu konzentrieren und die Causa Strache ein für alle Mal abzuschließen. Man müsse laut Kunasek unbedingt die Wähler erreichen, blaue Funktionäre sollten daher nicht bloß bei den eigenen Festen oder Stammtischen herumsitzen. Allen Mitarbeitern war zu vermitteln, dass es um viel ging, nicht zuletzt um ihre Jobs. Nach dem Vorbild der Regierungsverhandlungen Ende 2017 bildete man für den Landtagswahlkampf eine Steuerungsgruppe, bestehend aus Landesparteiobmann, -geschäftsführer (Kogler) und -sekretär (Hermann) sowie den Herren Amesbauer, Angerer, Klug, Philipp Könighofer und Mag. Armin Sippel, seines Zeichens Klubobmann der FPÖ im Grazer Gemeinderat.[369]

Landtagswahl 2019

Trotz aller Anstrengungen setzte sich der Abwärtstrend bei der Landtagswahl am 24. November 2019 fort. Es war natürlich angesichts der veränderten politischen Landschaft von Haus aus klar, dass eine Wiederholung des Traumergebnisses von 2015, des ersten mit Kunasek als Spitzenkandidat, jenseits des Horizonts lag. Schwer abzuschätzen war lediglich, wie schmerzlich die Verluste ausfallen würden. Sie fielen sehr schmerzlich aus.

367 LPV 2. Oktober 2019.
368 Wir Steirer Nr. 5 (2019).
369 LPV 2. Oktober 2019.

Waren SPÖ, ÖVP und FPÖ 2015 noch nahezu gleichauf gelegen, so waren 2019 im Landtag jene Abstände wiederhergestellt, die es davor jahrzehntelang gegeben hatte. Die ÖVP unter Landeshauptmann Schützenhöfer legte um 7,6 Prozentpunkte auf 36,1 % zu, die SPÖ unter ihrem eher farblosen Obmann Schickhofer verlor 6,3 Prozentpunkte und kam nur mehr auf 23,0 % und die FPÖ rutschte um 9,3 Prozentpunkte auf 17,5 % ab. Grüne, NEOS und KPÖ erzielten Stimmengewinne und kamen alle in den Landtag. Die FPÖ lag damit irgendwo zwischen ihren Ergebnissen von 2010 und 2015, jedenfalls eindeutig auf dem dritten Platz. Sechs der bisher 14 blauen Landtagsmandate gingen verloren, die Parteienförderung würde in Zukunft deutlich geringer ausfallen. Es konnte bestenfalls ein schwacher Trost sein, dass Mario Kunasek die meisten Vorzugsstimmen erhielt – mehr als doppelt so viele wie die Spitzenkandidaten von ÖVP, SPÖ und Grünen.[370] Rückblickend betrachtet erwies sich die vorzeitige Auflösung des Landtags als ein Geschenk für Schützenhöfer, der die ÖVP wieder auf Platz eins führen konnte.

Hier noch der obligate Blick auf die regionale und lokale Ebene: Besonders betrüblich fiel das Resultat wiederum in Graz aus, wo die FPÖ unter Vizebürgermeister Mario Eustacchio 7,2 Prozentpunkte gegenüber der Landtagswahl 2015 verlor und mit 12,6 % nur mehr den vierten Platz (ganz knapp hinter der KPÖ) erreichte. In Graz-Umgebung büßten die Freiheitlichen 9,9 Prozentpunkte ein, was 19,1 % und den dritten Platz hinter ÖVP und SPÖ bedeutete. In Gössendorf fiel der Rückgang mit 7,7 Prozentpunkten etwas moderater aus. Kunaseks Partei eroberte hier mit bemerkenswerten 30,2 % den Spitzenplatz. Traurig stimmte freilich, dass es 2019 keinen steirischen Bezirk mehr gab, in dem die FPÖ auch nur in die Nähe einer relativen Mehrheit kam, wie ihr dies in der Vergangenheit gelungen war.[371]

Ursachen des Wahlausgangs

Der Wahlsieger war erneut die ÖVP mit Landeshauptmann Schützenhöfer und mit Sebastian Kurz, der bald wieder Kanzler sein würde, im Hintergrund. Sie hatte die Schmach von 2005 – die Abwahl ihrer damaligen Landeshauptfrau Waltraud Klasnic und die Eroberung des Landeshauptmannsessels durch die Sozialdemokraten – getilgt, wie wiederum Heinz Peter Wassermann tref-

---

370 https://steiermark.orf.at/stories/3023531/.

371 https://egov.stmk.gv.at/wahlen/LT2019/index_LT2019.html.

fend titelt.[372] Im Verständnis der ÖVP war die traditionelle, um nicht zu sagen gottgegebene Ordnung in der Steiermark wieder hergestellt; Herausforderer, wenngleich sie wie die SPÖ unter Landeshauptmann Voves für eine Dekade (2005–2015) erfolgreich gewesen waren, verwies die ÖVP auf ihren quasi angestammten Platz zurück: die Roten auf den zweiten und die Blauen auf den dritten.[373] Relativierend ist allerdings zu bedenken, dass es für die Schwarz-Türkisen ihr zweitschlechtestes Ergebnis bei steirischen Landtagswahlen seit 1945 war; sie lagen obendrein bei einem Vergleich der ÖVP-Ergebnisse in sämtlichen Bundesländern zwischen 2015 und 2020 nur im unteren Mittelfeld.

Für die FPÖ war es, trotz herber Verluste, immer noch das zweitbeste Landtagswahlergebnis seit ihrer Gründung. Ihr war insbesondere die aufgrund der diversen Skandale stark gesunkene Wahlbeteiligung auf den Kopf gefallen. Interessanterweise verlor sie besonders stark in hinsichtlich der Bevölkerungszahl schrumpfenden Regionen und Gemeinden. Der Kampf der Freiheitlichen gegen die Ausdünnung des ländlichen Raums hatte sich also an der Wahlurne nicht ausgezahlt, wenngleich die FPÖ (ebenso die KPÖ) in Gemeinden mit einer hohen Arbeitslosenrate signifikant besser abschnitt als in den übrigen. In Zuwanderungsgemeinden überzeugte die FPÖ prozentuell ebenfalls signifikant mehr Wähler als im Landesschnitt. Dasselbe gilt für das ganz junge Wählersegment der bis zu 19 Jahre alten Personen und sogar hoch signifikant für die Altersgruppe 20 bis 64. Bei den über 65-Jährigen verhielt es sich genau umgekehrt, was die erwähnte frühere Einschätzung, die FPÖ komme bei Pensionisten schlecht an, bestätigt. Generell galt bei dieser Wahl: Je jünger die Wählerschaft und je größer der Männeranteil, desto mehr Stimmen für die Freiheitlichen. Ohne Einfluss war hingegen, anders als man erwarten würde, ein hoher Migrantenanteil in einer Gemeinde; er schadete allerdings der ÖVP. Die Türkisen und die FPÖ waren die Nutznießer eines hohen Anteils an Pflichtschulabsolventen unter den Wahlberechtigten. Bei Hochschulabgängern lagen die Dinge umgekehrt: Von vielen Akademikern profitieren die Grünen, NEOS und die KPÖ.

Kunasek machte vor dem Parteivorstand in erster Linie die jüngsten FPÖ-Affären, über die die Medien breit berichtet hatten, für das schlechte Abschneiden verantwortlich. Die Folge war, dass die FPÖ mit ihren zentralen und für

---

372 Heinz P. Wassermann: „Die Schmach von 2005 ist getilgt". (Statistische) Analysen der steirischen Landtagswahl vom 24. November 2019. In: Beatrix Karl/Wolfgang Mantl/Klaus Poier/Manfred Prisching/Anita Ziegerhofer (Hrsg.): Steirisches Jahrbuch für Politik 2019 (Wien–Köln–Weimar 2020), S. 113–139. Hiernach das Folgende.

373 Klaus Poier: 2015–2020. Rückkehr zur Normalität? In: Beatrix Karl/Wolfgang Mantl/Klaus Poier/Manfred Prisching/Anita Ziegerhofer (Hrsg.): Steirisches Jahrbuch für Politik 2020 (Wien–Köln 2021), S. 31–42.

richtig gehaltenen Themen (er nannte Migration, Asyl, Spitäler, Gesundheit, Gewalt an Schulen und in Asylheimen) nicht durchdrang. Laut Kunasek brachte die „Kronen Zeitung" insgesamt nicht weniger als 25 Seiten mit negativen Berichten über die FPÖ, der das Blatt, wie wir gesehen haben, zuvor noch objektiv gegenübergestanden war. Die „Kleine Zeitung" berichtete zwar ebenfalls, „aber nicht so kampagnisiert wie sonst in der Krone".

Im Einklang mit dem, was die oben referierte Wahlforschung erst Monate später herausfand, hatte Kunasek bereits drei Tage nach dem Urnengang die wesentlichen Faktoren vor Augen: Die FPÖ lag zwar, wie er dem Landesparteivorstand erläuterte, bei klassischen Arbeitern nach wie vor vorn, sie verlor aber massiv bei Angestellten, Akademikern und der mittleren Altersschicht. Es gab zu wenige Frauen unter den Kandidaten und folglich wenige Wählerinnen. Man brauchte Themen, die Frauen gezielt ansprechen wie beispielsweise Pflege und Familie. Generell sollte sich die FPÖ von einer Arbeiter- zu einer Mittelstandspartei wandeln und sich strukturell, personell und organisatorisch neu aufstellen, wozu es angesichts des bevorstehenden Rückgangs der öffentlichen Parteienförderung und des Verlusts von Mitarbeitern und Räumlichkeiten für den stark geschrumpften Landtagsklub keine Alternative gab. Drei Arbeitsgruppen sollten den Umbau vorbereiten:

- Strukturen und Organisation (Kogler, Hermann, Klug, Eustacchio und Zanger)
- Kommunikation nach innen und außen (Kogler, Hermann, Könighofer, Arnd Meißl, Klug und Sippel)
- Parteimitglieder (Kogler, Amesbauer, Rauch, Markus Leinfellner)

Über die Ursachen der Niederlage wurde im Vorstand frei und kontrovers debattiert. Manche hielten es für einen Fehler, dass die Bundespartei erklärt habe, sie wolle nicht mehr in die Regierung; hier bedürfe es besserer Absprachen. Außerdem sei das Ausländerthema inzwischen „verbraucht". Die Vorverlegung der Landtagswahl sei bei der Bevölkerung nicht gut angekommen. Kunasek hielt dies angesichts der Causa Strache dennoch für die richtige Entscheidung, da sich der Skandal bei längerem Zuwarten noch mehr ausweiten hätte können. Außerdem seien, als dieser Entschluss fiel, die Umfragewerte gut gewesen.

Der Klubobmann im Grazer Gemeinderat, Armin Sippel, bedauerte, dass keine einzige Frau mehr für die FPÖ im Landtag saß; man müsse die Listen künftig besser planen. Sippel konnte an diesem Tag noch nicht wissen, dass mit Helga Kügerl am 7. April 2020 doch eine Frau auf einem freien Mandat in den Landtag nachrückte. Die FPÖ führte laut Sippel in Graz einen intensiven Wahlkampf, der sich auch gelohnt habe. Seine Grazer Klubkollegin Claudia

Schönbacher stieß ins selbe Horn: Sie konstatierte eine soziale Kälte, denn viele Frauen seien voll berufstätig und fehlten daher in den Familien. Menschen ziehen vom Land in die Stadt und verlieren dort ihre Identität. Folglich sei das Thema Familie außerordentlich wichtig. Die ehemalige Landtags- und Nationalratsabgeordnete Andrea-Michaela Schartel forderte ebenfalls mehr (bzw. überhaupt) Frauen in den Entscheidungsgremien. Kurzmann warf ein, die ÖVP-Strategie, alles auf die Karte Kurz zu setzen, sei voll aufgegangen; Kurz sei noch nicht entzaubert.

Kunasek stellte angesichts des schlechten Wahlergebnisses die Vertrauensfrage; der Vorstand sprach ihm einstimmig das Vertrauen aus. Das weitere Prozedere sah so aus: Sollte Landeshauptmann Schützenhöfer die FPÖ zu Verhandlungen einladen, wollte man mit einem dreiköpfigen Team (Kunasek, Hermann, Klug) in die Gespräche gehen. Auf Medienanfragen in der Causa Strache sollte jeder blaue Funktionär antworten, die Landesgruppe Steiermark trete für dessen Parteiausschluss ein.[374]

Schützenhöfer setzte allerdings die bisherige Koalition mit der SPÖ fort. Die Sozialdemokraten ersetzten den glücklosen Schickhofer durch Anton Lang, der ihr neuer Obmann und Landeshauptmannstellvertreter wurde. Die FPÖ blieb in der Opposition und war in der Landesregierung wieder nicht vertreten. Sie behielt als drittstärkste Fraktion lediglich das Amt des dritten Landtagspräsidenten, in dem Gerald Deutschmann auf Gerhard Kurzmann folgte, der nicht mehr kandidiert hatte. Deutschmann übernahm von Kurzmann wenig später auch den Vorsitz im Kulturforum Steiermark.

Das Frauenthema ließ die FPÖ nicht los. In der Sitzung des Landesparteivorstands vom 16. Dezember 2019 ging es fast um nichts anderes. Mehrere Diskussionsteilnehmer beklagten den verheerenden Eindruck, der entstanden war, da die steirischen Blauen keine Frau in den Landtag und den Nationalrat entsandt hatten. Das lag natürlich an den Stimmen- und Mandatsverlusten bei beiden Urnengängen, aber auch daran, dass auf den vorderen Listenplätzen nur Männer gereiht waren. Es gab jedoch auch heftigen Widerspruch gegen „Quotenfrauen", als der Vorstand über die eventuelle Entsendung der genannten Frau Schartel in den Bundesrat debattierte. Schartel setzte sich erst in einer geheimen Abstimmung knapp gegen einen männlichen Bewerber durch, der daraufhin einen beleidigten Eindruck machte. Das Thema war zumindest damals noch geeignet, für einigen internen Unmut zu sorgen.[375]

374 LPV 27. November 2019.
375 LPV 16. Dezember 2019.

Vorbereitungen auf die Gemeinderatswahl 2020

Im Winter 2019/2020 bereitete sich die steirische FPÖ intensiv auf die im Frühjahr 2020 turnusmäßig anstehende Gemeinderatswahl (außer in Graz) vor. Da dieser Urnengang jedoch wegen der Corona-Pandemie erst am 28. Juni stattfand, seien hier lediglich einige prinzipielle Festlegungen längerfristiger Natur erwähnt. Es galt, die Kommunikation zwischen allen Ebenen der Partei (Land/Bezirk/Gemeinde, Landtags- und Grazer Gemeinderatsklub) zu verbessern sowie die sozialen Medien und/oder eigene Organe, etwa eine neue Homepage, verstärkt heranzuziehen. „Wir Steirer" sollte in diesem Jahr allerdings nur mehr mit drei Ausgaben erscheinen, in denen sich vermehrt eigene Recherchen und Hintergrundinformationen finden würden. Kunasek forderte künftig mehr kantige Botschaften in eingängiger Sprache nach dem Vorbild des Slogans „Daham statt Islam" und intensivere Kontakte zum Wahlvolk in Form von Hausbesuchen und Veranstaltungen. Kurzmann verwies auf die momentan schlechten Rahmenbedingungen, denn als Folge der Affären Straches war die FPÖ als soziale Heimatpartei nicht mehr glaubwürdig. Die Talsohle sei noch nicht erreicht. Man brauche obendrein neue Themen, wie andere Sitzungsteilnehmer bestätigten. Die Agenda von 2015 (Migration, Sicherheit, Gemeindezusammenlegungen) spräche die Menschen fünf Jahre später nicht mehr an. Sie seien in ihren Gemeinden im Grunde recht zufrieden, sodass die blauen Kernthemen nicht ziehen. Falls diese Einschätzungen zutrafen, konnte die FPÖ nahezu von Glück sprechen, dass die Pandemie eine Verschiebung der Gemeinderatswahl erforderte. So blieb Zeit für eine Neuaufstellung, die Konzipierung neuer Themen sowie die Befassung mit der Erkenntnis, dass die Mehrzahl der Funktionäre in vielen Ortsgruppen entweder überaltert oder zu jung und unerfahren war. Niemand konnte Anfang Februar 2020 allerdings voraussehen, dass es bald nur mehr ein Thema geben würde: Corona.[376]

---

376 LPV 3. Februar 2020.

12 Zeitenwende: während und nach der Corona-Pandemie

Die Pandemie bricht aus

Im Dezember 2019 erreichten Meldungen über das Auftreten eines neuartigen Virus, das anfangs insbesondere in der chinesischen Metropole Wuhan grassierte, den Rest der Welt. Bald gelangte das Virus nach Europa, wo Mitte Jänner 2020 die ersten Fälle dieser Infektionskrankheit auftraten. Damals gab es dagegen weder eine Impfung noch ein Medikament. Am 25. Februar bestätigte ein Krankenhaus in Innsbruck die ersten zwei Fälle in Österreich, die offenbar aus Italien eingeschleppt worden waren. In weiterer Folge verbreitete sich das Virus rasend schnell und brachte die Spitäler, insbesondere die Intensivstationen, an die Grenzen ihrer Leistungsfähigkeit, sodass die gerade erst ins Amt gekommene türkis-grüne Bundesregierung unter Kurz und Vizekanzler Kogler am 15. März eine landesweite Ausgangsbeschränkung, besser bekannt als Lockdown, verhängen musste. Alle lokalen und regionalen Absperrmaßnahmen hatten sich als wirkungslos erwiesen. Auch die Schulen und Universitäten mussten zeitweise auf Distance Learning umstellen. Dieser erste Lockdown endete am 1. Mai 2020; Gastronomie und Hotellerie blieben noch länger geschlossen. Um Hilfskräfte beispielsweise bei Teststraßen zur Verfügung zu haben, mobilisierte das Bundesheer sogar Teile der Miliz.

Bekanntlich folgten diesem ersten Lockdown bis 2022 noch zwei weitere. Ab dem Jahreswechsel 2020/21 gelangten erste Impfstoffe gegen Corona in geringen Mengen nach Österreich; sie waren anfangs heiß begehrt. Als später ausreichende Mengen verfügbar waren, beschloss die Regierung die Einführung einer Impfpflicht, die auf heftigen Widerstand stieß und deshalb niemals effektiv durchgesetzt wurde. Schon vorher war der anfängliche Parteienkonsens im Umgang mit der Pandemie zerbrochen. An den Maßnahmen der Regierung sowohl zur Bekämpfung der Pandemie als auch zur Abfederung der ökonomischen Folgen (Kurzarbeit, Corona-Hilfen für betroffene Unternehmen etc.) entzündete sich immer mehr Kritik, nicht nur von den Oppositionsparteien. Die FPÖ scherte als Erste aus dem Konsens aus und ging dabei auch am weitesten. Sie warf (und wirft) der Regierung vor, nicht nur großteils untaugliche und folglich unnötige Schritte gesetzt, sondern insgesamt die Freiheit der Bürger über Gebühr eingeschränkt und eine Corona-Diktatur errichtet oder dies zumindest beabsichtigt zu haben.[377] Da es nicht einmal innerhalb der EU einen einheitlichen Umgang mit der Pandemie gab, brach ein heftiger Streit darüber aus, ob es andere Länder, beispielsweise Schweden, besser machten als Österreich (Abb. 39).[378]

▸ **Abb. 39: Protest gegen den Impfzwang. V. l. n. r.: Albert Royer, Stefan Hermann, Helga Kügerl, Mario Kunasek**

377 Herbert Kickl: Pandemiebewältigung als Prüfstein für den freiheitlichen Rechtsstaat. In: Beatrix Karl/Wolfgang Mantl/Klaus Poier/Manfred Prisching/Anita Ziegerhofer (Hrsg.): Steirisches Jahrbuch für Politik 2020 (Wien–Köln 2021), S. 187–190. In diesem Jahrbuch finden sich elf Beiträge zu Corona in der Steiermark, verfasst von Politikern aller im Landtag vertretenen Parteien mit Ausnahme der FPÖ, die auf eine Einladung nicht reagierte. Ebda., S. 5 f. Herbert Kickl: Die Grund- und Freiheitsrechte sind in akuter Gefahr. In: Beatrix Karl/Wolfgang Mantl/Klaus Poier/Manfred Prisching/Anita Ziegerhofer (Hrsg.): Steirisches Jahrbuch für Politik 2021 (Wien–Köln 2022), S. 117–120. Intern Nr. 29 (2021) mit dem Cover: „Schluss mit dem Corona-Regime! Österreich vom System des Zwangs befreien!"

378 Vgl. den zur Hälfte der Pandemie gewidmeten Band: Andreas Khol/Stefan Karner/Wolfgang Sobotka/Bettina Rausch/Günther Ofner/Dietmar Halper (Hrsg.): Österreichisches Jahrbuch für Politik 2020 (Wien–Köln–Weimar 2021).

Drei Wochen vor der auf den 28. Juni 2020 verschobenen steirischen Gemeinderatswahl – in Graz wurde erst im Herbst des folgenden Jahres gewählt – gewann Mario Kunasek der Pandemie wenigstens einen kleinen Vorteil ab: Viele wegen der Lockdowns usw. frustrierte Bürger traten jetzt an die FPÖ heran und versetzten diese dadurch in die Lage, wegen der vom früheren Obmann Strache verursachten Skandale verlorenes Vertrauen zurückzugewinnen. An Straches Affären hielt sich die FPÖ für unbeteiligt; sie verstand sich vielmehr selbst als Opfer.[379]

Kunasek ging Ende 2021 – die Pandemie war immer noch nicht abgeklungen – davon aus, dass sich die freiheitliche Politik als richtig erwiesen habe. Die FPÖ könne sich nicht von den Corona-Demonstrationen abwenden, da sonst andere Gruppierungen auf diesen fahrenden Zug aufspringen würden. Die FPÖ solle sich künftig wieder mehr um den kleinen Mann und die arbeitende Bevölkerung kümmern, um all jene, die wegen Corona ihre Jobs verloren hatten. Claudia Schönbacher äußerte sich allerdings kritisch zu Kickls kompromissloser Haltung in der Pandemie: „Kickls Aussagen und vor allem die Ausdrucksweise stößt vor allem viele Frauen ab."[380]

Gemeinderatswahl 2020

Am 28. Juni 2020 fanden im ganzen Land (mit Ausnahme von Graz) die im März pandemiebedingt verschobenen Gemeinderatswahlen statt.[381] Lediglich der ÖVP war eine Kandidatur in sämtlichen 285 steirischen Gemeinden gelungen, die FPÖ schaffte es in 233, um zehn weniger als fünf Jahre davor. Das Ergebnis war für die Blauen eine herbe Enttäuschung. Die bereits 2015 weit voran liegende ÖVP baute ihren Vorsprung mit einem Zugewinn von 4,7 Prozentpunkten auf 47,2 % weiter aus, ihr bestes Abschneiden bei Gemeinderatswahlen seit 1975. Die SPÖ stagnierte mit einem minimalen Zuwachs bei 31,9 %, die FPÖ verlor landesweit 5,7 Prozentpunkte und landete bei 8,2 %. Das war freilich immer noch mehr als bei der Wahl 2010. Die einzige Gemeinde mit einer relativen blauen Mehrheit 2015, Neumarkt, ging wieder an die ÖVP verloren. Die Resultate im Bezirk Graz-Umgebung lagen nahezu exakt im Landesschnitt: Ein Minus von 5,7 Prozentpunkten und ein Stimmenanteil von 8,4 %. Der Rückgang ist teilweise mit den im Vergleich zu 2015 wenigeren Kandidaturen in den

379 LPV 8. Juni 2020.

380 LPV 3. Dezember 2021.

381 Wolfgang Wlattnig: 2020: Gemeinderatswahlen mitten in einer Pandemie. In: Beatrix Karl/Wolfgang Mantl/Klaus Poier/Manfred Prisching/Anita Ziegerhofer (Hrsg.): Steirisches Jahrbuch für Politik 2020 (Wien–Köln 2021), S. 63–70.

Gemeinden dieses Bezirks zu erklären. Eine bittere Pille war der Wahlausgang in Gössendorf, wo es Kunaseks Nachfolger offenbar nicht verstanden hatten, die zu Zeiten seines Engagements in der Kommunalpolitik eroberte starke Stellung zu behaupten: Mit einem Verlust von 15,9 Prozentpunkten erreichte die FPÖ mit 13,2 % nur mehr den dritten Platz. Nahezu zwei Drittel der Wähler stimmten hier für die SPÖ.[382]

Analysen des Wahlausgangs

Wahlanalysen ergaben, dass diesmal die FPÖ desto besser abschnitt, je mehr Menschen im Alter von 65 oder mehr Jahren in einer Gemeinde lebten; bei der Altersgruppe 19 bis 64 war es umgekehrt. Ohne Auswirkungen war der Anteil untergebrachter Flüchtlinge und von (EU-)Migranten in den Gemeinden. Überdurchschnittlich gute Resultate erzielte die FPÖ im klassischen ländlichen Raum, abseits von Zentren und in Auspendlergemeinden. Dies klingt nur auf den ersten Blick erfreulich, handelt es sich doch um Gebiete mit einem kontinuierlichen Bevölkerungsschwund und folglich einer stetig sinkenden Zahl an Wahlberechtigten. Es passt in dieses Bild, dass die FPÖ desto schlechtere Resultate einfuhr, je höher das Pro-Kopf-Einkommen in einer Gemeinde ausfiel und vice versa. Über dem Schnitt liegenden Zuspruch fand die FPÖ bei Arbeitern, Selbstständigen, in der Land- und Forstwirtschaft Beschäftigten sowie bei Lehr- und Fachschulabsolventen. Das Gegenteil gilt für den Anteil an Angestellten, im Dienstleistungssektor Tätigen, Maturanten und Hochschulabgängern. Daraus ergibt sich der (zugegeben simplifizierte) Gesamteindruck, dass die FPÖ bei den Menschen in wachsenden Regionen und Branchen unterdurchschnittlich, bei den Verlierern des Strukturwandels hingegen gut abschnitt.[383]

In der Praxis bedeutete der Wahlausgang, dass die FPÖ von ihren 605 Gemeinderatsmandaten von 2015 auf 328 abrutschte, bei den Mitgliedern der Gemeindevorstände gab es einen Rückgang von 81 auf 25. Kunasek gestand offen ein, dass die Rekordausgaben von 1,2 Millionen Euro für den Wahlkampf kein Garant für einen Erfolg waren, denn die im Mai 2019 mit der Veröffentlichung des Ibiza-Videos in Gang gesetzte Abwärtsspirale setzte sich fort. Die „Kronen Zeitung" brachte den Wahlausgang mit der Schlagzeile „Affären ließen die

382 https://egov.stmk.gv.at/wahlen/GR2020/GR2020_60600.html.

383 Heinz P. Wassermann: Ein „große[r] Sieg für die ‚Bürgermeisterpartei' ÖVP". (Statistische) Analysen der steirischen Gemeinderatswahlen vom 28. Juni 2020. In: Beatrix Karl/Wolfgang Mantl/Klaus Poier/Manfred Prisching/Anita Ziegerhofer (Hrsg.): Steirisches Jahrbuch für Politik 2020 (Wien–Köln 2021), S. 71–98.

Blauen abstürzen" auf den Punkt.[384] Peter Samt kann sich an keine Gemeinderatswahl erinnern, die derart stark von bundespolitischen Themen überlagert war. Jeder zweite Wähler, mit dem er sich unterhielt, brachte Straches Spesenaffäre aufs Tapet; Ibiza hielten die meisten eher für eine Bagatelle.[385]

Im Landesparteivorstand riet Kunasek dennoch davon ab, alle Schuld auf Strache zu schieben, denn was man ihm vorwerfe, falle vielfach auf die ganze Partei zurück. Hinzukam, dass – wie jedermann sehen konnte – viele steirische FPÖ-Mitglieder Straches Facebookseiten ihre „Likes" spendeten. Diese Personen müsse man ansprechen und aufklären; ihr Parteiausschluss blieb die allerletzte Konsequenz.

Der Wahlausgang bedeutete natürlich künftig weniger Geld für die Bezirke; die Einsparungen sollten jedoch nicht beim Personal und der Infrastruktur (Bezirksbüros) erfolgen, sondern bei Inseraten und sonstigen Kampagnen, denn es galt zu untersuchen, ob die eigenen Aussendungen und Zeitschriften vom Schlag des „Wir Steirer" überhaupt gelesen wurden. In diesem Punkt hatte sich mithin eine gehörige Portion Skepsis gegenüber früheren positiven Bewertungen dieses Magazins eingeschlichen. Als Konsequenz wurde das Erscheinen des „Wir Steirer" auf zwei Ausgaben pro Jahr zurückgeschraubt und diese wurden nur mehr an Haushalte in Gemeinden mit mehr als 10.000 Einwohnern verschickt. Gegen die kontinuierliche, für die FPÖ vielfach negative Berichterstattung der beiden steirischen Platzhirsche „Kleine Zeitung" und „Kronen Zeitung" war mit den wenigen Nummern des eigenen Magazins freilich nicht anzukommen. Ab Herbst 2020 würde ein Medienfachmann der Partei Ratschläge dazu erteilen, welche PR-Maßnahmen überhaupt Sinn machten. Wie auch immer, Sparen war die Parole des Tages, denn wegen der gesunkenen Einnahmen stand eine Kreditaufnahme bevor, um eine Rücklage für die nächsten Wahlen zu bilden.

In der – wie dem Protokoll zu entnehmen – lebhaften Diskussion verwiesen einige Teilnehmer erneut auf die wegen Straches Kapriolen zerstörte Glaubwürdigkeit, während ein anderer auf das kurzlebige Gedächtnis vieler Menschen hoffte. Kunaseks Vorgänger Kurzmann plädierte dafür, nicht so zurückhaltend aufzutreten und beispielsweise die Defizite der EU stärker herauszustellen. Er glaubte ebenfalls, dass der Umgang mit den Medien künftig schwierig sei. An den Vorfeldorganisationen kritisierte er, viele ihrer Vertreter seien nur dann für die Partei dagewesen, wenn es um Kandidaturen und Mandate ging. Die frühere Landtagsabgeordnete Liane Moitzi, die als Landesobfrau des RFJ dem Landes-

384 Kronen Zeitung, 29. Juni 2020.

385 Interview Samt.

parteivorstand angehörte, konstatierte, die FPÖ wirke derzeit führungslos, womit sie wohl die Bundespartei meinte. Albert Royer, ein aus dem Bezirk Liezen stammender Landwirt und Landtagsabgeordneter, spendete den Versammelten Hoffnung, indem er bemerkte, Sebastian Kurz befinde sich zwar momentan auf dem Olymp, er werde aber früher oder später entzaubert werden. So sollte es tatsächlich kommen.

In dieser schwierigen Phase brachen immer wieder parteiinterne Querelen auf. Ungewöhnlich war im Sommer 2020 der Parteiausschluss von Willibald Ebner, der rund zwei Jahre zuvor mit den Stimmen von FPÖ und ÖVP zum Bürgermeister der Gemeinde Breitenau am Hochlantsch gewählt worden war. Der einzige Bürgermeister, den die FPÖ in der Steiermark stellte, gehörte nun nicht mehr der Partei an.[386] Ebner war wegen des „Chaos in der Bundespartei", wie er gegenüber der „Kleinen Zeitung" äußerte, bei der Gemeinderatswahl 2020 nicht mehr angetreten. Die beiden anderen blauen Gemeinderäte in Breitenau taten es ihm nach, woraufhin es dort keine FPÖ-Ortsgruppe mehr gab.[387]

Bewertungen der blauen Corona-Politik

Im September 2020 – mit der nächsten Corona-Welle war zu rechnen – äußerte Kunasek im Landesparteivorstand, der freiheitliche Weg in der Pandemie habe sich als der richtige erwiesen; die Bürger sähen das mehr und mehr ein. Er kündigte strukturelle Änderungen in der Landesgeschäftsstelle an: Die Stellenbeschreibungen waren zu aktualisieren und die Abläufe zu optimieren. Bei dieser Sitzung war Bundesparteiobmann Norbert Hofer zu Gast, der sich eher pessimistisch zur bevorstehenden Wiener Gemeinderatswahl äußerte und forderte, sich gegen die andauernde Medienkritik schärfer zur Wehr zu setzen.

Mit Hofer wurden sodann diverse Themen und die freiheitlichen Positionen zu ihnen besprochen. Amesbauers Anregung, den Widerstand gegen die Corona-Maßnahmen der Bundesregierung, gegen die die Freiheitlichen im Parlament nichts ausrichten konnten, auf die Straße zu tragen, hielt Hofer nur dann für sinnvoll, wenn sich alle blauen Landesgruppen daran beteiligten. Auf die Frage, wie die FPÖ zur Klimakrise stehe, antwortete Hofer: „Wir werden dieses Thema zum jetzigen Zeitpunkt nicht spielen, da es den Leuten in Zeiten von Corona ziemlich egal ist."[388]

---

386 LPV 14. Juli 2020. http://www.breitenau-hochlantsch.at/index.php/bildergalerie/veranstaltungen-47.

387 https://www.kleinezeitung.at/steiermark/muerztal/5772112/Einziger-FPBuergermeister-der-Steiermark_Nach-Chaos-in-der.

388 LPV 18. September 2020.

▸ **Abb. 40: Einweihung der neuen Parteizentrale am 10. September 2021**

Übersiedelung in die neue Landesgeschäftsstelle

Im Herbst 2020 übersiedelte die Landesgeschäftsstelle an ihren neuen Standort, das Alexander Götz Haus in der Grazer Conrad-von-Hötzendorf-Straße, dessen Umbau Gerald Deutschmann geplant hatte; zuvor befand sich in dem Gebäude das „Hotel zur Stadt Feldbach". Da es in der Altstadtschutzzone liegt, bedurfte es einiger Überzeugungsarbeit gegenüber der Altstadtkommission, um Deutschmanns Entwurf (mit erheblichen Veränderungen) durchzubringen. Der von der Kommission verlangte Einbau eines Lifts im Hausinneren anstatt an der Außenwand sowie eine komplett neue Konstruktion des Dachs bewirkten deutlich höhere Kosten. „Das hat uns schon wehgetan", kommentiert Deutschmann dieses erzwungene Abgehen von seinem ursprünglichen Plan sowie das Verbot jeglicher Außenbeschriftung. Immerhin konnte man im Dachgeschoß einige Wohnungen einbauen, die der Partei als Hauseigentümer sichere Einnahmen aus Vermietungen verschaffen.[389]

Kunasek bilanzierte stolz, es sei gelungen, „die neue Kommandozentrale ohne Prunk zu modernisieren und damit zukunftsorientierte infrastrukturelle Voraussetzungen für die Freiheitliche Partei zu schaffen". Die erste Vorstandssitzung fand dort am 14. Dezember 2020 statt. Die ursprünglich in Aussicht

389 Interview Deutschmann.

genommene große Einweihungsfeier fiel freilich der Corona-Pandemie zum Opfer. Sie konnte erst am 10. September 2021 in kleinerem Rahmen nachgeholt werden (Abb. 40).[390]

Kontakt zu den Bürgern in Zeiten der Pandemie

Wie Kunasek bei dieser Sitzung berichtete, bereiteten die Pandemie und der im Winter 2020/21 erneut geltende Lockdown der Partei erhebliche Schwierigkeiten, da keine Sitzungen, Stammtische und sonstigen Veranstaltungen stattfinden konnten. Seiner Meinung nach hatten sich die von der Regierung angeordneten Massentests als Flop erwiesen. Die ÖVP und die von ihr in Anspruch genommene Wirtschaftskompetenz seien massiv angeschlagen. Allerdings stand es in der FPÖ ebenfalls nicht zum Besten, da die im Bund installierte Doppelführung mit Norbert Hofer und Herbert Kickl nicht funktionierte. Auf dem Feld digitaler Kommunikation mit den Bürgern über Facebook etc. war die FPÖ laut Kunasek vorne dabei, man dürfe sich aber nicht auf diese Plattformen verlassen. Die Bundespartei war bestrebt, die Abhängigkeit von Facebook zu verringern. Die eigene Webseite war nun fertiggestellt, in Planung waren eine Gemeinderäte-App, auf der alle blauen Initiativen und Anträge zu finden sein würden, sowie ein Handbuch für Gemeindefunktionäre.[391]

Unzufrieden zeigte sich die Parteiführung mit dem Ausgang der Landwirtschaftskammerwahl Ende Jänner 2021. Die FPÖ errang lediglich zwei von 39 Mandaten, gleich viel wie SPÖ und Grüne und nur die Hälfte der Sitze für den Unabhängigen Bauernverband, auf dessen Liste zum Ärger Kunaseks sogar einige Parteimitglieder kandidiert hatten. Die FPÖ konnte lediglich 6,2 % der gültigen Stimmen gewinnen und kam daher um die Einsicht nicht herum, dass sie gegen die Dominanz des schwarzen Bauernbundes kaum etwas auszurichten vermochte.[392]

Kampf gegen die Corona-Maßnahmen

Kunasek und die gesamte FPÖ setzten nun voll auf das Thema Corona, um aus der Talsohle herauszukommen. Sie nahmen an, dass die Bevölkerung die nicht abreißende Flut immer neuer und unübersichtlicher, oft auch unpraktikabler

390 FPÖ Steiermark: Das Alexander Götz Haus. Heimat der FPÖ Steiermark (Graz o. J.), Zitat Kunaseks S. 5. Intern Nr. 29 (2021), S. 42 f.

391 LPV 14. Dezember 2020.

392 https://www.verwaltung.steiermark.at/cms/beitrag/12344906/74837008/. LPV 1. Februar 2021.

Verordnungen der Regierung satthabe. FPÖ und KPÖ beriefen daher für den 2. Februar 2021 eine Sondersitzung des Landtags ein. Demonstrationen gegen die Corona-Maßnahmen waren verboten worden. Stattdessen fand in Graz ein „Spaziergang" statt, gegen dessen Teilnehmer die Polizei in 2.300 Fällen Anzeige erstattete, was Kunasek auf eine Weisung von oben zu hartem Durchgreifen zurückführte. Man müsse sich mit den eigenen Leuten solidarisch zeigen und gegen die Repression unter anderem im Parlament ankämpfen. Die Regierung sei unfähig und Bundespräsident Van der Bellen schweige zu allem, was der FPÖ die Chance eröffne, verlorenes Vertrauen zurückzugewinnen. Kunasek forderte seine Funktionäre dazu auf, Bezirks- und Ortsparteileitungssitzungen abzuhalten, denn diese seien erlaubt und würden den Verlust des persönlichen Kontakts zu den Bürgern verhindern. Er beobachtete eine Beruhigung im Konflikt zwischen Hofer und Kickl an der FPÖ-Bundesspitze, eine befriedigende Lösung war dies freilich nicht.[393]

Weitere freiheitliche Kampagnen

Als die Parteiführung am Landesfeiertag, dem 19. März 2021, neuerlich zusammentrat, kündigte Kunasek für die Zeit ab Ende des Monats diverse Kampagnen an, die für Unternehmen, Arbeitsplätze, die Infrastruktur, Investitionen in den ländlichen Raum, den Ausbau von Photovoltaik-Anlagen sowie Vorsorgen gegen einen Blackout Impulse setzen würden. Hier wird deutlich, dass die FPÖ um eine breitere inhaltliche Aufstellung bemüht war, denn das Leben musste ja nach Corona weitergehen und irgendwann würde sich diese Causa, gegen die die Partei breit mobilisierte, erledigen. Der Nationalratsabgeordnete Kassegger äußerte sich allerdings kritisch zum Vorhaben von Umweltministerin Leonore Gewessler, BA (Grüne), bis 2030 Strom zur Gänze aus erneuerbaren Energiequellen herzustellen. Kassegger hielt es für verfehlt, in Tourismusgebieten unzählige Windräder und Photovoltaik-Anlagen aufzustellen. Weiters zur Sprache kamen das neue Sozialunterstützungsgesetz des Landes, das sich die FPÖ inländerfreundlich gewünscht hatte, ohne damit im Landtag durchzudringen, sowie Missstände in Pflegeheimen, die während der Pandemie zutage getreten waren. Dem Thema Corona galt auch der Großteil der beim FPÖ-Bürgerbüro eingelangten mehr als 500 Anfragen (Abb. 41).[394]

Im Mai 2021 waren die erwähnten Kampagnen in vollem Gang. Hinzugekommen waren seit März die leidigen Probleme mit dem slowenischen Atom-

393 LPV 1. Februar 2021.
394 LPV 19. März 2021.

▸ **Abb. 41: Kunasek auf Besuch in einem Seniorenheim während der Corona-Pandemie**

kraftwerk Krško, über die die „Kronen Zeitung" ausführlich berichtete, blauer Widerstand gegen immer neue Schikanen für Autofahrer, die man als Wähler zu gewinnen hoffte, schwarze Schafe in der Bauwirtschaft, eine Erhöhung des Frauenanteils in der Partei, die Sicherstellung einer dezentralen und flächendeckenden Gesundheitsversorgung, gipfelnd in den Debatten über ein Leitspital im Raum Liezen, sowie die an den Schulen grassierende Gewalt und ein besserer Gewaltschutz für Frauen.[395]

395 LPV 28. Mai 2021.

Frauen in der FPÖ

Um mehr Frauen für die FPÖ anzusprechen, begann ab September 2021 eine aus zehn Modulen bestehende und sich über zwei Jahre erstreckende Seminarreihe speziell für diese Zielgruppe. Der blaue Landtagsklub rief außerdem die Steirische Frauenakademie ins Leben, die unter dem Motto „Weiblich. Engagiert. Freiheitlich" steht und in sieben Modulen ein einjähriges Ausbildungsprogramm anbietet. Die Einladung zur Teilnahme richtet sich an Frauen, die bereits eine politische Funktion innerhalb der FPÖ bekleiden oder eine solche anstreben. Im Mittelpunkt stehen die Vermittlung und Vertiefung freiheitlicher Positionen und Forderungen. Mit einer Kapazität von maximal 15 Plätzen pro Jahr ist die Reichweite naturgemäß eher bescheiden (Abb. 42).

Quelle: Foto Gimpel

▸ **Abb. 42: Eine Urkunde für den „Förderer der Freiheitlichen Frauen", Mai 2019**

Unter den Mitgliedern beträgt der Frauenanteil zwar rund ein Drittel, bei den Inhabern von Parteifunktionen und Mandaten ist er wesentlich geringer. Die FPÖ spricht traditionell eher Männer an, da bei ihr soziale, also „weiche", Themen nicht im Vordergrund stehen, wenngleich sie durchaus vorkommen. Die Partei ist dankbar für jede Frau, die sich engagieren möchte, doch stellt das bei vielen Mitgliedern noch recht fest verankerte, traditionelle Frauenbild mit seinem Vorrang für die Kinderbetreuung ein gewisses praktisches Hindernis dar. Gegenüber den mehrfach belasteten Frauen haben es Männer leichter, weil ihnen schlicht mehr Zeit für die Politik zur Verfügung steht. Hinzukommt das System der Listenerstellung vor Wahlen: Quereinsteiger(innen) gibt es so gut wie nie und die Bezirksorganisationen reihen eben ihre Obleute (ausschließlich Männer) auf den wählbaren Plätzen. Die Landespartei möchte sich hier nicht einmischen, um Unmut zu vermeiden, hat aber auf der Landesliste selbst kaum Mandate zu vergeben. Daher gibt es momentan unter den acht freiheitlichen Landtagsabgeordneten mit Helga Kügerl nur eine Dame. Das im Landtagsklub beschäftigte Personal ist hingegen rund zur Hälfte weiblich. Es bleibt abzuwarten, ob die intensiven Bemühungen um eine Erhöhung des Frauenanteils in leitenden Positionen Früchte tragen werden.[396]

Herbert Kickl wird Bundesparteiobmann

2021 musste die steirische FPÖ den überraschenden Rücktritt Norbert Hofers verdauen, der am 1. Juni seine Funktion als Bundesparteiobmann zurücklegte.[397] Herbert Kickl folgte ihm nach. Hannes Amesbauer plädierte im Landesparteivorstand dafür, mit allen steirischen Delegierten zum Bundesparteitag, auf dem Kickl zu wählen war, zu reden, um diesem ein möglichst gutes Ergebnis zu bescheren und damit ein Zeichen der innerparteilichen Geschlossenheit zu setzen; Kickl sei der richtige Mann mit einer klaren und kantigen Politik. Der Landesparteivorstand votierte am 14. Juni 2021 einstimmig für Kickl als künftigen Obmann. Kunasek äußerte hierbei, die von Kickl zu erwartende harte Oppositionspolitik im Bund stehe einer Regierungsbeteiligung der FPÖ in den Ländern nicht entgegen. Eine solche bestand damals bereits in Oberösterreich, ab 2023 zusätzlich in Salzburg und Niederösterreich. Der Wechsel von Hofer zu Kickl reiche allerdings nicht aus, ebenso dringend nötig seien eine komplette Bestandsaufnahme der Bundespartei, Umstrukturierungen und neue Compliance-Regeln.[398]

Grazer Gemeinderatswahl am 26. September 2021

Im Herbst 2021 fanden in Österreich zwei für die FPÖ wichtige Wahlen statt: die Landtagswahl in Oberösterreich und die Grazer Gemeinderatswahl. In beiden Gebietskörperschaften war die FPÖ damals in der Landes- bzw. Stadtregie-

396 Interview Klug. Intern Nr. 29 (2021), S. 8 f. Vorschläge für eine sinnvolle Frauenpolitik statt jener „linksgerichteter Genderist_Innen" bereits in: Wir Steirer Nr. 1 (2016), S. 12 f.

397 https://orf.at/stories/3215624/.

398 LPV 14. Juni 2021.

rung vertreten und stellte den Landeshauptmannstellvertreter bzw. in Graz mit Mario Eustacchio den Vizebürgermeister. Die FPÖ hatte also einiges zu verteidigen. Obendrein galten die beiden Urnengänge als Indizien dafür, ob sich die Partei nach dem Obmannwechsel zu Kickl und dem Abklingen der Affäre Strache wieder konsolidiert hatte. Daneben würde sich zeigen, ob ihr Kurs in der Corona-Pandemie auf Resonanz bei den Wählern stieß.

In Oberösterreich stürzte die FPÖ um 10,6 Prozentpunkte auf 19,8 % ab, blieb aber eindeutig zweitstärkste Kraft. ÖVP, SPÖ, Grüne und NEOS legten marginal zu, während die erstmals angetretene, einige Monate zuvor als Partei der Impfgegner gegründete MFG (Menschen – Freiheit – Grundrechte) aus dem Stand 6,2 % erreichte und mit drei Abgeordneten in den Landtag einzog. Wenngleich die ÖVP die bisherige Regierungskoalition mit der FPÖ fortsetzte und deren Landesobmann Dr. Manfred Haimbuchner Landeshauptmannstellvertreter blieb, hatte sich gezeigt, dass der Unmut über die Corona-Maßnahmen in diesem Fall nicht den Freiheitlichen genutzt hatte, sondern einer diffusen Gruppierung, die als Ein-Thema-Partei den Frust vieler Wähler besser in ihr Fahrwasser zu lenken verstand als die FPÖ. Der der FPÖ nahestehende Historiker Univ.-Prof. i. R. Dr. Lothar Höbelt sprach daher damals vom kontraproduktiven Kurs Herbert Kickls, unter anderem, weil dieser zu dem wenig später folgenden Rücktritt von Sebastian Kurz beigetragen hatte, von dem nur die Linke profitiere.[399]

Das Ergebnis der am selben Tag (26. September 2021) abgehaltenen Gemeinderatswahl in Graz fiel für die FPÖ nicht erfreulicher aus als jenes in Oberösterreich, die Konsequenzen waren aber weitaus dramatischer. Bürgermeister Siegfried Nagl hatte den Termin um rund fünf Monate vorgezogen, um die im Herbst noch halbwegs stabile Corona-Situation auszunutzen; für den regulären Termin Anfang Februar 2022 war mit einer neuerlichen Pandemie-Welle und einem weiteren Lockdown zu rechnen.

Eindeutiger Wahlsieger war die KPÖ unter der populären Elke Kahr, die mit unglaublichen 28,8 % der Stimmen, einem Plus von 8,5 Prozentpunkten, als Erste durchs Ziel ging. Kahr wurde bald darauf von ihrer Partei, den Grünen und der SPÖ zur ersten kommunistischen Bürgermeisterin einer österreichischen Großstadt gewählt. Der Hauptverlierer war Nagls Bürgermeisterpartei

---

399 Lothar Höbelt: „Travailler pour le roi de Prusse". Der kontraproduktive Kickl-Kurs. In: Andreas Khol/Stefan Karner/Wolfgang Sobotka/Bettina Rausch/Günther Ofner (Hrsg.): Österreichisches Jahrbuch für Politik 2021 (Wien–Köln 2022), S. 247–253. Carmen Walenta-Bergmann: Die oberösterreichische Landtagswahl 2021. In: Beatrix Karl/Wolfgang Mantl/Klaus Poier/Manfred Prisching/Anita Ziegerhofer (Hrsg.): Steirisches Jahrbuch für Politik 2021 (Wien–Köln 2022), S. 53–57.

ÖVP, die um 11,9 Prozentpunkte auf 25,9 % und damit auf den zweiten Platz abstürzte. Die FPÖ, die während der vorherigen Legislaturperiode mit Nagl koaliert und den Vizebürgermeister gestellt hatte, verlor mit 5,3 Prozentpunkten weniger dramatisch; ihr Resultat von 10,6 % war jedoch eine herbe Enttäuschung, zumal die FPÖ damit deutlich hinter den Grünen, die stark zulegten, und nur knapp vor der SPÖ auf dem vierten Platz rangierte. Die blaue Gemeinderatsfraktion schrumpfte von acht auf fünf Vertreter, die FPÖ behielt jedoch ihren Sitz in der Stadtregierung. Eine Fortsetzung der schwarz-blauen Koalition war angesichts der neuen Mehrheitsverhältnisse ausgeschlossen, es ging sich schon rein rechnerisch nicht aus.[400]

Bereits im blauen Wahlkampf war einiges schiefgelaufen. Die Stimmung richtete sich generell gegen die ÖVP-FPÖ-Koalition, der viele unter anderem vorwarfen, die Stadt zuzubetonieren, ohne zu bedenken, dass die seit etlichen Jahren massive Zuwanderung in die Landeshauptstadt keine Alternative zur Errichtung zahlreicher neuer Wohnhäuser zuließ. In der Regel kam diese Kritik, die Nagl zum „Beton-Sigi" erklärte, ausgerechnet von jenen, die gleichzeitig „No borders" und „Jeder ist willkommen" skandierten ...

Gegen Ende des Wahlkampfs versuchte die FPÖ, sich als Sicherheitspartei zu positionieren. Sie kritisierte die Zuwanderungs- und unzulängliche Integrationspolitik und forderte unter anderem einen Asylstopp sowie nächtliche Ausgangssperren für Asylwerber. Man wollte eine Dokumentationsstelle für den politischen Islam sowie ein zweites Frauenhaus errichten. Straffällig gewordenen Asylwerbern sollte die ihnen bisher zustehende Grazer Sozialcard, mit der allerhand Vergünstigungen einhergehen, entzogen werden.[401] Eine zu diesem Thema lancierte Plakatserie enthielt den Slogan „Graz ist nicht eure Heimat. Garantiert!", gepaart mit einem Foto von (mit schwarzen Balken anonymisierten) Flüchtlingen. Der Menschenrechtsbeirat der Stadt Graz verurteilte diese Art der Wahlwerbung.[402]

Für weitere Kontroversen sorgte die Reihung von Mag. Michael Winter, des Sohnes der einstigen blauen Stadtparteiobfrau Susanne Winter, der ein Jahrzehnt zuvor wegen Verhetzung rechtskräftig zu einer bedingten Haftstrafe ver-

---

400 Heinz P. Wassermann: Die „Ära" Siegfried Nagl – eine wahlstatistische Vermessung 2003–2021. In: Beatrix Karl/Wolfgang Mantl/Klaus Poier/Manfred Prisching/Anita Ziegerhofer (Hrsg.): Steirisches Jahrbuch für Politik 2021 (Wien–Köln 2022), S. 213–239. Claudia Schönbacher: Die Grazer Gemeinderatswahl 2021 – ein gefährlicher Linksrutsch für Graz. In: ebda., S. 199–201.

401 https://steiermark.orf.at/stories/3121634/.

402 https://kurier.at/politik/inland/graz-ist-nicht-eure-heimat-heftige-kritik-an-fpoe-plakatserie/401739204.

urteilt worden war, auf dem fünften und damit ziemlich sicheren Listenplatz.[403] Winter zog tatsächlich in den Gemeinderat ein, er dankte der FPÖ allerdings nicht für das, was sie seinetwegen auf sich genommen hatte, denn er schloss sich später einem abgespaltenen Klub an, dem er bis heute angehört.[404]

Analyse des Grazer Wahlergebnisses

Wie immer man den Einfluss dieser sehr stark polarisierenden Ereignisse auf das Wahlergebnis bewerten mag: Es zeigte jedenfalls eindeutig, dass die FPÖ in Graz (erneut) auf ihre Kernwähler geschrumpft war. Ihr gelang weder ein Einbruch in bürgerliche Wählerschichten noch und schon gar nicht konnte sie Protestwähler überzeugen; diese gaben ihre Stimme vielmehr der KPÖ. Wenngleich vieles an der Grazer Situation mit den Kommunisten als stärkster Kraft einzigartig sein mag, so war es für die steirische FPÖ mit Blick auf die nächste Landtagswahl doch außerordentlich beunruhigend, dass Graz – zwar schon bisher ein schwieriges Pflaster für die Blauen – nunmehr beinahe als ein verlorenes Territorium gelten musste. Immerhin lebte hier rund ein Fünftel der in der Steiermark Wahlberechtigten. Trotz der Bedeutung der Landeshauptstadt hatte sich die Landes-FPÖ in den Wahlkampf ihrer Stadtgruppe nicht eingemischt; wenigstens gibt es in den Protokollen der Sitzungen des Landesparteivorstands keine Hinweise darauf.

In seiner Analyse der oberösterreichischen und der Grazer Wahl bemerkte Kunasek zutreffend, für zahlreiche Wähler in beiden Gebietskörperschaften gelten nunmehr die KPÖ und (in Oberösterreich) die MFG als Anti-System-Parteien, während sie die FPÖ, die alles andere als das zu sein beansprucht, mittlerweile als Teil des Systems wahrnahmen. Man muss ergänzen, dass dies wenig verwundert, da die FPÖ sowohl in Oberösterreich als auch in Graz mitregierte. Vom Grazer Wahlergebnis zeigte sich Kunasek vollkommen überrascht. Die Mobilisierung der eigenen Wählerschaft war nur unzureichend gelungen. Die KPÖ präsentierte Kunasek in mancherlei Hinsicht sogar als Vorbild für die FPÖ: Sie betreibe eine glaubwürdige Politik, ihre Vertreter seien stets erreichbar und hilfsbereit. Daraus abgeleitet, formulierte er die blauen Themen für die nahe Zukunft: Freiheit, soziale Gerechtigkeit, Wirtschaft (Personalprobleme, Arbeitskräftemangel), Sicherheit, Migration, Pflege und Gesundheit, Zurück-

403 https://www.meinbezirk.at/graz/c-politik/das-sind-die-neuen-gesichter-auf-den-listen_a4793690.

404 https://www.graz.at/cms/beitrag/10379888/7768635/Gemeinderat_Mag_Michael_Winter_Korruptions_Freier.html.

gewinnung verlorenen Vertrauens. In Summe war das ein Mix aus alten Anliegen, einer thematischen Erweiterung auf aktuelle Probleme (Pflege) und einer Wählerrückholaktion.

Der Wahlverlierer Mario Eustacchio präsentierte sich weniger einsichtig als Kunasek. Er hielt die von ihm im Wahlkampf propagierten Themen für richtig, man habe sie lediglich zu wenig an die Bürger herantragen können. Eustacchio verstand sich in Summe (neben Nagl) als das Opfer einer Protestwahl und schlug vor, sich künftig mehr auf eingebürgerte und daher wahlberechtigte Zuwanderer, insbesondere Kroaten und Serben, zu konzentrieren, von denen er vermutlich annahm, sie seien über die fortschreitende Islamisierung ihrer neuen Heimat alles andere als begeistert. Der zweite Mann der Grazer FPÖ, Klubobmann Armin Sippel, bekannte hingegen offen ein, die Grazer Freiheitlichen hätten sich nicht auf Augenhöhe mit den Bürgern befunden; man solle daher gewisse Methoden der KPÖ übernehmen.

Ein vermehrtes Augenmerk galt ferner den eigenen Mitgliedern, deren Zahl zuletzt um rund 400 gesunken war. Kunasek bemängelte, dass Neuanmeldungen oft monatelang unbearbeitet in den Bezirksbüros herumlagen. Erfreulich lief es lediglich im FPÖ-Bürgerbüro, das im ersten Halbjahr 2021 beinahe 1.400 Fälle behandelt hatte.[405] Niemand ahnte an diesem Tag des Rückblicks auf die verlorene Gemeinderatswahl, dass der eigentliche Wirbel in Graz erst bevorstand.

405 LPV 6. Oktober 2021.

13 Der Grazer Finanzskandal und die Führungsfrage in der Stadtgruppe

Kurz nach der Gemeinderatswahl 2021 brach neues und noch viel größeres Ungemach über die Grazer FPÖ-Stadtgruppe und bald auch über die Landespartei und ihren Obmann Kunasek herein – und dies aus Gründen, die mit dem Urnengang und dessen Resultat gar nicht direkt zusammenhingen. Zu jenem Zeitpunkt, an dem das Manuskript dieses Buches seinen Abschluss fand, waren die Turbulenzen noch nicht abgeklungen.

Erste Medienberichte, undichte Stellen und fehlendes Geld

Ende Oktober 2021 tauchten in den Medien erste Berichte über hohe Summen auf, die Noch-Vizebürgermeister und Grazer FPÖ-Obmann Mario Eustacchio sowie der blaue Klubobmann im Gemeinderat, Armin Sippel, für zumindest fragwürdige Zwecke verwendet haben sollen. Die Gelder stammten aus der öffentlichen Klub- und Parteienförderung, waren aber zum Teil an die Burschenschaften der beiden Genannten und eines Dritten im Bunde, des Klubdirektors und Finanzreferenten der Grazer FPÖ, Mag. Matthias Eder, geflossen. Im Raum standen ferner Zahlungen für rein private Zwecke; für andere namhafte Geldbehebungen in bar fehlte überhaupt jeder Beleg. Der Rechnungsprüfer der Stadt- und Landespartei, Dr. Karlheinz Morré, und externe Prüfer stießen gar auf mehr als eine Million Euro „nicht zuordenbarer Kontenbewegungen" aus der Ära Eustacchio/Sippel (Abb. 43). Auf dem Stadtparteitag der Grazer FPÖ am 18. März 2022 erläuterte Morré vor den fassungslosen Delegierten, mit welchen im Grunde simplen Tricks man ihn jahrelang hinters Licht geführt hatte: Die Grazer Parteiführung hatte ihm stets nur ein Konto (Morré sprach von einem „Blumenkonto") mit unverdächtigen Auszahlungen, wie eben für Blumensträuße für Jubilare und Senioren, präsentiert, die Existenz weiterer Konten der Grazer FPÖ, über die der Großteil der öffentlichen Fördergelder einlief, jedoch

▸ **Abb. 43: Armin Sippel (links) und Mario Eustacchio (Bildmitte)**

verschwiegen (Abb. 44). Mario Kunasek kündigte schon im Oktober 2021 eine sofortige scharfe Kontrolle durch vier Rechnungsprüfer an.[406]

Eustacchio und Sippel legten am 31. Oktober 2021 alle ihre Ämter nieder und verzichteten außerdem auf ihre Mandate im Gemeinderat. Auf eines davon rückte der Jurist und frühere parlamentarische Mitarbeiter Mag. Alexis Pascuttini nach, der im November als Nachfolger Sippels zum Klubobmann der blauen Gemeinderatsfraktion gewählt wurde.[407] Bis zur nächsten Sitzung der Grazer Stadtparteileitung am 8. November übernahm gemäß dem Statut der FPÖ Steiermark der an Jahren älteste Obmann-Stellvertreter der FPÖ Graz, in diesem Fall die Gemeinderätin Mag. Astrid Schleicher, die Leitung der Stadtpartei.[408] Eustacchio trat Mitte Dezember sogar aus der FPÖ aus. Der Auslöser hierfür soll laut Medienberichten die Bestellung von Jasmin Hans, BA MA zur Büroleiterin der neuen FPÖ-Stadträtin Claudia Schönbacher gewesen sein. Eustacchio verdächtigte sie, als persönlichen Racheakt brisante Informationen über die

406 https://www.kleinezeitung.at/steiermark/graz/6054405. https://www.kleinezeitung.at/steiermark/graz/stadtpolitik/6166286/Nach-dem-Finanzkrimi_Grazer-Freiheitliche-setzen-auf-glaeserne. https://www.krone.at/2658985.

407 https://www.graz.at/cms/beitrag/10379886/7768635/Gemeinderat_Mag_Alexis_Pascuttini_Korruptions.html.

408 https://steiermark.orf.at/stories/3128040/.

▸ Abb. 44: Rechnungsprüfer Morré berichtet dem Stadtparteitag über seine Entdeckungen, März 2022.

Geldflüsse an die Medien „geleakt" zu haben.[409]

Es kam aber noch dicker: Anfang November – die Rechnungsprüfer hatten gerade erst mit ihrer Arbeit begonnen – erstattete der erwähnte Finanzreferent Eder eine Selbstanzeige. Darin gestand er ein, durch einen längeren Zeitraum hindurch FPÖ-Gelder für private Zwecke veruntreut zu haben. Zwecks Schadensgutmachung hinterlegte er erstaunliche 710.000 Euro bei Gericht. In einem am 3. Mai 2024 publik gewordenen Tonbandmitschnitt nahm Eder jedoch Mario Kunasek von jeder Mitschuld aus; er habe damit nichts zu tun gehabt.[410]

Während die Affäre immer weitere Kreise zog, schleppten sich die gerichtlichen Ermittlungen dahin. Wegen möglicher Befangenheit einzelner Grazer Richter und Staatsanwälte, die mit den Beschuldigten bekannt waren, wurden die anhängigen Verfahren an die Staatsanwaltschaft in Klagenfurt delegiert, was nicht gerade zu einer Beschleunigung der Untersuchung beitrug. Kunasek erklärte wiederholt, er und die FPÖ seien selbst am meisten an einer lückenlosen Aufklärung interessiert. Die steirische FPÖ sah sich als Geschädigte und schloss sich dem Strafverfahren als Privatbeteiligte an. Kunasek zufolge wollte man in jeder Hinsicht mit den Behörden kooperieren, alle Unterlagen zur Verfügung stellen und jederzeit als Zeuge aussagen.

Der Fall schlug immer neue Wellen, denn bald tauchte die Frage auf, ob bzw. was die Landespartei von den Malversationen in Graz gewusst hatte und, wenn dies zutraf, warum sie nicht dagegen eingeschritten war. Am 17. Jänner 2023 – seit dem Bekanntwerden des Finanzskandals war mehr als ein Jahr vergangen – berichteten die Medien über das Drängen der Kriminalpolizei, die Immunität Kunaseks, die dieser als Landtagsabgeordneter genoss, aufzuheben. Die Kripo hatte Kunasek im Juni 2022 als Zeuge einvernommen und hielt ihm mehr als

409 https://steiermark.orf.at/stories/3135008/.

410 https://www.kleinezeitung.at/steiermark/graz/18428324/mastermind-im-fpoe-finanzskandal-natuerlich-war-ich-es-nicht-alleine.

ein halbes Jahr später vor, bei diesem Anlass nicht die volle Wahrheit gesagt zu haben (Verdacht auf falsche Zeugenaussage). Kunasek hatte laut „Kleine Zeitung" „für die Aufklärung relevante Tatsachen und Beweismittel (bewusst) vorenthalten bzw. nicht vorgelegt. Was eine Straftat wäre. Er habe entweder das Vorgehen der Beschuldigten toleriert oder bewusst versucht, die Ermittlungen ‚aus bisher nicht bekannten Gründen zu verhindern'." Die Kripo stützte ihr Begehren auf das Protokoll einer Sitzung des FPÖ-Landesparteivorstands vom Jänner 2023, aus dem ihrer Meinung nach hervorging, die FPÖ wolle weitere strafrechtliche Ermittlungen durch allerlei Maßnahmen verhindern. Kunasek erklärte hierzu, von all dem das erste Mal zu hören, und sicherte weiter volle Kooperation zu.[411]

Im Februar 2023 beantragte die Staatsanwaltschaft Klagenfurt tatsächlich beim Landtag Steiermark die Aufhebung der Immunität Kunaseks, was dieser begrüßte, um seine Unschuld beweisen zu können. Laut Anklagebehörde geht es neben Falschaussagen und Beweismittelunterdrückung um den Verdacht des Förderungsmissbrauchs, der Veruntreuung und der Untreue.[412] Nach der Stattgebung dieses Antrags seitens des Landtags stellte die Staatsanwaltschaft Klagenfurt im März 2023 nach einer anonymen Anzeige ein weiteres solches Begehren, das sie mit der Ausdehnung ihrer Ermittlungen auf weitere Fälle von Fördermissbrauch und Untreue begründete. Die Anzeige warf Kunasek vor, Gelder der Partei für den Bau seines privaten Hauses in Graz-St. Peter verwendet zu haben, was Kunasek als „absurd und haltlos" bezeichnete; er vermutet politische Mitbewerber oder jemanden, „der es nicht gut mit der freiheitlichen Partei meint", hinter den diversen Anzeigen.[413]

Die Staatsanwaltschaft argumentierte in ihrem Antrag, der kurz darauf den Medien, noch vor Kunasek selbst, vorlag, der Anzeigeerstatter müsse über interne Geldflüsse und Abwicklungen in der FPÖ genau Bescheid wissen, da er sehr detaillierte Angaben machte. In der Öffentlichkeit kursierten daraufhin Gerüchte, wer sich dahinter verberge und ob der Betreffende eventuell auf einen Kronzeugenstatus hoffe.[414] In der Landtagssitzung vom 4. Juli 2023 stimm-

411 https://www.kleinezeitung.at/steiermark/graz/6239107/Auslieferungsantrag_Grazer-FPOeFinanzkrimi_Jetzt-hat-die-Kripo.

412 https://steiermark.orf.at/stories/3196906/.

413 Krone Steiermark, 27. Februar 2024, S. 16 f., Zitat S. 16. https://www.krone.at/3268515?fbclid=IwAR3AjW7tyeKhvW0Mu5eJmBEPYW7a6DjiezJ2ZMx8YAps0ZEm8i9W8 HaPPcI. Von Stefan Hermann am 27. Februar 2024 auf dessen Facebookaccount geteilt.

414 https://www.krone.at/3032053.

ten alle Parteien, also auch die FPÖ, der Aufhebung von Kunaseks Immunität zu, sodass den Ermittlungen seither nichts mehr im Wege steht.[415]

Während sich die Nachforschungen jedoch weiter hinzogen und -ziehen und die Angelegenheit daher zeitweilig in den Hintergrund trat, da es nichts Neues zu berichten gab, registrierte die „Kleine Zeitung" am 21. Jänner 2024 zutreffend, der von ihr Ende 2021 aufgedeckte Grazer Skandal finde nun plötzlich im Superwahljahr 2024 bundesweit Beachtung. Das Nachrichtenmagazin „Profil" brachte Anfang 2024 ein Cover mit einem Goldesel, der öffentliche Fördergelder auf die FPÖ schüttete. Als Empfänger des Goldregens waren Kickl und Kunasek abgebildet. Ende 2023 lag ein Vorhabensbericht der Staatsanwaltschaft Klagenfurt vor, aus dem die Medien den von ihr beauftragten Rechnungsprüfer zitierten, der bei den Verantwortlichen der FPÖ eine „hohe Verschleierungsstrategie" konstatierte. Der ORF griff die Angelegenheit in mehreren Sendungen auf, bevor überhaupt bekannt war, was in dem Bericht über das geplante weitere Vorgehen der Ankläger steht.[416]

Offenbar hatte die Staatsanwaltschaft beschlossen, die Ermittlungen betreffend Kunasek in gewisser Weise vom Verfahren rund um den Grazer Finanzskandal abzukoppeln und sich vorerst auf den Untreuevorwurf wegen des Hausbaus zu konzentrieren, wie der ORF ebenfalls am 21. Jänner 2024 meldete. Kunasek antwortete auf die Frage, ob er damit rechne, dass ihm die laufenden Ermittlungen schaden könnten: „Ich bin davon überzeugt, dass in meinem Fall auch nichts überbleiben wird, dass es eingestellt wird. Wann das der Fall ist, werden wir sehen."[417] Am 8. Februar 2024 wurde bekannt, dass die Oberstaatsanwaltschaft Graz auf den Vorhabensbericht aus Klagenfurt hin die Einstellung der Ermittlungen wegen Verleumdung genehmigt, in den übrigen Punkten hingegen die Ausdehnung der Nachforschungen angeordnet hatte. Später sickerte durch, dass man in Klagenfurt sämtliche Ermittlungen gegen Kunasek einstellen wollte.

In einer Aussendung der Oberstaatsanwaltschaft Graz hieß es zum Komplex des Hausbaus, die Staatsanwaltschaft Klagenfurt werde ersucht, die Ermittlungen auf mögliche Beitragstäter auszuweiten und ergänzende Recherchen zur Verbreiterung der Entscheidungsgrundlagen anzustellen. In einer Presseaussendung nahm Landesparteisekretär Stefan Hermann hierzu Stellung: „Die absur-

415 https://www.landtag.steiermark.at/cms/dokumente/12762630_155295847/4df53aa7/47_Stenografisches_Protokoll.pdf, S. 9877 f.

416 https://www.kleinezeitung.at/steiermark/graz/18011666/warum-der-grazer-fpoe-skandal-jetzt-bundesweit-thema-ist.

417 https://steiermark.orf.at/stories/3241507/. Ähnlich Krone Steiermark, 27. Februar 2024, S. 16 f.

den Verleumdungsvorwürfe wurden eingestellt. Bei den offenen Punkten ist es natürlich das Recht der Oberbehörden, eine Verbreiterung der Entscheidungsgrundlage zu fordern, um die Einstellung des Verfahrens gegen Mario Kunasek zu prüfen." Die FPÖ rechnete weiter damit, dass sämtliche Ermittlungen eingestellt werden.[418]

Ähnlich lautete die Reaktion, als Medien am 19. Februar 2024 meldeten, die Klagenfurter Staatsanwaltschaft habe nunmehr auch die Aufhebung der Immunität des dritten Landtagspräsidenten Deutschmann, der in seinem Zivilberuf als Architekt Kunaseks Haus geplant hatte, beantragt. Die FPÖ kündigte an, auch diesem Begehren zuzustimmen.[419] Tatsächlich hob der Landtag in seiner Sitzung vom 19. März 2024 einstimmig Deutschmanns Immunität auf.[420] Hermann stellte einen Zusammenhang zu den für die steirische ÖVP gerade extrem schlechten Meinungsumfragen her und vermutete, der politische Gegner wolle Kunasek mit den „Mitteln des Strafrechts", jedenfalls „mit völlig unseriösen Methoden möglichst unter der Gürtellinie" zur Strecke bringen.[421]

Die politischen Gegner ließen jedenfalls nichts unversucht, um der Causa möglichst breite dauerhafte Publizität zu verschaffen und vor allem an die entsprechenden Justizakten heranzukommen. Nachdem die ÖVP im Nationalrat die Einsetzung eines parlamentarischen Untersuchungsausschusses zum „rot-blauen Machtmissbrauch" durchgesetzt hatte, beantragte sie beim Justizministerium die Bereitstellung der dortigen Akten zum Grazer FPÖ-Finanzskandal. Damit blitzte sie jedoch Mitte Februar 2024 ab; das Ministerium berief sich darauf, der U-Ausschuss sei einzig und allein für Themen auf der Bundesebene zuständig, weshalb kein Zusammenhang mit den Vorgängen in der Steiermark besteht.[422] Daraufhin beschuldigte die ÖVP am Folgetag ihren grünen Koalitionspartner, der die Justizministerin stellt, die Aufklärungsarbeit des Ausschusses zu behindern.[423] Der türkise Fraktionsführer in diesem Ausschuss sprach gegenüber den Medien am 20. Februar 2024 gar vom „größten Parteifinanzskandal der Zweiten Republik". Bei dieser Gelegenheit gab er bekannt, der ÖVP seien die Ermittlungsakten vor einigen Monaten zugespielt worden,

418 https://steiermark.orf.at/stories/3244096/.

419 https://steiermark.orf.at/stories/3245539/. https://www.kleinezeitung.at/steiermark/18180581/deutschmann-ich-habe-nichts-angestellt.

420 Kleine Zeitung, 20. März 2024, S. 14 f. Am selben Tag auf der Facebookseite der FPÖ Steiermark gepostet.

421 Mitgliederinformation der FPÖ Steiermark, 20. Februar 2024. Per E-Mail versandt.

422 Kleine Zeitung, 15. Februar 2024, S. 5.

423 Kleine Zeitung, 16. Februar 2024, S. 5.

was die Medien kommentarlos wiedergaben, ohne sich zu fragen, wie derlei in einem Rechtsstaat möglich sein kann.[424]

Die erstinstanzliche Verurteilung des ehemaligen Bundeskanzlers und ÖVP-Obmanns Sebastian Kurz zu einer achtmonatigen bedingten Freiheitsstrafe wegen falscher Zeugenaussage vor einem parlamentarischen Untersuchungsausschuss lenkte ab dem 23. Februar 2024 die öffentliche Aufmerksamkeit weg von der FPÖ und wieder stärker zur ÖVP. Alle Medien berichteten tagelang über diesen Prozess, seinen für viele überraschenden Ausgang und die möglichen politischen Konsequenzen, von denen vorerst nur feststeht, dass ein Comeback Kurz' innerhalb der nächsten Monate vom Tisch ist.

Die durch den Kurz-Prozess bewirkte Ruhepause währte nicht lange, denn am 23. April 2024 berichteten die Medien von einem neuerlichen, dem dritten, Auslieferungsbegehren der Staatsanwaltschaft Klagenfurt gegen Kunasek und erstmalig auch Stefan Hermann. Die beiden sollen im Sommer 2022 bei einem Gespräch Alexis Pacuttini erfolglos zu nötigen versucht haben, wie dieser mit reichlicher Verspätung anzeigte.[425] Der Landtag gab auch diesem Antrag statt. Eine Woche später, am 30. April 2024, sickerte durch, dass die Wirtschafts- und Korruptionsstaatsanwaltschaft unter anderem gegen Mario Kunasek wegen der Vergabe von Inseraten an bestimmte Zeitungen während seiner Zeit als Verteidigungsminister ermittelte. Der Angesprochene konnte allerdings nachweisen, dass unter seiner Ressortleitung sogar weniger für Annoncen ausgegeben worden war als unter seinem Vorgänger Doskozil.[426]

Es gilt selbstredend für alle Beteiligten die Unschuldsvermutung, wenngleich man in politischen Fällen in der Praxis eher dem Gegenteil begegnet.[427] Auffallend ist zumindest, dass die oft etliche Jahre zurückliegende Begebenheiten betreffenden Vorwürfe gegen Kunasek und die FPÖ stets scheibchenweise das Licht der Öffentlichkeit erblicken. Damit ist garantiert, dass die mediale Berichterstattung immer wieder die im Grunde gleichen Beschuldigungen aufgreift: zuerst beim Bekanntwerden einer Anzeige, dann bei einem Auslieferungsbegehren der Justiz und ein drittes Mal bei dessen Behandlung im Landtag. Es fällt schwer, bei diesem getakteten Vorgehen an Zufälle zu glauben.

---

424 https://www.kleinezeitung.at/politik/innenpolitik/18176795/oevp-sieht-groessten-parteifinanzskandal-der-2-republik.

425 https://steiermark.orf.at/stories/3254169/.

426 https://steiermark.orf.at/stories/3255180/.

427 Werner Suppan: Die Unschuldsvermutung in der politischen Arena. In: Beatrix Karl/Wolfgang Mantl/Klaus Poier/Manfred Prisching/Anita Ziegerhofer (Hrsg.): Steirisches Jahrbuch für Politik 2022 (Wien–Köln 2023), S. 81–86. Suppan ist ein für die ÖVP tätiger Rechtsanwalt.

Was Kunaseks Gegner in dieser Hinsicht noch aufzutischen versuchen werden, bleibt abzuwarten.

Das schwierige Bemühen, Licht ins Dunkel zu bringen

Kehren wir nochmals in den Herbst 2021 und damit an den Anfang des Finanzskandals zurück. Die FPÖ hatte natürlich ein verständliches Interesse daran, herauszufinden, wie die Affäre überhaupt an die Öffentlichkeit gelangt war. Am Martinitag, dem 11. November 2021, berichtete Kunasek dem Landesparteivorstand, was man bisher über den Hergang wusste. Am Abend des 29. Oktober verschickte ein Unbekannter von einer anonymen E-Mail-Adresse aus eine Excel-Tabelle unter anderem an sämtliche Landtagsklubs und diverse Journalisten. Diese Tabelle, die Kunasek im Vorstand herumreichte, enthielt Buchungen der FPÖ Graz, darunter viele fragwürdige. Bereits am folgenden Tag führte Kunasek ein Gespräch mit Eustacchio und Sippel, die sofort einsahen, dass es Konsequenzen geben müsse, weshalb sie wiederum am nächsten Tag, dem 31. Oktober, von allen ihren Ämtern zurücktraten. Kunasek war seit dem 9. Oktober bekannt, dass Eustacchio ohnedies beabsichtigte, wegen seiner Niederlage bei der Grazer Gemeinderatswahl zugunsten Sippels, den er längst zu seinem Nachfolger aufgebaut hatte, abzutreten.

Am 2. November 2021 teilte Rechnungsprüfer Morré mit, dass ihm bei seinen früheren Kontrollen nicht alle relevanten Unterlagen zugänglich waren; er konnte deshalb, ohne dies zu wissen, nur einen kleinen Ausschnitt der Grazer FPÖ-Finanzen prüfen, der zu keinerlei Beanstandungen Anlass gab. Mit dem nunmehr erlangten Wissen über verschleierte Konten stellten sich ihm die Finanzen der Grazer FPÖ als „komplett undurchsichtig" dar. Kunasek fuhr mit der Aussage fort, die Wirkung des Skandals nach außen sei selbstredend katastrophal, allerdings sei die FPÖ selbst die Geschädigte. Da den Medien unter anderem E-Mails vorlagen, die Sippel an diverse Burschenschaften verschickt und in denen er ihnen Gelder aus FPÖ-Töpfen angekündigt hatte, lag die Vermutung nahe, es müsse in diesen Verbindungen einen Whistleblower geben. Die an die Medien gelangten Informationen konnten nur aus dem innersten Kreis stammen: „Ein Verräter in den eigenen Reihen, der gefunden werden muss. Es stellt sich sonst die Frage, wem man überhaupt noch vertrauen kann." Politische Gegner, so darf man hinzufügen, hätten ihr die FPÖ belastendes Material mit Sicherheit vor der Gemeinderatswahl publiziert und nicht erst wenige Wochen danach.

Interessanterweise gab es in diesem Gremium am Martinitag ausweislich des Protokolls keine Erörterung darüber, wer ein Interesse an einem derartigen Verrat haben könnte – die klassische kriminalistische Frage „Cui bono?" blieb ungestellt. Wem waren Eustacchio und Sippel derart auf den Schlips getreten, dass er oder sie sich auf diese Weise rächte? Ebenso kam nicht zur Sprache, wie man den Maulwurf zu finden gedachte, etwa durch eine Erhebung, welche Personen überhaupt Zugang zu den Buchungsunterlagen plus ein Motiv gehabt hatten, diese den Medien zuzuspielen. Kunasek kündigte aber nicht nur öffentlich, sondern auch gegenüber dem Vorstand an, eine restlose Aufklärung und volle Transparenz anzustreben, weshalb man mit der Staatsanwaltschaft eng kooperiere.[428]

Bis zur nächsten Sitzung am 3. Dezember 2021 hatte man in Erfahrung gebracht, dass die Grazer FPÖ insgesamt acht Konten unterhielt, von denen – wie erwähnt – der Rechnungsprüfer nur eines zu sehen bekam. Einige lauteten auf die Namen der Privatpersonen Eustacchio und Sippel. Es galt als außerordentlich schwierig, in diese verwickelten Verhältnisse Einblicke zu erlangen; dies werde vermutlich Jahre dauern.[429]

Am 17. Jänner 2022 fand eine Besprechung Kunaseks, Koglers, Hermanns und Morrés mit einer externen Wirtschaftsprüferin statt; bei dieser Gelegenheit lag ein erster Bericht vor, wie Kunasek zehn Tage später dem Landesparteivorstand mitteilte. Die Staatsanwaltschaft verlangte zahlreiche Unterlagen und es stand sogar eine Hausdurchsuchung bei der FPÖ im Raum, was die Partei wegen der damit einhergehenden schlechten Optik unbedingt vermeiden und daher von sich aus alle Dokumente übergeben wollte. Man hatte mittlerweile herausgefunden, dass der geständige Grazer FPÖ-Finanzreferent Eder, der Parteigelder für private Zwecke abgezweigt hatte, die Unterschriften Eustacchios und Sippels in diverse Bankunterlagen hineinkopiert hatte. Was immer dieses Duo also selbst auf dem Kerbholz haben mochte, es war zugleich das Opfer der ganz anders gelagerten Malversationen Eders. Sippel gab zu, hohe Barbehebungen bei Banken gemeinsam mit Eder vorgenommen zu haben, während Eustacchio jede Mitwirkung an der Aufklärung der Vorgänge verweigerte, wobei er sich auf sein Schweigerecht in einem gegen ihn laufenden Verfahren berief.

Für das weitere Vorgehen gab Kunasek folgende Richtlinien vor:

- Die FPÖ ist schadlos zu halten,
- nach außen war volle Transparenz und die Bereitschaft zur Mitwirkung an der Aufklärung zu kommunizieren,

428 LPV 11. November 2021.
429 LPV 3. Dezember 2021.

- eine interne Reinigung und die Ermittlung der Verantwortlichen,
- die Verhinderung ähnlicher Vorkommnisse in der Zukunft.[430]

Dass der Maulwurf noch immer nicht gefunden war, zeigte sich Ende Februar 2022, als die „Kleine Zeitung" detailliert aus einem Bericht der Rechnungsprüfer vom 24. Februar zitierte, der dem zuständigen Redakteur Bernd Hecke bereits am folgenden Tag vorlag. Der Bericht war nur wenigen Personen zugänglich: Kunasek, Morré, Kogler, Schönbacher, der langjährigen FPÖ-Mitarbeiterin Sabine Hubmann sowie dem Grazer Gemeinderat und Klubobmann Alexis Pascuttini. Bei einer Krisensitzung am 28. Februar bestritten sämtliche Genannten, das Dokument Hecke zugespielt zu haben. Kunasek vertrat eine klare Linie: lückenlose Aufklärung des Grazer Finanzskandals, zugleich aber die Ermittlung jener Person, die alle diese Insiderinformationen an die Medien gelangen hatte lassen. „Wir können so eine Presse nicht brauchen." Kunasek hielt hier die rote Linie für überschritten und einen eminenten Schaden für die Partei für eingetreten. Finde man den Schuldigen, seien Konsequenzen unausweichlich.

Claudia Schönbacher ergänzte, man suche anhand von Spuren digitaler Art nach dem Leck, doch gestalte sich dies schwierig, da der Magistrat der Stadt Graz unter der neuen kommunistischen Bürgermeisterin Elke Kahr sich unkooperativ zeigte. Kassegger hielt die andauernden Leaks für untragbar. Man müsse sich fragen: Wer hatte Zugang zu den herausgespielten Informationen? Wer hatte ein Motiv und obendrein einen Draht zum Journalisten Hecke? Auf Hubmann, Kogler und Morré traf nichts davon zu, sie waren also quasi aus dem Schneider. Ein Motiv ortete Kassegger, der endlich die richtigen Fragen stellte, lediglich bei Pascuttini, denn der konnte nur durch den Abschuss Eustacchios und Sippels auf ein Gemeinderatsmandat nachrücken und zum Klubobmann avancieren. Kassegger witterte die Gefahr, dass Pascuttini die offenbar ahnungslose Schönbacher für seine Zwecke instrumentalisierte. Hannes Amesbauer merkte noch an, die desaströsen Zustände in Graz wirkten sich mittlerweile auch in den steirischen Bezirken aus. Dortige Mitglieder verweigerten deswegen die Bezahlung ihres Beitrags.[431]

Bis heute halten etliche blaue Funktionäre Pascuttini für die Quelle aller Indiskretionen und sagen ihm sogar damalige Ambitionen auf Kunaseks Posten nach. Um den Obmann zu stürzen, soll er belastendes Material scheibchenweise den Medien zugespielt haben. Es besteht der Verdacht, dass Pascuttini wiederholt Gespräche mit blauen Funktionären im kleinen Kreis heimlich auf-

430 LPV 27. Jänner 2022.
431 LPV 28. Februar 2022.

zeichnete. Später rühmte er sich, rund 700 Stunden solcher Aufnahmen zugespielt bekommen zu haben. In einem dieser Gespräche mit Schönbacher und Kunasek äußerte letzterer, er wolle weiteres mediales Aufsehen verhindern, was Pascuttini später – völlig aus dem Zusammenhang gerissen – so darstellte, als sei Kunasek an der Verhinderung jeglicher Aufklärung gelegen.[432]

In der Folge wurde die Finanzaffäre von den Turbulenzen um die Führung der Grazer Stadtpartei in den Hintergrund gedrängt. Am 1. Oktober 2022 hielt Kunasek im Landesparteivorstand fest, die steirische FPÖ sei eine sehr gute und homogene Landesgruppe „mit einer einzigen Baustelle, und das ist Graz". Die FPÖ habe im Grazer Finanzskandal alle Unterlagen übergeben, die Aufklärung liege nun bei den Behörden. Die Partei müsse auf jeden Fall schadlos gehalten werden, was sich wohl auf die veruntreuten Gelder bezog.[433] Als die Krise um die Führung der FPÖ-Stadtgruppe Graz im Herbst 2022 eskalierte, bilanzierte Kunasek intern, die Freiheitlichen stünden nun als die Bösen da, welche die Aufklärung des Grazer Finanzskandals zu verhindern trachteten. Arnd Meißl stieß ins selbe Horn: Die FPÖ dürfe keinesfalls als die Zudeckerin des Grazer Skandals wahrgenommen werden. Kogler hatte beobachtet, dass die „Kleine Zeitung" mit ihrem Redakteur Hecke nur positiv über Pascuttini berichtete, woraus er schloss, dass jener der noch immer gesuchte Maulwurf war. Amesbauer forderte bei dieser Sitzung Aufklärung darüber, was eigentlich mit den unter Eustacchio und Sippel verschwundenen 1,1 Millionen Euro passiert war.[434]

Nachzutragen bleibt, dass jene, die Licht ins Dunkel des Grazer Finanzskandals zu bringen versuchten, nicht bei jedermann wohlgelitten waren. Als der Landesparteivorstand während der Vorbereitung des FPÖ-Landesparteitags 2022 die Wahlvorschläge inklusive jener für die Rechnungsprüfer beriet, stellte eine Mandatarin die Frage, warum neuerlich Morré „nach seiner Rede beim Stadtparteitag Graz" zu den für diese Funktion Nominierten gehörte. Damit konnte nur gemeint sein, dass Morré bei besagter Gelegenheit die Malversationen unter Eustacchio, Sippel und Eder offen angesprochen hatte. Kunasek stellte sich sofort hinter Morré, der die Landesfinanzen seit Langem sehr genau prüfte und auch kritische Rückfragen stellte. Der Vorstand schloss sich der Ansicht des Parteiobmanns an.[435]

432 Interviews Samt und Hermann.
433 LPV 1. Oktober 2022.
434 LPV 20. Oktober 2022.
435 LPV 4. April 2022.

2021–2023: der Konflikt um die Führung der FPÖ-Stadtpartei Graz

Wie sollte es aber nach den Rücktritten der in die Affäre verwickelten Grazer Parteiführung politisch weitergehen? Der Wunschkandidat einiger Vertreter der Landespartei für die Neuwahl des Stadtparteiobmanns war der blaue Klubdirektor im Landtag, der Historiker Michael Klug. Klug sah allerdings wegen der großen Bedeutung des Landtagsklubs für die gesamte Landespartei eine Ämterkumulierung mit der Funktion des Stadtparteiobmanns als problematisch an. Er nahm sich nur als einen unter mehreren infrage kommenden Kandidaten wahr, unter denen sich auch Pascuttini befand. Dieser ließ ihn außerdem wissen, er habe bereits bei den Bezirksorganisationen vorgefühlt, die sich mehrheitlich für ihn, Pascuttini, ausgesprochen haben sollen, wenngleich Klug auffiel, dass etliche Funktionäre Pascuttini für viel zu jung und unerfahren hielten. Er wäre außerdem ein zu starker Kontrast zu seinem Vorgänger Eustacchio gewesen.[436]

Am 10. November 2021 fand eine Sitzung der Stadtparteileitung statt, deren Mitglieder mit der denkbar knappen Mehrheit von 11 : 9 Claudia Schönbacher zur Stadtparteiobfrau wählten. Als ihre Gegenkandidatin trat die Grazer Stadtparteigeschäftsführerin Dipl.-Ing. Hedwig Staller an. In der Männerpartei FPÖ gab es somit ausnahmsweise ein Duell zwischen zwei Frauen! In derselben Sitzung wurde Alexis Pascuttini zum Klubobmann im Gemeinderat gewählt.[437] Schönbacher nahm den der FPÖ zustehenden Sitz in der Stadtregierung ein; ihre allerdings recht begrenzten Zuständigkeiten waren der Tierschutz und das Bürgeramt.[438] Anfang Dezember nominierte das Landesparteipräsidium Schönbacher als eine der Stellvertreter des Landesparteiobmanns nach, womit sie diesem Gremium automatisch angehörte und dafür sorgte, dass in ihm wenigstens eine Frau vertreten war.[439] Schönbacher rückte außerdem in die FPÖ-Bundesparteileitung auf, was später bei ihrem Parteiausschluss eine Rolle spielen sollte.

Erste Friktionen traten nahezu postwendend auf, als Schönbacher vor einer größeren Runde bekanntgab, nicht mehr mit ihrer unterlegenen Rivalin Hedwig Staller zusammenarbeiten zu wollen, zu der ihrerseits keine Vertrauensbasis bestand; umgekehrt war es ebenso. Staller wurde als Geschäftsführerin der FPÖ Graz dienstfrei gestellt und ihr Dienstverhältnis aufgelöst. Viele empfanden vor allem die Art und Weise, wie Schönbacher coram publico die zweifache Mut-

436 Interviews Hermann und Klug.

437 LPV 11. November 2021. Interview Klug.

438 https://www.graz.at/cms/beitrag/10381982/11583355/Lebenslauf_Stadtraetin_Claudia_Schoenbacher.html.

439 LPV 3. Dezember 2021.

ter abservierte und arbeitslos machte, als unschön und als weiteren Schritt zur Entzweiung der beiden Lager, für die die Damen standen. Bundesrätin Schartel brach im Landesparteivorstand vergeblich eine Lanze für Staller, die sicherlich ohne böse Absicht gehandelt und im Grazer Gemeinderatswahlkampf gute Arbeit geleistet habe. Es war zu spät.[440]

Der Kompromiss: eine Doppelspitze für die FPÖ Graz

Gegen Schönbacher als designierte (alleinige) Obfrau gab es allerhand Widerstände, da sich jene Gruppierung in der Partei, für die Eustacchio und Sippel als Mitglieder einer schlagenden Burschenschaft gestanden waren, durch sie nicht repräsentiert fühlte. Mario Kunasek unterstützte damals die Kandidatur Schönbachers, was er rückblickend betrachtet wohl nicht mehr tun würde, wie er einräumt: Sie war eine Frau und eine selbstständige Unternehmerin, was er für die richtigen Signale hielt: Schönbacher war der Gegentyp zu Eustacchio. Nachdem man sie zur Annahme der neuen Funktion überredet hatte, trat die Unzufriedenheit des erwähnten zweiten Flügels in der Stadtgruppe offen zutage. Um eine „befriedete Lösung" zu erzielen, verfiel man auf die unglückliche Idee einer Doppelspitze mit Schönbacher und dem Nationalratsabgeordneten Kassegger, der einer Verbindung angehört. Da Kassegger überwiegend in Wien tätig war, würden sich die beiden nicht in die Quere kommen – so die optimistische Erwartung Kunaseks und der Landespartei.[441]

Am 18. März 2022 wählten die Delegierten des Grazer Stadtparteitags eine solche Doppelspitze, die Ruhe in die Stadtgruppe bringen sollte. Nominell war Schönbacher die Obfrau, Kassegger der geschäftsführende Obmann. Mit dieser unkonventionellen Lösung glaubte man beide Lager eingebunden und eine Kampfabstimmung, die wie jene zwischen Schönbacher und Staller nur eine weitere Vertiefung der Spaltung bedeutet hätte, verhindert zu haben.[442] Landesparteisekretär Stefan Hermann zeigte sich vor der Landesparteileitung Anfang April 2022 optimistisch, „dass sich die offenen Gräben wieder glätten". Die Stadtgruppe sei jetzt, nicht zuletzt dank Kunaseks konstruktivem Eingreifen, auf dem besten Weg und man solle Vertrauen in das neue Team mit Schönbacher, Kassegger und Klubobmann Pascuttini haben.[443] Dass es gerade mit

440 LPV 27. Jänner 2022. Interview Klug.
441 Interviews Mario Kunasek und Klug.
442 Intern Nr. 30 (2022), S. 18.
443 LPL 4. April 2022.

dem Vertrauen nicht zum Besten stand, zeigt freilich allein der Umstand, dass lediglich 73 % der Delegierten Schönbacher gewählt hatten. Sie drängte von der ersten Stunde an auf eine lückenlose Aufklärung des Finanzskandals, was ihr bei den noch immer vorhandenen Anhängern Eustacchios wohl keine Sympathien eintrug.[444] Davon abgesehen gab es das Problem, dass der geschäftsführende Obmann Kassegger in die Grazer Kommunalpolitik in keiner Weise eingebunden war, denn er hatte ja ein Mandat im Nationalrat in Wien, aber keines im Grazer Gemeinderat.

Im Herbst 2022 eskalierte der unter der Oberfläche weiter schwelende Konflikt, als der von Pascuttini geführte Grazer Gemeinderatsklub der FPÖ beschloss, sich neben der Landespartei den laufenden Strafverfahren gegen Eustacchio, Sippel und Eder als weiterer Geschädigter anzuschließen, obwohl die Landes-FPÖ diese Doppelgleisigkeit explizit nicht wünschte und obendrein auf einem Wiener Rechtsanwalt als einzigem Vertreter bestand, was der Grazer Klub ebenfalls ablehnte. Was Pascuttini wirklich wollte, erschließt sich nicht. Der Klub beschloss darüber hinaus, den freiheitlichen Gemeinderat Roland Lohr aus dem Klub auszuschließen.[445] Der zuvor in diesen Schritt nicht eingeweihte Landesparteivorstand schaltete sich nun ein, stellte sich hinter Lohr und fasste am 1. Oktober 2022 den Beschluss, der Grazer Klub habe ihn wieder aufzunehmen.

Damit nicht genug: Kurz davor hatte in Anwesenheit Koglers und Hermanns eine Sitzung der Grazer Stadtparteileitung stattgefunden, bei der eine Mehrheit der Anwesenden einem Misstrauensantrag gegen Schönbacher zustimmte. Eingebracht hatte ihn ebenfalls eine Dame, die Bezirksparteiobfrau von Wetzelsdorf, Kerstin Zambo. Dem für die Landespartei ebenso überraschenden wie peinlichen Beschluss kam allerdings nur eine symbolische Wirkung zu, da die Stadtparteileitung Schönbacher gar nicht absetzen konnte. Das Gremium forderte darüber hinaus die möglichst rasche Einberufung eines weiteren außerordentlichen Stadtparteitags; der letzte lag gerade einmal sechs Monate zurück. Wer erwartet hatte, Schönbacher würde nach dieser Blamage freiwillig den Hut nehmen, hatte sich getäuscht.

In der Folge erreichten die Mitglieder Aussendungen Schönbachers und Kasseggers, die sich gegenseitig „anpatzten" und widersprüchliche Aussagen dazu in Umlauf brachten, wer nun eigentlich die Stadtpartei führe.[446] Diese war

444 https://www.inside-politics.at/fpoe-graz-claudia-schoenbacher-steigt-offiziell-in-erste-reihe-auf-436/. Interview Klug.

445 Interviews Hermann, Klug und Mario Kunasek.

446 Interviews Hermann und Klug.

für Kunasek jedenfalls nicht mehr handlungsfähig, sodass die Landespartei einschreiten musste, was Schönbacher in einer Vorstandssitzung am 1. Oktober sogar begrüßte, da auch sie die Doppelspitze für gescheitert hielt. Kassegger kritisierte bei derselben Gelegenheit den auf Betreiben Schönbachers und Pascuttinis erfolgten Ausschluss Lohrs, der Kasseggers Fraktion zugerechnet wurde. Schönbacher hätte sich seiner Meinung nach vor ihn stellen sollen, anstatt ihn fallen zu lassen und, von Pascuttini unterstützt, der Presse zum Fraß vorzuwerfen. Das gegen Schönbacher bestehende Misstrauen sei nicht persönlich motiviert, sondern resultiere aus der Überzeugung einer Mehrheit, sie könne die Partei nicht führen. Am besten wäre ein völliger Neustart, weshalb beide – Schönbacher und Kassegger – sich zurückziehen sollten.

Es gab in dieser Sitzung noch weitere Schelte für den krankheitsbedingt fehlenden Pascuttini, der die Doppelspitze von Beginn an hintertrieben und überall nur Unruhe hineingebracht habe. Schönbacher nahm ihn als sehr fleißigen Mitarbeiter in Schutz; er solle eine Gelegenheit bekommen, sich bei der nächsten Sitzung zu rechtfertigen. Etliche Vertreter aus den steirischen Bezirken ließen erkennen, dass ihnen wegen der ständigen Misstöne aus Graz der Kragen platzte. Hermann fasste die Stimmung zusammen: „Es kann nicht sein, dass 4–5 Gemeinderäte die Arbeit der ganzen Landespartei zunichtemachen." Die Zahlenangabe ließ offen, ob er Schönbacher dazuzählte. Man beschloss einstimmig (auch mit der Stimme Schönbachers), Lohr wieder in den Gemeinderatsklub aufzunehmen; Pascuttini erhielt eine Verwarnung. Am 21. Oktober sollte ein Stadtparteitag stattfinden und endlich für Klarheit sorgen. Bei der Sitzung vom 1. Oktober sah es folglich so aus, dass weder Schönbacher noch Kassegger neuerlich zur Wahl stehen würden. Allerdings findet sich im Protokoll keinerlei Hinweis darauf, wer an ihrer Stelle bei dem schon drei Wochen danach anberaumten Parteitag als Kandidat für die Obmannschaft in Graz vorgesehen war.[447]

Schönbacher und Pascuttini begehrten in der Folge gegen diese Beschlüsse des Landesparteivorstands auf. Der freiheitliche Gemeinderatsklub lehnte es mit vier gegen eine Stimme ab, Lohr, wie gewünscht und vereinbart, wieder aufzunehmen. Als Kunasek davon erfuhr, wollte er sich am Morgen des 17. Oktober zunächst darüber Gewissheit verschaffen, wie aus seinem Notizbuch hervorgeht. Um 8 Uhr morgens war jedoch keiner der blauen Gemeinderäte erreichbar. Kurz darauf bestätigte Gemeinderat Günter Wagner, dass lediglich er selbst für die Wiederaufnahme Lohrs gestimmt hatte, damit aber unterlegen war. Wagner ließ ferner keinen Zweifel daran, dass seine vier Kollegen bei der

447 LPV 1. Oktober 2022.

Klubsitzung vom Vortag obendrein das von der Landespartei festgelegte Vorgehen hinsichtlich der Rechtsvertretung der FPÖ als Privatbeteiligte in den anhängigen Verfahren ignoriert hatten; Pascuttini brachte das Thema in der Sitzung nicht einmal zur Sprache.

Damit war ein Bruch zwischen der Landesparteiführung und der Mehrheit des Gemeinderatsklubs sehr nahe gerückt, wenn nicht gar bereits eingetreten. Kunasek blieb nun keine andere Wahl: Da die Verwarnung Pascuttinis durch den Landesparteivorstand nichts gefruchtet hatte, erfolgte sein Parteiausschluss. Pascuttini stellte sich auf den Standpunkt, als gewählter Mandatar unterstehe er keinen Weisungen der Landespartei. „Er hielt sich nicht an Beschlüsse des Landesparteivorstands", erinnert sich Stefan Hermann. Da sich später zusätzlich herausstellte, dass Pascuttini außerdem im Besitz heimlich aufgenommener Tonaufzeichnungen von internen Sitzungen und Besprechungen war, ist Kunasek bis heute der Meinung, dass der gewiss nicht alltägliche Parteiausschluss die absolut richtige Entscheidung war.[448]

Nachdem der Ausschluss am Vormittag des 17. Oktobers 2022 erfolgt war, bat Kunasek um die Mittagszeit Schönbacher um ein Gespräch. Er teilte ihr zunächst Pascuttinis Ausschluss mit und verlangte von ihr danach ein eindeutiges Bekenntnis zur FPÖ. Die Unterredung endete allerdings ergebnislos, da sich Schönbacher, ungeachtet der Tatsache, dass sie auf einem freiheitlichen Ticket im Gemeinderat saß, zu diesem Bekenntnis nicht durchringen konnte. Noch am selben Tag gab Schönbacher gemeinsam mit Pascuttini eine Pressekonferenz, auf der sie dessen Ausschluss bekannt gab, was die Landes-FPÖ als eine Entscheidung gegen sich interpretieren musste. Kurzum: Da Schönbacher nicht nur Pascuttini die Stange hielt, sondern die Verbindlichkeit der Beschlüsse des Landesparteivorstands ebenfalls nicht eindeutig anerkennen wollte, beantragte dieser beim Bundesparteivorstand auch ihren Ausschluss, der nur auf dieser obersten Ebene erfolgen konnte, da sie der Bundesparteileitung angehörte. Schönbachers Ausschluss erfolgte wenig später.[449]

Der blaue Gemeinderatsklub zerfällt

Am 18. Oktober lud Kunasek die Gemeinderäte Wagner und Winter zu einem Gespräch, das die weitere Vorgehensweise klären sollte. Während Winter trotz bis in die späten Abendstunden andauernden Besprechungen zögerte, sich zur FPÖ zu bekennen, tat Wagner dies sofort und ohne jede Einschränkung.

448 Interviews Mario Kunasek und Hermann. Hiernach auch das Folgende.
449 https://steiermark.orf.at/stories/3178541/.

Von den fünf 2021 gewählten blauen Grazer Gemeinderäten blieb letztlich nur Wagner bei der FPÖ, die übrigen vier bildeten den (Korruptions-)Freien Gemeinderatsklub (KFG), der bis zur Stunde besteht. Ihm traten alsbald der erwähnte Winter und Astrid Schleicher bei; beide wurden dafür gemäß den Satzungen der FPÖ aus der Partei ausgeschlossen. Damit hatte die FPÖ im Grazer Gemeinderat den Klubstatus verloren; es würde, wie man sich im Landesparteivorstand im Klaren war, ein steiniger Weg bis zur nächsten Gemeinderatswahl werden. Der für den 21. Oktober 2022 anberaumte Stadtparteitag wurde am Vorabend abgesagt, um Zeit für die Suche nach einer tragfähigen Lösung zu gewinnen.[450]

Schönbacher und Pascuttini sparten in der Folge nicht mit öffentlicher Kritik an der FPÖ. Als begehrte Interviewpartner boten sich ihnen zahlreiche Gelegenheiten, ihre Story in die Medien zu bringen: Man habe sie ausgeschlossen und mundtot machen wollen, da sie die Grazer Spesenaffäre lückenlos aufklären wollten, was höheren Ortes unerwünscht sei. Schönbacher erzählte etwa in einem Interview, die Partei habe ihr pro Jahr zwei Geschenkkörbe bezahlt, während der frühere Obmann Eustacchio Zigtausende Euro für private Zwecke ausgeben durfte. Obendrein seien ihr als Frau von den Männern in der Partei stets Prügel zwischen die Beine geworfen worden.[451] Pascuttini kündigte sogar damals und mehrfach später an, ein Enthüllungsbuch über den Grazer Finanzskandal zu verfassen; avisiert ist es für das erste Halbjahr 2024, zumindest aber noch für die Zeit vor der Landtagswahl im Herbst.[452]

Kunasek machte im Landesparteivorstand am 20. Oktober 2022 kein Hehl daraus, dass man jetzt als Bösewicht dastehe, der die Aufklärung des Grazer Skandals verhindern wolle. Spätestens jetzt, im Herbst 2022, war man sich einig, dass die erst im März installierte Doppelführung mit Schönbacher und Kassegger niemals eine realistische Chance hatte zu funktionieren; sie war eben bloß ein fauler Kompromiss. Man begrüßte die gezogenen Konsequenzen, rechnete aber nicht damit, dass nun rasch Ruhe einkehren werde.

Vertreter der Bezirke schilderten, wie der Grazer Wirbel im ganzen Land nachhallte und der FPÖ massiv schadete. Der Tenor war: Alle entfernen, die Schönbacher und Pascuttini unterstützten, aber auch jene, die Eustacchio und Sippel die Treue hielten. Ein anderes Vorstandsmitglied äußerte, die Grazer FPÖ dürfe nicht die ganze steirische Partei zerstören. Arnd Meißl warf ein,

450 LPV 20. Oktober 2022.

451 https://www.derstandard.at/story/2000143716157/ex-fpoe-stadtraetin-mein-ausschluss-war-wie-ein-befreiungsschlag. https://steiermark.orf.at/stories/3180802/.

452 https://www.meinbezirk.at/graz/c-politik/alexis-pascuttini-kuendigt-enthuellungsbuch-an_a6406011.

man dürfe keinesfalls, wie von den Ausgeschlossenen propagiert, als Zudecker dastehen; die Marke Kunasek sei durch die ständigen Querelen bereits beschädigt. Kunasek erwiderte: „Wenn ich als Person beschädigt werde, dann habe ich auch keine Angst davor, das halte ich aus." Die Gemeinderäte Astrid Schleicher und Michael Winter, die sich später zum Duo Schönbacher/Pascuttini bekannten, wurden aus der FPÖ ausgeschlossen.[453]

Michael Winter, der verhinderte Kandidat

Bei Winter dürfte noch anderes mitgespielt haben, denn er verkündete noch am frühen Nachmittag jenes 20. Oktober 2022, an dem die besagte Vorstandssitzung stattfand, beim (noch nicht abgesagten) Stadtparteitag am Folgetag als Grazer FPÖ-Obmann zu kandidieren, um Ruhe in die Stadtgruppe zu bringen. Dieses Vorpreschen hatte er offensichtlich mit niemandem abgesprochen und es war rätselhaft, wie er gedachte, eine Mehrheit für ihn als Obmann zu bekommen. Die Führung der Landespartei war nicht im Zweifel, dass Winter allein schon wegen seiner früheren strafrechtlichen Verurteilung zu belastet war, um der Garant für einen Neustart zu sein, wenngleich Winter sich in die bisherigen Querelen nicht prominent eingemischt hatte. Nur in diesem Punkt unbelastet zu sein, wog aber zweifellos nicht schwer genug. Falls der Name Winter einer breiteren Öffentlichkeit überhaupt bekannt war, dann jedenfalls nur in einem negativen, mit der Vergangenheit zusammenhängenden Kontext.

Obendrein gehörte er zu jenen Gemeinderäten, die sich geweigert hatten, dem Vorstandsbeschluss auf Wiederaufnahme Lohrs in den blauen Klub Folge zu leisten. Seine Loyalität gegenüber der Gesamtpartei war folglich gleich aus mehreren Gründen mehr als zweifelhaft. Zu jener Stunde, als Winter seine Absicht einer Kandidatur öffentlich machte, hatte sich die Parteiführung bereits zur Absage des Stadtparteitags entschlossen; der Vorstand musste dies noch absegnen. Das Fass zum Überlaufen brachte, dass Winter einen solchen – noch nicht vollzogenen, aber im Raum stehenden – Schritt gegenüber den Medien als „reine Willkür" bezeichnete.[454] Es folgten der Parteiausschluss des Möchtegern-Obmanns und dessen Überlaufen zu Pascuttinis und Schönbachers KFG, für den er bis heute im Grazer Gemeinderat sitzt.

453 LPV 20. Oktober 2022.

454 https://www.meinbezirk.at/graz/c-politik/michael-winter-will-fpoe-graz-aus-chaos-fuehren_a5662645.

Interregnum: Die Landespartei führt die Stadtgruppe

Bis ein besser vorbereiteter Stadtparteitag für Ordnung sorgen würde, sollte Landesgeschäftsführer Anton Kogler die Grazer Partei in organisatorischen Angelegenheiten betreuen, für die mediale Kommunikation war Landesparteisekretär Stefan Hermann verantwortlich.[455] Dies war insofern eine unkonventionelle Lösung, als im März 2022 ja mit Axel Kassegger ein geschäftsführender Stadtparteiobmann gewählt worden war, den der Ausschluss seiner „Partnerin" Schönbacher im Grunde nicht berührte. Offenbar hielt man in der Landespartei die Lage in Graz für derart verfahren, dass jetzt erst einmal externe und damit nicht involvierte, keinem der beiden zerstrittenen Lager zugerechnete Personen das Ruder übernehmen mussten. Unter den 2021 gewählten blauen Grazer Gemeinderäten konnte man ja nur mehr auf Günter Wagner zählen. Seine Nibelungentreue zu einer Partei ohne Klubstatus fand zwar reichlich Lob und Anerkennung, er kam als eher unbekannter Mandatar für die Führung der Stadtgruppe aber wohl nicht infrage.

Im zweiten Anlauf: Axel Kassegger übernimmt die FPÖ Graz

Um eine dauerhafte Lösung zu finden, nominierte die Grazer Stadtparteileitung Anfang Februar 2023 Axel Kassegger zum neuen Stadtparteiobmann; sein noch im Oktober des Vorjahres im Raum stehender, von ihm selbst befürworteter Rückzug war damit vom Tisch. Allerdings hatte er diesen Vorschlag unter der Prämisse getätigt, dass auch Schönbacher abtreten werde, weshalb er in der Situation von Anfang 2023 gegenstandslos war. Der damals 57-jährige Unternehmer und Brigadier der Miliz kündigte an, die FPÖ Graz als einziges Gegengewicht gegen die seit der letzten Wahl im Rathaus regierende linke Koalition rund um Bürgermeisterin Kahr zu positionieren.[456] Die Delegierten des Stadtparteitags wählten ihn am 3. März 2023 mit beachtlichen 94,8 % der Stimmen zum neuen Stadtparteiobmann (Abb. 45). Damit war wenigstens nach außen hin ein markantes Zeichen der Geschlossenheit gesetzt.[457] Fraglich ist allerdings, ob es nicht wenigstens in Teilen dadurch zustande kam, dass der früher von Schönbacher repräsentierte Flügel mittlerweile die Partei verlassen hat-

455 LPV 20. Oktober 2022.
456 https://steiermark.orf.at/stories/3193704/.
457 Intern Nr. 31 (2023), Titelblatt und S. 8 f.

te. Als Kuriosum bleibt hinzuzufügen, dass Kasseggers Vor-Vorgänger Mario Eustacchio Ende April 2024 als parteifreier Abgeordneter neuerlich in den Grazer Gemeinderat einzog, da er als bei der Gemeinderatswahl 2021 Erstgereihter einen Anspruch auf das durch den Rücktritt Lohrs freiwerdende Mandat hatte, den er auch wahrnahm.[458]

Quelle: Foto Gimpel

▸ **Abb. 45: Axel Kassegger (links) nimmt Glückwünsche zu seiner Wahl zum Stadtparteiobmann entgegen.**

Wie es (wieder einmal) der Zufall wollte, war just am Vortag der Wahl Kasseggers zum Stadtparteiobmann bekannt geworden, dass die Staatsanwaltschaft gegen Kunasek zu ermitteln beabsichtigte und daher die Aufhebung seiner Immunität beantragen würde. Kunasek bekräftigte seine volle Kooperationsbereitschaft und rief den Delegierten zu: „Ich werde gemeinsam mit euch, den Behörden und Rechnungsprüfern kooperieren und versuchen, alles restlos aufzuklären, um wieder politische Arbeit zu ermöglichen. Wir können noch so gute Politik machen – solange das Verfahren läuft und alles andere überblendet, ist es schwierig. Wir müssen wieder in ruhige Fahrwasser kommen. Ich bitte mir zu vertrauen und der neuen Führung zu vertrauen." Er hoffe, es werde gelingen, „die ganze Causa irgendwann zu einem guten Ende zu bringen". Kunasek sprach von einem Aufbruch-Parteitag, der zeige, dass Freiheitliche sich nicht

458 Der Grazer, 21. April 2024, S. 1, 4 f. https://steiermark.orf.at/stories/3253956/.

auseinanderdividieren lassen. Kassegger brachte das, was nun anstand, auf die ebenso simple wie einprägsame und aufrüttelnde Formel „Gemma's an!"[459].

Schritte zur Konsolidierung der Grazer FPÖ

Das waren nicht nur leere Worte. In der Tat ist Kasseggers Bemühen anzuerkennen, in Graz medial, aber und vor allem auch als Person stärker präsent zu sein als in der Vergangenheit. Die nicht ganz leicht zu lösende Aufgabe lautet schlicht und einfach, ihn nicht nur als Nationalratsabgeordneten, sondern als Kommunalpolitiker zu positionieren und der freiheitlichen Basis zu signalisieren, dass er für sie ebenso zu „laufen" bereit ist, wie dies Schönbacher unbestritten getan hat. Die Grazer FPÖ ist seit dem Frühjahr 2023 bestrebt, in den Bezirken wieder regelmäßige Stammtische abzuhalten, sonstige gesellige Zusammenkünfte auf die Beine zu stellen und darüber hinaus interessante Veranstaltungen für ganz Graz anzubieten. Beispielhaft genannt sei ein trendig als Polit-Talk bezeichneter Abend mit Dr. Georg Mayer, dem steirischen freiheitlichen Spitzenkandidaten für die EU-Wahl, am 11. April 2024 an einem eher ungewöhnlichen Ort an der Peripherie, dem Sudhaus in Graz-Straßgang. Einmal pro Monat verteilen jüngere Vertreter der Stadtpartei bei einem Stand vor dem Landhaus in der Herrengasse Informationsmaterial und führen Gespräche mit interessierten Bürgern. Die FPÖ Graz schaltet ferner regelmäßig Werbung in der „Woche Graz", die als einspaltige Kolumne aus Kasseggers Feder gestaltet ist.[460]

Es bleibt abzuwarten, inwieweit die verstärkten Aktivitäten der Grazer Freiheitlichen deren vor nicht so langer Zeit beträchtliche Wählerschaft zurückgewinnen können. Ebenso offen ist gegenwärtig (Frühjahr 2024), ob die FPÖ in der Landeshauptstadt von den keineswegs überall populären Maßnahmen der linken Rathauskoalition unter der kommunistischen Bürgermeisterin Elke Kahr profitieren kann. Insbesondere die umfangreichen Baumaßnahmen in der Innenstadt für eine neue Trassenführung der Straßenbahn und die damit einhergehenden, monatelangen Blockaden der dort ansässigen Betriebe haben nicht nur bei den unmittelbar Betroffenen sehr viel Unmut hervorgerufen.

In Graz scheint sich die politische Auseinandersetzung immer mehr auf Grundsatzfragen zuzuspitzen: Auf der einen Seite steht die grüne Verkehrs-

459 https://steiermark.orf.at/stories/3197123/.

460 Als Beispiele: Woche Graz, 28./29. Februar 2024, S. 10. Als „Werbung" gekennzeichnete Kolumne Kasseggers mit der Überschrift „Nicht zum Opfer der Asylpolitik werden!". Woche Graz, 27. März 2024, S. 11. „Kommentar" Kasseggers mit dem Titel „Politik für die Grazer statt für linke Eliten".

stadträtin, die keine Gelegenheit ungenutzt lässt, um Autofahrer und Pendler zu schikanieren, auf der anderen die FPÖ, die für ein ausgewogenes Miteinander eintritt. Die FPÖ warnt gegenwärtig eindringlich vor den Konsequenzen eines – nicht nur in Österreich bemerkbaren – „permanenten Autofahrer-bashings", das eine ganze und gerade für die Steiermark als Zulieferland enorm wichtige Wirtschaftsbranche in Misskredit bringt. Die Freiheitlichen sahen ihre Warnungen vor dieser verhängnisvollen Politik bestätigt, als der Grazer Großbetrieb AVL List, ein technologisches Aushängeschild ganz Österreichs, Ende Februar 2024 einen massiven Personalabbau ankündigen musste, weil seine wichtigsten Kunden in der europäischen Automobilindustrie in eine immer tiefere Absatzkrise stolpern.[461]

461 Mitgliederinformation der FPÖ Steiermark, per E-Mail versandt am 29. Februar 2024.

14 Die letzten zwei Jahre: Voller Einsatz für die Steiermark

Landeshauptmannwechsel 2022: Von Schützenhöfer zu Drexler

Selbstredend ging das politische Getriebe trotz der Grazer Turbulenzen, der erst 2023 wirklich und hoffentlich endgültig ausgelaufenen Corona-Pandemie und ungeachtet des am 24. Februar 2022 begonnenen russischen Angriffs auf die Ukraine weiter. Ein einschneidendes Ereignis war zweifellos der Wechsel an der Landesspitze: Am 3. Juni 2022 gab der zu diesem Zeitpunkt 70-jährige Landeshauptmann Hermann Schützenhöfer bekannt, dass er sein 2015 angetretenes Amt im Juli zurückzulegen gedenke und sich die ÖVP auf Landesrat Christopher Drexler als Nachfolger geeinigt hatte.[462] Noch am selben Tag übernahm der 50-jährige Drexler geschäftsführend die steirische ÖVP; am 4. Juli 2022 wählte ihn der Landtag Steiermark zum neuen Landeshauptmann. Drexler erhielt die Stimmen von ÖVP, SPÖ und einem Teil der Freiheitlichen; KPÖ, NEOS und Grüne votierten geschlossen gegen ihn.[463] Der nicht unerwartet gekommene Wechsel zu Drexler, den Schützenhöfer seit Langem als seinen Nachfolger aufgebaut hatte, ging vollkommen reibungslos über die Bühne und gilt als „perfekt inszeniert". In den Worten des langjährigen Redakteurs der „Kleinen Zeitung" Erwin Zankel war es so, „als hätte ein höfisches Zeremoniell die Erbfolge der Landeskrone geregelt".[464]

Kunasek legte den Parteigremien dar, ein Teil der freiheitlichen Landtagsabgeordneten hätte die Wahl Drexlers unterstützt, da der ÖVP als stimmenstärks-

---

462 https://www.krone.at/2724533.

463 https://steiermark.orf.at/stories/3163289/.

464 Erwin Zankel: Ein perfekt inszenierter Abgang: Zum Rücktritt von Hermann Schützenhöfer. In: Beatrix Karl/Wolfgang Mantl/Klaus Poier/Manfred Prisching/Anita Ziegerhofer (Hrsg.): Steirisches Jahrbuch für Politik 2022 (Wien–Köln 2023), S. 45–49, Zitat S. 45. Herwig Hösele: Von Hermann Schützenhöfer zu Christopher Drexler. Ein gelungener Landeshauptmannwechsel angesichts volatiler Wählerschaft. In: Andreas Khol/Stefan Karner/Wolfgang Sobotka/Bettina Rausch/Günther Ofner (Hrsg.): Österreichisches Jahrbuch für Politik 2022 (Wien–Köln 2023), S. 121–131.

ter Partei nun einmal der Posten des Landeshauptmanns zustehe (warum dann nicht alle Blauen für ihn stimmten, blieb ungesagt). Man fürchtete sich offenbar nicht vor einem neuen Gesicht, das Schwung in die ÖVP bringen könnte, ganz im Gegenteil. Nach Kunaseks Einschätzung war Drexler bei der Bevölkerung nicht sonderlich beliebt und die ÖVP angeschlagen.[465] Drexler hatte in den Augen Kunaseks Handschlagqualität, die FPÖ könne aber davon profitieren, dass er eher als ein urbaner Typ galt, der sich bei Auftritten im ländlichen Raum schwertat, weshalb es gegen ihn selbst in der ÖVP so manchen Skeptiker gab. Ein Mitglied der Gremien hielt Drexler ebenfalls für unpopulär. „Die linke Kulturszene wird ihn zwar finanziell aussaugen, aber nicht wählen."[466]

Bundespräsidentenwahl 2022

Ebenfalls zu wählen war in diesem Jahr, und zwar am 9. Oktober, der Bundespräsident. Da Amtsinhaber Alexander Van der Bellen ein zweites Mal antrat, war mit seiner Wiederwahl zu rechnen. Spannend war lediglich das Abschneiden der übrigen sechs Kandidaten und ob es diesen gelingen würde, Van der Bellen in eine Stichwahl zu zwingen. Die FPÖ schickte ihren langjährigen Parlamentarier und damaligen Volksanwalt Dr. Walter Rosenkranz ins Rennen, der 17,7 % der Stimmen bekam. Er war übrigens der einzige von einer im Parlament vertretenen Partei nominierte Bewerber. Van der Bellen, dessen Mitgliedschaft bei den Grünen offiziell ruhte, gelang seine Wiederwahl bereits im ersten Durchgang mit 56,7 %. Die Blamage einer Stichwahl blieb ihm zwar erspart, er legte jedoch gegenüber seiner ersten Wahl Ende 2016 lediglich drei Prozentpunkte zu. Dies bedeutete das mit Abstand magerste Ergebnis, das jemals ein amtierender Bundespräsident bei seiner zweiten Kandidatur erreichte – obwohl ÖVP, SPÖ und NEOS keine eigenen Bewerber nominiert und VdB mehr oder minder offen unterstützt hatten.

Die FPÖ stellte aus Prestigegründen einen eigenen Kandidaten auf (einer Umfrage zufolge wünschten dies 81 % ihrer Anhänger), wenngleich sie keinerlei Hoffnung hegte, Rosenkranz könne einen ähnlich spektakulären Erfolg einfahren wie Norbert Hofer sechs Jahre zuvor. Mit dem Rechtsanwalt und populären Kolumnisten der „Kronen Zeitung", Dr. Tassilo Wallentin, sowie dem wortgewaltigen ehemaligen steirischen FPÖ- und späteren BZÖ-Politiker Gerald Grosz gab es außerdem zwei Konkurrenten, die ebenfalls im rechten Wählerteich fischten.

465 LPV 1. Oktober 2022.
466 LPL 4. Juli 2022.

Rosenkranz gelang es kaum, den grassierenden Unmut über die Politik im Allgemeinen und die Regierung im Besonderen in sein Fahrwasser zu lenken, vielleicht auch, weil er sich bei der im Wahlkampf häufig gestellten Frage, ob er als Bundespräsident die unbeliebte Regierung entlassen würde, anders als manche seiner Mitbewerber bedeckt hielt. Trotzdem schaffte er es, freiheitlichen Themen zu einer gewissen Aufmerksamkeit zu verhelfen, was die übrigen Parlamentsparteien, die keinen Kandidaten ins Rennen um die Hofburg geschickt hatten, nicht zuwege brachten. Andererseits blieb sein Resultat hinter jenen etwa 20 % zurück, bei denen die FPÖ damals in den Meinungsumfragen rangierte. Die „rechten" Konkurrenten Wallentin und Grosz kamen in Österreich zusammen auf 13,7 %, in der Steiermark, Grosz' Heimat, auf beachtliche 16,4 %, natürlich großteils zu Lasten von Rosenkranz, der wieder einmal ein Opfer der Spaltung des Dritten Lagers wurde. Addiert man rein hypothetisch die Stimmen für die Kandidaten rechts der Mitte, so lag deren Potenzial bei mehr als einem Drittel.[467]

In den steirischen FPÖ-Gremien war die Bundespräsidentenwahl kein Thema, sie kam in den Sitzungen nicht einmal zur Sprache. Der Wahlkampf für Rosenkranz war allein eine Sache der Bundespartei, wenngleich ihn die steirischen Freiheitlichen natürlich mit allen ihren Kräften mittrugen. Das schlug sich auch im Wahlergebnis nieder, denn Rosenkranz bekam in der Grünen Mark 19,5 % der Stimmen, VdB mit 53,0 % deutlich weniger als im Bundesschnitt, während sein blauer Herausforderer hier besser abschnitt. Die Werte für den Bezirk Graz-Umgebung unterschieden sich hiervon kaum. Wäre es nur nach den Gössendorfern gegangen, hätte sich der amtierende Bundespräsident einer Stichwahl stellen müssen, denn in dieser Gemeinde stimmten lediglich 47,6 % für ihn, hingegen 24,6 % für Rosenkranz.[468]

Personelle Weichenstellungen

Selbstredend musste nicht nur das Leben im Allgemeinen, sondern auch die politische Arbeit, ungeachtet aller Affären und der Pandemie, weitergehen. Zwischen dem 5. Februar und dem 2. April 2022 hielt die FPÖ Steiermark ihre Bezirksparteitage ab, wozu sich alte und neue Gesichter einfanden, wie Kunasek

467 Katrin Praprotnik: Die Bundespräsidentenwahl in Österreich. In: Beatrix Karl/Wolfgang Mantl/Klaus Poier/Manfred Prisching/Anita Ziegerhofer (Hrsg.): Steirisches Jahrbuch für Politik 2022 (Wien–Köln 2023), S. 51–56. Franz Sommer: Analyse der Bundespräsidentenwahl 2022. In: Andreas Khol/Stefan Karner/Wolfgang Sobotka/Bettina Rausch/Günther Ofner (Hrsg.): Österreichisches Jahrbuch für Politik 2022 (Wien–Köln 2023), S. 3–13.

468 https://bundeswahlen.gv.at/2022/6.html.

erfreut feststellte. In den Bezirken Murtal, Bruck/Mürzzuschlag und Voitsberg wurden die Obmänner einstimmig wiedergewählt, jener in Graz-Umgebung erhielt 99 % der Delegiertenstimmen und sein Kollege in Leoben 98 %. Weniger harmonisch liefen die Wahlen in Deutschlandsberg und Hartberg/Fürstenfeld ab, wo es jeweils zwei Bewerber gab, von denen sich einer nicht allzu deutlich mit 60 % bzw. 55 % gegen seinen Konkurrenten durchsetzte. Kunasek verschwieg dem Landesparteivorstand nicht die seiner Meinung nach in den Bezirken bestehenden Probleme: Es gab immer weniger freiheitlich engagierte Frauen und junge Kräfte.[469] Allerdings war dies nicht nur ein Manko auf der Ebene der Bezirke, denn dem rund 30-köpfigen Landesparteivorstand gehörte Ende 2023 mit Andrea Schartel ebenfalls nur eine einzige Frau an.[470] Im Landesparteipräsidium, bestehend aus Amesbauer, Deutschmann, Hermann, Kogler, Kunasek, Leinfellner und Zanger, gibt es nach dem Ausscheiden Claudia Schönbachers gar keine Frau mehr.

Putins Angriff auf die Ukraine

Ab dem 24. Februar 2022 kamen mit dem russischen Angriff auf die Ukraine sowie mit der davon direkt oder indirekt ausgelösten Energie- und Teuerungskrise neue Probleme hinzu. Zu all dem musste die FPÖ Positionen formulieren und der Bevölkerung kommunizieren. Zu Putins Überfall auf die Ukraine vertritt die Partei entgegen anderslautenden Unterstellungen eine unmissverständliche Meinung: Kunasek verurteilte die Aggression im Landtag und bei vielen sonstigen Gelegenheiten scharf. In der auf den Kriegsbeginn folgenden Landtagssitzung stellte Kunasek am 15. März 2022 eindeutig klar: „Eines gleich auch vorweg, dass [sic] was hier in der Ukraine passiert, das Verletzen von Völkerrecht und territorialer Integrität ist selbstverständlich auf das Schärfste zu kritisieren, ist verwerflich und die Wenigsten von uns hätten sich gedacht, dass so etwas in Europa im Jahr 2022 möglich ist." Kunasek erwähnte außerdem die auf dem Energiesektor entstandene Abhängigkeit von Russland, die Österreich nun teuer zu stehen komme.[471] Die FPÖ wandte sich lediglich gegen eine Aufweichung der Neutralität des Landes und hält die von der EU seither beschlossenen und für Österreich verbindlichen, immer neuen Sanktionspakete gegen die Russische Föderation für verfehlt, ja kontraproduktiv, weil sie beim Adressaten offen-

469 LPV 4. April 2022.

470 Anwesenheitsliste LPV 15. November 2023.

471 https://www.landtag.steiermark.at/cms/dokumente/12762630_155295847/1ca05c93/28_Stenografisches_Protokoll.pdf, S. 5810–5812 und S. 5833, Zitat S. 5810.

kundig viel weniger Schaden anrichten und daher keine Änderung von dessen Verhalten bewirken als bei jenen, die diese Sanktionen verhängen.

Im Vordergrund steht freilich nicht die Außen-, sondern die Innenpolitik. Nicht unerwähnt darf bleiben, dass rund um den Kriegsbeginn selbst die steirische ÖVP nicht die Freiheitlichen als angebliche Putin-Versteher denunzierte, sondern sie vielmehr dem KPÖ-Abgeordneten Werner Murgg vorhielt, er habe in der Vergangenheit eine prorussische Separatistenbewegung in der Ukraine unterstützt, der zu Hilfe zu eilen Putin nun als eine von mehreren Rechtfertigungen seines Krieges ins Treffen führte.[472]

Freiheitliche Vorschläge im Kampf gegen die Teuerung

Mit Blick auf die schon angesprochene Teuerung, die erst 2023 ihren Höhepunkt erreichte, um im Jahr darauf deutlich zurückzugehen, war die FPÖ bestrebt, sie nicht monokausal mit dem Ukraine-Krieg zu erklären wie ihre politischen Mitbewerber, sondern auf ein ganzes Bündel miteinander verzahnter und sich gegenseitig verstärkender Ursachen hinzuweisen, zu denen nicht zuletzt hausgemachte Fehler zählten. Diese Verknüpfung zeigt sich sehr deutlich im Titel einer Anfrage, die Kunasek namens der FPÖ in derselben Landtagssitzung Mitte März 2022 an Soziallandesrätin Mag. Doris Kampus (SPÖ) richtete: „Teuerungswelle, grüne Belastungsfantasien samt CO_2-Steuer und Krieg im Osten machen das tägliche Leben unleistbar – lassen ÖVP und SPÖ die steirischen Landsleute weiterhin im Stich?"[473] Kunasek forderte die schwarz-rote Landesregierung auf, in die Bekämpfung der Not von Steirern und Steirerinnen ebenso viel Elan und Geld zu investieren wie in die Flüchtlingspolitik.

Vorbereitungen auf das Superwahljahr 2024

Die steirische FPÖ begann frühzeitig, sich auf die als richtungsweisend eingestufte Landtagswahl im Herbst 2024 vorzubereiten – dass sie zum turnusgemäßen Termin Ende November stattfinden und nicht vorverlegt würde, stand erst Anfang 2024 (nahezu) fest. Ein Superwahljahr rückte näher, waren 2024 doch zusätzlich das EU-Parlament und der Nationalrat zu wählen. Die Gremien erörterten wiederholt, mit welchen Maßnahmen und Strategien man die Partei optimal aufstellen könne. Kunasek gab die Generallinie vor: Im Sinne einer neuen

---

472 Ebda., S. 5826 f.

473 Ebda., S. 5791 und S. 5941–5947.

Rollenverteilung galt es, die FPÖ als kantige Oppositionskraft wahrnehmbar zu machen, die zugleich auf allen Gebieten konstruktive Lösungsvorschläge unterbreitet. Das Ziel bestand darin, von der vielfach so empfundenen Fixierung auf wenige Themen (Migration, Corona-Politik samt Impfzwang) wegzukommen und stattdessen eine breite Palette von Fragen anzusprechen, die den Bürgern unter den Nägeln brannten – das in der Vergangenheit eher selten berührte Umweltthema eingeschlossen. Die FPÖ war mithin bestrebt, ihr Profil sowohl zu erweitern als auch zu schärfen.[474]

In einem Interview im Spätsommer 2023 erläuterte Kunasek anschaulich, wie er sich die thematische Ausrichtung der FPÖ vorstellte. Den Aufhänger bildete die von einzelnen ÖVP-Politikern (Bundeskanzler Karl Nehammer, MSc und der niederösterreichischen Landeshauptfrau Johanna Mikl-Leitner) propagierte Bewahrung der Normalität, wozu nach deren Vorstellungen symbolhaft das Wiener Schnitzel und das Bargeld gehörten. Sehr zum Ärger der Linken, die hier sofort eine „Ausgrenzung" von allem, was als nicht normal gilt, witterten, scheute sich die ÖVP nicht, Themen und Begriffe zu übernehmen, die sie ansonsten gerne als „rechtspopulistisch" diffamiert. In unserem nördlichen Nachbarland hatte die AfD (Alternative für Deutschland) ja plakatiert: „Deutschland, aber normal". Kunasek konnte die daraufhin entbrannte Debatte nicht ganz nachvollziehen, denn: „Jeder weiß doch grob, was darunter zu verstehen ist. Für uns Freiheitliche steht da ganz vorne die Familie, die Kinder, damit einhergehend die Kinderbetreuung, der Beruf, der Leistungsbegriff. Ich glaube, dass man jungen Menschen schon sagen muss, dass es Leistung braucht, dass sich jeder im Rahmen seiner Möglichkeiten einbringen muss. Das ist für uns normal [...]. Mich irritiert mehr, dass wir über Orchideenthemen diskutieren, die nur einen kleinen Teil der Gesellschaft angehen. Für die wichtigen Themen wie die Teuerung, die Sanktionspolitik [gegen Russland], die Migrationspolitik, die Sicherheitslage bleibt oft kein Platz mehr. Wir spüren das bei unseren Terminen vor Ort: Es herrscht keine Politikverdrossenheit, sondern eine Themenverdrossenheit. Die Menschen haben ganz andere Probleme."[475]

Freiheitliche Initiativen

Das Eingehen auf diese Wünsche der Bevölkerung sollte nach Möglichkeit, wie immer bei Kunasek, mit Maßnahmen und Initiativen kombiniert sein, die darauf abzielten, die konkrete Lebenssituation der Menschen zu verbessern –

474 LPL 4. Juli 2022.
475 Woche Steiermark, 30./31. August 2023, S. 18.

wenn nötig, auch durch kleine, aber wichtige Schritte, die eine symbolische Wirkung entfalteten und den Betroffenen die vielfach nur in Lippenbekenntnissen beschworene Wertschätzung realiter verschafften. Ein gutes Beispiel hierfür ist die von der FPÖ im Juni 2023 im Landtag beantragte Einführung einer Ehrenamtskarte nach dem Vorbild Bayerns. Sie soll sämtlichen Inhabern diverse Erleichterungen im Alltag bescheren. Die Landesregierung setzte daraufhin allerhand umständliche und langwierige Prüfungen in Gang, sodass Kunasek Anfang Februar 2024 an das Vorhaben erinnerte und die Hoffnung aussprach, diese bedeutende Rahmenbedingung zur Sicherung des Fortbestands des Ehrenamts möge nicht dem anlaufenden Wahlkampf zum Opfer fallen.[476]

Ebenfalls auf Erleichterungen – in diesem Fall für die vielen Menschen, die mit dem unübersichtlichen Wirrwarr von Genderstern-, -doppelpunkt, -unterstrich und Binnen-I nicht zurande kommen – zielt eine weitere blaue Initiative, die im Sommer 2023 die Abschaffung der von einer großen Mehrheit der Bevölkerung abgelehnten Genderschreibweise wenigstens im offiziellen Schriftverkehr des Landes verlangt. In Niederösterreich war nach der dortigen Bildung einer schwarz-blauen Koalition in der Landesregierung ein entsprechender, von Landeshauptfrau Mikl-Leitner (ÖVP) unterstützter Erlass in Kraft getreten. Blindenverbände deklarierten sich ebenfalls gegen die Genderei, zumal die von ihrer Klientel genutzte Vorlesesoftware die Sonderzeichen explizit mitnennt, was die Verständlichkeit für die Hörer erheblich herabsetzt.[477] Obwohl sich auch Bundeskanzler Nehammer mehrfach gegen das Gendern in amtlichen Schriften aussprach und es für das Bundeskanzleramt mittlerweile beseitigte, ist die steirische Landesregierung bisher untätig geblieben.

Das dritte und letzte Beispiel für konkrete freiheitliche Initiativen zur Verbesserung der Lage der Bevölkerung hängt mit dem darniederliegenden Bausektor zusammen. Der massive Rückgang des Neubaus von Wohnungen – trotz migrationsbedingt weiter wachsender Bevölkerung vor allem in den Großstädten – verteuert nicht nur das knappe Wohnungsangebot, sondern führt darüber hinaus zu einem Anstieg der Arbeitslosigkeit in dieser nicht ausgelasteten Branche. Kurz vor Jahresende 2023 präsentierten Kunasek und der blaue Wohnbausprecher Deutschmann, als Architekt ein ausgewiesener Sachkenner, ein ganzes Bündel von Maßnahmen, die sie kurz darauf dem Landtag als Anträge vorlegten. Sie sollen zum einen den Wohnbau ankurbeln und zum anderen

476 Der Grazer, 4. Februar 2024, S. 8.
477 Kronen Zeitung, 30. Juli 2023, S. 18.

den Erwerb oder die Anmietung von Wohnraum vor allem für junge Menschen wieder erschwinglich machen.[478]

Blaue Kernthemen: Flucht und Migration

Die blauen Kernthemen kommen dabei keineswegs zu kurz, zumal sie sich als übergeordnete Devise perfekt in den Kampf zur Bewahrung der Heimat einfügen. Die Migration nach Österreich hat mittlerweile Dimensionen erreicht, die nicht nur Kunasek beunruhigen. In Graz und einigen größeren Städten des Landes hat man es inzwischen mit Schulen zu tun, an denen für mehr als die Hälfte der Schüler Deutsch nicht ihre Erstsprache ist bzw. sie daheim eine andere Sprache benutzen. Mitte Februar 2024 meldete sogar der ORF, die Tests für die Aufnahme in die Wiener Volksschulen hätten ergeben, dass rund ein Drittel aller erfassten Kinder in eine Deutschförderklasse gehen müsse, obwohl sie großteils in Österreich zur Welt gekommen waren. Was ursprünglich als Ausnahme für Kinder mit besonderem Förderbedarf gedacht war, mutiert immer mehr zum Regelfall. „Fast zwei Drittel der Kinder, die in eine öffentliche Wiener Volksschule gehen, haben eine nicht-deutsche Alltagssprache", fügte der ORF hinzu. Er ließ es sich aber nicht nehmen, den Wiener Bildungsdirektor Mag. Heinrich Himmer zu zitieren, der kein Wort über die damit einhergehenden Verständigungsprobleme und den Zeitverlust im Unterricht verlor, sondern die längst obsolete „kulturelle Bereicherung" beschwor: Es sei „sogar ein Mehrwert, wenn ich möglichst auch unterschiedliche Einflüsse in meinem Schulleben habe, weil genau das habe ich außerhalb der Schule und daher erleichtert es oft auch das Leben insgesamt in unserer Stadt". Der ORF mokierte sich über uneinsichtige Eltern, die ihre Kinder in Privatschulen mit geringem Ausländeranteil schicken und dafür lange Schulwege und hohe Kosten in Kauf nehmen.[479]

Migrationsbedingte Sicherheitsprobleme

Die massenhafte Zuwanderung aus fremden Kulturkreisen und andere Phänomene führen nicht zuletzt zu vermehrten Sicherheitsproblemen, denen Kunasek mit einem starken Bundesheer, einer starken Exekutive und einer starken Neutralität zu begegnen trachtet.[480] Beispielsweise startete die FPÖ im Februar

478 Woche Steiermark, 6./7. Dezember 2023, S. 22.
479 https://wien.orf.at/stories/3245075/.
480 LPL 4. April 2022.

2022 eine Sicherheitskampagne, die unter anderem gewisse „Angststätten" wie unzureichend beleuchtete Parks definieren und dafür Lösungen finden will.[481] Zwei Jahre später – inzwischen war in dieser Sache wenig bis nichts geschehen – ergriff die FPÖ im Parlament die Initiative und forderte die Wiedereinführung von Polizeischutzzonen im Grazer Volksgarten und im Metahofpark. Diese Zonen hatten sich zwar gut bewährt, sie waren aber 2021 nicht mehr verlängert worden, was zu einem neuerlichen Anstieg des Drogenhandels und der Schlägereien unter diversen Banden führte, wie zahlreiche verängstigte Anrainer mit dramatischen Worten schilderten.[482]

Fremde ethnische Konflikte mitten in Österreich

Wie weitsichtig alle diese Einschätzungen waren, zeigte sich beispielsweise nach dem Beginn des Krieges im Nahen Osten (7. Oktober 2023), in dessen Folge es nicht nur in Graz zu propalästinensischen Großdemonstrationen kam. Außerdem finden immer wieder ethnische Konflikte in anderen Weltgegenden in Österreich ihren Austrag, etwa jene zwischen Türken und Kurden, Serben und Kosovaren sowie Russen und Tschetschenen. Sogar Kriege, die mittlerweile Jahrzehnte zurückliegen, hinterlassen hierzulande noch immer gewalttätige Spuren: Mitte Februar 2024 berichtete die Presse über Sachbeschädigungen in Form von Sprühaktionen in Graz, die durch Konflikte aus den Jugoslawienkriegen der 1990er-Jahre motiviert sind.[483]

Was wir uns sonst noch eingehandelt haben, zeigt beispielhaft ein Medienbericht aus dem gleichen Monat, demzufolge allein in der Steiermark rund 1.000 Frauen von Genitalverstümmelungen betroffen sind.[484] Im März 2024 waren die Medien voll von Meldungen über nahezu tägliche Messerstechereien und -attacken, unter anderem in Graz und gehäuft auf gewissen Plätzen in Wien, sowie – besonders schockierend – über den monatelangen sexuellen Missbrauch einer zwölfjährigen Wienerin durch eine vielköpfige „Multi-Kulti-Bande" aus großteils selbst noch minderjährigen jugendlichen Migranten, die sich trotz der gegen sie laufenden Ermittlungen allesamt auf freiem Fuß befinden. Hier bilden sich in den Großstädten nicht nur Parallelgesellschaften, was

481 LPV 27. Jänner 2022.

482 Der Grazer, 25. Februar 2024, S. 7. Der Artikel wurde am selben Tag in Kunaseks Facebookprofil gepostet.

483 Die Woche, 14. Februar 2024, S. 4 f.

484 https://www.meinbezirk.at/graz/c-lokales/faelle-von-genitalverstuemmelung-haeufen-sich-in-der-steiermark_a6518375?utm_medium=email&utm_campaign=Newsletterversand&utm_source=Newsletter (verbreitet am 16. Februar 2024).

allein schon schlimm genug wäre, sondern regelrechte multiethnische Banden, die bei allen Unterschieden eines eint: die Ablehnung so gut wie aller Regeln, die in Österreich für ein friedliches Zusammenleben gelten. Mario Kunsaek und die FPÖ insgesamt treten mit Vehemenz dafür ein, jene für strafmündig zu erklären und sie die volle Härte des Gesetzes spüren zu lassen, die ungeachtet ihres jugendlichen Alters für eine Vergewaltigung oder einen sexuellen Missbrauch reif genug sind. Nur so und nicht anders könne man die ausufernden, auf eine völlig verfehlte Migrationspolitik zurückgehenden „Gewaltexzesse" in den Griff bekommen. Kaum zu glauben, aber Landeshauptmann Drexler bedankte sich für diesen Vorschlag der Freiheitlichen.[485]

Die steirische FPÖ warf Drexler Mitte März 2024 vor, von ihm seien zu all diesen riesigen Problemen lediglich Stehsätze zu hören, alles nach dem Motto: Wasch mir den Pelz, aber mach mich nicht nass. Den Regierungsparteien ÖVP und SPÖ mangle es an jeder echten Einsicht in den Ernst der Lage. Lediglich eine künftige freiheitliche Beteiligung an der Landesregierung garantiere die ernsthafte Bekämpfung der von Migranten ausgehenden Gewalt.[486]

Diffamierungen aus dem linken Lager

Es hat im linken politischen Spektrum seit Langem Tradition, all jene, die vor den Gefahren der unkontrollierten Zuwanderung schwer oder gar nicht integrierbarer Menschen warnen, als Rassisten, Rechtsextreme, Neonazis und Islamophobe abzustempeln. Ebenso lange versuchen diese Kreise bereits (mit beachtlichem Erfolg), in der öffentlichen Wahrnehmung die Begriffe rechts und rechtsextrem gleichzusetzen. Ist das einmal gelungen, dann kann man so wie die „Omas gegen Rechts" den Widerstand der Straße mobilisieren. Anfang 2024 erfuhr diese durchaus geschickte Strategie eine weitere Zuspitzung, nachdem in den Medien Berichte über ein angebliches Geheimtreffen in Potsdam im November 2023 aufgetaucht waren, auf denen unter anderem Politiker der deutschen AfD über die sogenannte Remigration von Ausländern beraten haben sollen. Obwohl die FPÖ in keiner wie auch immer gearteten Beziehung zu diesem Treffen steht, fanden nach deutschem Vorbild auch in Österreich diverse Demonstrationen „gegen Rechts" statt.

Bei seiner Aschermittwochrede in Ried im Innkreis (Oberösterreich) erklärte FPÖ-Bundesparteiobmann Herbert Kickl am 14. Februar 2024 dezidiert, die

485 https://steiermark.orf.at/stories/3249612/.

486 E-Mail der FPÖ Steiermark, versandt u. a. an den Verfasser am 21. März 2024, 10:27 Uhr.

FPÖ sei nicht rechtsextrem, sie behalte nur extrem oft recht.[487] Ungeachtet dieser klaren Festlegung musste sich Kickl postwendend von einer Kommentatorin der „Kleinen Zeitung" fragen lassen, warum er dann jene nicht verklage, die ihn als Rechtsextremen bezeichnen. Dass diese Perfidie in Wahrheit dazu dient, Wähler abzuschrecken, macht der Zusatz der Redakteurin deutlich: „Warum Kickl klagen müsste? Weil kaum ein konservativ-liberaler Wechselwähler in ein rechtsextremes Eck gestellt werden möchte. [...] Klagt er nicht, weil er die Bezeichnung ‚Rechtsextremer' wirklich als Orden einstuft und die Bezeichnung vollinhaltlich zutrifft? In diesem Fall sollte sich jeder liberal-konservative Protestwähler eine Frage stellen: Ob er am Wahlsonntag in den Spiegel schauen und im Spiegel den Sympathisanten eines Rechtsextremen sehen möchte."[488]

Die Medien und die Öffentlichkeitsarbeit der steirischen FPÖ

Episoden wie diese zeigen, dass der Großteil der etablierten Medien Österreichs keine Gelegenheit auslässt, der FPÖ und insbesondere ihrem Führungspersonal am Zeug zu flicken. Wir haben bereits gesehen, dass man in der FPÖ – mit einigen Abstufungen im Detail – von einer generell feindseligen Haltung des ORF und der meisten Tages- und politischen Wochenzeitungen („Profil", „Falter") ausgeht, wenn man es nicht überhaupt so formuliert wie Deutschmann: „Die Berichterstattung ist eine Katastrophe." Philipp Könighofer, der Pressesprecher des Freiheitlichen Landtagsklubs, beurteilt die Situation etwas optimistischer und spricht von einem „fairen Verhältnis" zum Großteil der Medien, was sich etwa darin zeige, dass es auf rund 70 % der freiheitlichen Presseaussendungen eine mediale Reaktion gibt. Manche Journalisten hegen aber recht offensichtliche Antipathien gegen die Partei.[489]

Die FPÖ war und ist daher auf Bundes- wie Landesebene bestrebt, nicht nur das zarte Pflänzchen der wenigen halbwegs objektiv berichtenden Medien mit großer Reichweite, mit Servus TV und Heute online an der Spitze, zu pflegen, sondern eigene Organe und die sozialen Medien zu nutzen, um die großteils einseitig negative Berichterstattung andernorts wenigstens teilweise zu konter-

487 Kleine Zeitung, 15. Februar 2024, S. 4.

488 https://www.kleinezeitung.at/meinung/18150059/herr-parteiobmann-kickl-warum-klagen-sie-nicht-wenn-sie-kein-sind.

489 Interview mit Philipp Könighofer, 7. März 2024. Könighofer ist seit 2017 Pressesprecher des FPÖ-Landtagsklubs. Kunasek überzeugte ihn davon, von einem Beruf in der Privatwirtschaft zur FPÖ zu wechseln.

karieren.[490] Strache, Kickl und Kunasek haben das in diesen Kanälen schlummernde Potenzial schon vor etlichen Jahren erkannt und zielstrebig aktiviert, sodass die FPÖ ihren Konkurrenten auf diesem Sektor lange Zeit erheblich voraus war, nimmt man beispielsweise die Zahl der Follower auf persönlichen Facebookseiten von Spitzenpolitikern als Maßstab. Von selbst versteht sich, dass diese Mittel insbesondere ein jüngeres Publikum ansprechen.

Ihre Mitglieder und jene, die sich für diesen Service angemeldet haben, informieren sowohl die Bundes- als auch die Landes-FPÖ mittels täglicher Newsletter über gerade aktuelle Themen und Ereignisse. Diese E-Mails sind so gestaltet, dass die Empfänger selbst auswählen können, über welche Aspekte sie mehr erfahren wollen, wie hier am Beispiel des Newsletters der Landes-FPÖ vom 15. Februar 2024 erläutert sei. Der eigentliche Text führt drei Themen an, darunter an der Spitze das in Asyl-Großquartieren schlummernde Gefahrenpotenzial, das damals ein von einer Somalierin gelegter Brand in ihrer Unterkunft in Kindberg (Bezirk Bruck-Mürzzuschlag) unter Beweis stellte. Ebenfalls zur Sprache kamen die Bedrohung durch jugendliche islamistische Gefährder, die sich trotz wiederholter Gewaltankündigungen auf freiem Fuß befanden, sowie die beunruhigende demografische Entwicklung, hier konkret der Bevölkerungsschwund in acht von 13 steirischen Bezirken, woraus die FPÖ Forderungen zur Stärkung der ländlichen Regionen ableitete. Zu allen drei Bereichen kann man durch Anklicken des Buttons „Mehr erfahren" weitere Details abrufen. Es folgen Links zu „Aktuelles aus der Steiermark", einem neuen Video Mario Kunaseks, dessen Telegram-Kanal, Veranstaltungshinweisen, dem FPÖ-Bürgerbüro, der kostenlosen Rechtsberatung und zu den freiheitlichen Arbeitnehmern, die sich gerade im Wahlkampf für die bevorstehende Arbeiterkammerwahl befanden. Den Abschluss bildet die Einladung, den Newsletter auf Facebook etc. zu teilen. Die Inhalte sind übersichtlich gestaltet, auf das Wesentliche komprimiert und zum Weiterlesen einladend.[491] Dasselbe gilt für die Anfang März 2024 neu gestaltete und online gestellte Webseite der Stadtgruppe Graz, die neben einem Veranstaltungskalender Hinweise zu aktuellen Fragen in den einzelnen Grazer Bezirken anbietet.[492]

Die FPÖ Steiermark postet auf Facebook und vermutlich auch auf anderen, vom Verfasser nicht verfolgten sozialen Medien regelmäßig einprägsame Bilanzen des Abstimmungsverhaltens der im Landtag Steiermark vertretenen

490 Interviews Deutschmann und Hermann.

491 Newsletter der FPÖ-Steiermark u. a. an den Verfasser, 15. Februar 2024. Betreff: Asylgroßquartiere stellen sich einmal mehr als Gefahrenherde heraus – Steirische Bezirke in großem Maß von Abwanderung betroffen!

492 https://fpoe-stmk.at/partei/graz.

Parteien zu Anträgen und Initiativen, die viele leistungswillige und steuerzahlende Bürger betreffen. In Form eines Daumens hoch oder nieder erfährt man hier auf einen Blick, welche Partei im Februar und März 2024 für oder gegen eine Wohn- und Pendlerbeihilfe „für den hart arbeitenden Mittelstand", die Zurückdrängung des radikalen Islam an steirischen Schulen, die Einführung eines Pflichtfachs Politische Bildung, die Erhaltung örtlicher Krankenhausstrukturen usw. gestimmt hat: SPÖ und ÖVP waren in allen genannten Fällen dagegen, die FPÖ dafür.

Kunasek und andere FPÖ-Funktionäre wie Stefan Hermann posten praktisch täglich Fotos und kurze Videos auf ihren Facebookseiten, die für ihre Freunde und Follower sichtbar sind. Diese erfahren auf diese Weise ausschnitthaft, womit sich die Genannten an einem bestimmten Tag beschäftigt haben oder worauf sie sich vorbereiten. Ab und zu gibt es hier auch Bilder zu privaten und gesellschaftlichen Themen, etwa zu Kunaseks Sohn Theo oder seinem Besuch des Bauernbundballs am 9. Februar 2024. Die FPÖ wirbt selbstredend darüber hinaus entgeltlich auf sozialen Medien wie Facebook. Eine typische Einschaltung zeigte Mitte Februar 2024 einen das Bild dominierenden Kunasek unter dem Logo der FPÖ Steiermark und fordert die vermutlich überwiegend jüngeren Betrachter auf: „Unterstütze Mario Kunasek & folge ihm auf Telegram." Wer dies tut, den erwarten, wie das Inserat weiters mitteilt: „Aktuellste Informationen, Veranstaltungshinweise in deiner Nähe, Shorts & Videos, spannende Umfragen & vieles mehr".[493] Somit sind die Anhänger der Partei stets auf dem Laufenden und können sogar direkt mit ihr kommunizieren.

Diese Beschreibungen zeigen bereits, wie intensiv sich die Medienwelt und damit die politische Wahlwerbung in den letzten Jahrzehnten gewandelt haben. Um die Entwicklung besser zu verstehen, besuchte Stefan Hermann, der 2024 zum dritten Mal den freiheitlichen Landtagswahlkampf leiten wird, sämtliche FPÖ-Landesgruppen, die 2023 eine Landtagswahl zu schlagen hatten (Niederösterreich, Salzburg und Kärnten). Wie die dortigen erfolgreichen Landesgruppen setzt Hermann vor allem auf die sozialen Medien, während klassische Inserate in Printmedien gegen Null tendieren; lediglich mit der Regionalmedien Austria AG besteht eine jahrelange Kooperation. Plakate wird es weiterhin geben, allerdings weniger als früher. Da inzwischen jeder Steirer Mario Kunasek kennt, ist es nicht mehr erforderlich, sein Gesicht bekannt zu machen, wozu sich das Plakat als ein Medium, dem man sich nicht entziehen kann, gut eignet. Von dem mit einer Million Euro limitierten Wahlkampfbud-

493 Werbung Kunaseks bzw. der FPÖ auf Facebook, eingesehen am 19. Februar 2024.

get entfiel in der Vergangenheit rund ein Drittel auf Plakate, für 2024 ist ein deutlicher Rückgang vorgesehen.[494]

Die freiheitliche Öffentlichkeitsarbeit ist ausgesprochen professionell organisiert. Der Landtagsklub beschäftigt (einschließlich des Klubdirektors und des Pressesprechers) neun Fachreferenten (nicht alle in Vollzeit), welche die ihnen zugewiesenen Themen bearbeiten und die Landtagsabgeordneten, die ebenfalls auf bestimmte Sachgebiete spezialisiert sind, bei ihrer Medienarbeit sowie der Vorbereitung ihrer Reden in der Landstube und bei anderen Gelegenheiten unterstützen. Generell möchte man die Medien mit Stories über das Geschehen im Landtag aus freiheitlicher Sicht versorgen. Im Durchschnitt der letzten Jahre gaben der Klub bzw. dessen Mitglieder jährlich 300 bis 400 Presseaussendungen heraus. Die Initiativen hierzu stammen sowohl von den Referenten als auch den Abgeordneten. Den jeweiligen Text verfassen mehrheitlich die Referenten; die Mandatare, in deren Namen er dann publiziert wird, geben ihn ebenso frei wie in letzter Instanz Pressesprecher Könighofer. Die Inhalte sollen mit dem „Handbuch freiheitlicher Politik" übereinstimmen; Abweichungen von dieser Linie sind extrem selten. Handelt es sich um besonders wichtige Angelegenheiten, findet eine Rücksprache mit Kunasek und/oder Landesparteisekretär Stefan Hermann statt. Bei der Formulierung der Pressemitteilungen achtet man darauf, einen monotonen Einheitsstil zu vermeiden und stattdessen die Persönlichkeit und den Hintergrund des verantwortlichen Abgeordneten in Erscheinung treten zu lassen.

Ebenso individuell gestaltet ist der Adressatenkreis der Aussendungen: Sie ergehen je nach Inhalt an einen landesweiten Standard- oder einen kleineren Regionalverteiler. Letzteres ist beispielsweise der Fall, wenn es sich um Angelegenheiten von primär regionalem Interesse handelt, wie etwa zuletzt die Kontroverse über den Neubau eines Spitals im Bezirk Liezen. Für nicht weniger wichtig als flächendeckende Aussendungen hält Pressesprecher Könighofer die Belieferung einzelner Medien mit Exklusivstories, die diesem Organ (und seinem Redakteur!) vorerst ein Alleinstellungsmerkmal verschaffen. Man hofft natürlich (vielfach zu Recht), dass andere Medien auf den fahrenden Zug aufspringen und gleichfalls berichten werden.[495]

Die Resonanz auf die eigenen Aussendungen, Pressekonferenzen etc. verfolgt der Landtagsklub mittels eines von der Austria Presseagentur gegen Entgelt bezogenen Pressespiegels. Auf diese Weise ist beispielsweise jedes Vorkommen Kunaseks in den Medien dokumentiert. Könighofer lässt es sich

494 Interview Hermann.

495 Interview Könighofer. Hiernach das Folgende.

gleichwohl nicht nehmen, die wichtigsten Zeitungen selbst durchzusehen. Sofort nach dem Aufstehen gilt sein erster Blick jeden Morgen dem Handy und den dort aufscheinenden medialen Meldungen, zu denen sich mitunter bereits erste Reaktionen per WhatsApp gesellen. Da verwundert es nicht, dass der Landtagsklub an den Wochenenden einen Bereitschaftsdienst unterhält, um sofort intervenieren zu können, sollten unvorhergesehene Ereignisse eintreten.

Über das oft sehr kurzlebige Tagesgeschehen hinaus, bei dem Themen vielfach ebenso rasch verschwinden, wie sie aufgetaucht sind, weil die sprichwörtliche Karawane weiterzieht, plant der Landtagsklub längerfristige Kampagnen, mit denen sich spezifisch zusammengesetzte Koordinationsgruppen befassen, denen in der Regel Hermann, Kogler und Könighofer angehören. Ausgehend von parlamentarischen Initiativen planen diese Gruppen je nach behandeltem Gegenstand Aussendungen, Sujets, Informationen für die FPÖ-Mitglieder, Abrisskarten mit Stichworten und dergleichen. „Wir Steirer" ist hingegen das mediale Flaggschiff der FPÖ Steiermark.

Die Letztverantwortung für die gesamte Öffentlichkeitsarbeit tragen Mario Kunasek und Stefan Hermann. Dass dies keineswegs ein bloß formales Durchwinken und Absegnen bedeutet, belegt eine von Könighofer überlieferte Episode: Für eine Ausgabe des Magazins „Wir Steirer", die sich unter der Schlagzeile „Nie wieder!" schwerpunktmäßig mit der drohenden Neuauflage des Flüchtlingsansturms von 2015 befassen sollte, war ein Coverfoto vorgesehen, das eine marschierende Flüchtlingskolonne zeigt. Hier schritt Kunasek ein, weil das Bild auch Kinder zeigte. Er lehnte es ab, Kinder in dieser Form in die politische Arbeit einzubeziehen, so berechtigt sie gerade in diesem Fall war.

Printmedien der FPÖ

Die FPÖ vernachlässigt keineswegs die klassische Öffentlichkeitsarbeit mittels eigener Printmedien, von denen das an Mitglieder verschickte „Intern. Das freiheitliche Magazin für die Steiermark" (bisher etwas mehr als 30 Ausgaben) sowie der 2022 zweimal, ab 2023 viermal jährlich an rund 250.000 Haushalte verschickte „Wir Steirer" besonders hervorzuheben sind. Für den „Steirer" erstellte man 2022 ein neues Konzept, das es den Bezirken erlaubt, zusätzlich zum Cover vier von 12 Seiten selbst zu gestalten und damit Themen von regionalem Interesse anzusprechen.[496] Beispielhaft genannt seien die Naturgasanlage im südsteirischen Straß und die Murtalbahn. Kunasek legt stets großen Wert

496 LPV 28. Februar 2022. LPL 16. März 2023.

darauf, dass die FPÖ das ganze Jahr über mit regionalpolitischen Angelegenheiten präsent ist.[497]

Das erwähnte „Intern" mit Landesparteisekretär Stefan Hermann als Chefredakteur und dem Historiker und begnadeten Blasmusiker Clemens Wiesenhofer, BA MA als Schriftleiter informiert auf mehr als 50 großformatigen Seiten umfassend über die Arbeit aller steirischen FPÖ-Abgeordneten im Landtag, National- und Bundesrat sowie im EU-Parlament. Daneben findet sich eine Übersicht über die Aktivitäten sämtlicher 13 mit ihren Kontaktdaten und Ansprechpartnern vorgestellten Bezirksparteien, fallweise auch einzelner Ortsgruppen, sowie der Vorfeld- und befreundeten Organisationen, etwa des Freien Schülerrings, des Rings Freiheitlicher Jugend, der Freiheitlichen Bauernschaft und des Steirischen Seniorenrings. Die angesprochenen Themen sind dementsprechend bunt und vielfältig. „Intern" wird somit der Aufgabe gerecht, die Kunasek im Vorwort der Ende 2023 erschienenen Ausgabe formulierte: Das Magazin „gibt wieder einen umfassenden und vielseitigen Einblick in die Arbeit der FPÖ Steiermark und ihrer untergliederten Organisationseinheiten. Dabei wird wohl einmal mehr sichtbar, wie aktiv und engagiert die Funktionäre auf Orts-, Bezirks-, Landes- und Bundesebene ihren Aufgabenstellungen nachgehen".[498]

2023 erschien überdies eine stark erweiterte und aktualisierte Neuauflage des „Handbuchs freiheitlicher Politik Steiermark", das zwar für jedermann erhältlich ist, sich aber schon allein wegen seines beachtlichen Umfangs von 345 ebenfalls großformatigen Seiten in erster Linie an all jene wendet, die für die FPÖ irgendeine Funktion ausüben, sei es innerhalb der Partei oder in öffentlichen Vertretungskörpern wie Gemeinderäten. Laut Kunaseks Vorwort soll das Handbuch unter anderem „als Leitfaden für freiheitliche Funktionäre dienen". Es möchte allerdings darüber hinaus die große inhaltlich-programmatische Breite der FPÖ abbilden und damit die Mär widerlegen, „sie sei eine monothematisch ausgerichtete Partei und kapriziere sich nur auf wohlklingende Überschriften". Vielmehr befasse sich die FPÖ mit allem, was den Menschen im Land unter den Nägeln brennt, und sie stellt hierfür durchdachte Konzepte bereit. Unter Zitierung von Johann Wolfgang von Goethe bekräftigt Mario Kunasek den Anspruch, „dass wir Freiheitliche gestalterische Verantwortung für unsere Heimat übernehmen".[499]

497 LPV 7. Dezember 2022. https://www.fpoe-stmk.at/wir-steirer.

498 Intern Nr. 32 (Dezember 2023).

499 Handbuch freiheitlicher Politik Steiermark. 4. Auflage (Graz 2023), S. 1. Hiernach das Folgende.

Insgesamt 27 alphabetisch angeordnete Kapitel zu jeweils zehn bis 20 Seiten behandeln Themen von A wie Arbeit bis W wie Wohnbau und Raumordnung. Neben den klassischen freiheitlichen Anliegen (Asylwesen, Brauchtum, Kunst und Kultur, Familie, Gemeinden und ländliche Entwicklung, Jugend, Landesverteidigung und Neutralität, Senioren, Sicherheit, Soziales und Wirtschaft) möchte sich die steirische FPÖ unter anderem zu Bildung, Elementarpädagogik, Europa, Forschung und Wissenschaft, Frauen, Gesundheit und Pflege sowie Umwelt-, Natur- und Tierschutz positionieren. Eine Präambel zu jedem Abschnitt fasst die wichtigsten Inhalte übersichtlich zusammen, bevor zu jedem Thema eine regelmäßig mit Zahlen untermauerte Bestandsaufnahme erfolgt, an die sich die mit Kritik an den Regierenden garnierten blauen Gegenkonzepte bzw. Forderungen anschließen, am Ende jedes Teils nochmals als Punktation zusammengefasst. Ein mehrseitiges Stichwortverzeichnis erlaubt die gezielte Suche nach der FPÖ-Meinung zu einem bestimmten Sachverhalt. In Summe vermittelt das ansprechend gestaltete und schön bebilderte Handbuch „jenseits der ausgetrampelten Pfade von ÖVP und SPÖ" einen dritten Weg, „um die Steiermark in die Zukunft zu führen".

Präsentation der FPÖ-Arbeit im Landtag

Die steirische FPÖ war und ist daneben bestrebt, die Öffentlichkeit darüber zu informieren, was sie im Landtag Steiermark zur Umsetzung ihres Programms unternommen hat.[500] Für die Zeit vom Dezember 2019 bis zum April 2022 liegt ein vom Freiheitlichen Landtagsklub herausgegebener Leistungsbericht im Umfang von rund 100 Seiten vor; er enthält auch eine Liste aller FPÖ-Landtagsabgeordneten mit ihren jeweiligen Zuständigkeiten. Die einzelnen Sachkapitel ähneln jenen im „Handbuch". Laut den statistischen Angaben zu sämtlichen parlamentarischen Initiativen liegt die FPÖ mit einer Gesamtzahl von 653 deutlich vor den Grünen mit 515 und den NEOS mit 409 an der Spitze. Schriftliche Anfragen brachte die FPÖ im genannten Zeitraum 242 ein (SPÖ und ÖVP null), selbstständige Anträge 157 (SPÖ 28, ÖVP 29). Ferner gab es 1.081 Presseaussendungen, 35 Pressekonferenzen und vier landesweite blaue Kampagnen zu den Themen Straßeninfrastruktur, Ankurbelung der steirischen Wirtschaft, Pflege und Sicherheit.[501]

500 Eine Bilanz der freiheitlichen Initiativen im Landtag für 2016 findet sich in: Wir Steirer Nr. 1 (2017), S. 3: 97 schriftliche Anfragen, 152 Anträge, 6 dringliche Anfragen, 273 Wortmeldungen im Landtag. Bei allen diesen Kategorien lag die FPÖ an der Spitze.

501 FPÖ Steiermark: Steirisch denken – steirisch handeln! Leistungsbericht. Freiheitlicher Landtagsklub Steiermark Dezember 2019 bis April 2022 (Graz o. J.).

Neben den beschriebenen aktuellen Gesamtüberblicken über die blauen Anliegen bietet die FPÖ Handreichungen zu speziellen Fragen an, beispielsweise ein rund 120 Seiten dickes Büchlein zur immer wieder leidenschaftlich diskutierten Abschaffung oder Beibehaltung des Bargelds.[502] Da aus Brüssel periodisch Pläne zur langfristigen Beseitigung des Bargelds mittels Einführung eines digitalen Euros durchsickern, die große Mehrheit der Bevölkerung dies allerdings ablehnt, warnt die FPÖ permanent vor den Zeichen an der Wand, auch wenn diese auf den ersten Blick harmlos aussehen mögen. Mit dem Bargeld und den Gefahren seiner Abschaffung befasste sich am 29. Jänner 2024 eine mit hochkarätigen Experten besetzte Podiumsdiskussion vor zahlreich erschienenen Zuhörern im Grazer Hotel Novapark.[503]

Neu ist der knapp 40-seitige, vom Freiheitlichen Landtagsklub herausgegebene Leitfaden zur freiheitlichen Kulturpolitik, den der dritte Landtagspräsident Deutschmann in seiner Funktion als Präsident des Kulturforums sowie der blaue Kultursprecher im Landtag, Marco Triller, BA MSc, am 29. Februar 2024 den Medien präsentierten. Dieses Programm schreibt vieles fort, das noch aus der Zeit des in Kulturfragen besonders engagierten Gerhard Kurzmann stammt, etwa die Forderung, das kulturelle Erbe der Steiermark, ihre landestypische Identität, ihre Traditionen sowie ihr Brauchtum in die Landesverfassung aufzunehmen.[504]

Schon der Untertitel dieses neuen Leitfadens „Kulturpolitik zwischen Brauchtumspflege und Digitalisierung" zeigt an, dass es bei den „freiheitlichen Standpunkten für die Steiermark" keineswegs ausschließlich um die Bewahrung von Traditionen geht, wenngleich diesen ein hoher Stellenwert zukommt. In diesem Sinn wendet sich die Broschüre unter anderem gegen ein „auf kleine elitäre Zirkel fokussiertes Wirken, wie es der amtierende Landeshauptmann teils praktiziert". Die Verfasser kritisieren die Unterdotierung der traditionellen Volkskultur, während an (zum Teil selbsternannte) Künstler der freien Szene riesige Summen fließen und ihnen sogar ein arbeitsloses Grundeinkommen gewährt werden soll. Die vom Steuerzahler geförderte Kultur müsse in erster Linie breitenwirksam sein, wobei gilt: „Die FPÖ Steiermark ist stolz auf die steirische Leitkultur und setzt alles daran, sie im Bewusstsein der Menschen lebendig zu

502 Freiheitliches Bildungsinstitut: Bargeld und digitaler Euro – wohin geht die Reise? „Nur Bares ist Wahres" (Wien 2024).

503 Einladung der FPÖ Graz zu dieser Veranstaltung, o. D. Gezeichnet Stadtparteiobmann Kassegger.

504 Wir Steirer Nr. 1 (2020), S. 16. Mit ähnlichem Tenor: Wir Steirer Nr. 2 (2018), S. 12 f., und Nr. 4 (2018), o. S.

erhalten." Die FPÖ verlangt eine Studie bzw. eine Befragung, um die kulturellen Wünsche und Bedürfnisse der breiten Bevölkerung in Erfahrung zu bringen.

Ausgesprochen praxisnah und innovativ sind Forderungen wie jene nach der Digitalisierung von Denkmälern und der Zugänglichmachung des kulturellen Erbes mit modernen Methoden. Als ein Mittel hierzu nennt das Heft die Förderung von Museums-, Opern- und Schauspielhausbesuchen für Schulen weit weg von Graz, denn nur so könnten deren Schüler „das im Sinne einer klassisch-humanistischen Allgemeinbildung notwendige Kulturangebot" wahrnehmen. Weitere Punkte betreffen die Abhaltung eines Jahrs der Volkskultur, die finanzielle Absicherung traditionellen Brauchtums wie Krampusläufe, die Verunstaltung der deutschen Sprache durch das Gendern sowie ein striktes Nein zur Umbenennung öffentlicher Plätze. Etwaige Namensänderungen sollen, geht es nach der FPÖ, nur unter Einbeziehung der betroffenen Bürger erfolgen, die sich, wie man weiß, nahezu immer gegen derlei „ideologische Projekte" aussprechen, die ihnen bloß Ärger und Kosten bescheren. Angesichts der linkslinken Kulturpolitik in Graz soll es einen Gipfel zwischen Stadt und Land geben. Insgesamt liegt ein Katalog von Leitlinien und Forderungen vor, der sicher eine große Mehrheit der Bevölkerung anspricht und sinnvolle Ideen für die Zukunft vorlegt.[505]

Kurioserweise fiel ein Punkt dieses Programms binnen weniger Tage beim politischen Gegner auf fruchtbaren Boden: die Aufwertung des Landesfeiertags am 19. März. Die ÖVP schaltete postwendend Inserate, auf denen Landeshauptmann Drexler im ungewohnten Steireranzug neben der Parole zu sehen war: „Am Josefitag gemeinsam ein weiß-grünes Zeichen setzen." Drexler forderte die Steirer auf, an diesem Tag wortwörtlich Flagge zu zeigen, wofür man sich bei der ÖVP entsprechende Fahnen ausborgen konnte.[506] Die FPÖ bezweckte mit ihrer nun von der ÖVP abgekupferten Forderung allerdings weniger, dass die Bevölkerung selbst aktiv werden soll, sondern dass das Land und seine Regierung das besagte grün-weiße Zeichen setzen. Folglich richtete sie Drexler aus, er solle lieber steirisches Brauchtum und steirische Traditionen fördern, anstatt den Josefitag für eine durchsichtige und unglaubwürdige parteipolitische Inszenierung zu missbrauchen. Auf die „schwarze Politshow", die

505 Freiheitlicher Landtagsklub: Freiheitliche Kulturpolitik in der Steiermark. Kulturpolitik zwischen Brauchtumspflege und Digitalisierung. Freiheitliche Standpunkte für die Steiermark (Graz 2024). Zum Medienecho etwa: Woche Steiermark, 6. März 2024, S. 12. Weekend Steiermark Nr. 3, 7./8. März 2024, S. 12.

506 Woche Graz, 13. März 2024, S. 13.

Drexler am Vorabend des Landesfeiertags bei einer pompösen „Steiermarkrede" vor ÖVP-Funktionären in Szene setzte, könnten die Steirer gerne verzichten.[507]

Ins Superwahljahr 2024

Mario Kunasek und die FPÖ bereiten sich zeitgerecht und sorgfältig auf das Superwahljahr 2024 vor. Auf der Agenda stehen Urnengänge (in dieser Reihenfolge) für die Kammer für Arbeiter und Angestellte (AK), das EU-Parlament, den Nationalrat und last but not least den Landtag Steiermark. Während die Termine für die beiden ersten Wahlen nicht disponibel waren, musste man bei den beiden anderen mit der Möglichkeit einer Vorverlegung rechnen. In diese Richtung weisende, immer wieder lancierte Gerüchte haben sich freilich bis zur Drucklegung dieses Buchs stets als haltlos erwiesen. Anfang 2024 stellten die Parteigremien in organisatorischer Hinsicht wichtige Weichen: Der in dieser Funktion bereits vielfach bewährte Landesparteisekretär Stefan Hermann wurde wieder zum Wahlkampfleiter bestimmt, der Pressesprecher des Freiheitlichen Landtagsklubs, Philipp Könighofer, zum Kommunikationsleiter für die Landtagswahl. Die gleichzeitige Nominierung Kunaseks zum blauen Spitzenkandidaten bei diesem Urnengang versteht sich nahezu von selbst.[508]

Es liegt auf der Hand, dass für die FPÖ die Wahlen zum Nationalrat und zum Landtag oberste Priorität haben, zumal hier die von allen Meinungsumfragen untermauerte Aussicht besteht, zur stärksten Kraft aufzusteigen. Kunasek war jedoch daran gelegen, die Wahlen zur AK und zum EU-Parlament nicht zu sehr in den Hintergrund treten zu lassen, zumal bei diesen Anlässen üblicherweise besonders viele Stimmberechtigte zu Hause bleiben. In einer Mitgliederinformation von Mitte Jänner 2024 wies er auf diese „enorm wichtige[n] Urnengänge" hin und erinnerte die Empfänger daran, dass eine Unterstützung der freiheitlichen Kandidaten – für die Steiermark ging wieder Georg Mayer auf Platz 3 der Bundesliste ins Rennen – die „teils völlig irrwitzigen Pläne" der EU, wie zum Beispiel das geplante baldige Aus für Verbrennermotoren mit Diesel oder Benzin, verhindern könne.

507 E-Mail der FPÖ Steiermark, versandt u. a. an den Verfasser am 21. März 2024, 10:27 Uhr.

508 Per Post verschickte und von Kunasek gezeichnete Mitgliederinformation, o. D. (Jänner 2024).

Anspruch auf den Landeshauptmann?

Während bei der für April 2024 angesetzten AK-Wahl nicht mit gravierenden Veränderungen zu rechnen war und insbesondere das Brechen der dort herrschenden Dominanz der sozialdemokratischen Arbeitnehmervertreter in unerreichbarer Ferne lag, verhält es sich bei der für den 24. November 2024 avisierten Landtagswahl genau umgekehrt. In der gerade erwähnten Mitgliederinformation bemerkte Kunasek hierzu: „Wir wollen um den Landeshauptmannsessel mitrittern und so stark werden, dass uns ÖVP und SPÖ nicht übergehen können."[509] Ähnlich hatte es Kunasek im Sommergespräch 2023 mit der „Kleinen Zeitung" formuliert: Bei der Landtagswahl 2024 werde die FPÖ „um den ersten Platz mitkämpfen. Ich werde als Landeshauptmann oder als Regierungsmitglied im Land meinen Beitrag leisten." Eine Rückkehr in die Bundespolitik im Fall einer FPÖ-Regierungsbeteiligung, etwa neuerlich als Verteidigungsminister, schloss Kunasek bei dieser Gelegenheit aus; sein Platz sei nun einzig und allein in der Steiermark.[510] Die sicherlich sorgfältig abgewogene Wortwahl legt nahe, dass Kunasek bei den zitierten Gelegenheiten (noch) nicht alles auf die Karte Landeshauptmann setzte; immerhin bezeichnete er es ja als eine Option, „Regierungsmitglied", also Landesrat, zu werden.

Der Krieg mit den Meinungsumfragen ...

Wenig später wurde die Latte ein wenig höher gelegt, nachdem die „Kleine Zeitung" am 30. Jänner 2024 eine mit allerdings bloß 781 Wahlberechtigten durchgeführte und daher hohe Schwankungsbreiten aufweisende Meinungsumfrage publiziert hatte, der zufolge Landeshauptmann Drexlers ÖVP bei der nächsten Wahl von 36 % auf 20 % und damit auf den dritten Platz hinter FPÖ (26 %) und SPÖ (24 %) abstürzen würde. Bei der ebenfalls gestellten Frage nach einer Direktwahl des Landeshauptmanns, die es in der Steiermark wie im Rest Österreichs allerdings nicht gibt, lagen freilich Drexler und sein roter Vize Anton Lang knapp vor Kunasek.[511] Die ÖVP gab sich nach außen hin unbeeindruckt: Ihr Landesgeschäftsführer zweifelte die Richtigkeit der Umfrage an und ließ wissen: „Die einzige Umfrage, die zählt, ist die am Wahltag."[512]

509 FPÖ-Mitgliederinformation, gezeichnet Kunasek, per E-Mail versandt am 15. Jänner 2024, 13:52 Uhr.

510 https://www.pressreader.com/austria/kleine-zeitung-steiermark/20230808/page/12/textview. Ähnliche Aussagen in: Der Grazer, 6. August 2023, S. 6.

511 Kleine Zeitung, 30. Jänner 2024, S. 15.

512 Der Grazer, 4. Februar 2024, S. 6.

In einem vom Magazin „Weekend" Anfang März 2024 veröffentlichten Ranking der 555 wichtigsten Steirer rangieren Drexler auf Platz 1 und Kunasek auf Platz 14. Die Kriterien dieser Reihung sind freilich vollkommen intransparent. Beispielsweise ist dubios, wodurch sich der Landesdirektor des ORF Steiermark zuletzt derart hervorgetan hat, dass ihn das Blatt drei Ränge vor dem FPÖ-Obmann reiht.[513] Rund um den 20. März 2024 berichteten die Medien über eine weitere, diesmal von den Grünen in Auftrag gegebene, ebenfalls eine hohe Schwankungsbreite von rund 3,7 Prozentpunkten aufweisende Umfrage, der zufolge nunmehr die SPÖ mit 25 % auf Platz 1 lag, knapp gefolgt von der FPÖ mit rund 24 % und, deutlich abgeschlagen, wiederum der Landeshauptmannpartei ÖVP mit 21 %.[514]

Eine Anfang März 2024 publizierte, von der FPÖ beim Meinungsforschungsinstitut OGM in Auftrag gegebene Umfrage prognostizierte ein Kopf-an-Kopf-Rennen zwischen FPÖ (25 %), SPÖ (24 %) und ÖVP (23 %). Die Schwankungsbreite von mehr als drei Prozentpunkten lässt allerdings ebenfalls keine verlässlichen Aussagen zu, was den drei Parteien vielleicht sogar zupassekommt, da diese unsichere Situation ihre Funktionäre zu einem vermehrten Einsatz anspornt.[515] Übereinstimmung besteht lediglich darin, dass die ÖVP von ihrem Hoch von 2019 nahezu ins Bodenlose abgestürzt ist und in sämtlichen Umfragen im ersten Quartal 2024 auf dem dritten Platz landet.

Die Führung der steirischen FPÖ ließ sich wohl von derlei günstigen Prognosen anstecken und verkündete bei der Vorstellung ihres vom Landesparteivorstand einstimmig gekürten Spitzenkandidaten für die Nationalratswahl (neuerlich Hannes Amesbauer), es gehe um nichts weniger als darum, die ganze Grüne Mark bei sämtlichen 2024 anstehenden Wahlen „auf allen Ebenen blau umzufärben". Durch das Ansprechen der klassischen Themen Asyl, Migration und Sicherheit werde dies laut Amesbauer gelingen.[516]

In diesem Sinn – alles ist offen, wir müssen uns anstrengen, um die Befragungen in ein konkretes Wahlresultat umzumünzen – war auch ein von der steirischen FPÖ am 5. März 2024 zu dieser Umfrage auf Facebook geposteter Kommentar gehalten. Es gilt stets, den rechten Mittelweg zwischen einer optimistischen Stimmung und dem Eindruck, das Rennen sei ohnedies bereits zugunsten des eigenen Lagers gelaufen, zu finden. Allein der Umstand, dass die

513 Weekend Steiermark Nr. 3, 7./8. März 2024, S. 27 f.

514 Kronen Zeitung, 21. März 2024, S. 22.

515 https://www.kleinezeitung.at/steiermark/18243734/fp-umfrage-kein-klarer-favorit-auf-platz-1-bei-landtagswahl?fbclid=IwAR1iOEOQbJPUIV_E8Kiieb5vVbBjk1TiAIANCbr64GxxvtlWUArUYAtql_8.

516 https://steiermark.orf.at/stories/3248481/.

KPÖ steiermarkweit, nicht etwa in Graz allein, zwischen 13 % und 15 % gehandelt wird, macht jede Prognose außerordentlich schwierig, wenngleich man auf den ersten Blick annehmen möchte, dass die frappierende Stärke der Kommunisten vor allem die SPÖ schwächt. Ebenso denkbar ist freilich, dass die KPÖ Protestwähler gewinnt, die ihre Stimme sonst der FPÖ gegeben hätten.

Mobilisierung der FPÖ-Mitglieder

Als die FPÖ im Jänner 2024 ihre steirischen Mitglieder um die Begleichung des Mitgliedsbeitrags für dieses Jahr bat, hieß es in dem relativ ausführlichen Begleitschreiben: „Wir haben uns vorgenommen, einen freiheitlichen Kanzler **Herbert Kickl** und einen freiheitlichen Landeshauptmann **Mario Kunasek** sicherzustellen."[517] Das hier wie bei anderen Gelegenheiten nicht immer optimale Verb „sicherstellen" war übrigens eines der Lieblingsvokabeln von HC Strache.

Neujahrstreffen der FPÖ 2024 bei Graz

Denselben Anspruch auf den Kanzler und den Landeshauptmann erhoben Bundes- wie Landespartei insbesondere beim freiheitlichen Neujahrstreffen, das 2024 in Unterpremstätten südlich von Graz über die Bühne ging (Abb. 46); Kunasek fungierte dabei als Gastgeber und Hausherr. Rund 2.000 FPÖ-Anhänger aus ganz Österreich folgten am 13. Jänner der Einladung, um allen voran Bundesparteiobmann Herbert Kickl und Mario Kunasek darüber sprechen zu hören, was sie sich vom gerade begonnenen Superwahljahr erwarteten: einen blauen Bundeskanzler und einen blauen Landeshauptmann in der Steiermark. Es gelte vor allem, die Steiermark aus der Geiselhaft der ÖVP zu befreien und das Land „umzukrempeln". Mit Blick auf die Landtagswahl verkündete Kunasek als Ziel: „Dass das grüne Herz in wenigen Monaten mit blauer Kraft schlagen wird." Kickl bewertete das Neujahrstreffen als einen historischen Wendepunkt: „In den Geschichtsbüchern soll einmal zu lesen stehen: Die Rückkehr der echten Demokratie, das Abstreifen der Ketten der Bevormundung, die hat am 13. Jänner 2024 in Graz begonnen."[518]

517 Schreiben FPÖ Landespartei Steiermark an alle Mitglieder, Jänner 2024. Fettdruck im Original.

518 Woche Steiermark, 17./18. Jänner 2024, S. 23. Generell hierzu Lothar Höbelt: Der Höhenflug der FPÖ. In: Andreas Khol/Stefan Karner/Wolfgang Sobotka/Bettina Rausch-Amon/Günther Ofner (Hrsg.): Österreichisches Jahrbuch für Politik 2023 (Wien 2024), S. 233–244.

Quelle: Alois Endl

▸ **Abb. 46: Kickl und Kunasek beim Einzug in die Premstätten-Halle**

Kunaseks Rolle als künftiger Landeshauptmann

Ohne vor Bekanntwerden des Ergebnisses der Landtagswahl Ende 2024 schon irgendwelche Ansprüche auf den Landeshauptmann zu erheben, äußerte sich Kunasek Anfang 2024 mehrfach dazu, wie er im Fall des Falles seine Rolle an der Spitze der Steiermark anlegen würde. Wenngleich die Überschrift der ORF-Meldung „Kein Landeshauptmann für alle" natürlich von den der FPÖ nicht gerade wohlgesonnenen Redakteuren des Staatsfernsehens stammt, so ist die Stoßrichtung doch eindeutig und sie ergibt sich durchaus aus Kunaseks eigenen Worten. Auf einer Pressekonferenz am 12. Jänner 2024 äußerte er laut ORF: „Ich bin nicht der Landeshauptmann der Islamisten, ich bin nicht der Landeshauptmann jener, die sich Asyl erschwindeln, ich bin nicht der Landeshauptmann jener, die sich in die soziale Hängematte legen. Ich bin der Landeshauptmann für die Leistungsträger, für die Familien, für die Unternehmer, für die ‚Hackler' und jene, die auch dafür sorgen, dass wir in dieser wunderbaren Heimat leben dürfen."

Das war eine an Deutlichkeit nichts zu wünschen übriglassende Aussage, die sich von den geradezu mantraartigen Beteuerungen aller bisherigen Landeshauptleute, ihr Amt für alle Steirer bzw. alle in der Steiermark Lebenden auszuüben, markant abhob. Kunasek weiß natürlich, dass jene Gruppen, für die er sich nicht zuständig sieht, ihn ohnedies nicht wählen würden, sofern sie überhaupt wahlberechtigt sind. Er unterbreitete vielmehr ein Angebot an alle Fleißigen, für die das von ihm gebrauchte Wort „Hackler" paradigmatisch steht – nicht an jene, insbesondere Zugewanderte, die sich „in die soziale Hängematte legen", die andere mit ihren Steuern finanzieren dürfen – an der Spitze die einheimischen Wirtschaftstreibenden und die Arbeitnehmer. Bei der gleichen Gelegenheit erklärte Kunasek, die bevorstehenden Wahlen zum Nationalrat und zum Landtag seien „die Mutter aller Schlachten, eine der letzten Chancen".[519] Damit kann nur gemeint sein, dass alle, die Österreich und die Steiermark so bewahren wollen, wie sie einmal waren und, gerade an der Kippe stehend, noch sind, ihre Stimme der FPÖ geben sollen.

Horrorszenarien

Was andernfalls droht und welcher düsteren Zukunft das Land entgegenblickt, zeigt eine nur vier Tage nach dieser Pressekonferenz publizierte Meldung der „Kronen Zeitung" unter der Überschrift „Islam an Grazer Schulen weiter am Vormarsch". Ihr entnimmt man, dass in etlichen Schulen der Landeshauptstadt nur mehr wenige Kinder am christlichen Religionsunterricht teilnehmen, während dessen islamisches Pendant rasante Zuwächse erlebt.[520] Um dieser bedenklichen Entwicklung wenigstens minimal gegenzusteuern, postete die FPÖ über verschiedene ihrer Facebookkonten am Internationalen Tag der Muttersprache, dem 21. Februar 2024: „In Österreich spricht man Deutsch!"

Steirische Traditionen

Kunasek geht es ganz persönlich um die Bewahrung steirischen Brauchtums und steirischer Traditionen (Abb. 47). Er möchte den Kern der Identität der Grünen Mark und ihrer Bewohner gegen eine drohende Erosion schützen. So setzte er sich etwa im Herbst 2023 für eine finanzielle Unterstützung des Landes ein, da sich die Stadt Graz außerstande sah, den zur lieben Gewohnheit gewordenen Perchtenlauf in der Innenstadt sowie die Eiskrippe im Landhaushof weiter zu sponsern.[521] Es fragt sich allerdings, ob die FPÖ hiermit nicht ebenfalls „Orchideenthemen" aufgreift. Dies gilt nicht für Kunaseks Ende Februar

519 https://steiermark.orf.at/stories/3240335/.
520 https://www.krone.at/3218672.
521 Woche Steiermark, 4. Oktober 2023, S. 10.

▸ **Abb. 47: Amesbauer und Kunasek beim Blochziehen**

2024 erhobene Forderung, öffentliche Spielplätze allerorten barrierefrei und insgesamt inklusiver zu gestalten.[522]

Um der Öffentlichkeit ein einheitlich konzipiertes Bild der steirischen FPÖ und ihres Frontmanns zu vermitteln, zeigen sämtliche Auftritte der beiden stets ein stilisiertes Konterfei des Kopfes Kunaseks sowie den Leitspruch „bodenständig.mutig.steirisch". Begleitet wird dies von einem weiteren prägnanten Leitspruch: „Neue Ideen. Frische Kraft. […] Mario Kunasek. Ehrlich. Mutig. Konsequent."[523]

522 Woche Graz, 28./29. Februar 2024, S. 22 f.
523 Ganzseitiges Inserat der FPÖ in: Woche Steiermark, 4. Oktober 2023, S. 41.

Ausblick auf das Superwahljahr

Mario Kunasek ist es gelungen, das freiheitliche Lager im Superwahljahr 2024 zu motivieren und zu mobilisieren. Er selbst tourt unermüdlich durchs Land und besucht neben den Bezirkshauptstädten zahlreiche weitere Gemeinden. Wer will, findet vielerlei Gelegenheiten, den Parteiobmann bei seinen Fahrten quasi virtuell zu begleiten: Neben regelmäßigen Postings in sozialen Medien berichtet auch das Mitgliedermagazin „Intern" über „Unterwegs mit Mario".[524]

Abseits des dabei verbreiteten Optimismus, bei der Landtags- und Nationalratswahl als Erster durchs Ziel zu gehen, gesteht Kunasek offen ein, dass ihn die in die Länge gezogenen Gerichtsverfahren einige Kraft kosten, die für andere Aktivitäten fehlt. Dem Anschein, dass die Politik die Justiz missbraucht, kann er sich nicht gänzlich entziehen, wenngleich er im Grunde auf das Funktionieren des Rechtsstaats und darauf vertraut, dass am Ende die Gerechtigkeit siegt. Das politische Agieren mit anonymen Anzeigen widert ihn an. Wenn haltlose Vorwürfe bis in seine Familie hineingetragen werden, könne er das nicht vergessen. Dieser Stil dürfe jedenfalls nicht Schule machen.[525]

Kunasek und seine Partei sind um eine restlose Aufklärung der Vorwürfe bemüht. Nicht zuletzt um auch der Öffentlichkeit volle Transparenz zu signalisieren, präsentierte der Freiheitliche Landtagsklub Anfang 2023 seine Finanzgebarung des abgelaufenen Jahres. Bei dieser Gelegenheit lagen außerdem die Rechenschaftsberichte der Landespartei für 2020 und 2021 zur Einsicht auf. Mehr als 80.000 Euro flossen in Hilfsaktionen und sonstige Unterstützungen für nahezu 1.000 Steirer.[526] Darüber hinaus möchte die FPÖ der steirischen Bevölkerung im an Urnengängen reichen Jahr 2024 ein ehrliches und konkretes Angebot unterbreiten. Die FPÖ erhebt sorgfältig, welche Themen in den sozialen Medien, wo derlei Feststellungen besonders leicht sind, auf die größte Resonanz stoßen. Darunter befindet sich erstaunlicherweise noch immer die im Grunde beendete Corona-Pandemie, die viele Menschen nach wie vor bewegt. In einer begrenzten Kampagne unter dem Schlagwort „Wir vergessen nicht!" erinnert die FPÖ an diverse Aussagen des früheren Landeshauptmanns Schützenhöfer zu den Corona-Maßnahmen der Regierung. Viel Interesse finden daneben die Migration und das ständige Bashing seitens des ORF. Die Freiheitlichen erinnern Landeshauptmann Drexler, der sich neuerdings scharf gegen die Massenzuwanderung und die migrantische Bandenkriminalität äu-

524 Als Beispiele unter vielen: Intern Nr. 26 (2019), S. 14 f., und Nr. 28 (2020), S. 12.
525 Interview Mario Kunasek.
526 Intern Nr. 31 (2023), S. 8 f.

ßert, gerne daran, dass er selbst noch 2015 an einer Menschenkette für offene Grenzen teilgenommen hat; Stefan Hermann hielt ihm in der Landtagssitzung vom 19. März 2024 ein entsprechend vergrößertes Foto vor die Nase.[527]

Bei der Landtagswahl werden außerdem regionale Aspekte wie die Gesundheitsversorgung eine große Rolle spielen; für die Spitäler war ja früher Landeshauptmann Drexler zuständig. Hier bedarf es aber einer regionalen Differenzierung, da sich die meisten Grazer davon nicht betroffen fühlen. Umgekehrt verhält es sich bei weiteren Problemen, etwa der allgemeinen Teuerung, insbesondere jener auf dem Wohnungsmarkt, der Pflegesituation, der schwierigen Lage vieler Familien und Frauen sowie des Bildungssektors.[528] Wie die Wähler auf dieses Angebot reagieren und wie das Superwahljahr 2024 enden würde, stand zum Zeitpunkt der Drucklegung dieses Buches noch in den Sternen.

Vielversprechend verlief jedenfalls die in der Steiermark in der zweiten Aprilhälfte 2024 abgehaltene Wahl zur Arbeiterkammer, bei der die Freiheitlichen Arbeitnehmer erstmals den zweiten Platz hinter der Fraktion Sozialdemokratischer Gewerkschafter, aber vor dem Österreichischen Arbeiter- und Angestelltenbund, einer Teilorganisation der ÖVP, belegten. Bei einer Art Eröffnung des Superwahljahrs bekräftigte Kunasek am 2. Mai 2024 in Mariazell im Anschluss an eine Klubklausur den Anspruch der FPÖ, bei der Landtagswahl im November als Erste durchs Ziel zu gehen. Nur so sei im Land ein Wechsel zum Positiven erreichbar.[529] Eine von der „Kleinen Zeitung" drei Tage später veröffentlichte, von Politologen für realistisch gehaltene Meinungsumfrage gab ihm recht: Die FPÖ liegt Anfang Mai mit 29 % unverändert an der Spitze, gefolgt von der ÖVP mit 22 % und der SPÖ mit 21 %.[530] Bei der Wahl zum Europäischen Parlament am 9. Juni 2024 erreichte die FPÖ mit 25,4 % erstmals bei einer bundesweiten Wahl Platz 1; in der Steiermark waren es sogar 27,8 %.

Mario Kunasek legt Wert auf die Feststellung, dass sein Mitarbeiterstab einen wesentlichen Anteil an seiner politischen Karriere hatte: „Als Nationalratsabgeordneter, Landesparteiobmann, Minister und Klubobmann im Landtag konnte ich mich stets auf loyale und zielstrebige Mitarbeiter verlassen. Ohne ihren Einsatz würde ich nicht dort stehen, wo ich jetzt sein darf."[531]

---

527 Kleine Zeitung, 20. März 2024, S. 14 f.

528 Interview Hermann.

529 https://steiermark.orf.at/stories/3255580/.

530 https://steiermark.orf.at/stories/3255705/.

531 Interview Kunasek.

15 Der Privatmann Mario Kunasek

Kann ein Mensch mit so vielen Aufgaben und Funktionen, von denen er etliche gleichzeitig ausübt(e), und mit so viel leidenschaftlichem Engagement für das Gemeinwohl überhaupt ein Privatleben führen, das diesen Namen verdient? Man möchte trotzdem spontan mit Ja antworten: Immerhin fand Mario Kunasek, wenn man es so salopp formulieren darf, Zeit für zwei Eheschließungen.

Mario Kunaseks erste Ehe

Seine Jugendliebe Schirin Barid lernte Kunasek im Alter von 18 Jahren, also 1994, in einer Disco kennen – wo er nicht etwa abtanzte, sondern jobbte. Schirins Familie stammte aus dem Iran (damals noch Persien) und war 1978 nach Österreich geflüchtet, als das prowestliche und säkulare Regime des Schahs gestürzt und durch bis heute an der Macht befindliche islamische Fundamentalisten ersetzt wurde. Kunasek erinnert sich daran, dass seine damalige Freundin und deren Eltern stets die Notwendigkeit ihrer vollständigen Integration in ihrer neuen Heimat Österreich betonten; dasselbe solle für alle anderen Zuwanderer gelten. Schirin und ihre Mutter lehnten das Tragen des Kopftuchs vehement ab. Daher gab es niemals Probleme mit dem bei der FPÖ engagierten künftigen Schwiegersohn, mit dessen Partei die Familie sogar sympathisierte.[532]

Der Vorname „Schirin" sagt den Steirern nichts, in der persischen Heimat von Kunaseks erster Gattin hat er jedoch eine besondere Bedeutung. Dort kennt jedes Kind die Geschichte der Liebe des historisch belegten Perserkönigs Chosrau II. (gestorben 628 n. Chr.) und seiner ebenfalls historischen christlichen Lieblingsfrau Schirin, die von sagenhafter Schönheit gewesen sein soll. Das Paar lernte sich bereits in jungen Jahren kennen, ihre Liebe nahm jedoch ein tragisches Ende, da Chosrau nach dem Zusammenbruch des Sassanidenreichs von seinem eigenen Sohn ermordet wurde, woraufhin Schirin sich das

532 Interview Mario Kunasek.

Leben nahm. Diese romantische Geschichte ist in der persischen Dichtung und Bildenden Kunst unzählige Male behandelt worden, unter anderem in den „Märchen aus tausendundeiner Nacht". Diese Lovestory weist sogar einen Bezug zur Steiermark auf: Um 1800 gab der in Graz geborene Joseph Freiherr von Hammer-Purgstall (1774–1856), der Begründer der Orientalistik, eine von ihm ins Deutsche übersetzte Kompilation diverser Schirin und Chosrau gewidmeter Dichtungen heraus. Kein Geringerer als Johann Wolfgang von Goethe war von diesem Werk überaus angetan.[533]

Schirin und Mario Kunasek lebten etliche Jahre zusammen in Gössendorf, bevor sie sich 2007 zur Heirat entschlossen. Schirin arbeitete inzwischen (und bis heute) als Verwaltungsbedienstete im Landeskrankenhaus Graz. Die Ehe hielt aber nicht, wie so oft bei Jugendlieben, wenn zwei noch sehr junge Menschen zusammenkommen, sich aber später in andere Richtungen entwickeln. 2012 wurde die kinderlos gebliebene Ehe einvernehmlich geschieden. Schirin führt nach wie vor Kunaseks Namen und wohnt in der einstigen gemeinsamen Wohnung in Gössendorf. Das Verhältnis der beiden ist auch nach der Trennung freundschaftlich; zu Geburtstagen, zum Jahreswechsel usw. schicken sie sich bis heute wechselseitig Glückwünsche.[534]

Sabrina und Mario

Wo, wann und bei welchem Anlass sich Kunasek und seine zweite Gattin, die 12 Jahre jüngere Sabrina, geborene Koroschetz, kennenlernten, konnten die beiden selbst in intensiven Gesprächen, die sie zur Vorbereitung meiner Interviews mit ihnen führten, nicht vollständig klären. Halbwegs einig sind sie sich darin, dass es etwa 2008/09 bei einem gesellschaftlichen Ereignis gewesen sein muss. Mario Kunasek erinnert sich an eine Gala im Grazer Congress, die laut Sabrina die Zeitschrift „Weekend" organisiert hatte. Anders würde es vielleicht romantischer klingen: Aber bei dieser Gelegenheit spielte sich zwischen den beiden rein gar nichts ab. Mario Kunasek war ja verheiratet und Sabrina anderweitig liiert. Also keine Liebe auf den ersten Blick. Gut Ding braucht eben manchmal Weile, aber dann hält die Sache umso länger.[535]

---

533 Walter Höflechner: Joseph Freiherr von Hammer-Purgstall. Ein Leben für die Wissenschaft. Unter Mitarbeit von Alexandra Wagner, Gerit Koitz-Arko und Sylvia Kowatsch (= Veröffentlichungen der Historischen Landeskommission für Steiermark Band 44, Graz 2023), S. 17–19.

534 Interview Mario Kunasek.

535 Interviews Mario und Sabrina Kunasek, MSc, am 26. Februar 2024.

Mario und Sabrina begegneten sich in den folgenden Jahren bei unterschiedlichen Anlässen in den damaligen Grazer In-Lokalen immer wieder; einmal da, einmal dort und immer eher sporadisch und zufällig. Sie wechselten einige Worte und hielten den Kontakt stets aufrecht. Sabrina versuchte sogar, ihre Schwester mit Kunasek zu verkuppeln. Politik war damals zwischen den beiden kein Thema. Sabrina wusste nicht einmal, dass Mario für die FPÖ im Nationalrat saß, und er machte wohl auch kein Aufheben davon.

Die Stunde schlug erst 2014, als beide, wie es das Schicksal anscheinend wollte, Single waren. Kunaseks Ehe war ja 2012 geschieden worden. Die beiden kamen sich näher, als Sabrina an der Universität Graz einen Lehrgang für Versicherungswirtschaft besuchte. Als sie Stefan Hermann einmal in ihre Probleme beim Lernen des Allgemeinen Bürgerlichen Gesetzbuchs einweihte, bot dieser an, ihr dieses mehr als 1.500 Paragraphen umfassende Regelwerk kurz und bündig zu erklären. Hermanns Freund Kunasek stieß zu diesem mehr als ambitionierten Unterfangen hinzu. Bei dieser Gelegenheit muss es wohl schon ein wenig gefunkt haben, denn Sabrina und Mario vereinbarten weitere Treffen und wurden alsbald ein Paar.[536]

Die beiden lebten in der Folge zusammen in Marios kleiner Wohnung in Gössendorf. Wenngleich Sabrina einen ausgeprägten Kinderwunsch hatte, musste sie nicht unbedingt heiraten. Folglich waren Ehe und Kinder Jahre hindurch kein Gegenstand von Erörterungen und Planungen. Mario Kunasek ist jedoch immer für eine Überraschung gut: Den Sommerurlaub 2017 verbrachte das Paar in einem Wohnwagen in Novigrad (Istrien) (Abb. 48). Am vorletzten Tag begannen sie bei mörderischer Hitze mit den Abreisevorbereitungen und bereiteten aus den letzten Lebensmitteln eine zünftige steirische Eierspeis' zu. Durch diesen kulinarischen Genuss in die richtige romantische Stimmung versetzt (der Sonnenuntergang über dem Meer trug gewiss das Seine dazu bei), holte Mario plötzlich einen Ring hervor und machte der perplexen Sabrina einen Heiratsantrag. Die musste nicht lange überlegen, um mit Ja zu antworten.

Die Trauung fand am 16. Juni 2018 am Standesamt in Leibnitz statt, gefolgt von einer kirchlichen Segnung durch den Militärdekan Dr. Christian Rachlé, der dem damaligen Zugsführer Kunasek 1997 wenige Tage vor seiner Abschlussprüfung an der Heeresunteroffiziersakademie eine kleine Bibel als Glücksbringer geschenkt hatte (Abb. 49).[537] Als Trauzeugen fungierten Sabrinas Schwester und Stefan Hermann. Die besagte Schwester, die Sabrina ja seinerzeit erfolglos

---

536 Interview Sabrina Kunasek. Hiernach das Folgende.

537 Heiratsurkunde, ausgestellt vom Standesamts- und Staatsbürgerschaftsverband Leibnitz am 16. Juni 2018. Kopie im Besitz des Verfassers.

▸ **Abb. 48: Mario und Sabrina auf Urlaub in Istrien**

mit Kunasek zu verkuppeln versucht hatte, spielte bei dessen Hochzeit also in der Tat eine tragende Rolle – aber nicht jene der Braut. Die Medien berichteten zwar über die Verehelichung des Verteidigungsministers, diese verlief jedoch weitaus weniger spektakulär als jene seiner Kollegin, Außenministerin Dr. Karin Kneissl, exakt zwei Monate danach. Die lediglich einstündige Teilnahme des russischen Präsidenten Vladimir Putin an diesem Ereignis im südsteirischen Gamlitz (Bezirk Leibnitz) sorgte weltweit für Furore. Die Ehepaare Kunasek und Strache sowie Bundeskanzler Kurz waren neben viel sonstiger Prominenz ebenfalls Kneissls Einladung gefolgt.[538]

Der frisch vermählte Mario Kunasek fand bei seinen Schwiegereltern Marta und Alfred Koroschetz eine herzliche Aufnahme. Ihre Familie war, wie Sabrina berichtet, zwar schon vor dem Auftauchen Kunaseks FPÖ-lastig, jedoch nicht politisch interessiert. Lediglich außerhalb der Kernfamilie gab es zwei Verwandte, die sich in untergeordneten Funktionen für die ÖVP betätigten. Sabrina nahm zwar stets an Wahlen teil, hatte jedoch aufgrund ihres damaligen 40-Stunden-Jobs und des berufsbegleitenden Studiums keine Zeit für die Poli-

538 https://steiermark.orf.at/v2/news/stories/2930829/. Auf dem ersten Foto zu diesem Bericht ist Kunasek gut erkennbar, auf dem vierten auch Sabrina. Vgl. Intern Nr. 25 (2018), S. 5, mit einem Foto Putins und Kunaseks anlässlich der Hochzeit Kneissls.

▸ **Abb. 49: Hochzeitsglück in der Südsteiermark**

tik. Dies änderte sich grundlegend, als Mario in ihr Leben trat. Sabrinas Vater ist sehr stolz auf seinen Schwiegersohn, der dem Vater zweier Töchter ein wenig den fehlenden Sohn ersetzt. Mario wiederum genießt sehr den Rückhalt in der Familie seiner Gattin, der im eigenen Bereich nicht so stark vorhanden war.

Zum Zeitpunkt der Hochzeit 2018 wohnte das Paar bereits seit etwa drei Jahren in Gössendorf, anfangs in einer alles andere als luxuriösen 30-Quadratmeter-Wohnung, die Mario nach der Trennung von seiner ersten Frau, die in der bisherigen Wohnung verblieb, anmietete. Er und Sabrina schlossen dann bei einem Bauträger einen Vertrag über eine mit 65 Quadratmetern deutlich größere, aber erst zu errichtende Wohnung am Nelkenweg ab. Die Firma schlitterte allerdings in den Konkurs, gefolgt von einem zweijährigen Rechtsstreit über das angezahlte Kapital. Abgesehen vom beträchtlichen finanziellen Schaden waren noch zahlreiche Baumängel zu beheben, als das Gebäude nach langem Bangen endlich fertiggestellt war. Das Ehepaar Kunasek besitzt diese Realität, in die es so viel Geld und Arbeit gesteckt hat, nach wie vor, sie ist jedoch seit ihrem Auszug 2019 vermietet.

In diesem Jahr übersiedelten die Kunaseks in ein auf einem von Sabrinas Eltern geschenkten Grundstück neu errichtetes Haus im Grazer Bezirk St. Peter.

Während Mario sehr an Gössendorf hing, war Sabrina die treibende Kraft hinter diesem Umzug, denn ein Eigenheim mit Garten passte besser zu ihr, die es liebt, im Garten zu werken, an dessen Hochbeeten herumzuhantieren, Kräuter anzubauen, diese den gekochten Speisen beizufügen usw. Sabrina war es auch, die sich weitgehend um die Inneneinrichtung des Hauses kümmerte. Frauen haben dafür in der Regel das bessere Auge.

2019: Nachwuchs im Hause Kunasek

Während der Planung des Neubaus war Sabrina schwanger, sie verlor dieses Kind jedoch. Später klappte es dann und der kleine Theo kam am 30. Juni 2019 um 10:48 Uhr zur Welt.[539] Er war allerdings ein Frühchen, das die sieben berechneten letzten Wochen nicht mehr im Bauch seiner Mutter verbringen wollte und mit einem Notkaiserschnitt das Licht der Welt erblickte. Zu allem Unglück litt Sabrina am sogenannten HELLP-Syndrom, einer seltenen, schweren Schwangerschaftsvergiftung, ausgelöst durch eine Dysfunktion der Leber der Mutter, die daher den Fötus nicht adäquat versorgen kann. Das Baby kam in die Abteilung für Frühgeburten, die Mutter auf die Intensivstation. Beide sind längst wieder gesund. Theo entwickelt sich vollkommen normal und ist inzwischen eine echte Sportskanone.

Trotz des im Grunde freudigen Ereignisses, als das man eine Geburt normalerweise zu bezeichnen pflegt, hat Sabrina 2019 als „Horrorjahr" in Erinnerung. Im fortgeschrittenen Stadium ihrer Schwangerschaft platzte Mitte Mai die Ibiza-Bombe und der werdende Vater musste am folgenden Tag den Landesparteitag über die Bühne bringen. Der Hausbau war auch noch nicht vollständig abgeschlossen. Am 29. Juni, einen Tag vor Theos unerwarteter Geburt, trennten sich nach 38 Ehejahren Sabrinas Eltern. Mario Kunasek, der natürlich nicht mit einer Frühgeburt rechnen konnte, befand sich zu diesem Zeitpunkt mit einer Männerrunde in Italien, um seinen Geburtstag zu feiern und ein wenig abzuschalten. Zu den weiteren negativen Höhepunkten des Jahres 2019 zählt Sabrina eine Knieoperation Marios und die Landtagswahl im November, die der FPÖ herbe Verluste bescherte.

All das ist längst Geschichte. Heute ist Theo ein aufgeweckter und überaus aktiver Junge. Das erste Wort auf seinen Lippen war weder Mama noch Papa, sondern „Agro", laut seiner Mutter eine Verballhornung des Wortes „Traktor", das er häufig hörte, da sein Opa oft mit ihm auf einem Traktor fuhr. Mit drei

539 Standesamt Graz, Geburtsurkunde Theo Kunasek, ausgestellt am 8. Juli 2019. Kopie im Besitz des Verfassers.

Jahren lernte Theo bereits Schwimmen; mit seinen noch nicht einmal fünf Jahren spielt er gegenwärtig in Vereinen Eishockey und Fußball. Ferner betreibt er Tennis und Rollerskaten. Mit seinem Großvater mütterlicherseits, Alfred Koroschetz, einem Tischlermeister und damit versierten Handwerker, bastelt er sehr viel und ist überhaupt gern zu Hause, wohin er seine Freunde einlädt, anstatt zu ihnen zu gehen. Sabrina teilt diese Vorliebe. Im eigenen Haus findet Theo es einfach am schönsten, was vielleicht daran liegt, dass er während der Corona-Pandemie viel Zeit mit seinen Eltern daheim verbrachte.

Theo liebt seinen Papa über alles; er ist für ihn der größte Held. Offenbar kriegt er ungeachtet seines Alters schon etwas vom politischen Engagement seines Idols und Vaters mit, denn auf die Frage, was er einst werden möchte, antwortet er – offenbar noch von anderen Einflüssen abgelenkt: „Rennfahrer und Nr. 2 Landeshauptmann." Gefragt, was ein Landeshauptmann eigentlich so mache, antwortet der vife Knirps: „Er kümmert sich um alle Tiere und Menschen im Land" – in dieser Reihenfolge (Abb. 50).[540]

Der Kindergarten liegt Theo weniger, er ist aber nicht nur aus sozialen und pädagogischen Erwägungen heraus alternativlos. Sabrina ist wieder berufstä-

Quelle: Sammlung Kunasek

▸ **Abb. 50: Theo – der ganze Stolz seiner Eltern**

540 E-Mail Sabrina Kunasek an den Verfasser, 6. März 2024.

tig, seit Theo zwei Jahre alt war (Juni 2021). Schließlich lastet auf dem Haus, das den beiden Gatten je zur Hälfte gehört, noch ein beachtlicher Kredit, der abbezahlt werden will. Gegenwärtig arbeitet Sabrina, die auch Marketing und Sales studiert hat, 26 Wochenstunden im Bereich Presse und Marketing bei der Abteilung 10 des Amtes der Steiermärkischen Landesregierung, die für die Land- und Forstwirtschaft zuständig ist. In dieser Funktion kommt sie viel in der ganzen Steiermark herum.

Wenngleich beide Kunaseks Kinder lieben, scheint die Familienplanung fürs Erste abgeschlossen zu sein; Theo wird wohl in absehbarer Zeit kein Geschwisterchen bekommen. Angesichts von Marios unzähligen, oft kurzfristig anberaumten Terminen würde sich Sabrina von einem weiteren Kind ein wenig überfordert fühlen; sie fürchtet, sich dann nicht ausreichend um Theo kümmern zu können. „Dank" Corona war es Theo längere Zeit hindurch gewöhnt, seinen Papa öfters bei sich zu Hause zu haben; folglich ist er sehr stark auf seinen Vater orientiert, eben ein typischer Papa-Junge. Die Planung gemeinsamer Zeit ist nach Corona alles andere als ein Kinderspiel, doch gehen die Eltern damit in Sabrinas Worten „situationselastisch" um. Mehr als zwei Wochen gemeinsamen Urlaubs pro Jahr sind nicht drin und diese verbringen die Kunaseks nicht an exotischen Orten, sondern in relativer Nähe zu Graz, damit Mario sich ins Auto setzen und in die Heimat eilen kann, sollte Not am Mann sein. Eine besondere Verbindung hat er zum Badeort Jesolo an der norditalienischen Adriaküste. Bereits als Kind reiste er mit seinen Eltern dorthin und auch als Erwachsener zog es ihn regelmäßig nach Jesolo, das für Mario Kunasek quasi eine zweite Heimat darstellt.

Das Organisieren der Kinderbetreuung abseits der Öffnungszeiten des Kindergartens ist für diese Familie, wie für viele andere, nicht selten eine enorme Herausforderung. Sabrina unterstreicht aber, dass sie nicht nur wusste, worauf sie sich einließ, sondern dass es ihr sehnlichster Wunsch ist, Mario möge 2024 Landeshauptmann werden. Dann und nur dann kann sie darauf vertrauen, dass ihr Theo in einem sicheren Land aufwächst, in dem er und alle anderen in eine positive Zukunft blicken können.

Mit Sabrina hat Mario Kunasek eine ebenso selbstständige wie intelligente, sympathische und attraktive Frau an seiner Seite, die, wie er selbst, bei den Menschen gut ankommt. Sie teilt seine wesentlichen politischen Ansichten, insbesondere die Wertschätzung für österreichische Werte und Traditionen. Es ist für beide eine schiere Selbstverständlichkeit, einen Adventkranz im Haus zu haben und an der österlichen Fleischweihe teilzunehmen. Sabrina sind jegliche Allüren fremd; sie fühlt sich weder jetzt noch in Zukunft als eine Art First Lady, sondern als Teil einer starken steirischen Familie. Sabrina begleitet ihren Gatten gerne zu dessen öffentlichen Auftritten, unter denen sie natürlich eine strenge Auswahl treffen muss. Theo geht immer vor. Ihr ist es wichtig, nicht ständig hinter dem Landesparteiobmann „wie ein Schoßhund" hinterherzutrotten und bloß als dessen Anhängsel, allenfalls noch als die sprichwörtliche bessere Hälfte wahrgenommen zu werden. Daher nimmt sie bei solchen Anlässen auch meist nicht am Tisch für Ehrengäste in der ersten Reihe Platz oder sie verlässt zumindest häufig den VIP-Bereich, um möglichst viele interessante Gespräche mit möglichst vielen Menschen zu führen – und zwar auf eigene Faust und mit für sie spannenden Erlebnissen.

Apropos Erlebnisse: Gott sei Dank weiß Sabrina Kunasek von keinerlei politisch motivierten Anfeindungen in ihrem persönlichen Umfeld zu berichten. Wo immer sie und Theo in St. Peter und im übrigen Graz hinkommen, seien es der Kindergarten, ein Sportverein oder dergleichen, sind sie herzlich willkommen und geschätzt. Theo hat im politisch stark grün angehauchten St. Peter viele Freunde und erhält zahlreiche Einladungen.

Anders sieht es bedauerlicherweise in den sozialen Medien und in gewissen Zeitungen aus. Dort finden sich durchaus „miese Kommentare" nicht nur gegen den Politiker Kunasek, sondern auch gegen dessen Familie. Besonders wurmt Sabrina die haltlose Behauptung, der Steuerzahler habe faktisch die Kosten ihres Hauses getragen, wobei manche Kritiker sogar von einem „Anwesen" sprechen. Die Erstattung anonymer Anzeigen hält Sabrina zu Recht für einen Akt der Feigheit und bemerkt ein wenig resigniert, es könne sie schon nichts mehr schockieren.[541]

Mario Kunaseks Hobbys, Vorlieben ... und weniger Geschätztes

Für Mario Kunasek ist die Familie im weiteren Sinn – jene Menschen, die ihn lieben – ein „Glücksort". Ohne sie und ihr Verständnis wäre die mit seiner Tätigkeit in der Spitzenpolitik einhergehende Dauerbelastung nur schwer durchstehbar. Für Ablenkungen und Auszeiten wie früher bleibt heute nur mehr wenig Luft, doch wird der Sport für den Fußball- und Eishockeyfan Kunasek immer ein wichtiger Teil seines Lebens bleiben. Er hat in seiner Jugend zahlreiche Sportarten ausprobiert, darunter nicht nur Fußball und Tennis, sondern auch Boxen, American Football und Tischtennis, ohne in einer davon zu brillieren. Wegen zahlreicher beim Fußballspielen zugezogener Verletzungen verfolgt Kunasek das Geschehen auf dem Spielfeld mittlerweile eher von der Zuschau-

541 Interview Sabrina Kunasek.

ertribüne aus. Es wird hoffentlich seine Wahlchancen nicht schmälern, dass er Mitglied bei Sturm Graz ist und diesen Verein als seine „große Liebe" bezeichnet.[542] Selbstredend war er auch live dabei, als die Mannschaft am 19. Mai 2024 den österreichischen Meistertitel errang, und feierte danach mit den Siegern.

Im April 2019 legte Mario Kunasek die Jagdprüfung ab. Musikalische Interessen äußern sich eher passiv. Ein Instrument hat er nie erlernt, er hegt aber entsprechende Pläne für die ferne Zukunft. Unter den Musikrichtungen bevorzugt er Pop, House und gute Volksmusik. Seine Hobbies sind „Freunde treffen, Zeit mit meiner Familie verbringen", darunter Urlaube wie jenen im schicksalhaften Jahr 2017 mit dem Wohnwagen in Kroatien. In Österreich gilt für ihn die Steiermark als bevorzugtes Reiseziel.

Kunasek bewundert als Vorbilder seine „Großeltern und all jene, die mit Fleiß und Einsatz für sich und ihre Familie etwas erreicht haben". Als prägende Erlebnisse nennt er den Tod seines Großvaters Johann Halwachs, „den ich in den letzten Minuten seines Lebens begleiten durfte", die Fehlgeburt und damit den Verlust seines ersten Kindes 2018 sowie die Geburt seines Sohnes Theo.

Mario Kunasek lebt nach dem Motto: „Numquam retro – niemals zurück!" bzw. nach dem Credo: „Wenn die Guten nicht fechten, so siegen die Schlechten." Die Steiermark ist für Kunasek ein landschaftlich einzigartiges Bundesland mit wunderbaren Menschen und Traditionen, die es zu erhalten gilt. Seine Wegbegleiter schreiben Kunasek die Attribute „verlässlich, ausdauernd, loyal und familiär" zu; Unzuverlässigkeit und Unehrlichkeit sind indes Eigenschaften, die ihm besonders missfallen.[543] Mario Kunasek schätzt „gefüllte Paprika und das sonntägliche Wienerschnitzel", begleitet von einem steirischen Bier oder einem ebensolchen guten Wein. Am besten schmeckte ihm das Schnitzel, als es seine Oma zubereitete, was aufgrund des fortgeschrittenen Alters von Frau Halwachs leider nicht mehr möglich ist. Großes Vergnügen bereitet es ihm und Sabrina, im eigenen Garten eine zünftige Grillparty zu veranstalten (und die fertigen Speisen genussvoll zu verzehren), nachdem die beiden zuvor den besagten Garten auf Vordermann gebracht haben. Übrigens: Wer Kunaseks kulinarische Vorlieben teilt oder sie einfach ausprobieren möchte, findet in einer rund zehn Jahre alten Ausgabe des „Intern" sogar ein von ihm höchstpersönlich zusammengestelltes Rezept für „Gefüllte Paprika mit Tomatensoße",

542 Intern Nr. 14 (April 2015), S. 13.

543 Kompiliert aus: Intern Nr. 14 (April 2015), S. 12, und Wir Steirer Nr. 3 (2015), o. S. Interview Mario Kunasek.

begleitet von einem Bild des in einem großen Topf rührenden Kunasek mit blütenweißer Kochschürze.[544]

Stets im Zentrum: die Familie

Wenngleich Mario Kunasek ein ausgesprochen geselliger Mensch ist, der gerne ein Achterl oder Krügerl mit Freunden trinkt, steht die Familie im Mittelpunkt. Anfang des Jahres 2024 ging sich immerhin ein Schiurlaub in Hohentauern aus; für Ostern und dann für Juli sind nochmals Auszeiten mit Frau und Kind geplant. Kunasek erlebt dankbar, wie sein Sohn sein Leben verändert hat. Dies beeinflusst auch seine Politik. „Wenn ich Theo in die Augen blicke, weiß ich, wofür man die Mühen und Entbehrungen, die die Politik oftmals mit sich bringt, auf sich nimmt. Es geht mir um seine Zukunft und die Zukunft seiner Generation."[545]

544 Intern Nr. 11 (Juli 2014), S. 22.
545 Interview Mario Kunasek. Kurzmann/Kunasek, Lager, S. 254.

Literatur- und Quellenverzeichnis

Brauneder, Wilhelm: Die FPÖ und die „Wende". In: Andreas Khol/Günther Ofner/Günther Burkert-Dottolo/Stefan Karner (Hrsg.): Österreichisches Jahrbuch für Politik 2000 (Wien 2001), S. 321–337.

Ciempka, Patrycia: Das Österreichische Bundesheer in Bosnien und Herzegowina. In: Truppendienst Nr. 3 (2010), S. 256–265.

Dalos, György: Die Jugoslawienkriege 1992–1999 (Erfurt 2023).

Eustacchio, Mario: Das Wahljahr 2017 brachte Graz eine klare bürgerliche Mehrheit. In: Beatrix Karl/Wolfgang Mantl/Klaus Poier/Manfred Prisching/Anita Ziegerhofer (Hrsg.): Steirisches Jahrbuch für Politik 2017 (Wien–Köln–Weimar 2018), S. 175–179.

Filzmaier, Peter: Ein Regierungsdesaster: Analyse der Nationalratswahl 2008. In: Andreas Khol/Günther Ofner/Stefan Karner/Dietmar Halper (Hrsg.): Österreichisches Jahrbuch für Politik 2008 (Wien–Köln–Weimar 2009), S. 23–38.

FPÖ Bildungsinstitut: 60 Jahre FPÖ. Österreich zuerst 1956–2016 (Wien 2016).

FPÖ Steiermark: Das Alexander Götz Haus. Heimat der FPÖ Steiermark (Graz o. J.).

FPÖ Steiermark: Steirisch denken – steirisch handeln! Leistungsbericht. Freiheitlicher Landtagsklub Steiermark Dezember 2019 bis April 2022 (Graz o. J.).

Freiheitlich. Die Geschichte des dritten Lagers. Lothar Höbelt im Gespräch (Graz 2023).

Freiheitlicher Landtagsklub: Handbuch freiheitlicher Politik. 4 Auflage (Graz 2023).

Freiheitlicher Landtagsklub: Freiheitliche Kulturpolitik in der Steiermark. Kulturpolitik zwischen Brauchtumspflege und Digitalisierung. Freiheitliche Standpunkte für die Steiermark (Graz 2024).

Freiheitliches Bildungsinstitut: Res Publica. Österreichs Freiheitliche und ihre Republik 1918–2018 (Wien 2018).

Freiheitliches Bildungsinstitut: Die Geschichte des nationalliberalen Lagers und der FPÖ (Wien 2020).

Freiheitliches Bildungsinstitut: Bargeld und digitaler Euro – wohin geht die Reise? „Nur Bares ist Wahres" (Wien 2024).

Glück, Heidi: Die Nationalratswahl 2019 – Resümee und Analyse. Ibiza – ein politischer Urknall. In: Andreas Khol/Stefan Karner/Wolfgang Sobotka/Bettina Rausch/Günther Ofner/Dietmar Halper (Hrsg.): Österreichisches Jahrbuch für Politik 2019 (Wien–Köln–Weimar 2020), S. 77–88.

Gudenus, Johann: Die österreichische Flüchtlings-, Einwanderungs- und Integrationspolitik aus freiheitlicher Sicht. Ziele, Zielerreichung sowie künftige Herausforderungen. In: Andreas Khol/Günther Ofner/Stefan Karner/Dietmar Halper (Hrsg.): Österreichisches Jahrbuch für Politik 2015 (Wien–Köln–Weimar 2016), S. 347–356.

Höbelt, Lothar: Die Durchquerung der Wüste und das gelobte Land. Der Weg zur zweieinhalbten Republik. In: Andreas Khol/Günther Ofner/Günther Burkert-Dottolo/Stefan Karner (Hrsg.): Österreichisches Jahrbuch für Politik 2000 (Wien 2001), S. 541–555.

Höbelt, Lothar: Der Wechsel der FPÖ von der Opposition zur Regierung. Ein Vergleich. In: Andreas Khol/Stefan Karner/Wolfgang Sobotka/Bettina Rausch/Günther Ofner/Dietmar Halper (Hrsg.): Österreichisches Jahrbuch für Politik 2018 (Wien–Köln–Weimar 2019), S. 367–377.

Höbelt, Lothar: „Travailler pour le roi de Prusse". Der kontraproduktive Kickl-Kurs. In: Andreas Khol/Stefan Karner/Wolfgang Sobotka/Bettina Rausch/Günther Ofner (Hrsg.): Österreichisches Jahrbuch für Politik 2021 (Wien–Köln 2022), S. 247–253.

Höbelt, Lothar: Der Höhenflug der FPÖ. In: Andreas Khol/Stefan Karner/Wolfgang Sobotka/Bettina Rausch-Amon/Günther Ofner (Hrsg.): Österreichisches Jahrbuch für Politik 2023 (Wien 2024), S. 233–244.

Höflechner, Walter: Joseph Freiherr von Hammer-Purgstall. Ein Leben für die Wissenschaft. Unter Mitarbeit von Alexandra Wagner, Gerit Koitz-Arko und Sylvia Kowatsch (= Veröffentlichungen der Historischen Landeskommission für Steiermark Band 44, Graz 2023).

Hösele, Herwig: Von Hermann Schützenhöfer zu Christopher Drexler. Ein gelungener Landeshauptmannwechsel angesichts volatiler Wählerschaft. In: Andreas Khol/Stefan Karner/Wolfgang Sobotka/Bettina Rausch/Günther Ofner (Hrsg.): Österreichisches Jahrbuch für Politik 2022 (Wien–Köln 2023), S. 121–131.

Hofer, Thomas/Tóth, Barbara (Hrsg.): Wahl 2006: Kanzler, Kampagnen, Kapriolen. Analysen zur Nationalratswahl (Wien 2007).

Hofer, Thomas/Tóth, Barbara (Hrsg.): Wahl 2008: Strategien, Sieger, Sensationen (Wien–Graz–Klagenfurt 2008).

Hofer, Thomas/Tóth, Barbara (Hrsg.): Wahl 2013: Macht, Medien, Milliardäre. Analysen zur Nationalratswahl (Wien–Berlin–Münster 2014).

Hofer, Thomas/Tóth, Barbara (Hrsg.): Wahl 2019. Strategien, Schnitzel, Skandale (Salzburg 2019).

Kammel, Arnold H.: Eine Zeitenwende für die Landesverteidigung? Der Krieg in der Ukraine und die Auswirkungen auf das Österreichische Bundesheer. In: Andreas Khol/Stefan Karner/Wolfgang Sobotka/Bettina Rausch/Günther Ofner (Hrsg.): Österreichisches Jahrbuch für Politik 2022 (Wien–Köln 2023), S. 401–409.

Khol, Andreas: Die Regierung Gusenbauer-Molterer. Licht und Schatten. In: Andreas Khol/Günther Ofner/Stefan Karner/Dietmar Halper (Hrsg.): Österreichisches Jahrbuch für Politik 2008 (Wien–Köln–Weimar 2009), S. 111–123.

Khol, Andreas/Ofner, Günther/Karner, Stefan/Halper, Dietmar (Hrsg.): Österreichisches Jahrbuch für Politik 2013 (Wien–Köln–Weimar 2014).

Khol, Andreas/Ofner, Günther/Karner, Stefan/Halper, Dietmar (Hrsg.): Österreichisches Jahrbuch für Politik 2017 (Wien–Köln–Weimar 2018).

Khol, Andreas/Karner, Stefan/Sobotka, Wolfgang/Rausch, Bettina/Ofner, Günther/Halper, Dietmar (Hrsg.): Österreichisches Jahrbuch für Politik 2019 (Wien–Köln–Weimar 2020).

Khol, Andreas/Karner, Stefan/Sobotka, Wolfgang/Rausch, Bettina/Ofner, Günther/Halper, Dietmar (Hrsg.): Österreichisches Jahrbuch für Politik 2020 (Wien–Köln–Weimar 2021).

Kickl, Herbert: Pandemiebewältigung als Prüfstein für den freiheitlichen Rechtsstaat. In: Beatrix Karl/Wolfgang Mantl/Klaus Poier/Manfred Prisching/Anita Ziegerhofer (Hrsg.): Steirisches Jahrbuch für Politik 2020 (Wien–Köln 2021), S. 187–190.

Kickl, Herbert: Die Grund- und Freiheitsrechte sind in akuter Gefahr. In: Beatrix Karl/Wolfgang Mantl/Klaus Poier/Manfred Prisching/Anita Ziegerhofer (Hrsg.): Steirisches Jahrbuch für Politik 2021 (Wien–Köln 2022), S. 117–120.

Kienberger, Josef Günter: Der erste Einsatz des Bundesheeres im Rahmen der NATO AUSLOG/IFOR, Bosnien und Herzegowina 1996. In: Christian Ségur Cabanac/Wolfgang Etschmann (Hrsg.): 50 Jahre Auslandseinsätze des Österreichischen Bundesheeres (= Schriften zur Geschichte des Österreichischen Bundesheeres; Wien 2010), S. 651–663.

Kunasek, Mario (Hrsg.): Wehrpflicht 2014. Ein Jahr nach der Volksbefragung (Wien 2014).

Kunasek, Mario: 2015: Ein blaues Erfolgsjahr. In: Beatrix Karl/Wolfgang Mantl/Klaus Poier/Manfred Prisching/Anita Ziegerhofer (Hrsg.): Steirisches Jahrbuch für Politik 2015 (Wien–Köln–Weimar 2016), S. 161–163.

Kurzmann, Gerhard/Kunasek, Mario (Hrsg.): Vom Dritten Lager zur ersten Kraft. Die Steirischen Freiheitlichen (Graz 2017).

Lercher, Max: Eine Analyse der Landtagswahl 2015. In: Beatrix Karl/Wolfgang Mantl/Klaus Poier/Manfred Prisching/Anita Ziegerhofer (Hrsg.): Steirisches Jahrbuch für Politik 2015 (Wien–Köln–Weimar 2016), S. 153–155.

Lopatka, Reinhold/Hösele, Herwig: Steirische Landtagswahl 2000: Der fulminante Sieg hat eine Mutter – Waltraud Klasnic. In: Andreas Khol/Günther Ofner/Günther Burkert-Dottolo/Stefan Karner (Hrsg.): Österreichisches Jahrbuch für Politik 2000 (Wien 2001), S. 77–93.

Moll, Martin: Allgemeine Geschichte des Bezirkes Graz-Umgebung 1848 bis heute. In: Josef Riegler (Hrsg.): Geschichte und Topographie des Bezirkes Graz-Umgebung. Allgemeiner Teil (= Große geschichtliche Landeskunde der Steiermark Band 6/I; Graz 2023), S. 213–286.

Obermayer, Bastian/Obermeier, Frederik: Die Ibiza-Affäre. Innenansichten eines Skandals. Mit einem Vorwort von Armin Wolf (Köln 2019).

Olt, Reinhard: Die „Wenderegierung" 2000–2002: Gründe für ihr Scheitern. In: Andreas Khol/Günther Ofner/Günther Burkert-Dottolo/Stefan Karner (Hrsg.): Österreichisches Jahrbuch für Politik 2002 (Wien 2003), S. 109–126.

Pesendorfer, Michael: IFOR – SFOR – EUFOR. In: Truppendienst Nr. 2 (2005), S. 149–155.

Poier, Klaus: Die steirische Landtagswahl 2015: Erwartbares, Überraschungen, Lehren? In: Beatrix Karl/Wolfgang Mantl/Klaus Poier/Manfred Prisching/Anita Ziegerhofer (Hrsg.): Steirisches Jahrbuch für Politik 2015 (Wien–Köln–Weimar 2016), S. 137–152.

Poier, Klaus: Nationalratswahl 2017: Ende der dritten Periode der Großen Koalition in der Zweiten Republik. In: Beatrix Karl/Wolfgang Mantl/Klaus Poier/Manfred Prisching/Anita Ziegerhofer (Hrsg.): Steirisches Jahrbuch für Politik 2017 (Wien–Köln–Weimar 2018), S. 121–128.

Poier, Klaus: 2015–2020. Rückkehr zur Normalität? In: Beatrix Karl/Wolfgang Mantl/Klaus Poier/Manfred Prisching/Anita Ziegerhofer (Hrsg.): Steirisches Jahrbuch für Politik 2020 (Wien–Köln 2021), S. 31–42.

Praprotnik, Katrin: Die Bundespräsidentenwahl in Österreich. In: Beatrix Karl/Wolfgang Mantl/Klaus Poier/Manfred Prisching/Anita Ziegerhofer (Hrsg.): Steirisches Jahrbuch für Politik 2022 (Wien–Köln 2023), S. 51–56.

Rausch, Bettina: Die erste Abwahl einer Regierung und andere Premieren im Parlament. In: Andreas Khol/Stefan Karner/Wolfgang Sobotka/Bettina Rausch/Günther Ofner/Dietmar Halper (Hrsg.): Österreichisches Jahrbuch für Politik 2019 (Wien–Köln–Weimar 2020), S. 53–56.

Riegler, Josef (Hrsg.): Geschichte und Topographie des Bezirkes Graz-Umgebung. Bezirkslexikon (= Große geschichtliche Landeskunde der Steiermark Band 6/II; Graz 2023).

Salfinger, Brigitte/Reichmann, Alexander: Stürmischer Wahlherbst. Analyse der Wählerströme bei den Landtagswahlen in der Steiermark, im Burgenland und in Wien. In: Andreas Khol/Günther Ofner/Günther Burkert-Dottolo/Stefan Karner (Hrsg.): Österreichisches Jahrbuch für Politik 2005 (Wien 2006), S. 29–45.

Schmidl, Erwin A.: Blaue Helme – Rotes Kreuz: Das österreichische UN-Sanitätskontingent im Kongo, 1960–1963 (= Peacekeeping-Studien Band 1; Innsbruck 2010).

Schönbacher, Claudia: Die Grazer Gemeinderatswahl 2021 – ein gefährlicher Linksrutsch für Graz. In: Beatrix Karl/Wolfgang Mantl/Klaus Poier/Manfred Prisching/Anita Ziegerhofer (Hrsg.): Steirisches Jahrbuch für Politik 2021 (Wien–Köln 2022), S. 199–201.

Sommer, Franz: Analyse der Bundespräsidentenwahl 2022. In: Andreas Khol/Stefan Karner/Wolfgang Sobotka/Bettina Rausch/Günther Ofner (Hrsg.): Österreichisches Jahrbuch für Politik 2022 (Wien–Köln 2023), S. 3–13.

Suppan, Werner: Die Unschuldsvermutung in der politischen Arena. In: Beatrix Karl/Wolfgang Mantl/Klaus Poier/Manfred Prisching/Anita Ziegerhofer (Hrsg.): Steirisches Jahrbuch für Politik 2022 (Wien–Köln 2023), S. 81–86.

Tancsits, Walter: Die Auseinandersetzung um Abfangjäger und die Stationierung des SAAB-Draken in Österreich. In: Andreas Khol/Günther Ofner/Alfred Stirnemann (Hrsg.): Österreichisches Jahrbuch für Politik 1987 (Wien–München 1988), S. 583–600.

Tóth, Barbara: Einmal Ibiza und zurück. In: Thomas Hofer/Barbara Tóth (Hrsg.): Wahl 2019. Strategien, Schnitzel, Skandale (Salzburg 2019), S. 127–142.

Ulram, Peter A.: Die Nationalratswahl 2002. In: Andreas Khol/Günther Ofner/Günther Burkert-Dottolo/Stefan Karner (Hrsg.): Österreichisches Jahrbuch für Politik 2002 (Wien 2003), S. 129–140.

Ulram, Peter A./Sommer, Franz: Gebremste und ungebremste Stürze. Gemeinderats- und Landtagswahlen 2005. In: Andreas Khol/Günther Ofner/Günther Burkert-Dottolo/Stefan Karner (Hrsg.): Österreichisches Jahrbuch für Politik 2005 (Wien 2006), S. 47–58.

Ulram, Peter A.: Ein verspielter Sieg und eine siegreiche Zeitungspartei – zur Analyse der Nationalratswahl 2008. In: Andreas Khol/Günther Ofner/Stefan Karner/Dietmar Halper (Hrsg.): Österreichisches Jahrbuch für Politik 2008 (Wien–Köln–Weimar 2009), S. 3–21.

Ulram, Peter A./Sommer, Franz: Analyse der Landtagswahl in der Steiermark. In: Andreas Khol/Günther Ofner/Stefan Karner/Dietmar Halper (Hrsg.): Österreichisches Jahrbuch für Politik 2010 (Wien–Köln–Weimar 2011), S. 13–20.

Ulram, Peter A./Sommer, Franz: Analyse der Landtagswahlen 2015: Burgenland, Steiermark, Oberösterreich, Wien. Gebremste und ungebremste Abstürze, bunte Regierungskonstellationen nach Regionalwahlen. In: Andreas Khol/Günther Ofner/Stefan Karner/Dietmar Halper (Hrsg.): Österreichisches Jahrbuch für Politik 2015 (Wien–Köln–Weimar 2016), S. 3–23.

Voitic, Günther: Der Einsatz des Österreichischen Bundesheeres in Bosnien und Herzegowina. In: Christian Ségur Cabanac/Wolfgang Etschmann (Hrsg.): 50 Jahre Auslandseinsätze des Österreichischen Bundesheeres (= Schriften zur Geschichte des Österreichischen Bundesheeres; Wien 2010), S. 665–679.

Walenta-Bergmann, Carmen: Die oberösterreichische Landtagswahl 2021. In: Beatrix Karl/Wolfgang Mantl/Klaus Poier/Manfred Prisching/Anita Ziegerhofer (Hrsg.): Steirisches Jahrbuch für Politik 2021 (Wien–Köln 2022), S. 53–57.

Wassermann, Heinz P. (Hrsg.): Urnengänge. Analysen der steirischen Gemeinde- und Landtagswahlen 2015 (= Studien zu Medien und Gesellschaft Band 3; Graz 2016).

Wassermann, Heinz P.: Von weggebrochenen Hochburgen und zerbröckelnden Parteien. Einige statistische Hinweise zu den steirischen Gemeinde- und Landtagswahlen 2015. In: Beatrix Karl/Wolfgang Mantl/Klaus Poier/Manfred Prisching/Anita Ziegerhofer (Hrsg.): Steirisches Jahrbuch für Politik 2015 (Wien–Köln–Weimar 2016), S. 177–201.

Wassermann, Heinz P.: „ÖVP-Jubel im Steirerland" oder: politisch polarisierte Soziotope. In: Beatrix Karl/Wolfgang Mantl/Klaus Poier/Manfred Prisching/Anita Ziegerhofer (Hrsg.): Steirisches Jahrbuch für Politik 2017 (Wien–Köln–Weimar 2018), S. 129–147.

Wassermann, Heinz P.: „ÖVP räumt bei blauen Wählern ab!" Steirische Wahlergebnisse und Wählerströme zwischen 2015 und 2019. In: Andreas Khol/Stefan Karner/Wolfgang Sobotka/Bettina Rausch/Günther Ofner/Dietmar Halper (Hrsg.): Österreichisches Jahrbuch für Politik 2019 (Wien–Köln–Weimar 2020), S. 147–166.

Wassermann, Heinz P.: „Die Schmach von 2005 ist getilgt". (Statistische) Analysen der steirischen Landtagswahl vom 24. November 2019. In: Beatrix Karl/Wolfgang Mantl/Klaus Poier/Manfred Prisching/Anita Ziegerhofer (Hrsg.): Steirisches Jahrbuch für Politik 2019 (Wien–Köln–Weimar 2020), S. 113–139.

Wassermann, Heinz P.: Ein „große[r] Sieg für die ‚Bürgermeisterpartei' ÖVP". (Statistische) Analysen der steirischen Gemeinderatswahlen vom 28. Juni 2020. In: Beatrix Karl/Wolfgang Mantl/Klaus Poier/Manfred Prisching/Anita Ziegerhofer (Hrsg.): Steirisches Jahrbuch für Politik 2020 (Wien–Köln 2021), S. 71–98.

Wassermann, Heinz P.: Die „Ära" Siegfried Nagl – eine wahlstatistische Vermessung 2003–2021. In: Beatrix Karl/Wolfgang Mantl/Klaus Poier/Manfred Prisching/Anita Ziegerhofer (Hrsg.): Steirisches Jahrbuch für Politik 2021 (Wien–Köln 2022), S. 213–239.

Wineroither, David: Die Europawahl in Österreich. In: Andreas Khol/Stefan Karner/Wolfgang Sobotka/Bettina Rausch/Günther Ofner/Dietmar Halper (Hrsg.): Österreichisches Jahrbuch für Politik 2019 (Wien–Köln–Weimar 2020), S. 293–301.

Wlattnig, Wolfgang/Kindermann, Manfred: 2015: Gemeindestrukturreform und Gemeinderatswahl in der Steiermark. In: Beatrix Karl/Wolfgang Mantl/Klaus Poier/Manfred Prisching/Anita Ziegerhofer (Hrsg.): Steirisches Jahrbuch für Politik 2015 (Wien–Köln–Weimar 2016), S. 127–136.

Wlattnig, Wolfgang: 2020: Gemeinderatswahlen mitten in einer Pandemie. In: Beatrix Karl/Wolfgang Mantl/Klaus Poier/Manfred Prisching/Anita Ziegerhofer (Hrsg.): Steirisches Jahrbuch für Politik 2020 (Wien–Köln 2021), S. 63–70.

Zankel, Erwin: Ein perfekt inszenierter Abgang: Zum Rücktritt von Hermann Schützenhöfer. In: Beatrix Karl/Wolfgang Mantl/Klaus Poier/Manfred Prisching/Anita Ziegerhofer (Hrsg.): Steirisches Jahrbuch für Politik 2022 (Wien–Köln 2023), S. 45–49.

Interviews und persönliche Mitteilungen

Hannes Amesbauer, 12. März 2024
Wolfgang Baumann, 27. Februar 2024
Ernst Brandl, 17. Februar 2024
Robert Brieger, 13. März 2024
Gerald Deutschmann, 15. Februar 2024
Nikolaus Hermann, 2. März 2024

Stefan Hermann, 26. Februar 2024
Raimund Hilzensauer, 1. Februar 2024
Jürgen Hofer, 11. März 2024
Michael Klug, 6. März 2024
Philipp Könighofer, 7. März 2024
Mario Kunasek, 26. Februar 2024
Sabrina Kunasek, 26. Februar 2024
Gerhard Kurzmann, 30. Jänner 2024
Norbert Nemeth, 22. Februar 2024
Bernhard Rochowanski, 22. Februar 2024
Peter Samt, 20. Februar 2024

Konsultierte Zeitungen und Zeitschriften (Print- und Onlineausgaben)

Der Grazer
Die Woche
Intern. Das freiheitliche Magazin für die Steiermark
Kleine Zeitung
Kronen Zeitung
Profil
Salzburger Nachrichten
Standard
Wir Steirer

Quellen im Internet

Die hauptsächlich benutzten Onlineausgaben von Printmedien sowie die im Internet einsehbaren stenografischen Protokolle des Landtags Steiermark und des Nationalrats sind jeweils im Einzelfall in den Fußnoten nachgewiesen. Alle angeführten Links wurden am 6. Mai 2024 letztmalig aufgerufen und überprüft.

Verzeichnis der Abkürzungen und Akronyme

Abb.	Abbildung
ABC	Atomar-Biologisch-Chemisch
Abg.	Abgeordnete(r)
Afd	Alternative für Deutschland
AK	Arbeiterkammer (Kammer für Arbeiter und Angestellte)
AUF/AFH	Aktionsgemeinschaft Unabhängiger und Freiheitlicher/ Arbeitsgemeinschaft der Freiheitlichen Heeresangehörigen
AUSLOG/IFOR	Austrian Logistic Contingent/Implementation Force
AUTCON UNIFIL	Austrian Contingent United Nations Interim Forces in Lebanon
AVL	Anstalt für Verbrennungskraftmaschinen List
BDG	Beamten-Dienstrechtgesetz
BELUGA	Belgium, Luxembourg, Greece, Austria
BG	Bezirksgericht
BIP	Bruttoinlandsprodukt
BMF	Bundesministerium für Finanzen
BMI	Bundesministerium für Inneres
BMLV	Bundesministerium für Landesverteidigung
BORG	Bundesoberstufenrealgymnasium
BZÖ	Bündnis Zukunft Österreich
CDU	Christlich Demokratische Union Deutschlands
CEDC	Central European Defense Cooperation
D-A-CH	Deutschland-Österreich (Austria)-Schweiz
EU	Europäische Union
EUFOR	European Union Force
FCG	Fraktion Christlicher Gewerkschafter
FH	Fachhochschule
FPÖ	Freiheitliche Partei Österreichs
GÖD	Gewerkschaft Öffentlicher Dienst

GSVP	Gemeinsame Sicherheits- und Verteidigungspolitik (der EU)
HC	Heinz-Christian (Strache)
HELBA	Hellenic, Bulgaria, Austria
HELPP-Syndrom	Haemolysis/Elevated Liver enzyms/Low Platelet count
HUAk	Heeresunteroffiziersakademie
KFG	(Korruptions-)Freier Gemeinderatsklub
KFOR	Kosovo Force
KPÖ	Kommunistische Partei Österreichs
k. u. k.	kaiserlich und königlich
LH	Landeshauptmann
LPL	Landesparteileitung
LPP	Landesparteipräsidium
LPV	Landesparteivorstand
MFG	Menschen – Freiheit – Grundrechte
NGO	Non-governmental organization/Nicht-Regierungsorganisation
NSA	National Security Agency
ÖAF	Österreichische Automobil Fabriks-AG
ÖBB	Österreichische Bundesbahnen
ÖBH	Österreichisches Bundesheer
ÖVP	Österreichische Volkspartei
ORF	Österreichischer Rundfunk
ParlMG	Parlamentsmitarbeiterinnen- und Parlamentsmitarbeitergesetz
PR	Public Relations
RFJ	Ring Freiheitlicher Jugend
SFOR	Stabilization Force
sLKW	schwerer Lastkraftwagen
SPÖ	Sozialistische bzw. Sozialdemokratische Partei Österreichs
SZ	Süddeutsche Zeitung
UNO	United Nations Organization
VdB	(Alexander) Van der Bellen
VN	Vereinte Nationen
VR 1	Versorgungsregiment 1

Personenverzeichnis

Der Name Mario Kunasek, der nahezu auf jeder Seite vorkommt, wurde nicht in dieses Register aufgenommen.

Die schönsten Momente in meinem Leben waren …

… die Geburt meines Sohnes Theo, die Hochzeit mit meiner Sabine in der Südsteiermark und die Amtsübernahme als Bundesminister für Landesverteidigung

Hast Du ein Lebensmotto, einen Leitspruch oder Ähnliches?

… „numquam retro" und „wenn die Guten nicht fechten, so siegen die Schlechten"

Deine positiven Eigenschaften?

… sozial, zielstrebig, bodenständig, freundlich

Deine negativen Eigenschaften?

… ungeduldig, manchmal launisch, nehme mir Dinge zu sehr zu Herzen

Dein größtes Laster?

… Rauchen

Deine Lieblingsspeise und dein Lieblingsgetränk?

… Gegrilltes und ein steirisches Bier